高等教育跨境电子商务专业"校行企"协同育人系列教材

跨境电商 B2C 多平台运营

主　审　章剑林
主　编　林　洁　柯丽敏　欧阳乐
副主编　王　妮　韩海燕

电子工业出版社
Publishing House of Electronics Industry
北京·BEIJING

内 容 简 介

本书分为基础篇、平台篇和拓展篇。其中，基础篇包括跨境电商 B2C 平台概述和跨境电商 B2C 多平台运营基础；平台篇主要介绍速卖通平台运营、亚马逊平台运营、eBay 平台运营和 Shopee 平台运营；拓展篇主要介绍跨境电商 ERP 系统。本书配有拓展资料二维码，可供读者扫码阅读；另外，本书还有教学课件、习题集及答案、阅读材料等配套教学资源，读者可登录华信教育资源网（www.hxedu.com.cn）下载使用。

本书可作为各类高等院校跨境电子商务、电子商务、国际商务、国际经济与贸易、市场营销等专业的教材，也可作为跨境电商运营人员、个体从业人员的自学或培训用书。

未经许可，不得以任何方式复制或抄袭本书之部分或全部内容。
版权所有，侵权必究。

图书在版编目（CIP）数据

跨境电商 B2C 多平台运营 / 林洁，柯丽敏，欧阳乐主编．—北京：电子工业出版社，2023.6
ISBN 978-7-121-45940-5

Ⅰ．①跨… Ⅱ．①林… ②柯… ③欧… Ⅲ．①电子商务－经营管理 Ⅳ．①F713.365.1

中国国家版本馆 CIP 数据核字（2023）第 125806 号

责任编辑：王二华
印　　刷：三河市鑫金马印装有限公司
装　　订：三河市鑫金马印装有限公司
出版发行：电子工业出版社
　　　　　北京市海淀区万寿路 173 信箱　　邮编：100036
开　　本：787×1092　1/16　　印张：19.5　　字数：511.68 千字
版　　次：2023 年 6 月第 1 版
印　　次：2025 年 7 月第 3 次印刷
定　　价：59.00 元

凡所购买电子工业出版社图书有缺损问题，请向购买书店调换。若书店售缺，请与本社发行部联系，联系及邮购电话：（010）88254888，88258888。
质量投诉请发邮件至 zlts@phei.com.cn，盗版侵权举报请发邮件至 dbqq@phei.com.cn。
本书咨询联系方式：wangrh@phei.com.cn。

本书编委会

主　审：章剑林（教育部高等学校电子商务类专业教学指导委员会副主任委员，杭州师范大学阿里巴巴商学院执行院长）

主　编：林　洁（杭州师范大学钱江学院跨境电子商务专业教研室主任）

　　　　柯丽敏（杭州师范大学阿里巴巴商学院数字经济与战略系主任）

　　　　欧阳乐（浙江经济职业技术学院跨境电子商务专业专任教师）

副主编：王　妮（广东科技学院跨境电子商务专业教研室主任）

　　　　韩海燕（广东科技学院跨境电子商务专业专任教师）

参　编：张　雷（浙江途骜网络科技有限责任公司总经理）

　　　　陈　希（浙江途骜网络科技有限责任公司培训中心主任）

　　　　张一峰（杭州盛淼网络科技有限公司创始人）

　　　　李文涛（杭州盛淼网络科技有限公司 Shopee 运营主管）

　　　　张　洁（上海马帮科技有限公司创始人）

　　　　方　婧（上海马帮科技有限公司商务总监）

高等教育跨境电子商务专业"校行企"协同育人系列教材编委会

顾　　　问	郑　樑	中国对外贸易经济合作企业协会	副会长
顾　　　问	陈文培	联合国贸易网络上海中心	总工程师
主 任 委 员	陈　进	教育部高等学校电子商务类专业教学指导委员会	副主任委员
		中国对外贸易经济合作企业协会	
		跨境电商专业工作委员会	主任委员
常务副主任委员	孙建红	教育部高等学校电子商务类专业教学指导委员会	委员
副 主 任 委 员	陈标新	广东科技学院	教授
副 主 任 委 员	周志丹	浙江万里学院	教授
副 主 任 委 员	康　晶	长春财经学院	教授
副 主 任 委 员	金贵朝	杭州师范大学钱江学院	教授
副 主 任 委 员	方美玉	浙江外国语学院	教授
副 主 任 委 员	王云凤	吉林财经大学	教授
副 主 任 委 员	毕红毅	山东财经大学燕山学院	教授
副 主 任 委 员	吕　寒	西安外国语大学	教授
副 主 任 委 员	岳清唐	伊犁师范大学	教授
副 主 任 委 员	罗　明	广东科技学院	教授
副 主 任 委 员	许群航	西安外国语大学	教授
副 主 任 委 员	张　澜	武汉学院	副教授
副 主 任 委 员	李艳红	滇西应用技术大学	副教授
副 主 任 委 员	张　真	广州华商学院	副教授
副 主 任 委 员	刘睿伲	浙江财经大学东方学院	副教授
副 主 任 委 员	肖四喜	湖南交通工程学院	副教授
委　　　员	师　超	长春财经学院	副教授
委　　　员	常　颖	长春财经学院	副教授
委　　　员	金　琳	武汉学院	副教授
委　　　员	华　钢	杭州师范大学钱江学院	副教授
委　　　员	王素玉	吉林财经大学	副教授
委　　　员	严　明	广州华商学院	副教授
委　　　员	杨　希	广东科技学院	博士
委　　　员	闫克远	吉林财经大学	博士
委　　　员	杨　蕾	西安外国语大学	博士
委　　　员	李　罡	珍岛信息技术(上海)股份有限公司	校企合作总经理
委　　　员	郑春平	东莞市中旺精密仪器有限公司	董事长
委　　　员	董　鑫	上海美华系统有限公司教育培训事业部	总经理
委　　　员	周春翔	广州大洋教育科技股份有限公司	董事长
委　　　员	徐建喜	东莞市瀚艺实业有限公司	董事长
委　　　员	翟晶晶	东莞市晶发电子商务有限公司	总经理
委　　　员	谢小文	深圳昌和盛大电子商务有限公司	董事长
委　　　员	史法实	黑龙江俄速通科技企业孵化器有限责任公司	总经理
委　　　员	赵　松	陕西智诚跨境电商产业园	总经理
委　　　员	李凤英	东莞市海猫信息科技有限公司	总经理

序 言

近年来，作为国际贸易新业态，跨境电子商务（简称跨境电商）展现出强劲的发展活力，发展迅猛，已成为稳外贸、促转型的新引擎，多批次、小批量的外贸订单需求正逐渐代替传统外贸大额交易，各级政府和民间组织都在推动跨境电商的发展。2015 年 3 月，国务院批复设立中国（杭州）跨境电子商务综合试验区，截至 2022 年 11 月底，我国跨境电子商务综合试验区已经扩展至 165 个。越来越多的国内企业涉足跨境电商业务，跨境电商迎来发展的黄金 10 年。快速发展的跨境电商催生出大量的岗位需求，跨境电商人才供需矛盾日益凸显，尤其是跨境电商运营类人才存在巨大缺口。

跨境电商可以从不同维度根据不同分类标准进行分类：按进出口方向，跨境电商可以分为跨境出口电商和跨境进口电商；按商业模式，跨境电商可分为 B2B、B2C 和 C2C 模式；按平台运营，跨境电商可分为第三方平台、自营平台和代运营服务平台。跨境电商 B2C 模式的比重不断增加，但目前市场上适合高校进行跨境电商 B2C 多平台运营教学的教材较少，而本书侧重介绍当前主流跨境电商 B2C 平台的运营思路和方法，能很好地满足高校的教学需求。

本书将理论与实操相结合，分为基础篇、平台篇和拓展篇。其中，基础篇包括跨境电商 B2C 平台概述和跨境电商 B2C 多平台运营基础；平台篇主要介绍速卖通平台运营、亚马逊平台运营、eBay 平台运营和 Shopee 平台运营；拓展篇主要介绍跨境电商 ERP 系统。本书为新形态教材，不仅提供大量的二维码链接资源，还为每章设计了教学课件、习题集及答案等，为教学提供有效的支撑。

跨境电商人才培养必须紧跟产业和技术发展的最新动态，本书不仅充分整合了杭州师范大学阿里巴巴商学院、杭州师范大学钱江学院、广东科技学院和浙江经济职业技术学院等高校一线跨境电商运营师资的经验和智慧，还充分整合了浙江途骜网络科技有限责任公司、杭州盛淼网络科技有限公司和上海马帮科技有限公司等企业在跨境电商领域深度积累的优势资源。此外，杭州师范大学阿里巴巴商学院的电子商务专业和国际商务专业均为国家一流专业，杭州师范大学钱江学院、广东科技学院均是全国本科层次跨境电商人才培养的先行者，也是全国首批开设跨境电子商务专业的高校，在跨境电商人才培养方面积累了大量的经验。

希望本书能为高校的学生、跨境电商创业者和跨境电商初级从业人员了解跨境电商 B2C 多平台运营提供指引。

章剑林

2023 年 3 月

前 言

随着互联网在全球的加速普及和数字技术的高速发展，跨境电商已成为国际贸易领域极具竞争力的新业态、新模式与新引擎。相关数据显示，近年来中国跨境电商交易额年均增长超过30%，在政策的进一步推动下，大量企业加入跨境电商生态圈，跨境电商行业将保持高速增长的态势。

目前，跨境电商平台众多，多平台运营是当前跨境电商企业的特点，跨境电商运营人才的缺口非常大。在此背景下，很多高校陆续开设了与跨境电商运营相关的课程，但是关于跨境电商B2C多平台运营的教材较少。因此，我们深感应该将多年来在教学与行业一线积累的经验和方法分享给大家，以此助力高校的学生、跨境电商创业者和跨境电商初级从业人员更好地理解跨境电商运营的基本思路和方法。

本书具有以下特色。

第一，系统性。本书以"基础篇+平台篇+拓展篇"为框架，基础篇为读者梳理出跨境电商运营的共性基础知识点，平台篇详细阐述了四大主流跨境电商平台的基本运营规则和方法，拓展篇概括介绍了主流跨境电商ERP系统，内容非常丰富、翔实。

第二，前沿性。本书紧跟主流跨境电商B2C平台的新政策和运营规则，所引用的案例和素材均来自相应的跨境电商平台，方便读者直观地了解跨境电商平台运营的真实环境。

第三，新形态。本书配有拓展资料二维码，可供读者扫码阅读；另外，本书还有教学课件、习题集及答案、阅读材料等配套教学资源，读者可登录华信教育资源网（www.hxedu.com.cn）下载使用。

本书可作为各类高等院校跨境电子商务、电子商务、国际商务、国际经济与贸易、市场营销等专业的教材，也可作为跨境电商运营人员、个体从业人员的自学或培训用书。

本书是典型的产教融合的产物，主审工作由教育部高等学校电子商务类专业教学指导委员会副主任委员、杭州师范大学阿里巴巴商学院执行院长章剑林教授担任，编者团队由具有丰富跨境电商运营教学经验的骨干教师与具有一线实战经验的企业跨境电商项目负责人组成。本书由林洁负责规划、组织及统稿。其中，第一章由柯丽敏编写，第二章由林洁编写，第三章由欧阳乐编写，第四章由韩海燕、张雷和陈希共同编写，第五章由林洁编写，第六章由王妮、李文涛和张一峰共同编写，第七章由柯丽敏、林洁、方婧和张洁共同编写。本书的编写得到了杭州师范大学、广东科技学院和浙江经济职业技术学院等高校，以及浙江途骜网络科技有限责任公司、杭州盛淼网络科技有限公司、eBay和上海马帮科技有限公司等跨境电商生态圈企业的大力支持，也得到了电子工业出版社王二华编辑的大力支持，在此一并表示感谢。

编者在编写过程中，参考并引用了全球速卖通培训中心、亚马逊卖家大学、eBay 培训中心和虾皮大学的相关资料，同时借鉴了跨境电商 B2C 平台上不同店铺的图片资源，力求让读者由易到难、循序渐进地了解主流跨境电商 B2C 平台的运营知识与技能，助力读者胜任跨境电商运营岗位。但由于时间仓促，编者水平有限，书中不当之处在所难免，望广大读者批评指正。

编　者

2023 年 3 月

目 录

基础篇

第一章 跨境电商 B2C 平台概述 ……… 2
  第一节 跨境电商 B2C 模式概述 ……… 2
    一、跨境电商 B2C 模式的概念 ……… 2
    二、跨境电商 B2C 模式的一般交易流程 ……… 2
    三、跨境电商 B2C 模式的优劣势 ……… 4
  第二节 跨境电商 B2C 模式的发展 ……… 5
    一、跨境电商 B2C 模式的发展背景 ……… 5
    二、跨境电商 B2C 模式的发展现状 ……… 6
    三、跨境电商 B2C 模式的发展趋势 ……… 7
  第三节 主流跨境电商 B2C 平台概述 ……… 8
    一、速卖通平台概述 ……… 8
    二、亚马逊平台概述 ……… 11
    三、eBay 平台概述 ……… 15
    四、Shopee 平台概述 ……… 18
  本章小结 ……… 20
  本章习题 ……… 21

第二章 跨境电商 B2C 多平台运营基础 ……… 22
  第一节 跨境电商 B2C 平台选品 ……… 22
    一、选品的基本原则 ……… 22
    二、基于平台的站内选品 ……… 23
    三、基于第三方数据分析工具的选品 ……… 31
    四、基于海外社交媒体的选品 ……… 33
    五、基于海外众筹网站的选品 ……… 33
  第二节 跨境电商 B2C 平台的视觉美工 ……… 34
    一、速卖通平台的视觉美工 ……… 34
    二、亚马逊平台的视觉美工 ……… 38
    三、eBay 平台的视觉美工 ……… 40
    四、Shopee 平台的视觉美工 ……… 40
  第三节 跨境物流 ……… 41
    一、跨境物流概述 ……… 41
    二、跨境电商直邮服务 ……… 41
    三、跨境电商海外仓服务 ……… 44
  第四节 产品定价 ……… 46
    一、基于成本的定价策略 ……… 46
    二、其他定价策略 ……… 48
  第五节 跨境电商客户服务 ……… 49
    一、跨境电商客服人员的工作内容与特点 ……… 49
    二、售前对客户咨询的回复 ……… 50
    三、售后纠纷处理 ……… 51
  第六节 跨境支付与结算 ……… 52
    一、跨境支付 ……… 53
    二、跨境结算 ……… 54
  第七节 跨境电商知识产权 ……… 56
    一、知识产权的基本概念及其分类 ……… 56
    二、跨境电商知识产权侵权风险及防范 ……… 57
  本章小结 ……… 59
  本章习题 ……… 60

平台篇

第三章　速卖通平台运营 ……………… 62

第一节　速卖通店铺的开通 ………… 62
一、注册准备 …………………… 62
二、店铺类型 …………………… 63
三、注册流程 …………………… 63

第二节　速卖通物流 ………………… 68
一、速卖通物流概述 …………… 68
二、新手运费模板 ……………… 71
三、自定义运费模板 …………… 72

第三节　商品发布和管理 …………… 76
一、商品发布规则 ……………… 76
二、商品发布流程 ……………… 78
三、商品更新 …………………… 89

第四节　速卖通营销 ………………… 90
一、营销活动 …………………… 90
二、直通车 ……………………… 106
三、联盟营销 …………………… 111

第五节　订单处理 …………………… 117
一、订单处理基本流程 ………… 117
二、特殊订单处理 ……………… 123

本章小结 ……………………………… 126
本章习题 ……………………………… 127

第四章　亚马逊平台运营 ……………… 128

第一节　亚马逊账户注册与基础设置 …………………………… 128
一、注册准备 …………………… 128
二、注册流程 …………………… 129

第二节　亚马逊物流 ………………… 140
一、发货方式 …………………… 140
二、FBA 头程物流的主要流程 … 142
三、FBA 发货 …………………… 143

第三节　商品刊登和管理 …………… 159
一、刊登政策 …………………… 159
二、Listing 组成要素 …………… 161
三、刊登步骤 …………………… 164

第四节　订单处理 …………………… 170
一、订单处理基本流程 ………… 170
二、订单处理步骤 ……………… 170

第五节　亚马逊广告 ………………… 172
一、亚马逊常见广告位 ………… 172
二、亚马逊广告类型 …………… 174
三、站内广告的投放 …………… 175

第六节　亚马逊促销 ………………… 179
一、亚马逊优惠券 ……………… 179
二、Prime 专享折扣 …………… 180
三、秒杀和 7 天促销 …………… 181
四、镇店之宝 …………………… 183
五、社交媒体促销代码 ………… 184
六、购买折扣 …………………… 185
七、买一赠一 …………………… 187
八、清仓促销和清仓销售 ……… 189

本章小结 ……………………………… 190
本章习题 ……………………………… 191

第五章　eBay 平台运营 ………………… 192

第一节　eBay 账户注册与基础设置 …………………………… 192
一、账户注册 …………………… 192
二、账户基础设置 ……………… 199
三、eBay 平台销售费用及相关规则 …………………………… 207
四、eBay 卖家收款 ……………… 209
五、eBay 卖家管理店铺常用工具 … 209

第二节　eBay 物流 …………………… 210
一、eBay 物流概述 ……………… 210
二、eBay 直邮物流方案 ………… 211
三、eBay 海外仓物流方案 ……… 215

第三节　Listing 刊登和管理 ………… 217
一、刊登政策 …………………… 217
二、刊登步骤 …………………… 218
三、刊登管理 …………………… 224

第四节　订单处理 …………………… 227
一、订单处理基本流程 ………… 227
二、已付款订单处理 …………… 227
三、特殊订单处理 ……………… 229

第五节　营销推广 ·················235
　　一、eBay 店铺促销活动 ········235
　　二、eBay 广告 ·················236
本章小结 ·························238
本章习题 ·························239

第六章　Shopee 平台运营 ·········240

第一节　Shopee 平台入驻 ·········240
　　一、招商政策 ·················240
　　二、入驻渠道 ·················241
　　三、审核流程 ·················242
　　四、商店的基础设置 ··········243
第二节　Shopee 物流 ···············244
　　一、物流方式 ·················244

　　二、物流成本计算 ············246
　　三、运费模板设置 ············246
第三节　商品上传和管理 ·········248
　　一、单个商品上传 ············248
　　二、批量商品上传 ············252
第四节　Shopee 营销推广 ·········254
　　一、营销中心 ·················255
　　二、Shopee 广告 ···············263
　　三、促销活动 ·················267
第五节　订单处理 ·················271
　　一、订单处理基本流程 ······271
　　二、退货/退款处理 ···········273
本章小结 ·························273
本章习题 ·························274

拓展篇

第七章　跨境电商 ERP 系统 ·······276

第一节　跨境电商 ERP 概述 ·····276
　　一、跨境电商 ERP 软件概述 ···276
　　二、跨境电商 ERP 系统架构 ···277
第二节　店小秘 ···················279
　　一、平台授权 ·················279
　　二、产品模块 ·················281
　　三、物流设置 ·················282
　　四、订单模块 ·················282

　　五、其他模块 ·················283
第三节　马帮 ERP ·················283
　　一、马帮 ERP 概述 ············283
　　二、平台授权 ·················285
　　三、物流设置 ·················285
　　四、刊登模块 ·················294
　　五、订单导入 ·················299
　　六、其他模块 ·················302
本章小结 ·························302
本章习题 ·························302

基础篇

第一章　跨境电商 B2C 平台概述

【学习目标】

1. 知识目标
- 了解跨境电商 B2C 模式的概念和一般交易流程。
- 了解跨境电商 B2C 模式的发展背景、现状和趋势。
- 了解全球速卖通平台的发展现状。
- 了解亚马逊平台的发展现状。
- 了解 eBay 和 Shopee 平台的发展现状。

2. 能力目标
- 能判断跨境电商的发展趋势。
- 能区分跨境电商 B2C 模式发展的优势和劣势。
- 理解速卖通平台的运营模式。
- 理解亚马逊平台的运营模式。
- 理解 eBay 和 Shopee 平台的运营模式。

第一节　跨境电商 B2C 模式概述

一、跨境电商 B2C 模式的概念

跨境电商 B2C 模式也叫跨境电商零售，是指分属于不同关境的交易主体，在跨境电商交易平台上达成交易，个人消费者在线支付，卖家利用跨境物流进行配送的交易模式。

跨境电商零售和国内电商零售主要存在四点不同之处。其一，跨境电商零售涉及地理分割；其二，跨境电商零售的信息不对称现象更为普遍，也更为严重；其三，完成跨境电商零售交易需耗费更多的时间；其四，跨境电商零售能够高效地实现资源在全球范围内的最优配置。

二、跨境电商 B2C 模式的一般交易流程

跨境电商 B2C 模式的一般交易流程如图 1.1.1 所示。国内货源可通过境外电商平台或境内电商平台以直邮出口的方式卖给境外消费者，或者通过国内保税仓库以保税出口的方式卖给境外消费者，而在海关环节则需要经过商品备案、清单核放、汇总申报、退税/结汇等流程。

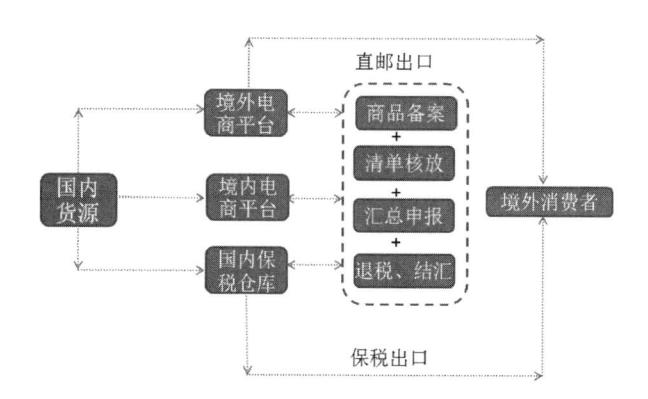

图 1.1.1 跨境电商 B2C 模式的一般交易流程

跨境电商 B2C 依托互联网技术，在物流方式、交易流程、结算方式等方面都和传统零售及国际贸易有较大的差异。一方面，跨境电商 B2C 实现了电子化、数字化和网络化。无论是订购还是支付环节都可以通过网络完成，甚至数字化产品的交付也可以通过网络完成。在交易过程中，各种票据都是以电子文件的形式存在的。因此，跨境电商 B2C 实际上是包含货物的电子贸易、在线数据传递、电子资金划拨、电子单证等多环节与内容的一种新型国际零售方式。另一方面，由于信息在互联网上传播得便捷和快速，跨境电商 B2C 使得卖家可以直接面对来自不同国家和地区的消费者，从而最大限度地减少了传统零售所必须涉及的多个交易环节和消除了供需双方之间的信息不对称。这也是跨境电商 B2C 模式最大的优势所在。

跨境电商 B2C 模式下的物流和信息流如图 1.1.2 所示。境外消费者通过互联网下订单、选择物流并支付货款，生成了订单、物流和支付信息；海关开发的通关服务平台会将这"三单"信息，以及前期卖家和产品的备案信息自动生成"清单"数据向海关通关管理平台传递。这是信息流的传递，而此时卖家会将售出的产品交给物流企业，并在海关现场监管下，流水线自动放行。在售出产品离境后，卖家可以定期对清单进行申报，生成报关单，有了报关单后，卖家便可以顺利地进行退税、结汇。海关据此进行贸易统计。

图 1.1.2 跨境电商 B2C 模式下的物流和信息流

三、跨境电商 B2C 模式的优劣势

（一）跨境电商 B2C 模式的优势

1. 跨境电商 B2C 模式使单一出口变为全球出口

跨境电商 B2C 模式属于小额外贸，面向全球，出口产品和国际市场都呈多元化趋势。产品和市场多元化大大降低了国际市场变化对跨境交易的影响。全球市场的机会远远超过任何一个单一市场的机会。跨境电商 B2C 模式的面向市场多元化的特点使得由于某一个或几个国家经济衰退而影响交易额的现象大大减少了。

2. 跨境电商 B2C 模式的价格竞争力强且利润空间大

由于跨境电商 B2C 模式直接面对境外的消费者，节省了原来由境外中间商所完成的很多中间环节的费用，即使国际物流成本偏高，但是相对于当地实体店的零售价还是有很大的竞争力的。

3. 跨境电商 B2C 模式符合定制化消费趋势

当前电子商务的发展趋势正在逐步由 B2C 模式向 C2B 模式转变。所谓 C2B 模式，就是消费者向零售商定制产品，由零售商委托加工商为消费者生产。这是互联网的个性化文化向商业领域渗透的表现，即所谓的"长尾理论"。比如，以经营婚纱产品为主的跨境 B2C 企业兰亭集势，消费者可以根据自己的喜好定制个性化婚纱。兰亭集势在接到订单后的 15 天内就可以完成并通过跨境物流将产品送往世界各地，一般境外消费者在 20 天内就可以收到为自己量身定制的产品。

4. 跨境电商 B2C 模式使企业资金周转快且汇率风险小

跨境电商 B2C 模式的最大优势是消费者在网购时是预付全部货款的。在产品发出以后，企业没有任何收不到货款的风险，而且能及时收到货款，这样可以大大减轻企业的资金负担，提高企业的经济效益。另外，跨境电商 B2C 模式还有一个优势是可以避免汇率风险。由于外汇的汇率走向不稳定，跨境电商 B2C 的即时交易、即时支付完全避免了这种结构性风险给出口企业带来的经济损失。

（二）跨境电商 B2C 模式的劣势

1. 跨境电商 B2C 模式的物流成本比较高

跨境电商 B2C 模式主要面向个人消费者。产品运输以小批量、多批次的国际物流为主。在一般情况下，跨境物流成本是国外当地物流成本的两倍以上。假如一个企业每天有 3000 单的流量，目前主要利用国外第三方物流公司，即 TNT、UPS、DHL 和 FedEx 四大国际快递公司，或者通过国际平邮和国际空运运输。以将 1 千克物品运到美国为例，海运运费为 1.30 元、空运运费为 35 元、快递运费为 45 元，最低运费和最高运费之间的差距有几十倍。因为目前有些产品即使采用国际物流运输也可能比当地的零售价低，所以销量可观。不过随着这种商业模式的普及，竞争日趋激烈，跨境物流成本高昂的缺陷更加明显。

2. 跨境电商 B2C 模式会对产品类别产生一定的限制

由于跨境物流成本高昂，因此跨境电商主要经营的产品一般是服饰类、美妆类和 3C 电子产品等。这几类产品的包裹体积小，相对的附加值较高，在物流方面，卖家既可以选择国内直邮，也可以通过海外仓发货。但家具类、五金类、器械类等体积大或重量大的产品就不

适合直邮，卖家只能选择少量的目标市场国家，并且需要提前把产品发往目标市场国家的海外仓，等有了订单后再从海外仓发货。这也是卖家在产品类别选择上需要重点考虑的因素。

3. 跨境电商 B2C 模式的售后服务比较缺失

跨境电商 B2C 模式面对消费者的最大问题是售后服务。境外消费者，特别是欧美地区的消费者希望有一套完整的零售售后体系。"无理由退货"是他们的消费习惯和消费文化。但是跨境网购的产品由于涉及跨境物流、报关和税收等复杂的流程，这使得退货变得更为复杂，同时影响了境外消费者对质优价廉的中国制造产品的消费热情。换言之，如果产品质量有问题，需要投诉，巨大的时间成本就足以让消费者望而却步。这些对于跨境电商市场的发展都有很大的影响。

4. 跨境电商 B2C 模式的运营人才缺乏

跨境电商 B2C 模式对运营人才的要求比较高。第一是运营人才需要具有一定的行业背景，具有国际市场和国内市场的专业认知。第二是语言方面的要求，特别是小语种，如泰语、越南语、马来西亚语、西班牙语和葡萄牙语等，随着欧美地区市场的逐步饱和，以及政策性合规风险的加剧，小语种国家将成为中国未来跨境电商发展的新增长点。第三是国际化，即运营人才具有所负责国家的文化、习俗、语言和法律等专业知识，这样就能了解当地消费者的思维方式和生活方式。对全球化的零售而言，营销策划是关键。面对不同的国家和地区、不同的文化、不同的消费对象、不同的产品，要有针对性的营销策略，哪怕是拍一张产品图片和做产品的具体描述，也要有针对性。第四是供应链管理。实际上，所有电商平台的成功都是供应链管理的成功，全球零售从产品方案制定、采购、生产、运输、仓储到出口和物流配送等一系列环节都需要专业的供应链管理人才。

第二节　跨境电商 B2C 模式的发展

一、跨境电商 B2C 模式的发展背景

（一）政策背景：中国政府大力支持跨境出口电商

2021 年 7 月，国务院办公厅印发了《关于加快发展外贸新业态新模式的意见》，明确提出要积极支持运用新技术新工具赋能外贸发展，完善跨境电商发展支持政策。2021 年 10 月，国家商务部、中央网信办、国家发展和改革委三部门印发了《"十四五"电子商务发展规划》（简称《规划》），明确了 2021—2025 年中国电子商务行业总体发展方向和任务，进一步提出了中国跨境电子商务交易额的预期目标，明确了电子商务智能化、数字化、合规化等政策发展方向。《规划》提出 2025 年全国电子商务交易额预期目标是 46 万亿元，全国网上零售额预期目标是 17 万亿元，跨境电子商务交易额预期目标是 2.5 万亿元；鼓励电商平台企业全球化经营，完善仓储、物流、支付、数据等全球电子商务基础设施布局，支持跨境电子商务等贸易新业态使用人民币结算。截至 2022 年 11 月底，中国跨境电子商务综合试验区数量达到 165 个，覆盖全国 31 个省区市。

（二）经济背景：中国是世界第一制造大国

根据中经数据，2021 年中国工业增加值为 37.26 万亿元，中国连续 12 年保持世界第一

制造大国地位。中国制造业对世界制造业贡献的产值比重接近30%。艾媒咨询分析师认为，中国具备强大的工业制造体系，为中国跨境电商的发展奠定了很好的物质基础。

（三）社会背景：疫情促进电商的发展

2020年，在全球新冠疫情的冲击下，电商特有的"免接触"模式能在满足消费者日常消费的同时尽可能降低感染病毒的风险，受到全球广大消费者的喜爱，这将进一步加速消费者线上消费习惯的养成，促进电商行业的发展。

2020年，美国约有2.56亿个数字买家，约占成年人口的88%，较2019年同比上涨了3.8%，预计该数据到2024年将达到2.78亿个。2020年，东南亚市场电商销售额同比增长了37.4%（疫情前为22.2%），达到253亿美元，预计到2024年当地电商销售额将达到510亿美元。2020年10月到11月，印度电商狂欢节期间达成了83亿美元的销售额，比前一年同比增长了65%。

（四）国际形势：各国跨境电商政策向合规、开放方向发展

当前，各国政府主体对跨境电商行业的态度使其呈现合规化和开放性趋势。2021年，美国和欧盟分别发布了《2020年假冒与盗版恶名市场审查报告》和《欧盟税制改革》，分别对跨境电商产品的版权、真伪及跨境电商税务等方面提出了进一步的合规性要求。欧盟废除了远程销售起征额，推出一站式注册申报服务，终止低于22欧元的进口增值税豁免政策，由电商平台或海关申报人负责收取和缴纳增值税。这些措施将提升跨境电商企业的合规性经营。

2020年11月，东盟10国和中国、日本、韩国、澳大利亚、新西兰共15个国家正式签署《区域全面经济伙伴关系协定》。该协定是一个自由贸易多边协定，旨在通过削减关税及非关税壁垒，建立一个统一的市场。该协定规定：承诺给予其他缔约方的货物以国民待遇；通过逐步实施关税自由化给予优惠的市场准入；特定货物的临时免税入境；取消农业出口补贴；全面取消数量限制、进口许可程序管理，以及与进出口相关的费用和手续等非关税措施方面的约束。《区域全面经济伙伴关系协定》将进一步促进该经济体内的商品交易，促进跨境电商的开放性发展。2021年11月，中国正式申请加入《数字经济伙伴关系协定》，展现了中国积极参与数字经济国际合作及相关规则制定的建设性姿态，也反映出中国致力于扩大开放对接国际高水平规则标准的坚定决心。

二、跨境电商B2C模式的发展现状

（一）发展规模

海关统计数据显示，2021年我国跨境进出口规模达1.98万亿元，增长15%，其中，出口规模达1.44万亿元，增长24.5%；2022年我国跨境进出口规模达2.11万亿元，同比增长9.8%，其中，出口规模达1.55万亿元，同比增长11.7%。中国跨境出口规模持续增长，根据商务部和艾媒咨询预测，预计在2024年中国跨境出口规模将达到2.95万亿元。

在全球新冠疫情的影响及互联网技术的渗透作用下，2020年全球货物贸易总额下降了5.3%，但全球B2C跨境电商贸易总额不降反升。目前，中国是全球最大的B2C跨境电商交易市场，占全球交易份额的26%，美国、英国、德国和日本紧跟其后。此外，印度、中东国家和俄罗斯的跨境电商交易份额也在迅速增长。

（二）卖家分布和热门品类

中国跨境出口电商卖家主要集中在广东、浙江、江苏、福建、上海、北京、湖北、山东等地。其中，广东、浙江、江苏占据前三位，同时，中西部地区正在快速发展，跨境出口电商向中西部转移是未来趋势。

在跨境出口电商的热门品类中，数码 3C、家居家具和服装鞋帽位列前三。此外，美妆个护、运动户外、小商品和工艺品、手工园艺等品类也是当前跨境出口电商的热门品类。数码 3C、服装鞋帽、户外用品具有成本优势强、标准化程度高等特点，符合跨境电商的发展特征。标准品因其品类的统一性，天然地适合通过互联网进行推广和销售。

从商品品类上看，2020 年中国跨境电商零售出口额排名前十的品类合计占比为 97%，纺织原料及纺织制品、光学和医疗仪器、钟表、乐器、毛皮及制品、箱包等实现快速增长，增速均超过 30%。北美洲和欧洲是中国跨境出口电商的主要目标市场，而随着中国"一带一路"倡议的推进和《区域全面经济伙伴关系协定》的签订，东南亚、中东、拉美、中亚、非洲等新兴市场也成为跨境出口电商卖家的重要拓展方向。跨境出口电商零售目的地排名前十的分别为马来西亚、美国、新加坡、英国、菲律宾、荷兰、法国、韩国、中国香港和沙特。

三、跨境电商 B2C 模式的发展趋势

（一）精品化

随着电商经济的不断发展和人们消费水平的提高，消费者对产品"质"的追求进一步提升，跨境出口电商的产品将趋于精品化。精品化模式具备能避免与当前行业巨头正面交锋、易于形成自身的品牌形象、单精品需求量足够大和品牌的试错成本低等优势。

（二）品牌化

过去，中国跨境出口电商主要以"量"或"价"争夺市场优势，但随着中国劳动力成本优势的减弱、世界主流经济体消费者对产品"质"的要求的不断提升，这种以"量"或"价"的竞争模式在中国跨境出口电商行业中的优势减弱，取而代之的是"质量第一"或"在保证质的前提下兼顾价"的竞争模式。

独立站模式更能契合品牌建设，许多卖家着手建设独立站，在内容创意、整体视觉、产品包装等方面进行品牌升级。在产品同质化严重的当下，不同卖家需要找到差异化的市场突破口，从产品包装、视觉设计、品牌理念等多个维度进行升级。在品牌塑造上，跨境出口电商卖家越来越注重自身品牌的宣传，在宣传过程中利用其独特的宣传风格或宣传材料的特性来告诉消费者"我是一个什么样的品牌"，并以此来强化消费者对自身品牌的印象。

（三）数字化

进入数字经济时代，数据对提高生产效率的乘数作用不断凸显，成为最具时代特征的生产要素。数据的爆发式增长、海量集聚蕴藏了巨大的价值，为跨境电商零售智能化发展带来了新的机遇。数字技术和数字工具在跨境供应链各环节的应用，进一步推动了跨境电商零售全流程各环节的优化提升。利用大数据进行定制化、精准化营销创新，将为跨境电商零售的发展带来强劲的动力。

（四）本土化

提供本土化服务和本土化营销是跨境电商做大、做强的关键。只有尽可能靠近消费者，做好"最后一公里"服务才能提高消费者满意度。因此，跨境电商卖家纷纷布局海外仓——海外仓有助于提高物流配送时效，实现快速的退换货处理，提升客户满意度。除此之外，跨境电商卖家在国外的当地平台上开店，能获得本土化电商的优势，更容易打入当地市场，也更受当地人的青睐。

（五）多样化

当前，跨境电商零售进入全渠道、多模式并行阶段，形成了全新的跨境电商产业生态。为了拓展跨境电商业务，大多数卖家会首选多平台运营，尤其中小卖家更偏向第三方平台。这主要是由于第三方平台有流量，同时整合了物流、支付、运营等服务资源。在众多跨境电商 B2C 第三方平台中，亚马逊平台是大多数跨境电商零售卖家的选择，其次是 eBay、速卖通和 Shopee 等平台。而逐步积累了运营经验的大卖家则更偏好自建站。自建站也叫独立站，自建站运营可不受平台规则的约束，且有助于打造自有品牌，但是自建站流量成本会更高。在所有海外营销平台中，谷歌推广应用最为广泛，而在海外社交媒体中，Meta 和 YouTube 是跨境电商卖家使用最多的两个平台。此外，TikTok 也越来越受到关注，一些卖家开始在 TikTok 上开展短视频营销。

在流量获取方式上，通过平台内竞价引流是目前跨境出口电商获取流量的主要方式，社交营销和搜索引擎营销紧随其后，网红营销开始被跨境电商企业关注，有些卖家已经开始运用网红营销获取海外市场流量。在营销方式上，B2C 卖家不断创新，如站内营销出现了赞助广告、头条搜索广告、产品展示广告等方式，站外营销出现了搜索引擎营销、社交媒体营销和邮件营销等方式。海外营销推广方式层出不穷。

第三节　主流跨境电商 B2C 平台概述

一、速卖通平台概述

（一）速卖通的发展历程

全球速卖通（简称速卖通）是阿里巴巴集团旗下面向全球市场打造的跨境出口电商零售平台（其首页如图 1.3.1 所示），现在已经成长为中国最大的出口 B2C 电商平台。速卖通致力于帮助中国制造实现"品牌出海"，有望在未来 5~10 年时间里服务全球 10 亿名消费者。

速卖通于 2010 年 4 月开始正式上线运营，目前已经开通 18 个语种的站点，消费者覆盖全球多个国家和地区，是中国唯一覆盖"一带一路"沿线全部国家和地区的跨境出口电商零售平台。该平台销售的商品囊括了 22 个行业的日常消费类目，流量瞩目，备受海外消费者的欢迎。在十多年的发展历程中，速卖通见证了中国跨境出口零售贸易格局的演变，以俄罗斯、美国、西班牙、巴西和法国等国家为主要交易市场，同时，在东欧和中东等"一带一路"新兴市场也发展势头良好、增长强劲。

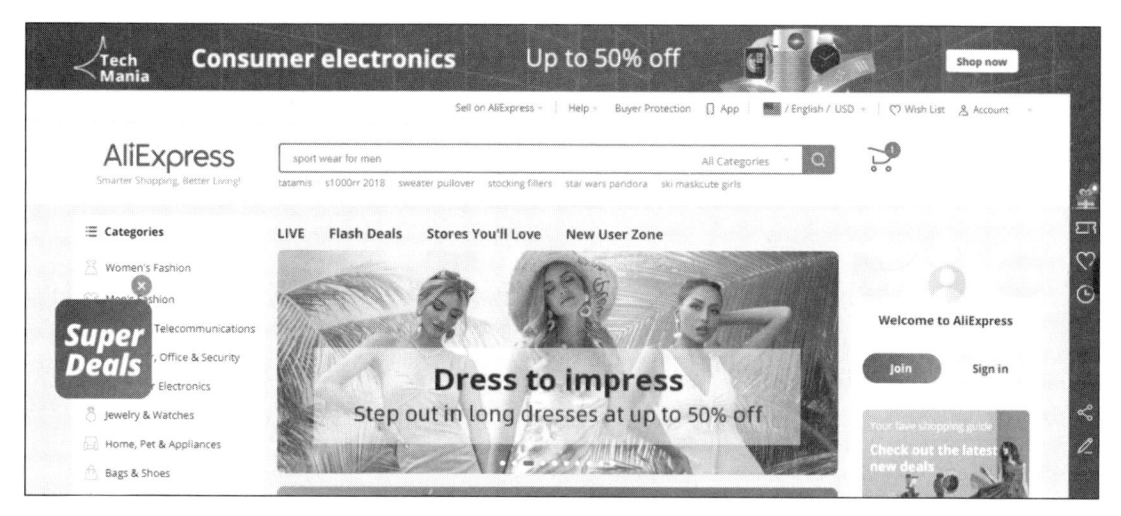

图 1.3.1　速卖通平台首页

速卖通刚刚成立的时候，卖家是免费入驻的，由于人气比较低，平台想要尽快丰富产品、提高知名度，所以对于卖家的资质要求很低，这个时候对于一些中小型企业来说是比较有利的。从 2010 年至 2014 年，速卖通每年成交额保持 300%～500%的增长，平台卖家有 20 多万个，在线商品数量达到亿级。2014 年，速卖通第一次参加全球化"双 11"活动，如图 1.3.2 所示，活动当天创下 684 万笔交易订单，有效订单覆盖 211 个国家和地区。2015 年 4 月，速卖通上线 5 周年，启动全新 Logo，将"购物车"全面升级为"Smart Shopping，Better Living"，继续为多个国家和地区的消费者提供更丰富、更高性价比、兼具品质的一站式购物服务。

图 1.3.2　速卖通"双 11"活动

2015 年，速卖通上来自全球的买家约 3400 万个，2016 年，这个数字又翻倍增长，活跃买家约 1 亿个。在 2016 年的时候，速卖通更改招商政策，平台从 C2C 转型 B2C，要求入驻的店铺必须具有企业资质并且按经营大类缴纳年费，对于大部分类目，新入驻店铺必须拥有或代理品牌，在产品的质量方面也加强管理。为了鼓励卖家，速卖通采用 GMV（Gross Merchandise Volume，商品交易总额）考核奖励返还机制，规定 GMV 考核达到指定要求的卖家才可以全额或半额返还年费。另外，从 2016 年下半年开始，为了能让买家更快地收到商品，速卖通把精力集中在物流上面，优化了一系列的物流系统，同时对于卖家的备货天数等提出了更高的要求。2019 年年底，入驻速卖通平台由年费政策改为保证金政策，保证金按店铺入驻的经营大类收取。截至 2022 年 12 月，全球速卖通的海外成交买家数量突破 1.5 亿个。

（二）速卖通平台的运营模式

1. 信息流运作模式

通过速卖通后台的"卖家中心"，卖家可以对订单、物流、资金账号和评价进行有效的管理。卖家也可以通过"买家会话"工具及时与买家进行沟通。

2. 物流模式

由于速卖通面向多个国家和地区，它的物流模式较为复杂，主要的物流方式有四种：经济类、简易类、标准类和快速类，如图1.3.3所示。菜鸟无忧物流，又称AliExpress无忧物流，是速卖通和菜鸟网络联合推出的官方物流服务，为速卖通卖家提供包括稳定的国内揽收、国际配送、物流详情跟踪、物流纠纷处理、售后赔偿在内的一站式物流解决方案。

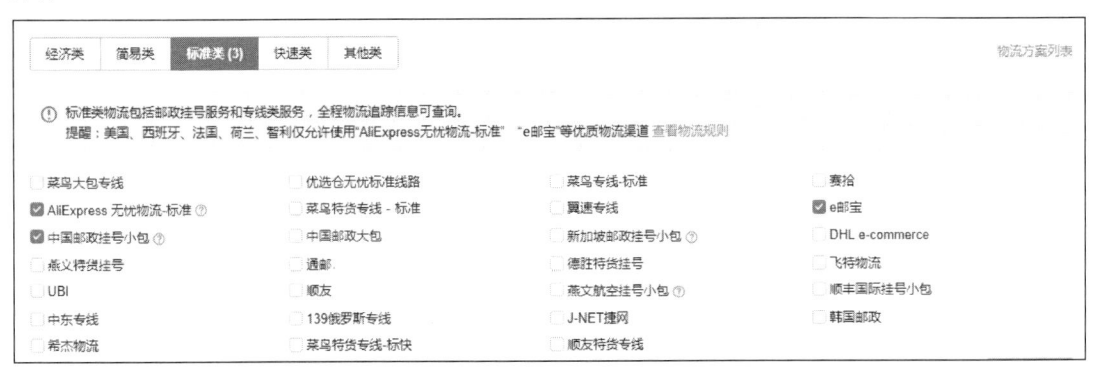

图1.3.3　速卖通物流模板

速卖通平台支持线上发货和线下发货。速卖通线上发货依靠的是由速卖通与菜鸟网络联合多家优质的第三方物流服务商打造的物流服务体系。使用速卖通线上发货的卖家可以直接在速卖通后台在线选择物流服务商并创建物流订单。在指定的城市，物流服务商提供免费的上门揽收服务，对于其他城市，卖家需将包裹自行寄至物流服务商的仓库。

速卖通平台支持线下发货，也就是物流订单的创建在线下物流服务商的系统中完成，卖家只需要在订单详情页面点击"填写发货通知"，之后填写正确的物流服务、国际物流单号及发货状态，并提交，即可完成发货流程。此外，已备货到海外仓的货物也可以使用海外本地物流服务。

3. 资金流运作模式

速卖通买家既可以使用VISA及MasterCard对订单进行支付，也可以使用PayPal、WebMoney和Qiwi Wallet等电子支付工具进行支付，订单支付金额在扣除佣金后都存放在支付宝国际账户中。支付宝国际账户是支付宝为从事跨境交易的国内卖家建立的资金账户管理平台，具备对交易进行收款、退款、提现等主要功能。支付宝国际账户是多币种账户，包含美元账户和人民币账户，目前只有速卖通卖家和阿里巴巴国际站会员才能使用。

4. 盈利模式

速卖通的主要盈利模式是冻结店铺保证金、收取产品交易佣金和营销推广费用等。

速卖通卖家开店只要支付店铺保证金就可以了，费用为1万～5万元。不同类目的收费标准不一样，大部分类目的保证金是1万元，手机类目的保证金是3万元，真人发类目的保证金为 5 万元。如果卖家同时入驻多个类目，那么就按所有类目中金额最高的类目收取保证金。保证金年初冻结，如果卖家没有违规，则第二年年初返还卖家。也就是说，速卖通保证金收取标准参照现有的年费标准，按照店铺申请入驻的类目收取，入驻多个类目的，按照最高金额的类目收取保证金。

速卖通的产品交易佣金按照该产品所属类目的佣金比例收取，运费的交易佣金目前按照 5%～8%的比例收取。直通车是卖家在速卖通平台内部进行推广的主要手段。对于开通了直通车的产品，速卖通平台根据卖家的出价及买家的点击次数收取相应的费用。

二、亚马逊平台概述

（一）亚马逊公司发展概况

亚马逊公司（Amazon）成立于 1995 年 7 月，总部位于美国西雅图，是美国最早也是最大的一家网络电子商务公司。最开始公司只有网络书籍销售业务，2000 年的时候亚马逊在美国开通了第三方平台业务，首次允许其他卖家入驻，但在 2011 年之前，只有美国公民或美国公司才能以第三方卖家的身份入驻亚马逊，并且亚马逊对入驻卖家的资料进行严格的监管。为了适应经济全球化的趋势，亚马逊从 2012 年年初开始面向中国卖家启动了"亚马逊全球开店"项目，中国卖家可以通过亚马逊平台接触他国企业、机构和消费者，如图 1.3.4 所示。目前，亚马逊美国、加拿大、墨西哥、英国、法国、德国、意大利、西班牙、荷兰、瑞典、日本、新加坡、澳大利亚、印度和波兰等 18 个海外站点已面向中国卖家开放，吸引了数十万个中国卖家入驻。

图 1.3.4 亚马逊全球开店首页

亚马逊及第三方卖家提供数百万种独特的全新、翻新及二手商品，如图书、影视、音乐和游戏、数码下载、电脑、家居园艺用品、玩具、婴幼儿用品、食品、服饰和鞋类、珠宝、健康和个人护理用品、体育及户外用品、汽车及工业产品等。

亚马逊依靠运作成熟的海外站点和物流仓储系统,使跨境业务获得高速发展,仅2013年入驻的卖家数就增长了196%,成为全球商品品种最多的网上零售商。亚马逊全球第三方卖家销售额占比已从1999年的3%增长到2018年的58%,销售额从1亿美元增长到1600亿美元,复合增长率达到52%。在2019年亚马逊会员日活动期间,中小企业卖家销售额超过20亿美元。自2020年开始,虽然受到全球新冠疫情的影响,但亚马逊的业务却出现逆势增长。亚马逊发布的全年财报显示,亚马逊2021年净销售额为4698亿美元,与2020年的3861亿美元相比增长了22%。2022年亚马逊全年净销售额为5140亿美元,相比2021年增长了9%。

(二)亚马逊平台的站点介绍

1. 北美站点

北美站点主要包含美国站点、加拿大站点和墨西哥站点。电子产品、服装、美容、电脑、电器、汽车、家装、玩具和小家电等都是北美站点的热销类目,其中美国亚马逊Prime会员数量已经超过1亿个,几乎每个家庭都会使用亚马逊平台购物,亚马逊物流在美国可以做到两日送达。加拿大地广人稀,虽然关税较高,但是互联网普及率非常高,人们对境外产品有很高的接受度,家具类产品、居家类产品、雪上运动类产品等都是热销品类。墨西哥的在线购物市场正在高速发展中,当地人很喜欢从国际性的电商购物平台下单,游戏办公、收纳存储、运动健身及户外用品等类目的相关产品在墨西哥十分热销。

2. 欧洲站点

亚马逊欧洲站点是继美国站点之后,非常受卖家欢迎的市场,也是充满机遇的市场。欧洲站点正式对外开放的有英国、法国、德国、意大利、西班牙、荷兰、瑞典和波兰等站点,家居电子、衣帽鞋靴、运动产品、电脑及手机配件和厨房用品等都是热销品类。久经亚马逊卖场的卖家们都知道,德国站点的体量在欧洲站点里算是最大的,接下来是英国站点,由于语言的关系,法国、西班牙、意大利等站点的体量相对较小。入驻欧洲站点需要注册当地国家的税号才能正常运营,注册起来相对麻烦,不过近些年来选择开通的卖家也越来越多了。

3. 日本站点和澳洲站点

日本是全球第三大经济体,也是全球电商最发达的市场之一,亚马逊日本站点是日本排名第一的电商购物网站,拥有全球第六的互联网用户,消费人群的电商购物习惯成熟,并且具有较高的购买力。日本消费者热衷在网上购买服装杂货、厨房家电、家居家装等产品。不过,日本站点是一个对产品质量要求很高的站点,这和日本人的购物习惯有关系。已经开通日本站点的卖家们会发现,在日本站点卖产品,除了产品质量要好,产品包装是否精美也是相当重要的。

澳洲站点主要就是澳大利亚站点,澳大利亚站点是2017年开始招募卖家的站点,当前入驻澳洲站点的卖家不多,亚马逊在澳大利亚的市场份额有限。预计到2024年澳洲的电商规模将达到323亿美元,每年15.5%的涨幅,将超过欧美等电商大国。

4. 印度站点和中东站点

印度市场是目前公认的非常有潜力的市场,印度15~34岁的年轻人约为8.5亿人,年轻人作为线上购物的主要人群使印度电商市场蕴藏着巨大的潜力。据调查,印度有2亿人属于中产阶级,超过一半的亚马逊印度站点用户是中产高收入人群。高价值品类如无线耳机、扫地机器人、电竞类(电竞椅、电竞键盘)、智能穿戴的销量和增长速度十分吸睛。

2017 年，Souq 被亚马逊收购，成为亚马逊的子公司，号称"中东亚马逊"。亚马逊中东站点覆盖阿联酋、沙特、埃及、科威特、巴林、阿曼和卡塔尔 7 个国家，语言为英语或阿拉伯语。中东人口为 4.5 亿人，近一半人口为青年人，基数庞大的年轻人口是电商的主要消费人群。其中，阿联酋和沙特的电商渗透率平均达到 75%。亚马逊先后在 2019 年和 2020 年向中国卖家开通了阿联酋站点和沙特站点两大站点。沙特和阿联酋的消费偏好相似，服装、鞋子、消费电子均为两国线上搜索量和网购量前三位的类目。

5. 其他站点

亚马逊土耳其站点、巴西站点和新加坡站点都是亚马逊近几年打造的新兴市场。土耳其属于欧洲传统制造业强国，拥有 7500 万人口，其中 41% 是 25 岁以下的年轻人，具有较强的发展潜力。但土耳其也属于欧洲小语种国家，几乎都用土耳其语交流，因此，土耳其站点对语言要求比较高。巴西约有 2 亿人口，并且互联网覆盖了 80% 的人口，另外，巴西电子商务零售市场仅占全部零售市场 5% 的份额。巴西也是目前跨境电商市场中的蓝海市场。此外，新加坡作为东南亚人均 GDP 第一、全世界人均 GDP 第六的国家，人均电商消费金额超过 1400 美元，高于世界平均水平的一倍以上。近两年，亚马逊新加坡站点的总访问量迅速攀升。

随着亚马逊的不断发展，亚马逊的站点越来越多。2021 年 9 月，亚马逊宣布正式上线亚马逊埃及站点。不过目前中国卖家重点关注的站点是北美站点、欧洲站点和日本站点。在亚马逊四大核心市场（美国、英国、德国和日本）中，75% 的新卖家都是中国卖家。欧洲各站点的中国卖家数量占比接近 80%，美国站点的中国卖家比例约为 60%。现在，亚马逊注册流程已经全面升级，新卖家只需要注册一次就可以快速开通北美、欧洲、日本、澳洲等热门站点的店铺。在亚马逊平台月租金方面，卖家只需要缴纳一个站点的费用就可以在其他站点出售产品。

（三）亚马逊平台的运营模式

1. 飞轮理论

亚马逊的飞轮理论是亚马逊的创始人杰夫·贝索斯提出来的，是亚马逊运营的核心思想，如图 1.3.5 所示。这个理论是由增长、供货商、选品与便利、客户体验、流量、低成本结构和更低价格 7 个因素组成的。这是一个可以从任何一个点开始却没有终点的闭环循环。亚马逊早期的飞轮战略始于价格：更低的价格带来了更多的客户，更多的客户访问会提高销售额，同时也会吸引更多的第三方卖家支付佣金并在亚马逊的平台上售卖产品。这让亚马逊在承担相同运营成本和固定成本（客服中心、服务器）的同时可以获得更多的收益，降低的成本被用来以更低的价格回馈客户，之后，这个飞轮就转起来了。后来，亚马逊越来越注重客户服务，当客户体验足够好的时候，买家就是亚马逊的免费宣传员，从而获得流量，速度极快且非常精准。有了足够多的流量，亚马逊就不愁没有卖家加入了，新的卖家带来新的产品及竞争，这又降低了平台上面的产品价格，客户的体验又进一步提升。这就形成了一个良性循环。

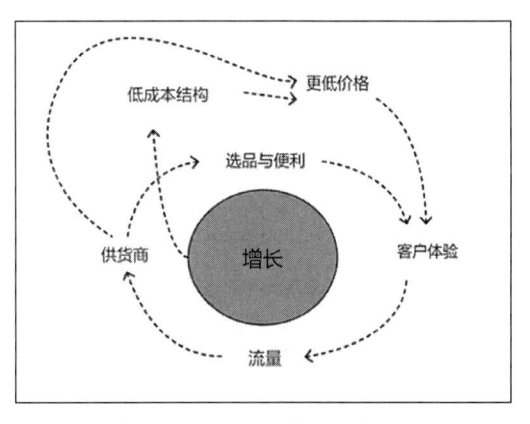

图 1.3.5 亚马逊的飞轮理论

2. 主要核心业务

亚马逊的飞轮理论主要涉及亚马逊的三大核心业务，分别为 Prime 会员服务、亚马逊物流和 Marketplace 第三方卖家平台。此外，亚马逊云计算服务正在成为亚马逊增长速度最快的业务。

（1）Prime 会员服务。

Prime 会员制始于 2005 年，截至 2022 年 12 月，亚马逊在全球拥有超过 2 亿个 Prime 会员。会员年费的支出提高了客户黏性和忠诚度，会员们开始频繁使用亚马逊的电商平台购买各种各样的物品，以及持续不断地成为亚马逊陆续推出的各项线上线下服务和产品的客户，客户的满意度也因为不断丰富的产品服务线而被维持在较高的水平上。

（2）亚马逊物流。

亚马逊物流（Fulfilled By Amazon，FBA）是亚马逊为第三方卖家提供存储、包装和运输帮助的服务。亚马逊允许第三方卖家将大量的产品运送到亚马逊的仓储中心代为存储，当有客户下单时，亚马逊会负责将产品寄送给客户，并且帮助处理客户后续的退货申请和提供其他方面的客户服务。FBA 不仅服务于亚马逊平台上售卖的产品，还为第三方卖家在其他电商平台上的订单提供相同的物流服务。FBA 费用按单位收取，其金额取决于产品的尺寸和重量。

（3）Marketplace 第三方卖家平台。

在亚马逊平台上销售产品的卖家要缴纳多种费用。使用专业销售计划（Professional Selling Plan）的卖家每月要缴纳 39.99 美元的订阅费；推荐费（Referral Fees）即佣金，对于大多数品类，其佣金比率为 8%～15%，其中戒指配件的佣金比率高达 45%。此外，平台还采用了点击付费广告（Pay-Per-Click）的方式对卖家进行广告收费。

（4）亚马逊云计算服务。

亚马逊云计算服务（Amazon Web Services，AWS）是一个提供云计算服务的平台。目前，AWS 已经成功地应用于企业、教育、金融、医疗等多个领域，AWS 日益成为亚马逊利润核心的来源。

（四）亚马逊平台的特点

1. 账号管理严格

亚马逊对卖家账号的管理比较严格，亚马逊要求每个卖家主体只允许拥有一个账号来进行运作。亚马逊平台会根据用户的浏览器使用信息反馈、电脑系统相关信息、用户的 IP 地址、电脑硬件及用户操作行为等来判断账号是否存在关联行为。一旦发现有关联行为，账号就会被冻结。

2. 重产品，轻店铺

亚马逊一直以来都重产品，轻店铺。相对于其他平台，亚马逊平台上没有店铺的概念，亚马逊平台上的每件产品只有一个详情页面，当用户搜索时，每个产品只会出现一次，搜索结果清晰明了。如果多个卖家销售同一款产品，不同卖家的报价会在产品的卖家列表上显示，这样用户就不需要在大量重复的产品列表里"大海捞针"了。

3. 提供方便快捷的物流服务

亚马逊物流是"亚马逊全球开店"的一项重要服务，卖家只需将产品发送到指定仓库，亚马逊就会提供拣货、包装、配送、客户服务及退换货等服务。加入 FBA 的卖家能够提高产品的曝光率，直接接触到亚马逊的 Prime 会员用户，享受由亚马逊提供的方便快捷的物流服务。

相关数据显示，亚马逊在全球拥有 175 个运营中心和 40 多个分拣中心，能将产品配送至多个国家和地区。以亚马逊物流欧洲整合服务为例，卖家只需将产品发往欧洲五国（英国、法国、德国、意大利、西班牙）中的一个国家或地区的亚马逊运营中心，亚马逊便可根据预期需求自动、智能地将其库存分配到欧洲各地的运营中心。

4. 严控仿品

亚马逊非常注重对仿品的监控。亚马逊平台销售的产品上都有识别码，客户用亚马逊 App 中的相机扫描之后，就能看到产品的来源、成分等信息。

5. 平台公平、公正

亚马逊新老卖家没有等级之分，搜索排名运用 A9 算法，根据人群随机推送，不按销量排名，让每个卖家的产品都有曝光量。A9 算法是一种排序算法，亚马逊平台可以从琳琅满目的产品类目中挑选出和买家搜索最相关的产品，并且根据相关性排序进行展示。

三、eBay 平台概述

（一）eBay 发展概况

eBay 是全球最早开始开展电子商务活动的公司之一，于 1995 年 9 月成立于美国加利福尼亚州硅谷，是在线交易平台的全球领先者。eBay 拥有 27 个独立站点，利用其强大的平台优势为全球卖家提供网上零售服务。截至 2022 年 10 月，全球活跃卖家总数约为 2000 万个，全球活跃买家总数约为 1.82 亿个，买家遍及全球 190 个国家和地区。eBay（美国站点）主页如图 1.3.6 所示。

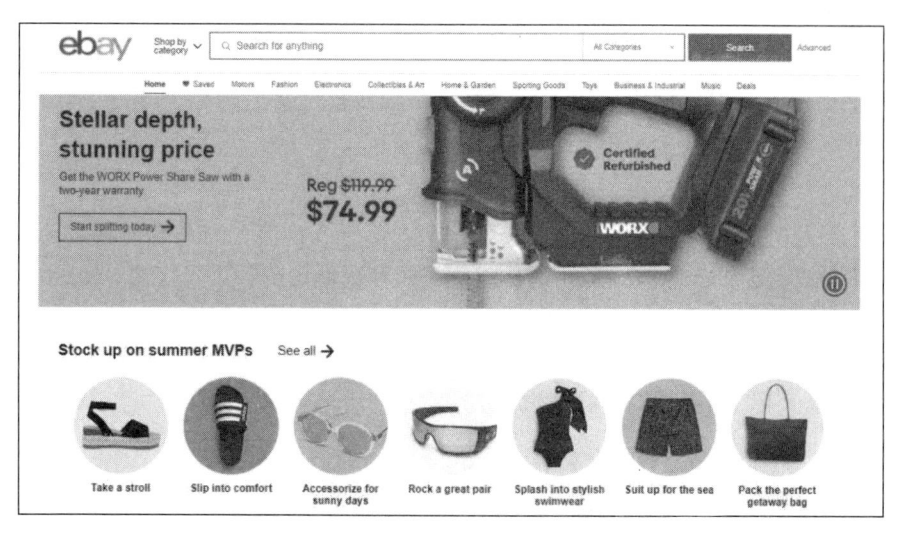

图 1.3.6　eBay（美国站点）主页

相关统计数据显示，2020 年和 2021 年，eBay 每个季度的营收都在 24 亿～29 亿美元。虽然受到新冠疫情的影响，但 eBay 继续快速发展。eBay 发布的 2021 年第一季度财报显示，eBay 第一季度总交易额达 275 亿美元，同比增长 29%，营收 30 亿美元，同比增长 42%，营收增长达到了自 2005 年以来的最高水平。

（二）eBay 平台的主要站点介绍

1. 美国站点

在 eBay 的众多站点中，美国站点是最成熟且流量最大的站点，拥有最多的活跃买家和产品 Listing（产品详情页面），同时竞争最激烈，是初次接触 eBay 平台的卖家的首选站点。电子和服饰品类都属于该站点的热门品类。

2. 英国站点

eBay 英国站点是大多数卖家进驻欧洲市场的首选站点。每周英国站点的在线消费支出就高达 11 亿英镑，对于所有年龄层来讲，网络购物使用率高达 90%。服饰和体育用品属于英国站点的大热门品类。英国站点的跨境电商卖家需要特别注意的是，在英国销售货物或提供服务，或者将货物从境外进口到英国境内，卖家必须按时申报和缴纳 VAT（Value Added Tax，增值税）。

3. 澳大利亚站点

作为目前全球第十大电商市场的澳大利亚，eBay 在众多电商平台中具有举足轻重的地位。其中，时尚类产品在澳大利亚市场份额中占比较大，但澳大利亚地广人稀，部分地区物流费用偏高，因此卖家在选品时需要考虑这部分因素。

4. 德国站点

近年来，eBay 平台在德国的发展较快，eBay 德国站点被誉为欧洲新蓝海。但是，德语是卖家打通德国市场的一大难题，为此，eBay 推出人工智能翻译帮助卖家解决这一大难题。

欧洲各国的增值税起征点、标准税率及相关政策等都会有所不同，跨境电商卖家在德国也要进行增值税税号注册、申报和缴纳。

（三）eBay 平台的运营模式

1. 信息流运作模式

eBay 推出了"站内信"的功能，使卖家能够轻松管理买家的电子邮件，及时与买家进行沟通。

2. 物流运作模式

eBay 平台为卖家提供了直发物流、仓配服务、退运仓物流和海外仓头程物流解决方案。eBay 联合物流战略合作伙伴橙联股份有限公司（简称橙联股份）共同打造 SpeedPAK 物流管理方案，为 eBay 大中华区跨境出口电商卖家量身定制了直邮物流解决方案。同时，eBay 面向所有卖家推出 eBay Fulfillment by Orange Connex 服务计划，该计划通过与物流服务商橙联股份合作，向卖家提供端到端的仓配物流服务。

3. 资金流运作模式

在过去，PayPal 一直是 eBay 官方支付服务商。从 2018 年 10 月开始，eBay 推出了官方的自主管理支付方式。2021 年 1 月，eBay 发布了关于管理支付服务的更新公告，公告显示，eBay 将与全球支付领域的领导者 Payoneer（俗称 P 卡）合作。之后，eBay 卖家陆续收到邮件要求绑定 P 卡收款。

4. 盈利模式

eBay 的收费项目繁多，主要包括刊登费、店铺订阅费、成交费、刊登升级费及其他增值服务费。当卖家在 eBay 上刊登产品时，eBay 会收取一定比例的刊登费；在产品售出以后，卖家一般需要缴纳成交金额的 7%~13%的成交费。因此，在 eBay 上交易所产生的基本费用为刊登费加上成交费。此外，为产品添加特殊功能和在销售中使用一些卖家工具需要缴纳相应的费用。如果开通了 eBay 店铺，卖家还需要根据不同的店铺类型支付相应的店铺月租费等。

（四）eBay 平台的主要特点

eBay 作为全球电子商务和支付行业的领导者，为买家提供了便捷、实惠、安全的平台，为卖家创造了一个全新的营销环境。概括起来，eBay 平台主要有如下特点。

1. eBay 的开店门槛相对较低

eBay 的开店门槛较低，只要注册一个 eBay 账户就可以在 eBay 上进行销售。虽然卖家在 eBay 平台开店是免费的，但发布产品需要支付刊登费，交易后要支付成交费等费用。

2. 交易的产品以消费品为主

eBay 主要以销售消费品为主，其类目以鞋服及配饰、家居园艺、收藏品、健康与美容等品类为主，如图 1.3.7 所示。产品更新快且种类多，eBay 全球卖家共刊登了约 17.41 亿个 Listing。

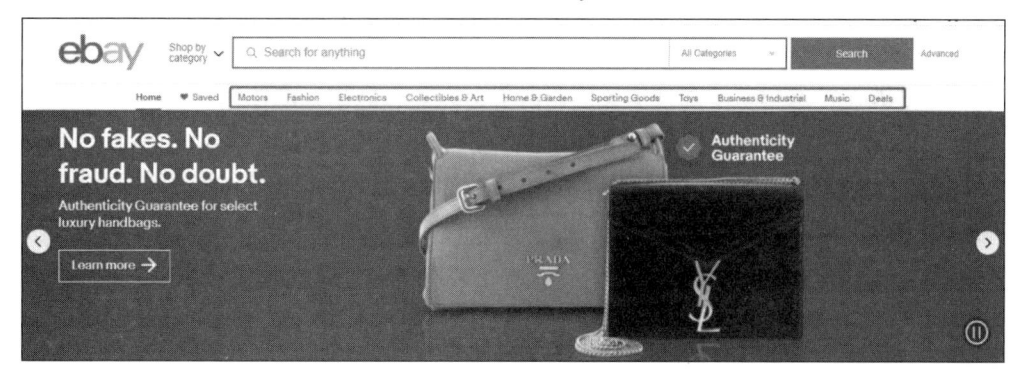

图 1.3.7　eBay 的热门类目

3. 拍卖是平台销售的最大特色

eBay 卖家可通过两种方式在平台上销售产品，一种是拍卖，如图 1.3.8 所示；另一种是一口价，如图 1.3.9 所示。其中拍卖模式是这个平台销售的最大特色。一般卖家通过设定产品的起拍价及在线时间对产品进行拍卖，产品下线时竞拍出价最高者获得拍卖品。

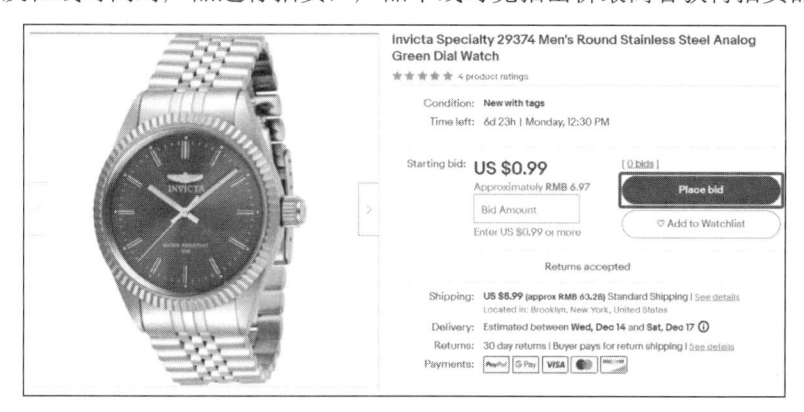

图 1.3.8　拍卖页面展示

图 1.3.9　一口价页面展示

4. 服务覆盖全流程

eBay 不仅为卖家提供从售前到售后的服务与指导，还提供交易过程中的物流、仓储、融资和翻译服务，同时设有"eBay 培训中心"，为卖家解决跨境贸易中遇到的问题。

四、Shopee 平台概述

（一）Shopee 的发展概况

Shopee，也叫虾皮购物，隶属于母公司 Sea Group，2015 年于新加坡成立并设立总部，随后拓展至马来西亚、泰国、中国台湾地区、印度尼西亚、越南、菲律宾、巴西和墨西哥，共九大市场。近几年，Shopee 作为跨境电商中的一匹黑马迅速崛起，目前是东南亚发展最快的电商平台，也是我国产品出口东南亚的首选平台。Shopee 拥有广泛的产品种类，包括 3C 电子、家居用品、美妆保健、母婴用品、时尚与健身器材等品类。

Shopee 社群媒体粉丝数量超 3000 万个，拥有 700 万个活跃卖家。根据移动应用和数字内容时代数据分析和市场数据的行业领导者 App Annie 的统计数据，2018 年 Shopee 在全球 C2C 购物类 App 中的下载量排名第一；2020 年 Shopee 在东南亚及中国台湾地区购物类 App 中，其平均月活跃用户数、安卓用户使用总时长及总下载量均排名第一。

（二）Shopee 平台的站点介绍

在一般情况下，Shopee 平台规定每个卖家只能开一个首站，大多数新卖家开设的第一站都是中国台湾站点，等满足一定要求后就可以向客户经理申请增开新的站点店铺。以中国台湾站点为例，平台要求单店铺日均订单量超过 3 个的垂直类目店铺可以继续申请新店铺或在新的站点开店。

1. 中国台湾和马来西亚站点

Shopee 在中国台湾购物平台的下载量位居第一，中国台湾站点的客单价最高，中国台湾买家的消费能力强，出单很快，也是目前销量排名第一的站点，物流时效是 5 天左右，而且可以直接用中文沟通。马来西亚站点是目前 Shopee 站点中除中国台湾站点外，最成熟、出单又多又快的一个站点。马来西亚的消费能力中等，物流时效为 7~10 天，可以用英文交流，热销品类有女装、3C 电子、母婴用品、家居用品、美妆保健等品类。

2. 印度尼西亚、泰国和越南站点

印度尼西亚和泰国是东南亚的两大市场，是 Shopee 增长非常快的两个站点。越南是东南亚第三人口大国，但是越南市场的消费能力较低。这三个站点的主要特点是小语种交流比较多，不能直接用英语交流。印度尼西亚站点的热销品类是母婴用品、3C电子、美妆保健、女装、时尚饰品；泰国站点的热销品类是3C电子、女装、母婴用品、家居用品和箱包；越南站点的热销品类是手机配件、家居用品、时尚饰品。预计未来5年，印度尼西亚的市场将以8倍的速度增长，有望成为东南亚的第一或第二大电商市场。

3. 新加坡和菲律宾站点

新加坡是Shopee总部所在地，华人多，新加坡站点可用中、英文沟通，其电商建设也是东南亚最好的，消费能力高，物流时效也较快，但市场相对较小；热销品类为家居用品、手机配件、美妆保健及个人护理等。在Shopee的几个站点中，菲律宾站点相对完善，出单也比较容易，可以直接用英文交流，站点的热销品类是3C电子、母婴用品、家居用品、女装、美妆保健，但菲律宾站点的退款率要远远高于别的站点，对此，新卖家需要特别注意。

4. 巴西和墨西哥站点

Shopee除布局东南亚的站点外，2019年开始布局美洲站点，巴西站点是Shopee在2019年10月开出的站点，首批开放十大热销品类，卖家入驻可享受"无平台使用费、年费，无保证金，前3个月免佣金"和"首页闪购位、首页活动曝光位"等福利，采用邀请制——只有部分优质卖家才会被邀请入驻。2021年2月，Shopee上线墨西哥站点。墨西哥约有1.3亿人口，其中约8800万人为互联网活跃用户，约占总人口的68%，且智能手机的普及率更是达到了40.1%，在拉丁美洲国家中占比最高，也是具有较大潜力的市场。

（三）Shopee平台的运营模式

1. 信息流运作模式

聊聊是Shopee官方为买卖双方提供的沟通工具，帮助卖家更快速、更有效率地为买家提供良好的服务，能为店铺带来更多的正面评价。聊聊的自动翻译、数据分析等功能可以帮助卖家更好地运营Shopee，增加店铺的订单。为了给买家提供更好的购物体验，方便卖家与买家之间进行沟通，Shopee为小语种站点的卖家提供了客户服务。

2. 物流运作模式

Shopee的物流运作模式主要有SLS（Shopee Logistics Services，Shopee物流服务）和自发货两种模式。SLS是Shopee自建的官方物流。Shopee卖家需要先将自己的产品打包好并贴上Shopee的国际标签，再运输到国内的仓库中，之后由Shopee负责将产品运输到相应的目的地站点，仓库收到货后会对每个SKU（Stock Keeping Unit，最小存货单位）根据Shopee仓库入境指南进行包装和标记，之后进行寄送。

除了SLS，Shopee卖家还可以选择自发货的方式，但只能选择与Shopee合作的物流公司。例如，中国台湾站点的卖家可以选择使用圆通或顺丰发货；马来西亚、新加坡及泰国这几个站点可以选择全球物流速递（Logistics Worldwide Express，LWE）和出口易（CK1）中邮小包服务；印度尼西亚的自发货，只能选择LWE的印度尼西亚物流渠道；菲律宾站点则不能选择自发货，必须选择官方物流。

3. 资金流运作模式

Shopee的各个站点在当地拥有完善的收款方案，平台会启动支付保障来托管货款，待交易成功后将货款及运费补贴发放至卖家绑定的账户。Shopee对国内卖家的支付合作商是Payoneer、PingPong和连连跨境支付，平台会通过第三方合作商将货款发放至卖家账户。新加坡站点打款的币种为 SGB（新币），越南站点打款的币种为 VND（越南盾），印度尼西亚使用 IDR（印度尼西亚盾），其他站点均为 USD（美元）。

4. 平台盈利模式

作为平台服务商，佣金、服务费、交易手续费和物流费用是 Shopee 平台的主要盈利点。平台只针对完成的订单收取佣金（收取佣金的基数不包含订单运费）。自 2022 年 1 月 1 日起生成的订单，平台佣金费率统一调整为 6%。为了帮助新卖家快速成长，自 2022 年 1 月起，卖家在平台上首次开店的前三个月所产生订单的佣金以广告金的形式返还至新卖家的相应店铺。比如，卖家 A 于 2023 年 2 月 16 日在新加坡站点开设了第一家店铺，那么在 2023 年 2 月 16 日至 2023 年 5 月 15 日期间店铺产生的佣金都会以广告金的形式按月返还至相应店铺。

此外，Shopee 于 2019 年 1 月 1 日开始对卖家收取 2% 的交易手续费，该费用实际为需要支付给交易清算服务商的手续费，此前该部分费用一直由 Shopee 承担。服务费是 Shopee 向签署了现金返还和免费送货计划的卖家提供服务而收取的费用，服务费=订单金额×活动费率，活动费率取决于卖家类别和活动类别。物流费用较为复杂，具体在第六章的第二节中进行详细介绍。

本章小结

1. 跨境电商 B2C 模式也叫跨境电商零售，是指分属于不同关境的交易主体，在跨境电商交易平台上达成交易，个人消费者在线支付，卖家利用跨境物流进行配送的交易模式。

2. 跨境电商 B2C 模式的优势在于使单一出口变为全球出口，价格竞争力强且利润空间大，符合定制化消费趋势，企业资金周转快且汇率风险小。跨境电商 B2C 模式的劣势在于开展跨境电商 B2C 模式的物流成本比较高，会对产品类别产生一定的限制，售后服务比较缺失，运营人才缺乏。

3. 当前跨境电商 B2C 模式呈现出精品化、品牌化、数字化、本土化、多样化的发展趋势。

4. 全球速卖通是中国唯一覆盖"一带一路"沿线全部国家和地区的跨境出口电商零售平台。该平台销售的商品囊括了 22 个行业的日常消费类目，流量瞩目，备受海外消费者欢迎。在十多年的发展历程中，全球速卖通见证了中国跨境出口零售贸易格局的演变，以俄罗斯、美国、西班牙、巴西和法国等国家为主要交易市场，同时，在东欧和中东等"一带一路"新兴市场也发展势头良好、增长强劲。

5. 亚马逊的三大核心业务分别为 Prime 会员服务、亚马逊物流和 Marketplace 第三方卖家平台。

6. eBay 平台的主要特点是开店门槛相对较低，交易的产品以消费品为主，拍卖是平台销售的最大特色，服务覆盖全流程。

7. 近几年，Shopee 作为跨境电商中的一匹黑马迅速崛起，目前是东南亚发展最快的电商平台，也是我国产品出口东南亚的首选平台。Shopee 拥有广泛的产品种类，包括 3C 电子、家居生活用品、美妆保健、母婴用品、时尚与健身器材等品类。

本章习题

一、思考题

1．什么是跨境电商 B2C 模式？
2．跨境电商零售和国内电商零售有什么不同？
3．跨境电商 B2C 模式有哪些优势？
4．跨境电商 B2C 模式有哪些劣势？
5．跨境电商 B2C 模式的发展背景是怎样的？
6．跨境电商 B2C 模式的发展现状如何？
7．跨境电商 B2C 模式的发展有哪些趋势？
8．什么是亚马逊飞轮理论？
9．速卖通平台有哪些特点？
10．亚马逊平台有哪些特点？
11．eBay 平台有哪些特点？
12．Shopee 平台有哪些特点？

二、实训题

1．以买家身份登录速卖通平台，查看该平台的首页布局和产品详情页内容。
2．以买家身份登录亚马逊（美国站点或英国站点），查看该平台的首页布局和 Listing 呈现的内容。
3．以买家身份登录 eBay（美国站点），查看该平台的首页布局和 Listing 呈现的内容。
4．下载 Shopee App，登录 Shopee 平台查看站点布局。

第二章　跨境电商 B2C 多平台运营基础

【学习目标】

1. 知识目标
- 掌握选品的基本思路和方法。
- 了解跨境电商 B2C 平台对视觉设计的基本要求。
- 了解跨境物流的主要渠道，掌握直邮服务和海外仓服务的优劣势。
- 掌握产品定价的主要思路。
- 了解跨境电商客户服务的工作内容和常见问题。
- 了解跨境支付和结算的主要工具。
- 了解跨境电商知识产权的基本概念和知识产权侵权风险及防范。

2. 能力目标
- 掌握站内选品和站外选品的基本思路和方法。
- 掌握不同跨境电商 B2C 平台产品图片的要求和设计思路。
- 能根据不同的跨境电商 B2C 平台和不同的物流渠道对产品进行合理定价。
- 掌握处理售后纠纷的基本方法。

第一节　跨境电商 B2C 平台选品

选品，顾名思义就是寻找适合销售的产品。对于跨境电商 B2C 平台的卖家来说，就是结合多方面的因素寻找适合在跨境电商 B2C 平台销售的产品。选品的基础就是结合具体的跨境电商平台和具体的市场开展市场调研，整合多方资源，寻找适合的货源。随着跨境电商的不断发展，传统的铺货模式早已失去了竞争优势，想要保证店铺的业绩与发展，精细地选品是非常重要的突破口。

一、选品的基本原则

在电商圈里有一句名言："七分靠选品，三分靠运营"，足以看出选品的重要性。在日益激烈的市场环境中，要想经营业务有持久、良好的发展，一定要选择好的产品。选好产品可以让店铺快速出单，也可以让卖家早日回收资金，减轻运营压力。那么，什么是"好产品"呢？好产品归纳起来就是要符合"三高两低"的原则。

所谓"三高"是指高品质、高利润和高需求，也就是说，选品时要尽可能选择品质好、利润率较高且有较高市场需求的产品。其中高品质是选品的第一标准，品质不好的产品即使利润再高，需求量再大，等买家收到货以后也会因为质量问题给出大量的差评，这样的产品绝对是没有竞争优势的。高利润是所有卖家追求的目标，近几年由于竞争日趋激烈，利润率有下降的趋势。此外，高需求也是延长产品生命周期的重要保障，寻找满足大市场需求的产品有利于提升销量。

所谓"两低"是指低价格和低售后。低价格并不是指很低的价格，而是指和同类竞争对手相比价格相对较低，从而获得更强的竞争优势。产品的高品质和低售后是相呼应的，品质好的产品的售后问题会少一些。另外，选品一定要回避有可能侵权的产品，一旦产品被认为侵权，就将带来严重的售后问题。

通过上述分析，不论是产品品质、利润和需求，还是价格和售后，归根到底都是为了满足买家的需求，之后才能引导买家突破时空在跨境电商平台上购买产品，最终使卖家获得利益。

当然，在跨境电商 B2C 平台上进行选品时，要特别注意平台对违禁品和管制品的规定，如货币、文物、酒精类产品和医疗保健项目等很多产品是不能在跨境电商 B2C 平台上销售的。

二、基于平台的站内选品

（一）亚马逊选品

1. 亚马逊热卖产品的特征

（1）重视产品品牌。

在亚马逊的第三方卖家中，自有品牌是最常见的销售模式。根据《2021年亚马逊卖家报告》的数据，67%的第三方卖家创建了自己的产品品牌。随着亚马逊对品牌卖家保护的重视，平台针对品牌卖家的服务持续推新，提供了全球品牌推广和保护工具，支持各中小企业卖家去打造全球品牌。品牌卖家不仅拥有自己的品牌旗舰店、A+页面，还能享受亚马逊提供的特殊品牌推广广告位、品牌分析等附加服务。这些模块功能是非品牌卖家不能拥有和使用的。它能够有效提高产品的曝光量、点击率，从而极大地提升产品转化率。种种举措都显示了亚马逊对品牌卖家的重视。

（2）产品价格偏高。

亚马逊平台全球日活跃用户数为 4 亿人，覆盖全球的 65 个国家，主要的客户群体是欧美的中产阶级——他们有自己的生活态度，对生活品质有一定的追求。根据《2021年亚马逊卖家报告》的数据，超过一半的第三方卖家在亚马逊销售的产品价格在 11~25 美元，中位数价格为 21 美元。与其他 B2C 平台相比，亚马逊平均客单价比 eBay、速卖通等平台要高一些。

（3）质量要求较高。

在价格高的基础上，亚马逊平台在产品质量上也有着更加严格的要求。在亚马逊平台上架的产品要严格符合亚马逊平台的产品质量规定，而且卖家在后续的销售过程中不能做亚马逊明令禁止的事情。针对一些特殊类目，如带电池的产品，卖家需要上传危险品审核报告，只有通过了亚马逊的危险品类目审核才能将产品进行上架售卖。此外，大多数买家在购买产品之前都会在线研究产品，热卖产品类目中的产品大多带有数千条评论。如果产品的好评较多，那么买家就更有可能选择该产品。

2. 亚马逊各站点热销产品不同

亚马逊平台站点众多，其中流量和销量多的三个站点依次是美国站点、德国站点、英国站点。总体来说，无论在哪个站点，家居和厨房类产品都占比较高，但由于不同站点所处的地理位置不同，消费习惯、生活习惯和文化均有差异，因此销售的产品也不尽相同。例如，德国人性格比较沉稳保守，所以在产品的购买上会偏向有质感的、颜色较深的产品；而法国人比较浪漫，所以法国站点的产品的色彩都十分鲜艳；而在巴西站点和新加坡站点，电子产品是最受欢迎的产品类目。

（二）速卖通选品

1. 速卖通前台选品

登录速卖通前台首页可以查看平台主要销售的类目及热销产品，通过查看某产品的刊登数量和销量初步判断该产品的市场占有率。在速卖通 App 端有一个 Feed 频道，卖家可以关注同行并查看 Inspiration 内的帖子的点赞数或评论等，或者通过 Live 频道关注同行业产品的直播情况，如关注直播间动态和用户互动情况等。通过对速卖通前台热销或热门产品信息的分析，卖家就可以结合感兴趣的类目，分析出当前展示的热门产品的一些属性信息，从而从中寻找具有相近属性的产品作为选品备选方案。

Super Deals 是 Flash Deals 升级后的频道，该频道是为了提升活动流量，给产品带来曝光，提高用户体验的频道。一般而言，能上 Super Deals 活动的产品，流量比较高，产品热销度也较高。卖家可以分析行业内能上平台活动的产品特点，将其作为选品思路。一般不建议卖家跟款，但是可以借此改良店铺产品。

2. 生意参谋选品

速卖通的生意参谋是数据纵横的迭代版，是速卖通卖家对店铺进行数据分析的主要工具。生意参谋的"市场"模块由市场大盘、国家分析、搜索分析、选词专家和选品专家五个部分构成。

（1）市场大盘。

市场大盘有行业趋势、行业构成和国家构成三个模块。通过查看市场大盘数据，卖家不仅可以对比最近一天、最近 7 天或最近 30 天的整体行业数据，还可以了解细分行业的行业数据，以及相关行业下排名前十的主推国家的访客指数、浏览商品数和供需指数等数据，方便卖家对比行业数据和自身店铺数据，从而为各项决策提供依据，如图 2.1.1 所示。

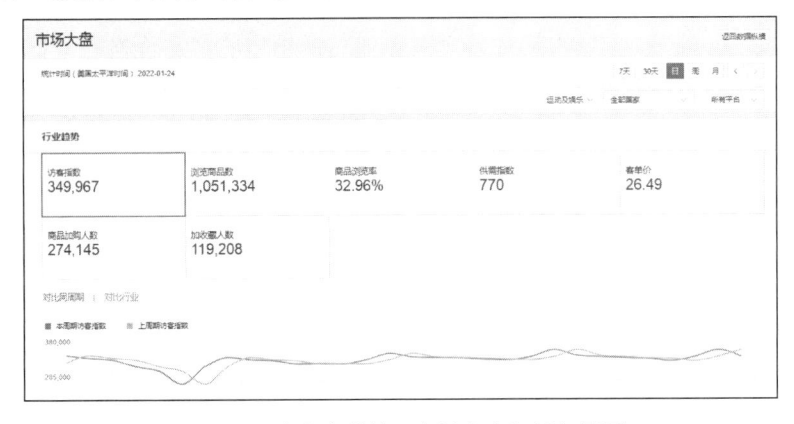

图 2.1.1　生意参谋的"市场大盘"局部界面

（2）国家分析。

国家分析不仅可以根据 GMV 和增速情况罗列出不同国家的支付金额占比、上升指数和物流天数（见图 2.1.2），还可以显示某个时间段内单国家的支付金额占比、访客数占比、支付买家占比和上升指数等（见图 2.1.3），同时能展示该国家的城市分布、子订单均价分布、购买次数分布、年龄分布（见图 2.1.4），以及该国家的汇率、温度与降水、节日数据等信息。

图 2.1.2 生意参谋的"国家分析"的"机会国家"局部界面

图 2.1.3 生意参谋的"国家分析"的"单国家分析"局部界面 1

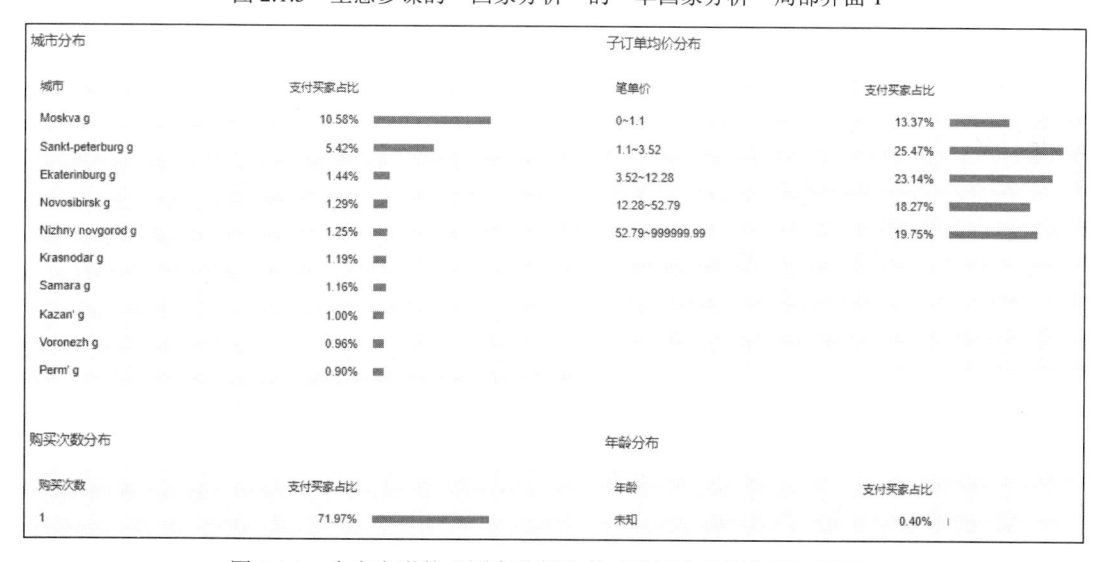

图 2.1.4 生意参谋的"国家分析"的"单国家分析"局部界面 2

(3）搜索分析。

搜索分析中包含热搜词、飙升词和零少词，如图 2.1.5 所示。热搜词指买家搜索频率较高的词。卖家可以重点关注搜索指数和竞争指数，搜索指数越大表示流量越大，竞争指数越大表示竞争越激烈。与此同时，"搜索指数÷竞争指数"得到的数值越大，表示这个词越好。

图 2.1.5 生意参谋的"搜索分析"局部界面

飙升词指在近期某一时间段内搜索热度上升速度较快的词汇，比较符合市场当下的需求，因此能够在标题优化过程中起到重要作用。零少词指有一定搜索量，但搜索结果很少，竞争力较小但有机会变成热搜词的产品关键词。

（4）选词专家。

通过选词专家，卖家可以在选定类目、国家和时间段之后，下载热搜词、飙升词和零少词进行关键词分析，如图 2.1.6 所示。

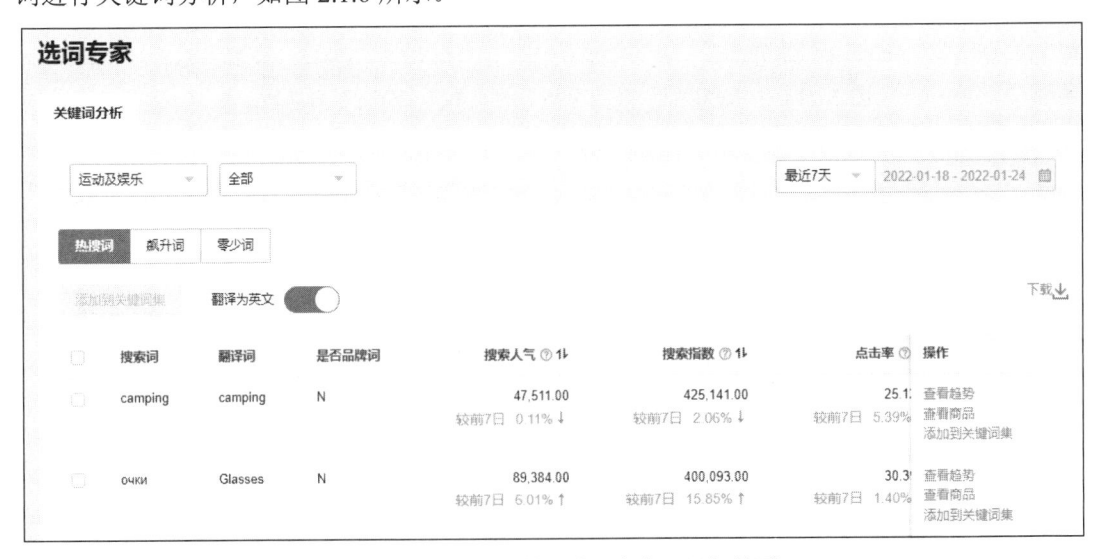

图 2.1.6 生意参谋的"选词专家"局部界面

（5）选品专家。

在选品专家模块，选择类目、国家和时间，系统就会显示所选时间段的相关类目的热销产品，如图 2.1.7 所示，圈的大小表示销售热度，圈越大表示该类目的产品销售量越高；颜色表示竞争程度，颜色越蓝表示竞争越小，颜色越红表示竞争越大。例如，选择查看最近 30 天所有国家"女装"类目，如果挑选圈比较大、颜色比较蓝的产品，那么选出来的产品的竞争力就比较强。

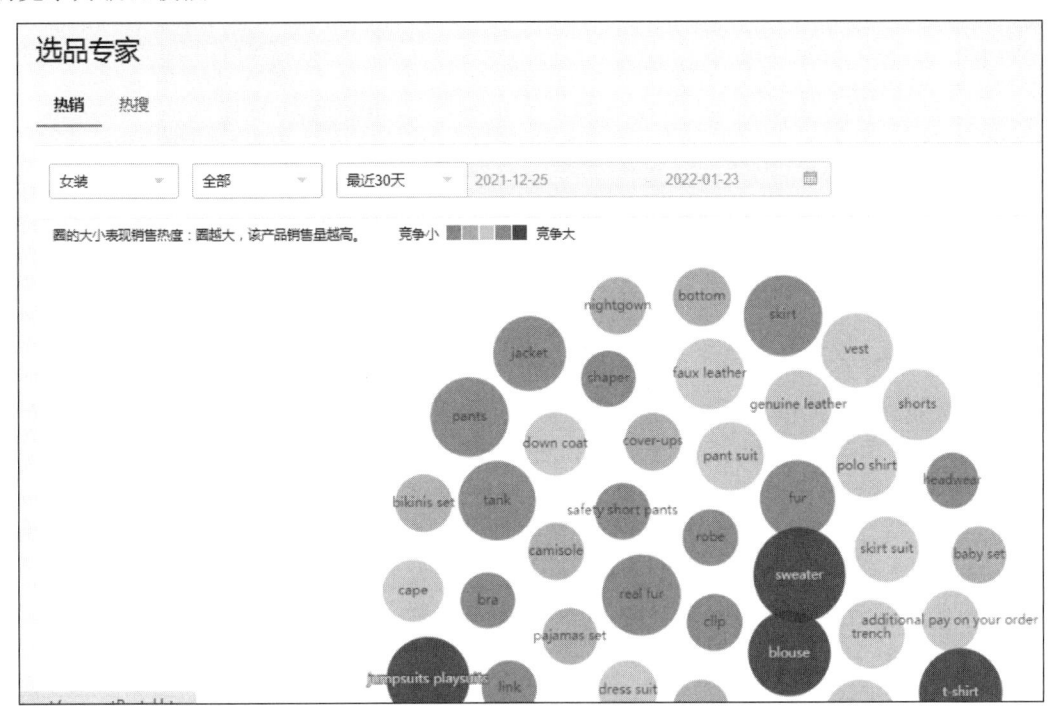

图 2.1.7　生意参谋的"选品专家"局部界面

（三）eBay 选品

eBay 平台站内选品主要采用三种方法。

1. 根据 eBay 站点的热卖品类进行选品

eBay 的一级类目包括电子产品（Electronics）、时尚类（Fashion）、健康与美容（Health & Beauty）、汽车零配件（Parts and Accessories）、体育用品（Sporting goods）、家居与园艺（Home & garden）、收藏品与艺术品（Collectibles & Art）、玩具与爱好（Toys & hobbies）、乐器及配件（Musical instruments & gear）、视频游戏和游戏机（Video games and consoles）、婴儿用品（Baby）、商业/工业用品（Business & industria）等，如图 2.1.8 所示。eBay 官方发布的数据显示，电子产品、时尚类、家居与园艺类、汽车零配件类、商业/工业用品类为 eBay 平台的优选品类。eBay 是目前全球最大的在线电子产品交易平台之一，电子分类也是 eBay 平台的第一大分类。

eBay 也是全球最大的汽摩配交易平台之一，全球有超过 3 亿条汽摩配产品的刊登，品类齐全，全球有超过 1 万个品类，涵盖汽车、摩托车、全地形车、航空、船舶配件等，以及汽车、摩托车、飞机和轮船等的整车销售，其中汽车在 8 个站点覆盖 50 万种车型。

eBay 还是全球最齐全的家居与园艺产品在线交易平台之一，各大站点覆盖 15000 多种家居与园艺子类，有超过 9 亿条家居与园艺产品刊登，提供强大的平台销售贴士及产品推介服务，并为卖家进行线上线下品类推广。

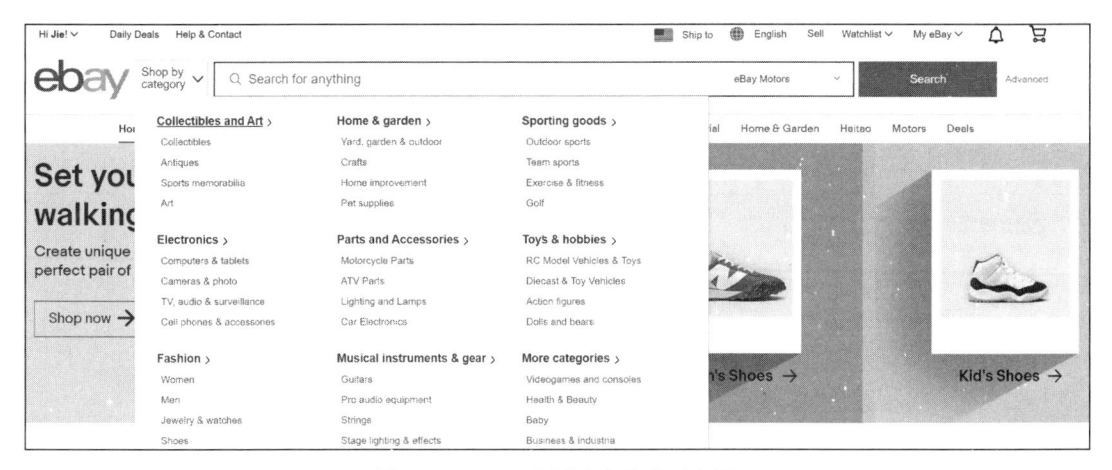

图 2.1.8　eBay 美国站点分类示意图

2. 根据 eBay 关键词搜索工具进行选品

每个电商平台都提供了搜索工具，它不仅能为买家寻找产品提供帮助，还能为卖家分析市场带来帮助。卖家可以通过搜索工具找到同类产品的销售情况，为选品提供依据，也为改善运营效果提供参考。

在 eBay 平台的搜索页面输入想搜索的关键词，如 "bluetooth speaker"，点击搜索按钮，搜索结果如图 2.1.9 所示，搜索结果展示了所有蓝牙音箱的 Listing。卖家可以在搜索结果页了解相关 Listing 的标题、价格、物流情况和销售情况等信息。卖家还可以根据自己的需要进一步缩小搜索结果的范围。

图 2.1.9　eBay 前台搜索结果

点击进入某个 Listing 的详情页，在详情描述中，卖家可以查看到产品更加详细的情况，如该产品的销量、买家评价和详细描述等信息，如图 2.1.10 所示。

卖家可以点击销量，如点击图 2.1.10 中的 "2,082 sold"，可以进一步了解该产品的已成交信息，如图 2.1.11 所示。卖家可以从该产品的销售记录中看到这款产品的买家 ID、成交价格、成交数量和成交时间。如果是多属性产品，卖家还可以查看热销的产品属性信息。

图 2.1.10　某蓝牙音箱产品的详情页

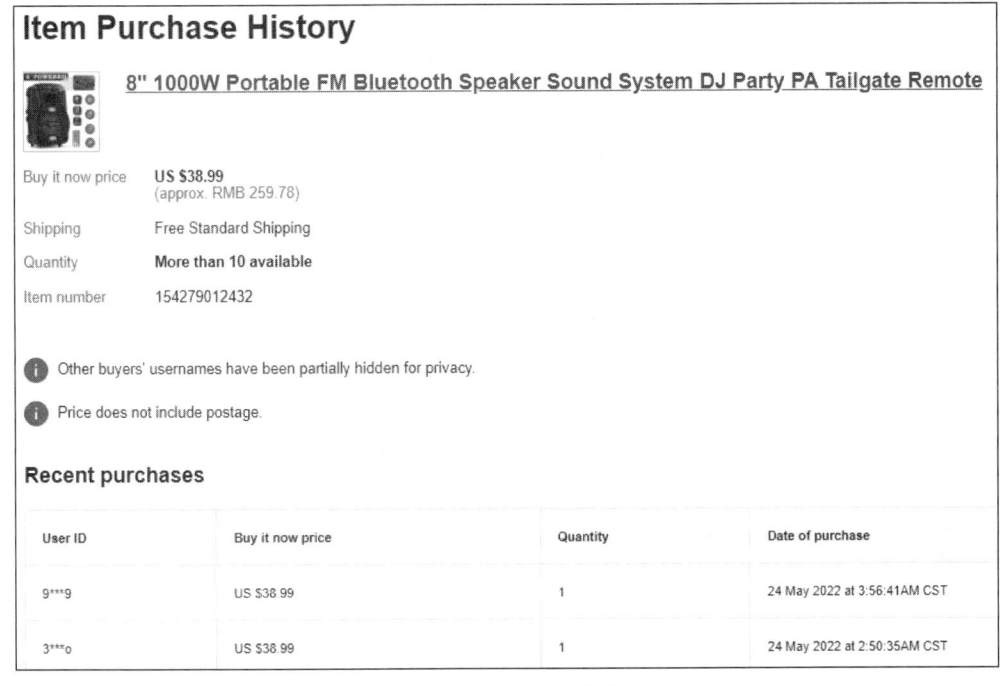

图 2.1.11　已成交信息

3. Terapeak 选品

Terapeak 是 eBay 官方唯一推荐的数据分析和调研工具，能为卖家获取 eBay 各站点长达 365 天的销售数据，分析市场、类别、竞争对手和热门趋势，搜索全球销量最佳的产品排名，获得清晰且易于理解的统计数据，从而使卖家始终站在供应和需求变化的前沿。卖家通过 Seller Hub 进入 eBay 卖家专区，点击"研究"下拉菜单的"Terapeak 商品研究"就可以进行选品分析了，如图 2.1.12 所示。

在 Terapeak 商品研究页面，卖家可以对关键词、通用产品编码（Universal Product Code，UPC）、国际标准书号（ISBN）、零件编号等进行简单搜索。搜索前，卖家可以通过过滤器设置多个过滤选项，如时间范围（最长可至一年），也可以通过市场进行过滤，如选择 eBay 美国站点。以蓝牙音箱为例，输入关键词"bluetooth speaker"，设定调研时间为 365 天、站点为美国站点，如图 2.1.13 所示，点击"Research"就能获取蓝牙音箱在美国站点的最近一年的销售数据。

图 2.1.12　eBay"卖家专区"页面

图 2.1.13　Terapeak 搜索和过滤器设置

在搜索栏下方展示的是蓝牙音箱在最近一年的平均售价数据，如图 2.1.14 所示。Terapeak 调研结果显示，从 2021 年 4 月至 2022 年 4 月，eBay 美国站点有大约 14 万个卖家累计售出约 119 万个蓝牙音箱，销售总额约 13383 万美元，其中 78% 的卖家选择免运费销售此类产品。我们由此可以得出，蓝牙音箱在美国具有较大的市场规模。

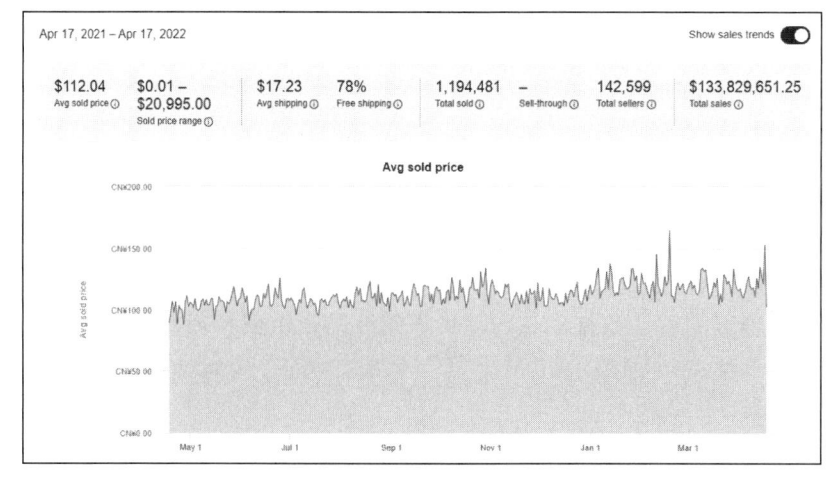

图 2.1.14　蓝牙音箱在最近一年的平均售价数据

通过分析热销产品，如图 2.1.15 所示，卖家可以查看具体热销的音箱产品的相关信息。通过调研，卖家能够了解产品的市场规模、销量趋势、价格变化、竞争热度、买家的偏好及产品的创意等市场信息，从而为选品决策提供依据。

Listing		Actions	Avg sold price	Avg shipping	Total sold	Total sales	Bids	Date last sold
	Bose SoundLink Mini II Special Edition, Certified Refurbished	Edit	$115.33 Fixed price	$25.00 100% Free shipping	6,200	$715,060.45	–	Apr 15, 2022
	Bose Solo 5 TV Sound System, Certified Refurbished	Edit	$120.05 Fixed price	$25.00 100% Free shipping	4,462	$535,676.42	–	Apr 15, 2022
	Bluetooth Speaker Wireless Waterproof Outdoor Stereo Bass USB/TF/FM Radio LOUD	Edit	$16.72 Fixed price	$17.98 100% Free shipping	4,280	$71,558.86	–	Apr 15, 2022
	Bose SoundLink Color Bluetooth Speaker II, Certified Refurbished	Edit	$85.95 Fixed price	$25.00 100% Free shipping	3,889	$334,247.00	–	Apr 15, 2022
	Sony SRS-XB33 EXTRA BASS Wireless Portable Bluetooth Speaker - SRSXB33/B - Black	Edit	$66.65 Fixed price	$31.50 100% Free shipping	3,243	$216,130.34	–	Apr 15, 2022

图 2.1.15　蓝牙音箱畅销榜

（四）Shopee 选品

卖家在 Shopee 平台进行选品时一定要做好目标市场定位，充分了解目标市场买家的需求。有数据显示，Shopee 平台 60%左右的买家都是女性，购买能力中等，购买类目主要集中在服装、美妆、家居和母婴用品等，所以和女性相关的产品是一个比较大的市场。此外，虚拟产品（手机充值、游戏币等）和 IT 类（手机、电脑和配件等）的产品也是热销产品。

1. 关注 Shopee 选品指南分享平台

在 Shopee 平台开店前，卖家要确定自己卖什么样的产品，了解在不同的站点什么样的产品比较好卖。对此，卖家可以进入"Shopee 跨境卖家自助服务站"，通过企业微信扫描进入"选品指南分享平台"（该平台提供了 Shopee 各大站点最新热点产品的选品信息，包括推荐上新产品、推荐价格段、关键词和相关站点市场信息），通过该平台，对站点、类目、价格段和关键词等信息进行筛选搜索。

2. 关注市场周报

在 Shopee 卖家学习中心的卖家公告中，平台每周都会发布市场周报。市场周报是 Shopee 运营团队每周免费分享给卖家的运营"干货"，包括市场规范、市场趋势、选品建议、平台活动等。卖家可以查看每个站点的市场情况，根据不同站点的不同热卖类目进行选品。

3. 关键词搜索

Shopee 平台的大多数店铺是以铺货为主的。卖家可通过在搜索页面输入关键词查看相关产品的销量，对热销的产品进行分析，从中找到适合售卖的热销产品或周边产品。

三、基于第三方数据分析工具的选品

随着跨境电商的迅速发展，实际上对于任何一个卖家而言，通过大数据手段进行选品都是十分重要的。可用于选品的第三方数据分析工具有很多，只是每种分析工具的数据分析的精准性和针对的平台往往不一样。

（一）卖家精灵

卖家精灵是一款亚马逊卖家工具类 SaaS（Software as a Service，软件即服务）软件，它基于大数据和人工智能技术，为亚马逊跨境卖家提供一站式选品、市场分析、关键词优化、产品监控等软件工具，帮助亚马逊卖家发现蓝海市场，打造潜力产品等。

（二）Jungle Scout

Jungle Scout 是一个很受亚马逊卖家欢迎的工具。这个工具涵盖了卖家选品、竞品跟踪、市场趋势分析、关键词搜索及反查、Listing 优化、站外引流、邮件营销、店铺利润分析、点击付费广告优化、供应商搜索及管理等全解决方案。卖家可以在亚马逊搜索页、产品页及卖家店铺等页面即时抓取产品的相关数据，从中发现每款产品的价格、预测月销量、评论数量、尺寸大小、FBA 费用和机会分析等信息。而它最吸引卖家的一点就是能够过滤整个亚马逊的数据库，避免漏掉来自利基市场的重大机会。

（三）Sorftime

Sorftime 是全球线上数据方案提供商 FilTime 的旗下品牌，它致力于为全球亚马逊卖家提供亚马逊各站点的客观数据，以提升整个亚马逊卖家群体进行市场调研所需数据的收集、统计、整理、分析及决策的效率。Sorftime 是亚马逊全类目排序选品法发明者。具体来讲，其将亚马逊所有底层类目全部列出（17000 多个品类），并对每个类目进行市场容量、品牌数量、卖家数量、新品占比、FBM 占比、亚马逊自营占比、A+占比、Listing 垄断系数、品牌垄断系数、卖家垄断系数等不同数据维度的分类统计和整理，卖家可以按任意一项数据维度来对所有细分市场进行升降排序。

（四）知虾

知虾是萌啦科技旗下的专业 Shopee 数据分析软件，于 2019 年 11 月上线，它可以深度分析中国台湾、印度尼西亚、马来西亚、新加坡、泰国、越南、菲律宾和巴西这些国家和地区共 8 亿多人口市场的大数据。卖家可以通过站点和行业深入分析行业概况，查看类目，可通过查看某类目下的产品分析，了解热销产品、飙升产品和热销新品的销售数据成长指数，快速发掘潜力产品。

（五）谷歌趋势

谷歌趋势是一款免费的在线搜索工具，主要用来分析不同地区用户查询的关键词的热度。用户可以通过它查看某个关键词在一定时间内在谷歌搜索、谷歌购物、YouTube、谷歌新闻和谷歌图片范围内的受欢迎程度和搜索趋势。跑步背包热度变化趋势如图 2.1.16 所示。为了方便比较数据，也考虑到搜索量最高的地方搜索热度不一定最高，谷歌趋势展示的是查询词的相对热度，也就是用系统通过某时间内准确的搜索量除以平均搜索量进行计算，这样得到一个 0~100 的热度范围，数字越大，说明搜索热度越高。

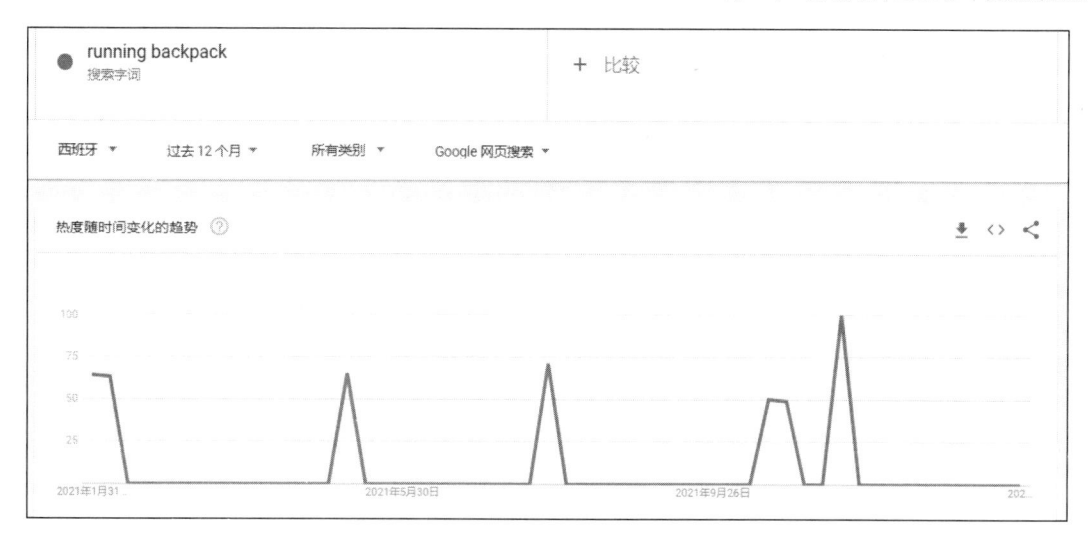

图 2.1.16　跑步背包热度变化趋势

四、基于海外社交媒体的选品

《2022 年全球数字概览》显示，截至 2022 年 1 月，全球社交媒体用户超过 46.2 亿个，大约相当于全球总人口的 58.4%，并且市场越繁荣的地区使用 Meta、TikTok 等社交媒体的频率越高，越来越多的跨境电商卖家选择在海外社交媒体平台投放广告。如果投放广告的产品没有竞争力和充足利润的支撑，卖家就不可能进行广告的长期投放，所以，通过海外社交媒体进行选品也是一种不错的选品思维。

以 Meta 为例，Meta 作为海外普及率最高的社交平台，是每个跨境电商卖家的必争之地，很多卖家都会利用 Meta 这个渠道来进行营销推广，可以用细分市场的关键词去找帖子，或者查看大家在讨论什么，哪些内容比较热。所以，通过 Meta 上的广告搜寻潜力产品是一个不错的选品思路，同时卖家能学习竞争对手的产品推广策略。

具体来讲，进入 Meta 主页，选择一个标签，如选择视频标签，在搜索框内输入关键词，就可以看到最近一些做视频推广的产品，同时可以查看视频的播放次数、评论数和分享次数等信息。如果帖子在过去 5 天或过去 7 天有评论，说明这个产品还没有太过饱和，可以作为备选，接着输入相关度更高的关键词进行搜索。卖家通过这个方法可以挖掘出一些最新的产品。

五、基于海外众筹网站的选品

近年来，互联网众筹发展迅速，国内外都已经形成了一定的众筹生态，这一新兴项目融资形式也被越来越多的人所认知。国内目前的众筹平台主要以京东众筹、淘宝众筹和苏宁众筹为主，依托电商积累的巨大流量和平台优势，更像是一种以销售为导向的批量卖货与团购模式。海外众筹平台有 Indiegogo、Kickstarter 和 RocketHub 等。经过多年的发展，海外主要的众筹平台逐渐形成了"众筹文化"，即支持者通过众筹见证的是一个设计或产品从创意诞生到样品再到批量生产的过程。在美国，众筹已经帮助许多创业者筹集到了足够的资金并运营了自己的项目。通过玩转海外众筹市场，一些中小规模的企业迅速地解决了消费群体和资金这两大问题，同时达到了较好的品牌传播的目的。以 Indiegogo 为例，Indiegogo 与超过 65 家创意营销公司和服务商有着密切的合作关系，很多中国企业通过这个众筹渠道推出创新产品。登录 Indiegogo 官网，网站上就会显示很多的众筹产品，如图 2.1.17 所示，卖家通过众筹平台可以发现一些商机。

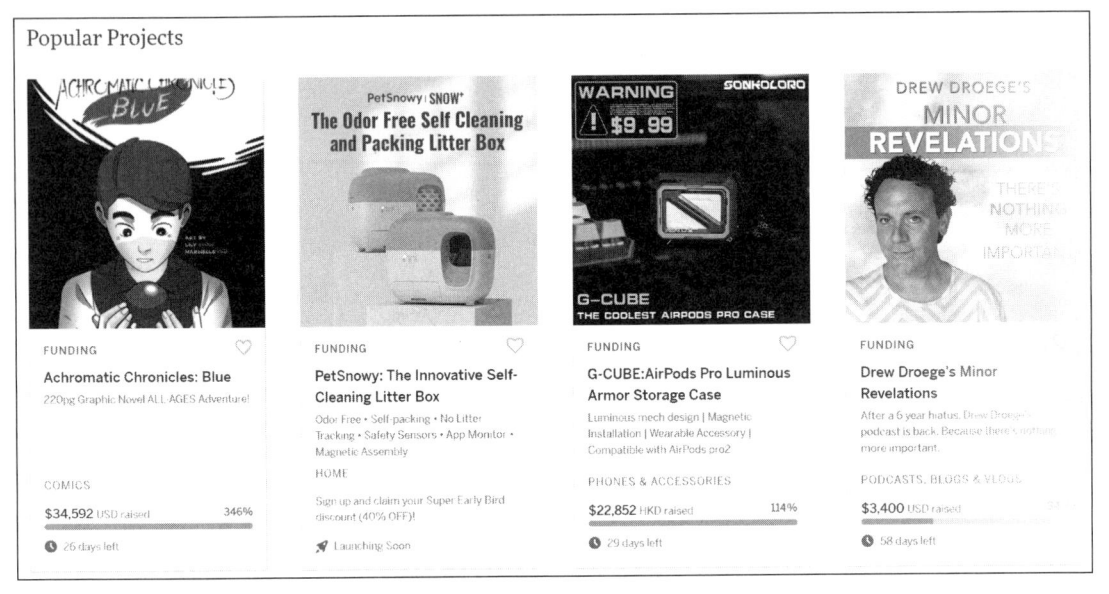

图 2.1.17　Indiegogo 众筹网站热门产品列表

除了以上的选品思路，卖家还可以根据不同品类的海外市场发展概况、消费者画像、行业发展趋势，以及不同子类目产品的特点进行精细化选品。另外，选品是一个持续不断的过程，每一款产品都有生命周期，在一个产品的生命周期内做好运营的同时也要去寻找潜在的爆品，做好店铺的能动性发展。

第二节　跨境电商 B2C 平台的视觉美工

一、速卖通平台的视觉美工

（一）产品详情页布局

速卖通产品详情页是详细描述产品信息的页面，它的结构相对比较简单，整个页面大概包括头部信息、产品基本信息和产品详情描述信息。

1. 头部信息

每个产品的详情页都有一个头部信息，信息包括平台菜单、店铺基本信息和店铺导航菜单等几块内容，如图 2.2.1 所示。速卖通是一个比较注重店铺概念的平台，买家点击店铺名称就可以查看店铺基本信息，点击主菜单相关模块就可以查看店铺更多正在销售的产品。

图 2.2.1　头部信息

2. 产品基本信息

产品基本信息包括产品视频、主图、标题、优惠券、颜色图、价格、物流服务、售后和服务信息，如图 2.2.2 所示，同时也包含立即购买（Buy Now）和商品加购（Add to Cart）。另外，右侧是相关产品的推荐信息的广告位。

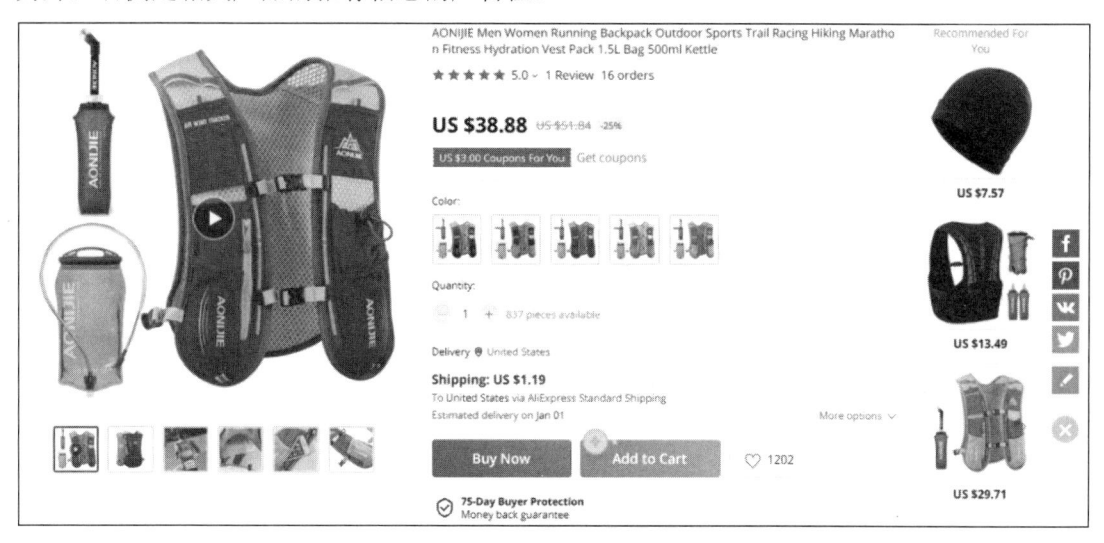

图 2.2.2　产品基本信息

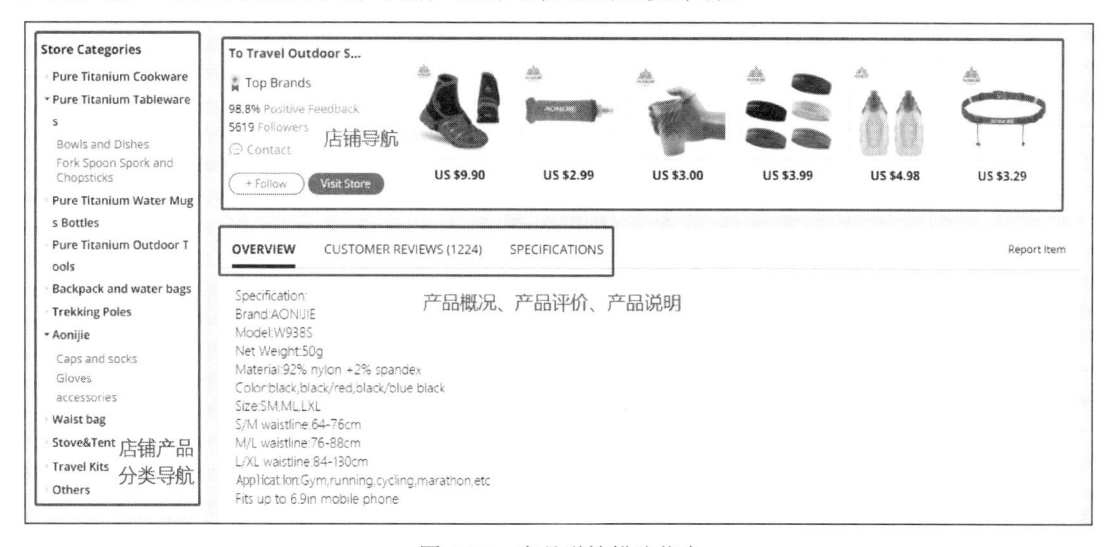

3. 产品详情描述信息

产品详情描述信息由店铺导航、店铺产品分类导航和产品概况、产品评价、产品说明组合而成，如图 2.2.3 所示。产品概况中包括卖家在后台发布产品时所涉及的产品详情及相关产品推荐，这部分信息是买家了解产品详细信息的主要来源。

图 2.2.3　产品详情描述信息

（1）产品概况全方位描述了产品的基本属性信息、产品详情图片等信息，如图 2.2.4 所示。为了能让买家看到更多信息，有的卖家会把客户评价、物流和售后服务等信息以图片的形式放在该模块中。

图 2.2.4　产品概况

（2）产品评价展示了总体评分、评分人次、每个星级的占比，以及评价内容和买家秀照片，如图 2.2.5 所示。卖家可以直接点击各星级占比查看具体的评价情况（包括评价人数、评价内容），通过仔细阅读买家留下的差评、买家秀照片找出买家的关注点和产品痛点。

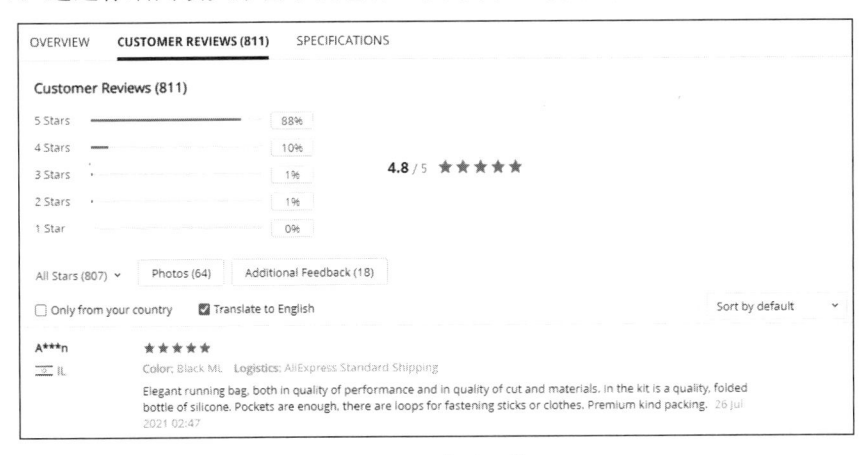

图 2.2.5　产品评价

（3）产品说明是卖家后台添加的产品属性信息，这部分信息跟产品类目相关，如图 2.2.6 所示。通过该部分信息，卖家可以更好地选择产品，降低以后买家给出差评的概率。

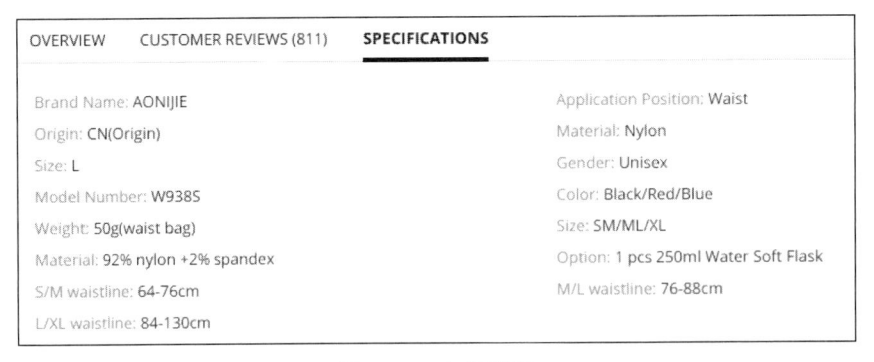

图 2.2.6　产品说明

产品主图是展示产品的主要图片，是买家对产品的第一直观印象，主图显示在产品标题左侧，卖家可以对产品进行全部和细节的展现，最多可以上传 6 张图片。平台建议描述图片横纵比例为 1∶1(图片尺寸≥800 像素×800 像素)或 3∶4(图片尺寸≥750 像素×1000 像素)，并且要求上传的主图比例要一致,图片文件为 5MB 以内的 JPG、JPEG、PNG 格式;建议不要在图片上添加水印、"牛皮癣"等信息。

如果卖家上传的图片属于原创并且在速卖通首发,则可以通过阿里巴巴原创保护平台申请图片保护。该平台为卖家首发的图片、短视频、创意设计提供权威且专业的一站式备案、维权和授权全链路解决方案,防止图片被恶意盗用。

接下来,我们结合几个主要经营大类介绍一下产品图片的基本要求。

(二)速卖通产品图片的基本要求

1. 女装行业产品图片要求

女装类产品的背景最好为白色或浅色,如图 2.2.7 所示,除了英文 Logo 可统一放在左上角,不可放置尺码、促销、水印和文本等信息;图片主体比例要占据整张图片的 70% 以上,禁止出现任何形式的拼图;对于主图,建议准备 6 张图片,顺序依次为模特或实物的正面图、背面图、侧面图和细节图。

2. 男装行业产品图片要求

男装的主图如图 2.2.8 所示,必须大于 800 像素×800 像素,必须为正方形;主图不允许拼图;产品图片建议上传 5～6 张,建议为衣服(或模特)的正面图和背面图,同时也要有侧面图、细节图和男装的实拍图;品牌 Logo 要在主图的左上角,大小为主图的 1/10;图片上不许出现中文、水印、促销等信息。

图 2.2.7 女装主图示例   图 2.2.8 男装主图示例

3. 童装行业产品图片要求

童装类产品的图片背景要求为白底或纯色,如图 2.2.9 所示,不应有杂乱的背景,实物或模特居中展示,占主体的 70% 以上,不可加边框和中文水印,Logo 统一放在左上角;童装允许两张图片拼图(左图模特,右图实物图),但不允许 3 张以上的图片拼图;主图大小建议为 800 像素×800 像素,建议上传 6 张图片,顺序依次为模特(或实物)的正面图、背面、侧面图和细节图。

4. 婚纱礼服行业产品图片要求

婚纱礼服类产品的主图背景建议为浅色、纯色或白色，如图 2.2.10 所示，主图尺寸必须大于或等于 800 像素×800 像素；主图必须达到 6 张，第一张为正面全身图，第二张为背面全身图，且不得少于 3 张细节图；主图中的真人模特必须露出头和脸，禁止将头剪裁掉或在脸部出现马赛克；主图不允许拼接，不能添加边框和促销文字说明；品牌 Logo 放置于主图左上角；产品大小占图片的 80%以上；多色产品主图禁止出现九宫格。

图 2.2.9　童装主图示例　　　　　　图 2.2.10　婚纱主图示例

二、亚马逊平台的视觉美工

亚马逊平台的产品 Listing 图片分为主图和辅图，1 个 Listing 只能有 1 张主图，最多有 8 张辅图，但是通常只能在页面中看到 7 张产品缩略图，如图 2.2.11 所示。如果卖家想要上传一条产品视频，最好上传 6 张产品图片，并把视频放在第 7 位。

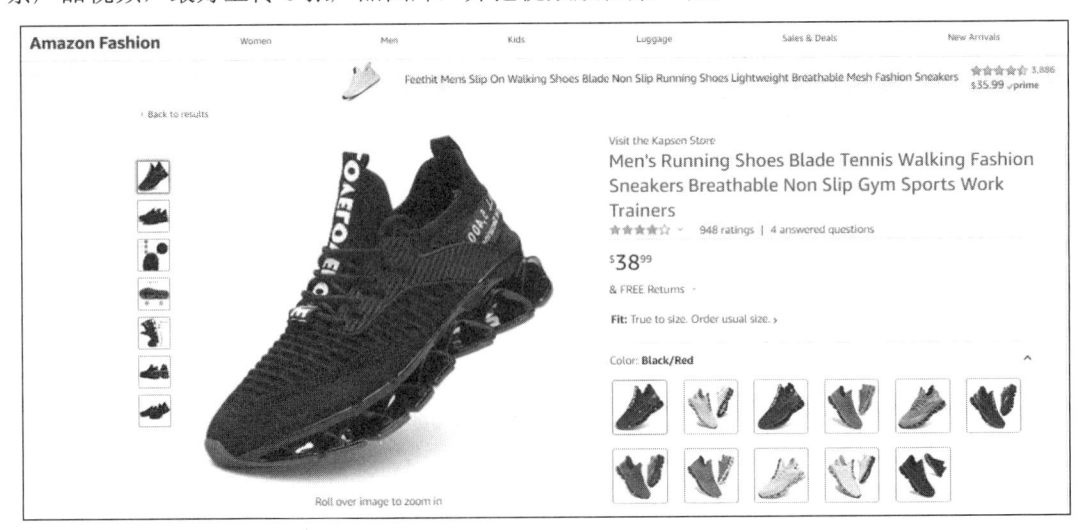

图 2.2.11　亚马逊平台的产品 Listing 图片展示

（一）亚马逊产品主图设计要求

亚马逊平台对高度或宽度超过 1000 像素的图片提供了放大功能，这样买家就能放大图片查看产品细节。这个功能能起到增加销售量的作用，建议卖家尽量选用单边超过 1600 像素的图片。另外，当产品图片的横向和纵向比例是 1∶1.3 时，其在亚马逊的网站达到最佳的视觉效果。考虑到美观因素，建议主图与辅图尺寸一致。亚马逊平台支持 JPEG、TIFF、GIF 等类型的图片格式，建议使用 JPEG 格式的图片——该格式的图片上传的速度比较快。

亚马逊平台要求产品主图的背景必须是纯白色的，而且主图必须是产品的实物图，不能带 Logo 和水印。另外，主图中的产品最好占图片 85% 左右的空间；产品必须在图片中清晰可见，且需要显示整个产品，不能只有部分或多角度组合图。

有些类目（如服装、内衣、袜子等）可有模特，但只能是真人模特。以女装为例，主图中的模特必须是正面站立的，不能是侧面、背面、坐姿或多角度组合图等，图 2.2.12 所示左边是主图，右边是局部放大后的效果，主图模特身上不能有非售物品。

袜子单卖需放单、双主图，成套卖需要将所有套装中的袜子放在主图中，但不能有卡纸。

箱包、珠宝、鞋子等产品的主图不允许使用模特。鞋子的主图必须是单只鞋子的照片，并且建议左脚朝左摆放。穿在模特脚上的图片只能作为辅图，不能作为主图。与之相反，耳钉的主图要成对出现，如图 2.2.13 所示。

此外，小部分家居装饰用品的主图不强制用纯白色背景，如窗帘、沙发、床上四件套、蚊帐、灯具等。举例来讲，如图 2.2.14 所示，台灯的主图采用了真实的场景，没有使用纯白色背景。

图 2.2.12　图片放大效果展示 　　图 2.2.13　饰品类产品主图展示 　　图 2.2.14　台灯主图展示

（二）亚马逊产品辅图设计要求

亚马逊产品辅图可以展示细节、其他面或搭配图等，如图 2.2.15 所示。辅图可以对产品做不同面的展示，也可以展示产品的使用场景，或者对在主图中没凸显的产品特性做补充。亚马逊产品 Listing 中最多可以添加 8 张辅图。

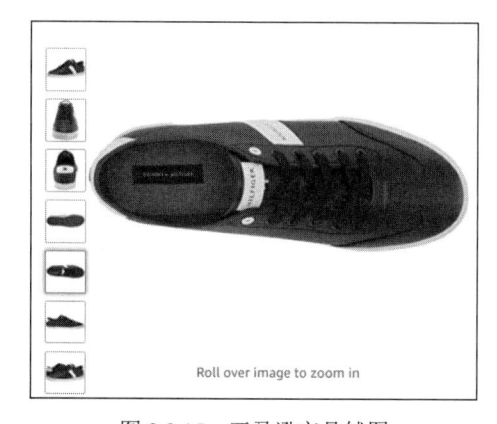

辅图最好也和主图一样用纯白色的背景，但不做强制要求。产品必须在辅图中清晰可见。辅图要对产品做不同侧面的展示，凸显产品的特性，可以展示细节。如果有模特，辅图中的模特同样必须是站立的真人模特，不能出现模型模特。另外，辅图不能带 Logo 和水印（产品本身的 Logo 除外）。

图 2.2.15　亚马逊产品辅图

三、eBay 平台的视觉美工

eBay 平台对产品 Listing 的图片的质量和数量没有严格要求，只要在 Listing 中上传一张及以上的图片就可以发布，但建议卖家多上传一些高质量、高精度的图片，这样可以增加成功销售的机会。

平台建议每个产品 Listing 的图片尺寸为 500 像素～1600 像素，如图 2.2.16 所示，最长边大于 800 像素的图片将会启用放大功能。图片大小不要超过 7MB；二手、翻新或损坏的产品不得使用新品图；不能出现店铺 Logo、宣传和促销等信息；图片不能有边框、文本（如 Free shipping、卖家 Logo）、插图或图标；可以使用水印来标明图片所有权和归属权，但不能用于营销；鼓励卖家自行拍摄图片，切勿盗图。

如果违反图片政策，那么 Listing 可能面临下架，或者 eBay 会采取其他惩罚措施，如不返还成交费或限制售卖的额度权限。

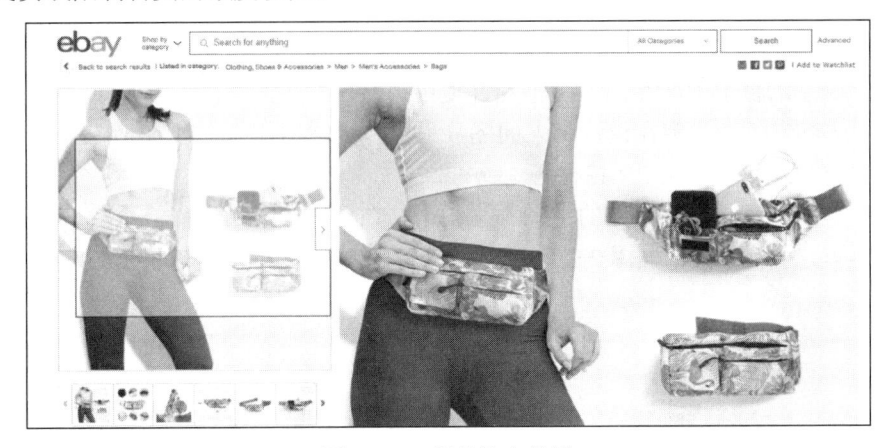

图 2.2.16　图片放大效果

四、Shopee 平台的视觉美工

相比亚马逊和速卖通等平台，Shopee 平台对产品 Listing 的图片要求并不是特别高，如图 2.2.17 所示，平台要求每个产品 Listing 要有 3 个或更多专业拍摄的详情图；对于每张图片，所售产品必须清晰、锐利、不像素化，并以逼真的色彩拍摄；图像不应该反映人或其他物体；成人类目的产品必须符合相应要求。

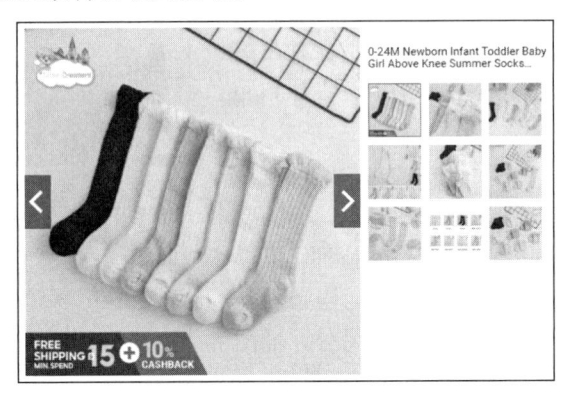

图 2.2.17　Shopee Listing 图片展示

对于其他图片，平台要求非封面图片允许使用背景和环境来衬托产品的使用；每张图片应显示产品的不同角度；产品和道具应填充图片框架的50%或更多；允许裁剪或特写；允许使用模型。

第三节　跨境物流

一、跨境物流概述

跨境物流指两个或两个以上国家或地区之间进行的物流服务。和国内电商相比，跨境电商的交易双方分属于不同的国家或地区，卖家需要通过跨境物流将产品递送到买家手中。以速卖通平台一个发国际邮政小包的订单为例：买家在平台上下单支付后，首先卖家将包裹通过国内物流送至国内海关，进行报关，通关后再经由空运从国内机场送达目的国机场，然后经目的国海关清关，最后通过目的国本地物流完成派送，如图 2.3.1 所示。如果包裹运输途中发生中转，还需要进行中转国海关的报关和清关。例如，如果使用新加坡邮政挂号小包将包裹从中国发往法国，包裹会先在新加坡中转，再发往法国。

包裹 → 国内物流商 → 国内海关 → 国内出口机场 → 目的国进口机场 → 目的国海关 → 目的国物流商 → 买家

图 2.3.1　跨境物流空运流程

与国内物流相比，跨境物流涉及两个或两个以上国家或地区的关境，需要经过报关和清关，工作内容比较复杂，环节比较多。没有一家物流企业能依靠自身能力单独提供全部国家及地区之间的跨境物流服务，卖家往往需要对众多的跨境物流服务商进行选择。因此，跨境物流成为跨境电商的难点之一。

跨境出口电商的运输模式主要分为两大类：一类是直邮模式，即将产品从卖家所在的国家或地区直接寄送到买家所在的国家或地区，国际邮政、国际快递和国际专线都属于这种模式；另一类是海外仓模式，即产品被提前寄送到买家所在的国家或地区，存储在仓库中，之后通过本地物流完成派送。在我国跨境电商零售刚起步的时候，跨境物流以直邮模式为主，海外仓模式的使用率较低，但是，随着跨境电商的快速发展和竞争加剧，越来越多的企业开始布局海外仓，以提高产品在国际市场的竞争力。

二、跨境电商直邮服务

（一）国际邮政

1. 中国邮政小包

中国邮政小包又称中邮小包，是中国邮政速递物流针对 2 千克以下的小件物品推出的空邮产品，要求外包装长、宽、高之和小于 90 厘米，且最长边小于 60 厘米，运费根据包裹重量按克计费，1 克起重。中国邮政小包包括挂号和平邮两种服务，分别称为中国邮政挂号小包和中国邮政平常小包，可寄达全球各个邮政网点。中国邮政挂号小包要收取挂号费，可提供网上全程跟踪查询服务。

计算案例：

一位澳大利亚客户从一家运动户外店铺购买了两个相同款式的跑步包，重量为 230 克/件，包裹的重量为 20 克，若选择中国邮政挂号小包，用一个包裹发出，运费是多少元？假设中国邮政挂号小包到澳大利亚的价格如表 2.3.1 所示。

表 2.3.1　中国邮政挂号小包到澳大利亚的价格

费用	重量		
	0 克～150 克	151 克～300 克	301 克～2000 克
配送费（元/千克）	79.57	74.57	71.57
挂号费（元/包裹）	16.5	16.5	16

注：配送费按克计费。

解答：

中国邮政挂号小包运费根据包裹重量按克计费，首重为 1 克，每个包裹限重在 2000 克以内，并且对每个包裹收取挂号服务费。部分国家的配送费和挂号费分区定价，如澳大利亚对于 0 克～150 克、151 克～300 克和 301 克～2000 克有不同的配送费和挂号费。其他国家则采取固定价格。

该包裹总重量为 480 克，所以运费计算如下。

$$480 \div 1000 \times 71.57 + 16.00 \approx 50.35（元）$$

2. E 邮宝

E 邮宝（ePacket），是中国邮政速递物流为适应跨境电商轻小件物品寄递市场需要推出的经济型国际速递业务。E 邮宝以 EMS 网络为主要发运渠道，在出口至境外邮政后，通过目的国邮政轻小件网络投递邮件。目前，E 邮宝业务已通达俄罗斯、美国、巴西等 38 个国家和地区，提供收寄、出口封发、进口接收实时跟踪查询信息，不提供签收信息，只提供投递确认信息。E 邮宝适合寄送轻小件、价格实惠的产品。E 邮宝包裹的重量和体积限制如表 2.3.2 所示。

表 2.3.2　E 邮宝包裹的重量和体积限制

包裹形状	重量限制	最大体积限制	最小体积限制
长方体	≤2000 克（俄罗斯为 3000 克，英国和以色列为 5000 克）	长+宽+高≤90 厘米，单边长度≤60 厘米	至少有一面的长度≥14 厘米，宽度≥11 厘米
圆柱体		直径的两倍与长度之和≤104 厘米，单边长度≤90 厘米	直径的两倍与长度之和≥17 厘米，单边长度≥11 厘米

计算案例：

一位美国客户从速卖通平台的一家家居店铺购买了一个抱枕，包裹重 350 克，若选择用 E 邮宝发货，运费是多少元？假设 E 邮宝到美国的价格如表 2.3.3 所示。

表 2.3.3　速卖通平台线上发货 E 邮宝到美国的价格

首重（克）	重量资费（元/千克）	操作处理费（元/包裹）	限重（克）
50	95	25	2000

解答：

E 邮宝运费根据包裹重量按克计费，包裹重量不超过首重的按首重重量计算资费，并且每件收取固定的操作处理费。不同国家或地区有不同的首重重量和限重重量，如美国的首重为 50 克，一个包裹限重 2000 克，而英国的首重为 1 克，一个包裹限重 5000 克。

该包裹重 350 克，超过首重，所以运费计算如下。

$$350 \div 1000 \times 95 + 25 = 58.25（元）$$

3. 新加坡邮政小包

新加坡邮政小包又称新加坡小包，是新加坡邮政推出的一项针对重量在 2000 克以下的物品的邮政小包服务，具有时效好，通关能力强的特点，可寄达全球 249 个国家和地区。新加坡邮政小包又分为挂号小包和平邮小包，平邮小包不提供物流跟踪信息。通常我们所说的新加坡邮政小包是指新加坡邮政挂号小包。新加坡邮政小包价格适中，服务质量高于国际邮政小包的平均水平，是目前寄送手机、平板等含锂电池产品的常见物流方式。

（二）国际快递

国际快递是指在两个或两个以上国家或地区之间所开展的快递物流业务。全球性国际快递物流有 DHL、UPS 和 FedEx 等，它们通过自建全球网络，使用 IT 系统及遍布在全球各地的本地化服务，为全球用户提供良好的物流体验。例如，UPS 的包裹寄送到美国，可在 48 小时之内送达。此外，EMS 依托邮政网络，在目前国内的快递公司中拥有最完善的国际化业务。

与国际邮政不同的是，国际快递在计算运费时所使用的计费重量取货物实际重量和体积重量的较大者。这是由于运输工具（飞机、火车、轮船等）运载货物的货舱容积有限，如果货物的比重小而单位体积偏大，如棉花、编织工艺品等，单一地按照实际重量计费将导致亏损。本书中所介绍的国际快递所采用的体积重量的计算公式如下。

$$体积重量（千克）=长（厘米）\times 宽（厘米）\times 高（厘米）\div 5000$$

例如，一个国际快递包裹的实际重量为 25 千克，它的尺寸为长 90 厘米，宽 70 厘米，高 60 厘米，体积重量为 90×70×50÷5000 = 63（千克），由于体积重量大于实际重量，因此计算运费时所使用的重量为体积重量，即 63 千克。

同国际快递一样，EMS 运费也计算体积重量，不过所采用的计算公式如下。

$$体积重量（千克）= 长（厘米）\times 宽（厘米）\times 高（厘米）\div 6000$$

此外，国际快递除重量运费外，一般还会收取燃油附加费、偏远地区附加费等费用。EMS 不收燃油附加费。

相比国际邮政物流，国际快递物流能提供更加优质和快捷的服务，价格自然要昂贵许多。因此，只有针对高货值的产品和为了满足客户对时效性的较高要求，跨境电商卖家才会选择国际快递。

（三）国际专线

国际专线是跨境电商发展背景下出现的一种新型跨境物流模式，通常国际专线需要先将包裹通过航空的方式进行运输，然后通过合作公司将包裹派送到目的国。国际专线的时效性优于国际邮政小包，弱于国际快递；国际专线的物流成本低于国际快递，但是要高于国际邮政小包。国际专线物流的优势在于可以将大批量的包裹集中在一起统一进行派送，借助规模效应降低物流运送成本。这对于降低跨境物流成本意义重大，尤其对固定市场的跨境电商而言，是一个行之有效的跨境物流解决方案。美国专线、澳洲专线、欧洲专线、俄罗斯专线等都属于专线物流模式，除此之外，还有中东、南美、南非等专线快递。

三、跨境电商海外仓服务

（一）海外仓概述

海外仓服务是指为卖家在销售目的地进行货物仓储、分拣、包装和配送的一站式控制与管理服务。使用海外仓是解决跨境物流痛点的一个有效方案，也是跨境电商卖家扩大海外市场的必然选择。

1. 海外仓的优势

跨境电商卖家选用海外仓服务具有以下优势。

（1）帮助卖家拓展销售品类。有些品类的产品尺寸和重量偏大，如家具、汽车零配件等，受物流方式限制，有些品类属于航空禁运的产品，如含锂电池的电子类产品等，这样的产品可以通过海外仓进行销售。

（2）获得跨境平台流量支持。跨境电商平台对于使用海外仓的产品一般会有曝光和流量倾斜，进而给产品带来更高的转化率和销量。

（3）降低物流成本。由于头程运输可以使用海运或陆运，物流成本会比较低，而且货物一般使用传统贸易方式，报关和清关会相对容易一些。

（4）提高物流运输时效。由于货物被提前运达目的国家或地区，因此使用海外仓可以使运输时效大大提高，特别是在销售旺季，能有效降低物流纠纷，也能缩短卖家的回款周期。

（5）提升用户体验感。海外仓可方便卖家提供退货、换货、重发等售后服务，从而优化跨境电商的用户体验，让海外买家能够放心购买。

正是因为具有以上优势，面对激烈的市场竞争，越来越多的卖家开始布局海外仓，以此来提升自身的核心竞争力。

2. 适合海外仓的产品

对于选择哪些产品使用海外仓服务，卖家可以根据自己公司的实际情况和具体产品来衡量。以下是一些适合选择海外仓服务的产品。

（1）尺寸和重量大的产品，如家居园艺类产品、汽车零配件、运动器械等，卖家选择海外仓能突破产品的规格限制和降低物流费用。

（2）单价和毛利润高的产品，如电子产品、首饰、手表、玻璃制品等，卖家选择海外仓可以控制破损率和丢件率，为销售高价值产品的卖家降低风险。

（3）周转率高的产品，如时尚衣物、快速消费品等畅销品，卖家通过海外仓可以更快速地处理订单，回笼资金。

（4）有明显淡旺季的产品，如符合欧美节日主题的产品适用于海外仓，因为对于节日消费品，买家更加注重时效。

（5）已经形成一定销售规模的产品，对此，买家可以选择海外仓。

（6）一些航空禁运的产品，如利润较高的液体类产品或带锂电池的产品等。

（二）海外仓的运作模式

海外仓主要有电商平台自建仓库、卖家自建海外仓及第三方海外仓三种运作模式。

1. 电商平台自建仓库

电商平台可通过自建仓库为卖家提供包括仓储、拣货打包、派送、收款、客服与退货处理在内的一条龙式物流服务，并收取一定的仓储费和配送费。该模式的典型代表企业是亚马逊。亚马逊会为选择 FBA 发货的产品 Listing 增加曝光度，比如提高 Listing 的排名、帮助卖家抢夺购物车等，这些都有利于提高卖家店铺的流量与销量。由 FBA 所导致的任何中差评，都可以由平台移除，但 FBA 也存在仓储成本相对较高，无条件退换货无形之中增加卖家成本，亚马逊仓库对选品的尺寸、重量、类别有一定的限制等问题。可见，选择体积小、利润高、质量好的产品入亚马逊仓库是比较明智的选择（可以通过本书配套资料了解 FBA 收益计算器）。

2. 卖家自建海外仓

卖家自建海外仓主要指具有一定资金实力和客户基础的大卖家为了提升物流配送速度而在海外市场建立仓库。卖家自建海外仓的优势是卖家可以自己掌控仓库系统操作、通关、报税、物流配送等环节，物流时效稳定，客户体验感好，但具有建仓成本高、建仓过程复杂、需要聘用海外员工等劣势。

卖家自建海外仓比较重要的是选址问题。选址要遵循靠近交通枢纽、靠近经济发达地区及多仓布局等原则。靠近交通枢纽与靠近经济发达地区建设海外仓，可以方便货物的转运与配送；多仓布局可以缩短物流时间和降低物流成本。

卖家自建海外仓的代表企业有环球易购、兰亭集势、米兰网、大龙网、纵腾网络等。

3. 第三方海外仓

第三方海外仓是由第三方企业（多数为物流服务商）建立并运营的海外仓，可以为多家跨境电商企业提供清关、入库质检、接受订单、分拣、配送等服务。卖家使用第三方海外仓有助于扩大销售品类、提高单个产品利润率、增加销量等，但也存在因存货量预测不准可能导致的货物滞销等风险。

卖家需要向第三方海外仓服务商支付一定的费用。第三方海外仓服务商的收费包括头程费用、税金、当地派送费用、仓储管理服务费等。头程费用指从中国把货物运送至海外仓这段路程中所产生的运费。税金指货物出口到某国（或地区）需按照进口货物政策征收的一系列费用，如英国征收的税金有关税和增值税。当地派送费用俗称二程派送费用，指买家在下单后，由仓库完成打包，并配送至买家地址所产生的费用。仓储管理服务费包括仓储费和订单处理费。其中，仓储费指将产品储存在仓库而产生的费用（第三方海外仓通常会按周收取费用）；订单处理费指在买家下单后，由第三方海外仓工作人员对订单进行拣货、打包而产生的费用。

计算案例：

一家速卖通平台的玩具店铺计划将 1500 个毛绒玩具通过海路运到菜鸟波兰官方仓。每个毛绒玩具重 0.2 千克，产品包装尺寸为 20 厘米×12 厘米×8 厘米，请计算运费为多少元。菜鸟官方头程海运到波兰的价格如表 2.3.4 所示。

表 2.3.4　菜鸟官方头程海运到波兰的价格

进出口清关费（元/票）	运费（元/立方米）	最低起运量
938	2833	1 立方米=167 千克

解答：

$$货物实际重量=0.2×1500=300（千克）$$
$$货物体积重量=20×12×8×1500÷6000=480（千克）$$

因为体积重量大于实际重量，所以按照体积重量计算运费。由于最低起运量按 1 立方米相当于 167 千克计算，那么 480 千克货物应按 3 立方米计算，因此运费计算如下。

$$2833×3+938=9437（元）$$

将运费平摊给 1500 个毛绒玩具，每个毛绒玩具的运费约为 6.29 元。如果使用菜鸟无忧物流标准从中国发一个这样的玩具到波兰，那么运费约为 25 元。

在上面的案例中，那家速卖通玩具店的毛绒玩具已经入库了菜鸟波兰官方仓。两位客户（分别来自波兰和德国）在该店铺分别购买了一件毛绒玩具，则该速卖通平台玩具店可以选择菜鸟官方波兰仓配送服务。假如一件玩具包裹的重量为 0.24 千克，请问两位客户分别需要支付多少元？菜鸟官方波兰仓配送的部分价格如表 2.3.5 所示。

表 2.3.5　菜鸟官方波兰仓配送的部分价格

包裹重量（克）	配送费（美元）	
	波兰	德国
0~250	3.06	4.44
251~500	3.4	4.44

解答：

根据报价表的包裹重量和目的国，到波兰的运费为 3.06 美元，到德国的运费为 4.44 美元。假设按照美元兑人民币汇率 6.4774 计算，到波兰需要支付约 19.82 元，到德国需要支付约 28.76 元。

第四节　产品定价

一、基于成本的定价策略

不管在哪个跨境电商平台，价格可能都不是影响产品销量的唯一因素，却是一个重要的因素。

（一）产品定价的主要影响因素

1. 利润（利润率）

一般来说，一个店铺的产品可分为利润款、引流款及常规款。卖家可以针对不同品类的产品设置不同的利润率。

$$销售利润=销售收入-销售成本$$

销售利润率=销售利润÷销售收入

2. 采购成本

采购成本，顾名思义，就是采购产品的成本，这个成本会因卖家是经销商还是工厂而有所不同。对于自己有工厂的卖家来说，该成本计算是比较简单的，而那些需要从其他渠道进货的卖家则必须精准计算进货成本。

3. 物流成本

物流成本指把产品送到买家手上的运费成本。由于跨境物流较为复杂，除不同平台支持的物流渠道有差异外，选择国内直邮和海外仓发货，以及产品包邮和不包邮都会对产品定价产生非常大的影响。这就需要卖家设定好运费计算的标准。

4. 平台佣金

平台佣金是卖家为每件售出的产品支付的销售佣金。不同跨境电商 B2C 平台的不同类目的销售佣金是不一样的。例如，速卖通平台各类目交易佣金比例为 5%～8%；亚马逊平台佣金是 8%～15%，对不同品类产品的销售佣金百分比和按件最低佣金都有不同的规定；eBay 平台会一次性收取成交费（Final Value Fees，FVF），费用按销售总额的百分比计算，加上每个订单的一个固定费用（以美国站点为例，每个订单的固定费用为 0.30 美元，两者相加最高不超过 750 美元）；Shopee 平台对新卖家有前 3 个月全免佣金的优惠政策，3 个月后按经营类目收取不同比例的佣金（具体佣金费用见本书配套资料）。

5. 其他成本

其他成本主要指营销成本、退货成本和订阅费等。要想提高产品销量，必须对产品进行营销推广。卖家不仅要积极参与平台内部的营销推广活动，还要积极进行站外引流。参与营销活动都是非常"烧"钱的，卖家一定要控制好预算。在销售过程中，因物流或产品质量等也会导致产品的退换货（如亚马逊美国站点服饰类目的退货率为 5%～10%）。除此之外，如果 eBay 卖家开通店铺，或者亚马逊卖家成为"专业销售计划"账户，就需要支付月度的订阅费，如果是海外仓的产品还要收取仓储费用等。以上这些都是卖家在产品定价过程中要考虑的因素。

（二）产品定价的主要思路

卖家在不同跨境电商 B2C 平台进行产品定价要考虑的因素基本都是相近的。新卖家在进行产品定价时，首先，建议考虑主要的成本，如采购成本、物流成本和平台佣金等；其次，为了方便计算，建议把各项成本都平摊到每个产品上。此外，卖家可以把店铺的产品分为引流款、常规款和利润款，对不同类型的产品设置不同的利润（或利润率）。例如，引流款是以吸引流量为主的，可以设置偏低的利润率；有竞争力的产品可以作为利润款，对其设置较高的利润率。总体来说，随着跨境电商竞争的加剧，整体利润率有下滑的趋势。

1. 产品定价方法之一

接下来以亚马逊美国站点 FBA 为例，介绍一下定价公式。

产品售价=采购成本+平台佣金+自发货仓储物流费（头程费用+FBA 费用）+
其他成本+期望利润

在计算过程中，既可以先把每项值都转换成美元再累计，也可以先计算人民币价格再除以当前汇率转换成美元价格。

2. 产品定价方法之二

利润和佣金等费用都可用比值的形式参与计算。这里以速卖通平台为例来讲。速卖通平台的产品上架时填写的零售价是按美元计价的，由于从不同发货地发货的运费有所不同，因此可以设置不同的零售价。产品定价既要考虑店铺的成本和利润，又要考虑同行竞品的价格水平。大多数速卖通买家喜欢购买有折扣的产品，因此卖家可通过促销活动设置折扣，那么，在产品发布时所设置的零售价应是打折之前的价格。卖家在计算价格时，可以先计算出日常折扣价，再计算出上架价格。假设成本只考虑进货成本和物流成本，那么大部分卖家采用的日常促销价和上架价格的定价公式如下。

日常促销价=（产品成本+运费成本）÷（1-利润率）÷
（1-平台佣金比例）÷美元兑人民币汇率

上架价格=日常促销价÷日常折扣率

这里所使用的利润率为销售利润率，即基于销售价格的利润。此外，在计算上架价格时，卖家还需要考虑大促活动，保留进一步打折的空间。

例如，李明上架了一批跑步背包，每个背包的成本为 65 元人民币，包装后的重量为 0.23 千克，无忧物流从中国到俄罗斯的运费成本为 30 元人民币，利润率假定为 20%，速卖通平台佣金比例为 8%，美元兑人民币汇率为 6.5，日常折扣率假定为 70%，那么，这款跑步背包在速卖通平台的销售价格计算如下。

日常促销价=（65+30）÷（1-20%）÷（1-8%）÷6.5≈19.86（美元）
上架价格=19.86÷70%≈28.37（美元）

速卖通新卖家还要特别注意运费成本的参照国家要和运费模板中的包邮国家一致，具体可以结合第三章第二节关于运费模板设置的相关描述。另外，虽然基于成本的定价策略较为简单，但是没办法知道这个价格是不是买家能接受的价格，所以卖家在定价时还要适当参考竞争对手的定价。

二、其他定价策略

（一）基于竞争对手的定价法

基于成本的定价主要参考利润、采购成本、物流成本、平台佣金、汇率等几个因素，由此制定出来的价格不一定符合市场预期，而不合适的价格可能导致产品缺乏市场竞争力。基于竞争对手的定价影响因素和基于成本的定价影响因素基本一致，定价策略的差异点在于主要参考同类竞争对手的销售价格，计算出单个产品的销售成本（采购成本+物流成本+平台佣金+营销成本+其他成本），最终将销售价格减去销售成本，计算出单个产品预期的利润（利润率）。通过这种方法，卖家一方面可通过利润核算来最终决定是否销售该产品——卖货的最终目的是盈利，如果核算下来没办法实现盈利，那就失去了卖货的意义；另一方面，通过推演各个环节的成本构成可以寻求优化销售成本的突破口，从而为最终盈利提供依据。

这种基于竞争对手的定价法也有不足之处。卖家为了吸引买家下单，会考虑比竞争对手更低一点的价格进行低价销售，这样容易导致价格战。假设某款产品的主流销售价格是 5 美元，卖家就定价为 4.59 美元，而其他同行用 4.39 美元发起挑战，那么导致的结果就是不断降价，利润空间被压缩到最低，最后盈利越来越少。所以，一定要理性竞争，避免过分地进行价格战。

（二）尾数定价法

尾数定价法指在确定产品的销售价格时以零头数结尾（一般保留两位小数，精确到"分"），并且按照买家所在地的风俗习惯，价格尾数取吉利数字，以此扩大销售。带有尾数的价格会让买家认为卖家定价是非常认真、精准的，连零头都算得清清楚楚，进而产生一种信任感。

另外，尾数定价法是心理定价策略的一种，标价9.96美元和10.06美元的产品虽然只相差0.1美元，但前者会使人感觉还不到"10美元"，由此产生产品很便宜的感觉，而后者会使人产生"10美元多"的感觉，前者的价格更容易被接受。所以不管是国内还是国外，不管是日用品还是家电，甚至汽车等大件产品，这种定价策略一直被广泛应用。

（三）弧形数字定价法

由于民族习惯、文化传统和价值观的影响，某些特殊数字常常会被赋予一些独特的含义，跨境电商卖家在定价时如果能加以巧用，销售的产品可能会得到买家的偏爱。有人对数字的弧形线条进行过研究，研究结果表明带有弧形线条的数字（如5、8、0、3、6等）更容易被接受；而不带弧形线条的数字（如1、7、4等）相较而言就不大受欢迎。究其根源是买家消费心理的作用，所以卖家在进行产品定价时要尽量避免以1、7、4这些数字为结尾。

第五节　跨境电商客户服务

一、跨境电商客服人员的工作内容与特点

跨境电商行业有一个非常有趣的特点，那就是一般在正常情况下，海外客户（买家）在下单之前很少与卖家进行直接沟通，这就是行业内经常提到的"静默下单"。但还是会有一些客户对产品或物流等提出一些疑问，为了能让客户买到真正需要的产品，跨境电商客服人员与客户做好充分的"沟通"显得尤为重要。

（一）跨境电商客服人员的工作内容

和国内电商一样，跨境电商也需要进行客户服务工作。跨境电商客服人员根据岗位和职责主要分为售前客服人员和售后客服人员两类。售前客服人员负责店铺的销售工作，主要工作内容包括：解答客户关于产品、价格、服务等方面的咨询，消除客户疑虑；在线销售，如处理议价、砍价，对未付款订单进行催付，或者对老客户与潜在客户开展在线营销活动，目的是促成交易；在客户完成下单支付后，确认订单信息，如确认地址信息是否完整、确认客户备注的特殊要求能否满足（如果能满足，则需在订单管理系统中进行备注，以实现后续正确发货）。

售后客服人员负责店铺的售后服务工作，主要工作内容包括：订单的售后咨询，如发货状态与物流跟踪信息咨询；处理客户发起的各类申诉，如未收到包裹、收到的包裹有质量问题或与详情描述不符等；评价管理，包括对客户进行评价和反馈客户对订单的评价。

（二）跨境电商客服人员的特点

与国内电商的客服人员相比，跨境电商客服人员在服务对象、沟通工具和回复时效要求

方面均有不同，在开展店铺具体客服工作之前，需要对这些不同有所了解。

国内电商客服人员的服务对象基本上是中国人，加上普通话的普及率较高，所以基本不存在语言障碍。跨境电商客服人员的服务对象基本上是外国人，不同的国家、民族和地区客户的语言不同。客服人员主要使用英文消息与客户沟通，有的跨境电商平台提供即时聊天翻译工具，可以对客户的语言进行翻译，但由于消息口语化，翻译的准确性难以保证，因此仍不能完全避免语言障碍。此外，各个国家、民族和地区的客户有各自的宗教信仰与风俗习惯，对此，客服人员需要有大致了解，以免在服务过程中造成客户不悦，甚至引发投诉。

国内电商客服人员一般要求及时回复客户的消息，因为客户大多希望自己的问题能第一时间得到回应。回复时间也是店铺服务与客服人员的考核指标之一。一般店铺还会安排客服人员轮班工作，确保及时回复客户消息。由于时差与人力成本差异，国外客户对卖家回复时效的要求没有国内客户那么高，一般 24 小时内回复即可，因此，除平台大促活动期间外，跨境电商客服人员一般不安排轮班。当然，如果能够第一时间回复客户的消息，那么客户体验感肯定更好。

二、售前对客户咨询的回复

当有客户来咨询产品或物流等相关信息时，客服人员要尽量在初步沟通时把产品信息介绍清楚，消除客户疑虑，从而促成交易。客服人员要熟悉产品，介绍时要突出产品的卖点和优势，但不能夸大宣传；对产品或物流涉及的一些专业术语或行业专用概念，客服人员需要进行适当简化，用通俗易懂的方式向客户进行说明。例如，一些产品的使用、组装及维护可能比较复杂，用大段的文字详细解释并不一定能让客户明白，对此，可以制作安装流程图或拍摄简单的演示视频，既能直观、有效地解决复杂的问题，又能提供超出客户预期的快捷服务，进而有效地提升客户满意度。

下面这个示例中，客户在下单前咨询一款跑步腰包是否防水，是否可以携带两个 500 毫升的水壶。首先，售前客服人员对客户的询问表示欢迎，然后对客户的问题给出了专业的答复，对于腰包功能并未夸大，说明面料是防泼水的但并非完全防水，单个水壶容量也只能达到 350 毫升，水壶太重、太高容易掉落。避免夸大宣传，可以减少售后纠纷。这位售前客服人员不但解答了客户的疑问，而且热情有礼，增加了客户对卖家的好感。

> Buyer: Is the bag waterproof? Can it carry 500 ml bottle in both pockets?
>
> Seller: Dear Customer,
>
> Welcome to our store! The material of this bag is Neoprene and 2000D polyester fabric.Because there are stitching and earphone line hole, it is not waterproof, but the fabric is water repellent.The bottles in your picture are totally 500ml, 250ml per bottle.
>
> Buyer: Can one pocket carry 500ml? Totally 1000 ml in both pockets?
>
> Seller: The designed bottle for single pocket is only 250ml.350ml mineral water bottle is also suitable, as you can see in the product picture.500ml bottle should be too high and heavy for this waist pack.
>
> Buyer: OK.Thank you.
>
> Seller: You are welcome!☺

售前客服人员可能遇到砍价/议价的客户，以速卖通平台为例，经常会砍价/议价的客户大致分成三类。第一类客户是小批量代购型客户，俗称 Dropshipper，这类客户有自己的网店和客户，但没有库存，有了订单后到速卖通平台下单购买，让卖家直接把产品发给他们的客户。这类客户一般订单较小，但是下单频率高，主要关注价格和交货期，当然质量也是需要有保证的，他们偏向选择专业程度高且价格便宜的卖家。第二类客户是零售商，他们会一次购买较多的产品，争取尽量低的价格，并希望和卖家建立较长期的合作关系。第三类客户是零散买家，他们对价格比较敏感，会对比多家店铺的同类产品，从中挑选有竞争力的产品下单。

针对不同的砍价/议价客户，售前客服人员可以采取不同的沟通策略：对于小批量代购型客户，可以对单件产品也提供适当折扣，通过他们获得更多的订单和利润；对于零售商所创建的大额订单，可以根据产品成本、运费与期望利润率计算报价；而对于零散买家，如果购买单件产品，尽量不要议价，但可以鼓励他们一次购买多件产品，以获得适当的优惠。

三、售后纠纷处理

（一）"产品与描述不符"纠纷

由于产品质量问题或发错货等原因，客户会发起"产品与描述不符"申诉。碰到这种情况，客服人员首先应该和客户进行积极的沟通，承诺会给客户一个良好的解决方案，并一次性索取问题照片，尤其是产品外包装照片和产品破损照片，然后根据实际情况和客户协商可否进行部分退款，如果客户不接受部分退款，可以协商能否补发配件或补发全新产品，最后考虑全额退款。邮件模板参考如下。

> Dear customer,
>
> Thanks for your message and we're so sorry to hear the item you received was damaged.
>
> In order to identify the problem clearly, could you please send us some pictures to show the problem you have mentioned and the package condition? Since we need to make a inspection to offer you a good solution and figure out the item was damaged in transit or the supplier put the faulty item in the package.
>
> Once we got pictures, we would like to provide you a satisfy solution. Is that acceptable to you?
>
> Looking forward to your pictures.
>
> Desperately sorry for the inconvenience caused to you and please accept our sincere apology.

当客户发起申诉时，客服人员要及时索要带有产品信息的外包装箱和产品图片，确认是仓库发错货、供应商装错货，还是上架部门描述有问题等。如果是仓库发错货了，那么仓库安排取回（或者采取其他方案），同时与买家协商是补发还是退款。如果是上架部门描述有问题，则应先通知上架人员修改产品描述，之后与客户协商是否愿意部分退款保留产品。

（二）"产品未收到"纠纷

在跨境交易中，大多数产品能顺利送达，但物流是跨境电商销售过程中的最大痛点，当产品预计送达时间已经超过，客户未及时收到时，客户可向卖家发起"产品未收到"申诉。在这种情况下，卖家需要通过查询物流单号了解物流状态。如果卖家不能提供有效的跟踪信息证明产品已经妥投，或者包裹的跟踪信息长时间没有更新，客户就可以申请退款。卖家将有 6 个工作日来处理退款——如果选择给客户退款，则需要将客户支付的全部金额（包括物流费用）退还。卖家一旦确认退款，客户将会通过他们购买时的付款渠道获得该笔交易退款。

如果卖家希望与客户沟通，一起解决这次纠纷，那么卖家可以尝试给客户发送信息。以下根据不同"产品未收到"的情况，提供了邮件参考模板。

1. 特殊情况（节假日/旺季）致物流延误

Dear buyer,

Thank you for purchasing and prompt payment.However, we'll have the National Holiday from October 1st to October 7th. During that time, all the shipping service will not be available and may cause the shipping delay for several days.

Thanks for your understanding and your patience is much appreciated.If you have any other concerns, Please just let us know.

Keep in touch.

Thanks.

2. 过了收货期限没有收到货

Dear customer,

We are sorry for the long-time waiting and we quite understand that waiting is always something hard to endure.Your item had been shipped on 15/05/2018, it got delayed in the Customs House.So the shipment usually takes 35 to 50 business days.

Could you please wait for another two weeks? If the package still not arrive in due, please contact us and we will do our best to solve it and offer you a satisfactory service.

If you do not want to wait any longer, we are willing to offer a refund you as our sincere apology, and it's really kind of you to return the payment when you get the item.Please feel free to tell us which way you would prefer. We just want you to know that your satisfaction is always our top priority.

Looking forward to your reply.

3. 已显示妥投，但未收到货

Dear customer,

I have checked it and it shows that the post have delivered to you.So I can provide the tracking number **** to you and suggest you to ask the clerk in your local post with the number.

Please feel free to contact us if you have any further questions.

Have a nice day.

第六节　跨境支付与结算

由于涉及众多国家和地区，和跨境物流一样，跨境支付与结算也是跨境电商中的关键环节。

一、跨境支付

（一）跨境支付概述

跨境支付（Cross-border Payment）指两个或两个以上国家或地区之间因国际贸易、国际投资及其他方面所发生的国际债权债务借助一定的结算工具和支付系统实现资金跨国和跨地区转移的行为。

目前，全球跨境支付市场的主要参与者是银行、汇款公司、国际信用卡组织和第三方支付公司等。银行电汇是实现跨境汇款的一种常用通道，它是指汇出行应汇款人申请，以电报、电传或国际资金清算系统形式给国外汇入行，指示其解付一定金额给收款人的汇款结算方式。这种方式收费较高且交易进度较慢，需 3～5 天才能汇款到账，适用于大额汇款与支付。专业汇款公司通常与银行、邮局等机构有较深入的合作，代理网点多，汇款方便。国际信用卡是由国际发卡组织的会员发行的卡，可以透支消费，非常适合跨境电商零售中的小额支付。随着跨境贸易的发展，特别是跨境电商平台的兴起，简单易用、结算速度快、使用成本更低的第三方支付公司顺势发展，加上政策的鼓励，目前已成为跨境支付市场上的重要参与者。

（二）跨境电商 B2C 平台的常用支付方式

在跨境电商 B2C 平台上，买家常用国际信用卡和第三方支付工具进行支付。

1. 国际信用卡

国际信用卡是目前国际上主流的支付工具，尤其欧美国家的信用体系非常完善，国际信用卡的用户人群非常庞大，国际维萨（VISA）、万事达卡（MasterCard）、美国运通卡（America Express）、吉士美卡（JCB）和大来卡（Diners Club）是目前国际上最为知名的五大信用卡品牌。其中 VISA 和 MasterCard 的用户量超过 20 亿人。因为使用便捷，欧美国家买家在线支付也习惯用信用卡。国际信用卡是跨境电商 B2C 平台卖家和独立站的收款工具之一。但是使用国际信用卡支付会使卖家面临拒付风险，即持卡人因盗卡或货物原因，在支付后一定期限内可以向发卡银行申请拒付账单上的某笔交易，卖家可能面临收不到钱的风险。

2. 第三方支付工具

（1）PayPal。

PayPal 中文名为贝宝，是全球最大的互联网支付公司之一，1998 年成立于美国，总部在美国加利福尼亚州。PayPal 与很多电商平台合作，是目前全球使用最广泛的网上交易工具之一，它在超过 200 个国家和地区拥有超过 2.2 亿个用户，支持超过 100 种货币付款与 25 种货币余额持有。在跨境电商交易中，将近 70%的买家喜欢用 PayPal 支付。在 2021 年以前，PayPal 是 eBay 卖家的收款工具。2017 年，速卖通与 PayPal 达成合作，速卖通买家可以将支付资金由 PayPal 转入速卖通支付宝国际账户，而速卖通卖家仍然使用支付宝国际进行收款。

（2）Boleto。

巴西是金砖五国之一，也是拉美发展得比较好的国家。除信用卡外，巴西人习惯使用 Boleto 支付。Boleto 是受巴西央行监管的一种官方支付方式，在巴西占据主导地位，每年约有 20 亿笔交易，其中 30%来自在线交易。由于巴西人倾向于使用现金交易，并且申请可用于跨境交易的国际信用卡很困难，因此 Boleto 是跨境电商平台进入巴西市场必须支持的支付方式。买家下单后可以在线打印发票，之后凭发票到巴西任何一家银行、ATM 机、邮局、药店、超市等完成付款，也可以通过网上银行完成付款。这种支付方式的完成时间会较长，当买家在跨境电商平台选择用 Boleto 支付后，有 1~3 天的时间完成实际支付，之后银行将在 1~3 天内处理支付，因此整个支付过程会花 2~7 天。

（3）WebMoney。

WebMoney（简称 WM）是由成立于 1998 年的 WebMoney Transfer Techology 公司开发的一种在线电子商务支付系统，是俄罗斯最主流的电子支付工具，可在俄罗斯各大银行自主对其充值取款，其支付系统在包括中国在内的全球 70 个国家和地区可以使用。使用 WebMoney 前需要先开通一个 WMID，该 ID 可以即时与别人聊天，像 QQ 一样。该 ID 可设有多种货币的钱包，包括美元、欧元、卢布等不同的钱包。

（4）Qiwi Wallet。

Qiwi Wallet（Qiwi 钱包）是俄罗斯最大的第三方支付工具，被称为"俄罗斯支付宝"，是俄罗斯、哈萨克斯坦、乌兹别克斯坦等国流行使用的在线支付工具。Qiwi 钱包在美国纳斯达克上市后，可供更多的国家注册使用。Qiwi 钱包用户可以选择使用信用卡、银行卡或账户余额付款。Qiwi 钱包用户也可以选择使用线下的付款终端付款，这一点非常重要，因为俄罗斯人更习惯使用现金支付。此外，Qiwi 钱包不会让卖家面临拒付风险。

（三）跨境电商的支付流程

一个完整的跨境电商的支付流程实际上包含了三大环节：收单、收款、结售汇。以第三方支付在跨境电商 B2C 出口交易的流程为例：收单机构通过发卡行、国际信用卡组织的清结算，将钱打到卖家的海外账户，随后收款公司进行相关的账户服务和转账，最后通过银行或国内持牌机构进行结售汇。

二、跨境结算

（一）平台方提供的收款方式

1. 支付宝国际

支付宝是阿里巴巴集团成立的第三方在线支付平台，是目前大家经常使用的支付和收款工具，在国内拥有超过 7 亿个用户，是占市场份额最大的第三方支付工具，也是全球最大的移动和在线支付平台，支持 14 种货币交易，可以在超过 100 个国家和地区使用。支付宝国际与国内支付宝不同，它提供一个美元账户和一个人民币账户（是速卖通卖家的收款工具），分别用于接收美元和人民币，目前还不能用于买家支付。支付宝国际账户提现手续费为每笔 15 美元。

2. 亚马逊全球收款服务

亚马逊全球收款服务（Amazon Currency Converter Service，ACCS），也叫作"亚马逊货币转换器"，是一项可供卖家选用的服务。它针对的是卖家所处国家与所运营的亚马逊站点不在同一个国家的情况，让卖家使用卖家所在国家的银行账户接收销售款项。也就是说，亚马逊卖家可以使用卖家所在国家的货币接收全球付款，并直接存入卖家所在国家的银行账户，费率大概为 1.25%，最快在两个工作日内就能到账。

（二）第三方收款工具

1. Payoneer

Payoneer 中文名派安盈，2005 年成立于美国，是在线转款服务平台，也是万事达卡组织授权的具有发卡资格的机构，在全球 200 多个国家拥有 400 万个用户，支持美元、英镑、欧元、日元、加元、澳元等收款账号。Payoneer 提供美国或欧洲银行的收款账户，用于电商平台和企业的收款，跨境电商卖家需先获得 Payoneer 预付万事达卡，然后用它来进行收款。Payoneer 向跨境卖家收取不高于 1.2% 的提现费，随着入账金额的累计，提现费还会逐步下调。Payoneer 是亚马逊、eBay 和 Wish 卖家常用的收款工具。

2. WorldFirst

WorldFirst（万里汇，简称 WF）是一家在英国注册的国际汇款公司，2019 年被蚂蚁金服集团收购。WorldFirst 不仅支持英镑、美元、加元、日元、欧元、新西兰元、新加坡元、澳元及离岸人民币等全球主流币种的收/兑，也支持欧洲五国的 VAT、供应商费用和物流服务商费用的支付，费率为 0.3% 封顶，是亚马逊、eBay 和速卖通卖家常用的支付和收款工具。

3. PingPong

PingPong 隶属于杭州乒乓智能技术有限公司，是一家中国本土的跨多区域收款品牌，致力于为中国跨境电商卖家提供低成本的海外收款服务。PingPong 是亚马逊、Wish 和 Shopee 等平台卖家的收款工具，跨境收款最快 2 小时即可提现到账，并为卖家提供更多本地化的增值服务。

4. 连连跨境支付

连连跨境支付隶属于连连银通电子支付有限公司，是国内领先的独立第三方支付公司。它在欧洲、美洲、亚洲等多个国家和地区设立海外持牌金融公司，与全球众多知名金融机构及电商平台达成合作，成功对接国内 11 个电子口岸，为跨境出口电商卖家提供收款、付款、多店铺统一管理、VAT 缴纳等一站式跨境金融服务。

不同的跨境收款工具有各自的优势和特点，以上四种主要跨境支付工具的对比如表 2.6.1 所示。

表 2.6.1 主要跨境支付工具的对比

跨境收款工具	Payoneer	WorldFirst	PingPong	连连跨境支付
公司总部	美国	英国	中国	中国
跨境电商平台	亚马逊、eBay、Wish 等	亚马逊、速卖通、eBay、Wish 等	亚马逊、Wish、Shopee 等	亚马逊
费率	1%	0.3%	1%	0.7%
结算费率	中国银行实际汇率	内部自己定的汇率	中国银行实际汇率	中国银行实际汇率
提现银行类型	任意个人的银行卡和任意公司的银行卡账户	任意个人的银行卡和任意公司的银行卡账户	任意个人的银行卡和任意公司的银行卡账户	任意个人的银行卡和任意公司的银行卡账户
资金入账时间	2~4 天	3~5 天	2~4 天	3~5 天
支持币种	欧元、美元、英镑、日元、澳元、加元等	欧元、美元、英镑、日元、澳元、加元、新西兰元等	欧元、美元、英镑、日元、澳元、加元等	欧元、美元、英镑、日元、澳元、加元等

第七节　跨境电商知识产权

一、知识产权的基本概念及其分类

（一）知识产权的基本概念

知识产权是指权利人对其智力劳动所创作的成果和经营活动中的标记、信誉所依法享有的专有权利。人类的智力劳动成果只有得到某种方式的保护，才能鼓励人类进行发明创造。

我国企业面临的知识产权纠纷日渐增多，近几年也有不少跨境电商企业由于不重视知识产权而付出了沉重的代价。因此，了解知识产权并做好自我知识产权保护和防范对参与越来越激烈的国际竞争的跨境电商卖家来讲非常有必要。

（二）知识产权分类

知识产权包括商标、专利和版权。

1. 商标

商标是指能够将一家企业的商品或服务与其他企业的商品或服务区别开的标志。

商标可能是一个单词、字母、图形或是它们的组合，包括图画、符号等平面形象。商标分 R 标和 TM 标。TM 是英文"Trade Mark"的缩写，中文意思是商业标记或商标标识，所以 TM 即商标。它的作用是告诉大家这个商标已经向国家知识产权局商标局提出注册申请，国家知识产权局商标局已经下发了《受理通知书》，这个时候商标就可以使用了，但是必须在商标的右上角或右下角打上"TM"的字样。TM 不能说明公司商标已经注册成功，只能说明商标正在注册申请中，以防止他人提出重复的注册申请，同时表示现有的商标持有人对于该商标拥有优先使用权。R 是英文"Register"的缩写，它是指"注册商标标识"。商标打上这个标记说明该商标已经在国家知识产权局商标局进行注册申请，而且已经审查通过而成为注册商标，有《商标注册证》，受到法律保护，未经授权，其他任何个人或组织不能擅自使用。

近几年来，越来越多的跨境电商平台开始重视卖家的品牌资质。以速卖通平台为例，速卖通的准入条件之一是需要有《商标注册证》复印件或《受理通知书》；而亚马逊平台规定只有通过品牌备案的卖家才可以发布 A+页面，由此可以看出跨境电商竞争之激烈，最终都以知识产权的形式决定谁能胜出。

商标是企业的"保护伞"，如果没有注册境外商标，就可能随时面临侵权纠纷。当跨境电商卖家被诉侵权时，严重者可能账号被冻结，店铺被关闭。由于商标受到地域限制，在一个国家或地区获准的商标权，仅在该国或该地区有效，因此，如果想要获得其他国家的保护，就需要在其他国家申请注册。而跨境电商面对的买家是全球各地的，因此，注册境外商标是跨境电商卖家必须做的事情。当前国际上通用的商标注册与保护指的是马德里国际商标体系。

马德里国际商标体系简称马德里体系，它是一套方便用户在马德里体系的 99 个成员覆盖的 121 个国家内获得商标注册的系统。它方便客户在全球范围内注册和管理商标。通过马德里体系，商标所有人可以提交一份国际申请，在多个成员方寻求商标保护。这不仅简化了获取商标和管理商标注册的流程,还节约了时间和金钱。

马德里体系是一个"封闭的体系",它只能在成员方间使用,保护只能在成员方间获得。任何自然人或法人,只要在一个马德里体系的成员方有工商营业场所、住所,或者是其国民而与马德里体系中的某一成员方有关系,均可通过马德里体系申请注册。中国公民也可以申请注册。

2. 专利

专利是对发明授予的一种专有权利,专利权人有权决定他人能否使用,以及怎样使用发明。专利有外观设计专利、实用新型专利、发明专利三种类型。

外观设计专利指对产品的形状、图案或二者结合,以及色彩与形状、图案的结合所做出的富有美感并适于工业应用的新设计申请的专利保护。

实用新型专利指对产品的形状、构造或二者结合所提出的适于实用的新的技术方案申请的专利保护。

发明专利指对产品、方法或其改进所提出的新的技术方案申请的专利保护。

《中华人民共和国专利法》第四十二条规定:发明专利权的期限为二十年,实用新型专利权的期限为十年,外观设计专利权的期限为十五年,均自申请日起计算。

美国的专利包括发明专利、外观设计专利与植物专利三种不同的专利类型。美国不保护实用新型专利。作为农业大国,美国对植物领域的发明格外重视,不仅将植物专利单独列出,而且在申请和保护方面做了很多专门适于植物发明的规定。发明专利保护期限为自申请日起二十年,外观设计专利保护期限为自授权日起十四年,植物专利权保护期限为自申请日起二十年。

3. 版权

版权是用来表述创作者因其文学和艺术作品而享有的权利的法律用语。涉及版权的作品有图书、音乐、绘画、雕塑、电影、计算机程序、数据库、广告、地图和技术图纸等。

有关版权的国际条约是1952年在日内瓦签订的《世界版权公约》,该公约要求成员方必须予以保护的只有复制权、公演权、广播权及翻译权四项经济权利。《世界版权公约》对作品保护期的规定是受公约保护的作品保护期不应少于作者有生之年及其死后的二十五年。

无论是商标、专利还是版权,所有这些知识产权都有四个共性,第一个是垄断性,即未经权利人的许可,他人不得使用该项知识产权保护的内容;第二个是无形性,也就是说知识产权是无形的,不具备客观物理形态,这是其与物权相比的最大不同——物权的客体是物品;第三个是地域性,指知识产权只有在申请的国家和地区受到保护;第四个是时效性,指的是大多数知识产权的保护期是有限的,法律不会一直保护该项知识产权,一旦超过法律规定的保护期限,法律便不会再对其进行保护。

二、跨境电商知识产权侵权风险及防范

(一)跨境电商知识产权侵权风险

随着跨境电商不断发展壮大,知识产权侵权问题也凸显出来了。由于很多卖家对知识产权方面的认识较少,因此很容易踩入知识产权的"雷区"。侵权行为一般包括商标侵权、专利侵权和版权侵权三种类型。

1. 商标侵权

商标侵权指盗用、仿用别人的商标或 Logo。商标侵权是跨境电商平台上发生得最多的知识产权侵权违规行为。下面列举一些常见情况。

第一类常见商标侵权是未经授权使用他人的品牌信息。例如，在产品的名称、描述、属性、关键词等信息中涉及侵权品牌信息，或者是在公司介绍、主营产品的产品图片中涉及侵权品牌信息。

第二类商标侵权是卖家已经获得品牌授权，但信息中还涉及他人品牌，或者授权范围与发布信息用途不一致，还有就是销售发布的信息与获得授权的品牌不一致，比如卖家获得授权的是"AFS JEEP"，但发布信息中出现的却是"JEEP"这个商标。

第三类商标侵权是在信息的其他地方涉及他人品牌，比如卖家在发布的信息中超链接其他品牌的信息。

第四类商标侵权是涂抹、遮盖商标，或者故意使用变形词或变形 Logo 等。该情况属于恶意违规，有销售假货的嫌疑。

2. 专利侵权

专利侵权指未经专利权人许可，以生产经营为目的，实施了依法受保护的有效专利的违法行为。跨境电商中的专利侵权主要包含外观设计专利、实用新型专利和发明专利的侵权。专利侵权投诉是很多跨境电商卖家的痛点，很多产品的生产商都会选择通过法律手段打压市场上的竞争对手，如果没有正规授权，就很容易导致产品被下架甚至账户被封。其中最常见的专利侵权是外观设计专利侵权，只要产品的外观、图案、颜色或组合与目标专利相似度超过 60%，就会被视为侵权。另外，如果跨境电商卖家销售的产品和权利人的产品有同样的功能和作用，就会构成实用新型专利侵权，3C 类及美容类的产品容易出现实用新型专利侵权。发明专利侵权是指对原创的产品及设计理念的侵权，涉及范围比较广，稍有不慎，跨境电商卖家就可能在发明专利侵权上"栽跟头"。2015 年，由于产品存在安全隐患和专利问题，亚马逊平台下架了所有来自中国的平衡车产品，当时平衡车被下架后，美国有近 100 万辆平衡车库存无法正常销售，价值 4 亿美元，被冻结资金超 2 亿美元。相关外贸公司无法正常运作，损失达 5 亿元人民币，直接影响从业者超 10 万人。

3. 版权侵权

版权侵权指侵犯版权人的财产权利。例如，未经版权人同意，擅自以发行、复制、出租、展览、广播、表演等形式使用版权人的作品或传播作品，或者使用作品而不支付版权费等。

在跨境电商领域，如果产品的描述信息模仿或盗用了其他人的受著作权保护的图片、文字和视频等作品，就会被视为版权侵权。

（二）跨境电商知识产权侵权防范

1. 了解侵权行为

了解侵权行为是为了做好侵权防范。对于跨境电商卖家而言，跨境电商平台是重要的销售渠道，卖家要了解各个跨境电商平台对知识产权侵权行为的认定。以全球速卖通平台为例，平台严禁卖家未经授权发布、销售涉嫌侵犯第三方知识产权的产品或发布涉嫌侵犯第三方知识产权的信息。如果卖家销售的产品在产品属性、来源、销售规模、影响面、损害等任一因素方面造成不良影响,或者采用了错放类目、使用变形词、遮盖商标等手段,就会面临相应处罚,构成严重侵权的店铺会被直接关闭账号。

2. 慎用高流量词

曾经有大量亚马逊卖家的产品被屏蔽,产品详情页也被删除,原因是这些产品的标题中含有关键词 3M,而 3M 是一个品牌名。要防范商标侵权,首先,建议卖家注册自己的商标,并且进行品牌备案;其次,如果认为某个词是高流量词,使用前就要去进行商标检索。另外,产品描述中也要用词谨慎。尤其是知名产品不能随便使用,一旦被品牌方查到,轻则被罚款、下架产品,重则被冻结账号、封店。

3. 确保货源合法合规

自有货源或自有品牌,不代表就一定不侵权,有些产品可能在研发的时候就已经存在侵权行为了。卖家不仅要到国内的知识产权网站查询产品是否有专利,还要到销售目的国的知识产权网站上查询产品的功能、外观、包装设计是否存在侵权。对于其他渠道的货源,卖家在发布产品前更要详细检查与商标、专利和版权相关的信息,确保货源的合法合规。如果没有授权,卖家不要销售国际知名大牌的产品,也不要选择有特殊花纹或印记的产品,更不要选择具有明显外观专利的产品。

4. 避免侵权他人已有品牌

在店铺运营过程中,卖家要正确设置店铺名称、产品名称、产品描述,避免侵权他人已有品牌;产品图片不能含有知名品牌全部或部分 Logo;不要使用已有品牌的变形词、衍生词或图案;不模仿底纹或款式类似的知名产品及其品牌包装,如衣服花纹、女包外观等。

本章小结

1. "七分靠选品,三分靠运营",选品要符合"三高两低"的原则。选品的方法非常多,既可以进行站内选品和站外选品,也可以根据不同品类的海外市场发展概况、消费者画像、行业发展趋势,以及不同子类目产品的特点进行精细化选品。

2. 相比国内电商,跨境电商在视觉上趋于简约,建议图片背景为白色或纯色,主图大小要求在 800 像素×800 像素及以上,图片不能有边框和水印。总之,卖家在上传产品图片前要先了解清楚不同平台对不同行业图片设计的具体要求。

3. 跨境物流指两个或两个以上国家或地区之间进行的物流服务。跨境出口电商的运输模式主要分为两大类:一类是直邮模式,即将产品从卖家所在的国家或地区直接寄送到买家所在的国家或地区,国际邮政、国际快递和国际专线都属于这种模式;另一类是海外仓模式,即产品被提前寄送到买家所在的国家或地区,存储在仓库中,之后通过本地物流完成派送。

4. 与国内物流相比,跨境物流涉及两个或两个以上国家或地区的关境,需要经过报关和清关,工作内容比较复杂,环节比较多。跨境物流成为跨境电商的难点之一。

5. 由于涉及众多国家和地区,和跨境物流一样,跨境支付与收款也是跨境电商中的关键环节。在跨境电商 B2C 平台上,买家常用国际信用卡和第三方支付工具进行支付。

6. 和国内电商一样,跨境电商也需要客户服务。跨境电商客服人员根据岗位和职责主要分为售前客服和售后客服两类。

7．随着跨境电商不断发展壮大，知识产权侵权问题也凸显出来。侵权行为有商标侵权、专利侵权和版权侵权三种类型。

本章习题

一、思考题

1．请列举站外选品的思路和方法。

2．请比较亚马逊、速卖通、eBay 和 Shopee 平台对产品主图的基本要求。

3．跨境电商卖家的收款工具有哪些？

4．为什么越来越多的跨境电商卖家开始注重知识产权？

二、实训题

1．以 5～6 人为一个小组，以小组为单位，选择一个跨境电商 B2C 平台进行市场调研，确定每个小组选择的类目和具体的产品，并完成一份市场调研报告。

2．以某个产品国内直邮发货为例，制定该产品在亚马逊、速卖通、eBay 和 Shopee 平台上的定价策略。

3．两人为一组，分别模拟买家和卖家进行"产品与描述不符"的纠纷处理。

平台篇

第三章　速卖通平台运营

【学习目标】

1. 知识目标
- 了解速卖通平台的入驻基本流程。
- 掌握速卖通的物流政策及解决方案。
- 掌握商品发布和订单处理的基本流程。

2. 能力目标
- 掌握速卖通卖家账户申请与设置的步骤。
- 掌握速卖通物流的基础设置。
- 掌握商品发布的基本方法。
- 掌握订单处理的基本方法。
- 了解速卖通营销的基本方法。

第一节　速卖通店铺的开通

一、注册准备

（一）邮箱

速卖通平台要求提供一个没有注册过阿里巴巴集团旗下任何平台的邮箱，作为店铺账号，否则无法注册。

（二）资质

从 2021 年 12 月 15 日起，速卖通平台要求店铺必须有企业资质，不再接受个体工商户入驻。新注册的卖家需要准备企业支付宝或企业法人支付宝、企业法人信息、企业营业执照和对公银行账号等资料。同一个企业最多可以开 6 家店铺。

（三）保证金

从 2019 年 11 月底起，申请入驻速卖通平台的卖家无须缴纳年费，改为按经营大类缴纳保证金。卖家在指定的支付宝内缴存一笔资金，并由支付宝冻结，作为卖家的履约保证金。如果卖家入驻多个经营大类，则保证金按多个经营大类中金额最高的收取，不做叠加（《速卖通平台各类目保证金一览表》见本书配套资料）。除少数经营大类外，保证金大部分为 1 万元人民币。若卖家出现触碰平台底线的违规行为，则速卖通平台会从保证金中划扣对应金额。卖家退出经营时如果不存在速卖通平台规定的违规和违约行为，将返还保证金。

（四）品牌

对于大部分类目，入驻卖家必须拥有或代理品牌并根据品牌资质选择经营品牌官方店、专卖店或专营店。速卖通平台鼓励卖家注册自主品牌，也支持提供《商标注册证》或授权文件来开通店铺。

二、店铺类型

目前速卖通平台可设置三种店铺类型，分别是官方店、专卖店和专营店。

（一）官方店

官方店是卖家以自有品牌或由权利人独占性授权（仅商标为 R 标且非中文商标）的形式入驻开设的店铺。一个品牌只能开设一家官方店，并且该官方店只允许销售该品牌的商品。品牌官方店可享受品牌搜索提示和品牌直达专区权益。

（二）专卖店

专卖店是卖家以自有品牌（商标为 R 或 TM 标且非中文商标）或持他人品牌授权文件开设的店铺。一个品牌可以有多家专卖店，但每家专卖店只允许销售该品牌的商品。

（三）专营店

专营店是经营一个及以上他人或自有品牌（商标为 R 或 TM 标）商品的店铺。一个品牌的商品可以在多家专营店销售。专营店可以销售多个品牌的商品，对商品的选择也更加丰富。

卖家可根据品牌资质选择经营不同类型的店铺。如果品牌是 R 标且非中文商标，是自有品牌或能够拿到独占性授权的，并且有较强的自主创新能力和供应链，那么卖家可以考虑申请官方店；如果品牌未达到官方店的要求，但有广泛的知名度和较高的销量，那么卖家可选择注册专卖店；如果卖家打算销售多个他人或自有品牌的商品，则可以选择专营店。中小卖家可先做专卖店或专营店，等店铺成熟后再申请为官方店。

三、注册流程

（一）注册账号

速卖通平台卖家账号的注册比较简单，登录速卖通平台网站，如图 3.1.1 所示，点击"Sell on AliExpress"，选择"中国卖家入驻"，进入如图 3.1.2 所示的页面。

点击"注册"，进入速卖通平台账号注册页面，如图 3.1.3 所示。首先，选择公司注册地所在国家，中国卖家选"中国大陆"；然后，分别输入电子邮箱、登录密码（并进行密码确认）和手机号码（电子邮箱作为速卖通平台的登录用户名）。阅读并接受相关协议后，点击"下一步"。

速卖通平台将分别验证手机号码和电子邮箱的有效性，需要分别输入收到的校验码，如图 3.1.4 和图 3.1.5 所示。

图 3.1.1　速卖通平台入驻入口

图 3.1.2　速卖通平台账号注册入口

图 3.1.3　速卖通平台账号注册

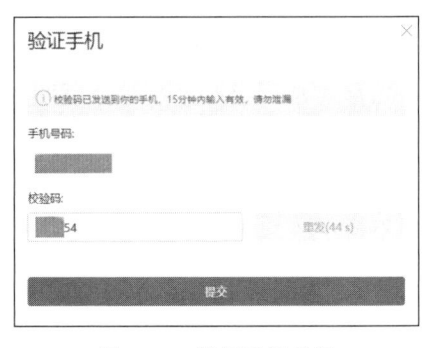

图 3.1.4　验证手机号码

图 3.1.5　验证电子邮箱

（二）完善信息

卖家需要选择经营币种和进行企业实名认证。卖家可以选择按人民币或美元对商品、物流和店铺活动定价，如图 3.1.6 所示。如果没有美元提现需求，那么可选按人民币报价。

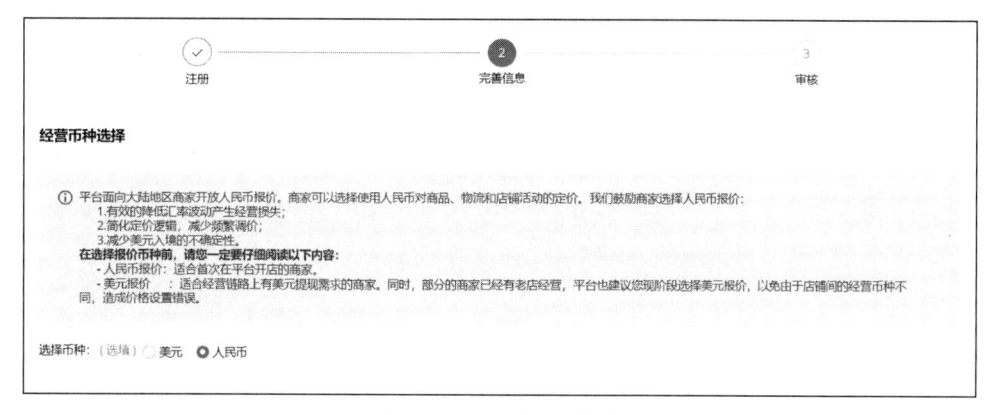

图 3.1.6　选择经营币种

对于企业实名认证，卖家可以选择两种方式之一，即企业支付宝授权认证或企业法人支付宝授权认证，如图 3.1.7 所示。

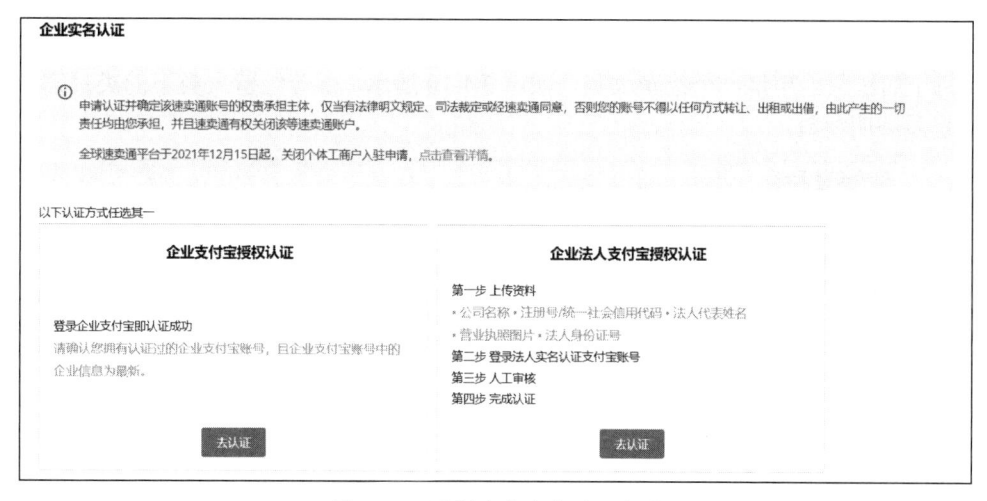

图 3.1.7　选择企业实名认证方式

如果选择企业支付宝授权认证，则需要授权并登录企业支付宝账户，如图 3.1.8 所示。

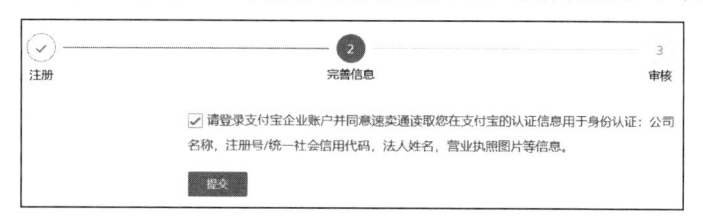

图 3.1.8　进行企业支付宝授权认证

如果选择企业法人支付宝授权认证，则需要提供企业营业执照及相关信息，并登录法人实名认证支付宝账户，如图 3.1.9 所示。

图 3.1.9　进行企业法人支付宝授权认证

（三）申请经营大类

速卖通平台将商品按照不同类型分为二十几个大类，如服装服饰、箱包鞋类、珠宝手表、美容个护、3C 数码等（《速卖通平台部分类目资质要求》见本书配套资料）。除个别经营大类外，每个店铺只能申请一个经营大类，如图 3.1.10 所示，部分经营大类下的类目需要提供额外的资质证明材料。

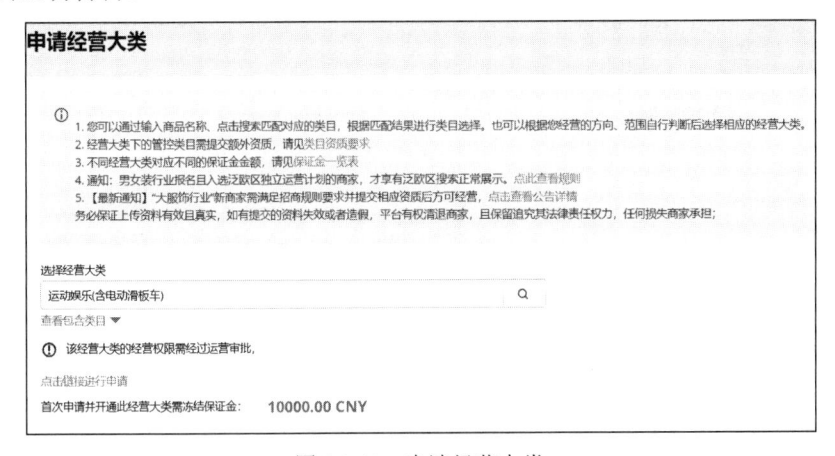

图 3.1.10　申请经营大类

（四）缴纳保证金

在确定申请经营大类和保证金金额后就可以缴纳保证金了。注意缴纳前要确保所用支付宝余额不少于应缴纳的保证金金额。经营大类申请成功的页面如图 3.1.11 所示。

（五）完善店铺信息

销售品牌商品的店铺可以选择一种店铺类型（官方店、专卖店或专营店）。根据选择的店铺类型，卖家需要提交相关申请材料。

对于品牌，卖家需申请授权。首先，输入品牌名称，选择要申请的品牌，如图 3.1.12 所示；然后，点击"下一步"，选择需要发布商品的类目，并上传商标资质申请资料，如图 3.1.13 所示，完成后点击"提交"，等待平台审核通过。

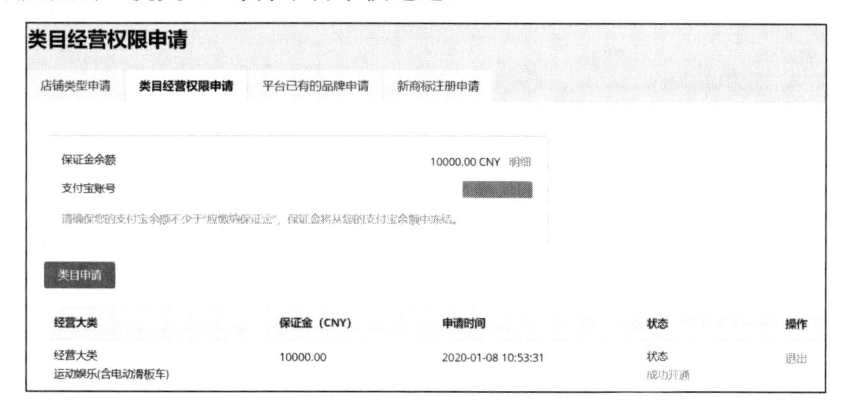

图 3.1.11　经营大类申请成功的页面

图 3.1.12　选择要申请授权的品牌

图 3.1.13　选择要申请授权的品牌类目

如果找不到所申请的品牌，说明该品牌还未在速卖通平台上登记，那么卖家必须先添加该品牌，并且选择该品牌所适用的全部类目，如图 3.1.14 所示。

图 3.1.14　添加速卖通平台上可销售的品牌

此外，卖家还需在后台"店铺－我的店铺"中设置店铺名、店铺头像和二级域名等，如图 3.1.15 所示。

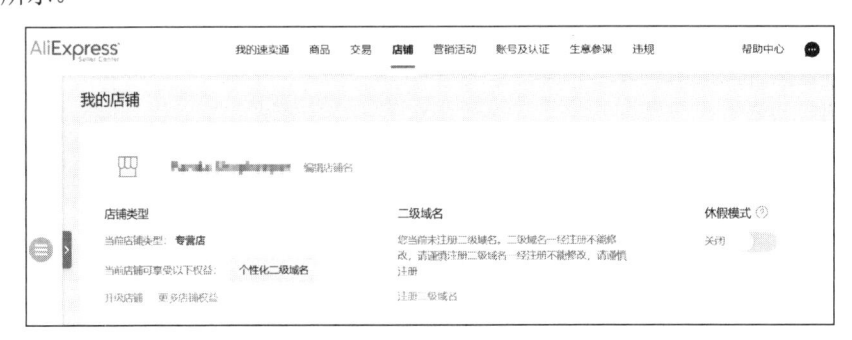

图 3.1.15　设置店铺名、店铺头像与二级域名

第二节　速卖通物流

一、速卖通物流概述

（一）前台商品物流服务模块概述

在速卖通平台中，买家在每个在售商品页上都可以按国家选择物流服务。例如，某背包的物流服务选择如图 3.2.1 所示。

卖家通过为该商品分配的运费模板，可以提供不同的物流服务供买家选择。例如，该背包提供了四种物流服务递送包裹到美国，如图 3.2.2 所示。每种物流服务的信息包括服务名称、预计妥投时间、运费，以及是否提供跟踪信息。不同国家的买家可以选择的物流服务及运费会有所不同。

此外，不同的店铺或商品可供选择的物流服务也可能不同。例如，针对某电子数码配件，店铺提供中国发货的物流服务和位于波兰的海外仓物流服务发货到西班牙，如图 3.2.3 所示。

图 3.2.1　某背包的物流服务选择

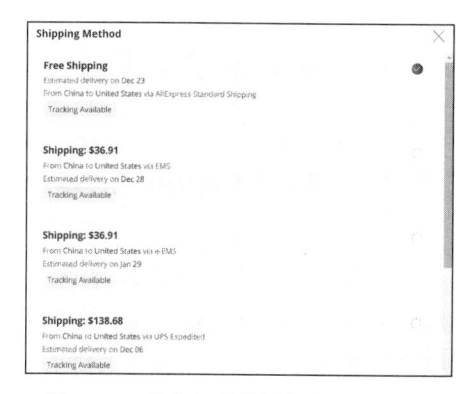

图 3.2.2　某背包到美国的物流服务选择

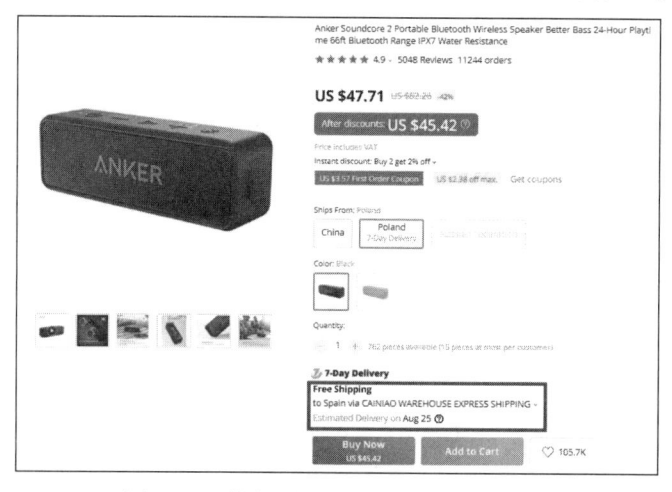

图 3.2.3　某电子数码配件的物流服务选择

店铺对一些低货值的商品提供的包邮服务是不包括跟踪信息的。例如，某饰品使用 Cainiao Super Economy Global（菜鸟超级经济 Global）包邮递送至美国，如图 3.2.4 所示。如果买家希望查询跟踪信息，那么可以点击"From China to United States via Cainiao Super Economy Global"查看并选择其他付费物流服务。

图 3.2.4　某饰品到美国的物流服务选择

在速卖通平台中，店铺通过为商品分配运费模板，可以提供不同的物流服务供买家选择，包括国际邮政、国际快递、海外仓等。不同的物流服务到不同的国家有不同的预计妥投时间与运费，有的物流服务不提供跟踪信息。卖家需要了解不同物流服务的特点和运费计算方法，并根据所售卖商品的特点提供可选的物流服务。

（二）速卖通平台的物流方案

速卖通平台的运费模板中主要包含以下物流方案。

经济类：为国际邮政经济小包，运费成本低，但不提供目的国包裹妥投信息，仅适用于货值低、重量轻的商品。由于服务质量问题，速卖通平台限制部分国家及高金额订单使用经济类物流发货，详情见《速卖通平台发货规则》。

简易类：为国际邮政简易挂号小包，可以提供包含买家签收在内的关键环节的物流追踪信息，仅适用于货值低、重量轻的商品。速卖通平台同样限制部分国家及高金额订单使用简易类物流发货，详情见《速卖通平台发货规则》。

标准类：包含国际邮政挂号服务和专线类服务，运费适中，除个别国家外，全程物流追踪信息可查询，大部分品类都可以寄送。

快速类：包含国际快递和 EMS 国际快递，运费成本较高，时效快，全程物流追踪信息可查询，适合寄送高货值的商品。

速卖通平台物流方案及主要物流服务如表 3.2.1 所示。菜鸟网络通过与速卖通平台合作，重新规划了跨境物流线路，按照包裹的价格、重量推出分层物流方案，陆续推出的无忧物流、超级经济、特货专线、海外仓四大解决方案，逐步打造了一张全球化的物流网络。本质上，菜鸟物流对国际邮政、国际快递、国际专线和海外仓四种物流方式进行了资源整合。

表 3.2.1 速卖通平台物流方案及主要物流服务

物流方案	主要物流服务
经济类	• 中国邮政平常小包（China Post Ordinary Small Packet Plus） • 菜鸟超级经济（Cainiao Super Economy） • 菜鸟特货专线超级经济（Cainiao Super Economy for Special Goods）
简易类	• 菜鸟无忧物流-简易（AliExpress Saver Shipping） • 菜鸟特货专线-简易（Cainiao Saver Shipping for Special Goods）
标准类	• 中国邮政挂号小包（China Post Registered Air Mail） • 新加坡邮政挂号小包（Singapore Post） • E 邮宝（ePacket） • 菜鸟无忧物流-标准（AliExpress Standard Shipping） • 顺丰国际挂号小包（SF E-Parcel） • 菜鸟大包专线（Cainiao Heavy Parcel Line）
快速类	• 菜鸟无忧物流-优先（AliExpress Premium Shipping） • UPS 全球速快（UPS Express Saver） • UPS 全球快捷（UPS Expedited） • FedEx 优先型服务（FedEx IP） • FedEx 经济型服务（FedEx IE） • DHL • EMS

关于速卖通物流更为详细的内容见本书配套资料。

二、新手运费模板

速卖通平台卖家在发布商品之前，必须设置好商品上架时所使用的运费模板。如果没有定义的话，则可以选择平台预先设置的"新手运费模板"，如图3.2.5所示。

图3.2.5　发布商品页面的运费模板选择

新手运费模板的设置路径为速卖通平台卖家后台—"物流-运费模板"。进入"新版运费模板[①]"页面后，"运费模板名称"下方的第一个模板就是"新手运费模板（Shipping Cost Template for New Sellers）"，它是系统初始模板，不可编辑，只能查看，如图3.2.6所示。

所有运费模板都包含选择的物流渠道、每种物流渠道可运送的国家、运费计算规则及承诺运达时间。"新手运费模板"中设置的物流渠道包括菜鸟无忧物流-简易、菜鸟无忧物流-标准、菜鸟无忧物流-优先、中国邮政挂号小包、EMS及E邮宝[②]。如图3.2.7所示，"新手运费模板"中，中国邮政挂号小包只运送速卖通平台主要的买家国家，运费为标准运费（标准运费是各物流渠道在中国大陆地区的公布价格），其余国家不发货有两种可能，一是这些国家不通邮或邮路不够理想，二是这些国家有更好的物流渠道可选。菜鸟无忧物流-标准则支持所有该线路可到达的国家或地区，按照标准运费收取运费。

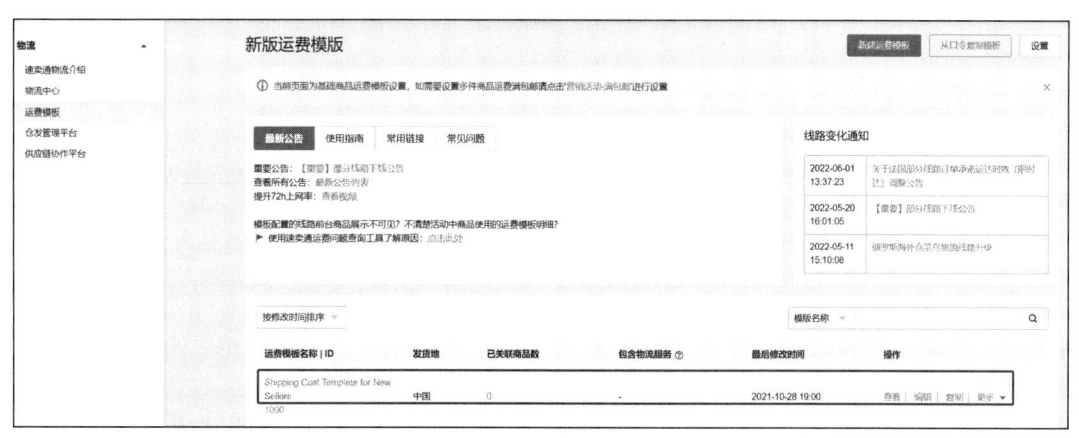

图3.2.6　新手运费模板

---

① 软件图中的"模版"的正确写法应为"模板"。
② 软件图中的"e邮宝"即"E邮宝"。

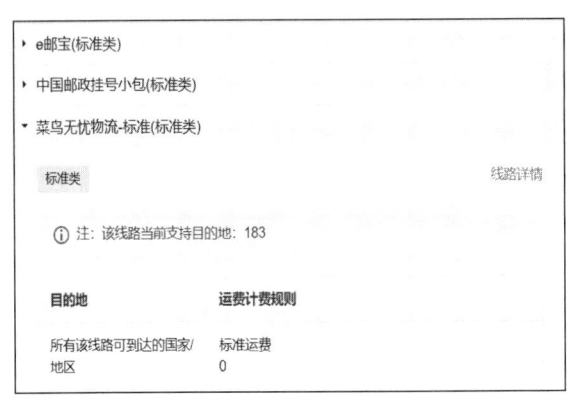

图 3.2.7 "新手运费模板"部分运费组合

承诺运达时间是卖家发货后，买家可以确认收货的默认时间。一旦包裹在承诺运达时间内未被妥投，买家可以发起申诉，申请退款。"新手运费模板"中的各物流渠道的承诺运达时间为60～90天。

三、自定义运费模板

（一）新增运费模板

"新手运费模板"是平台为新手卖家提供的快速设置物流模板的捷径，但是按照标准运费向买家收取运费并不太适合速卖通平台买家，所以大部分卖家会对运费模板进行自定义设置。具体操作：点击速卖通卖家后台"物流"模块的"运费模板"，在"新版运费模板"页面中点击"新建运费模板"，进入"新增运费模板"设置页面，如图3.2.8所示。

图 3.2.8 "新增运费模板"设置页面（局部）

首先需要填写模板名称并选择发货地址，然后点击"请选择物流线路"下方的方框内部，系统就会弹出可选择的物流线路，如图 3.2.9 所示。卖家根据需要选择相应的物流线路，点击"保存"返回"新增运费模板"设置页面。

在"新增运费模板"设置页面，卖家就可以根据所选的物流线路继续进行设置，如图 3.2.10 所示。设置的内容包含两个方面：一是勾选运费类型，二是设置运费计费规则。卖家可以根据不同的物流线路选择标准运费的折扣、对所有国家及地区包邮或针对不同国家进行自定义运费设置。目前，自定义运费模板中最多可添加 50 个运费组合。

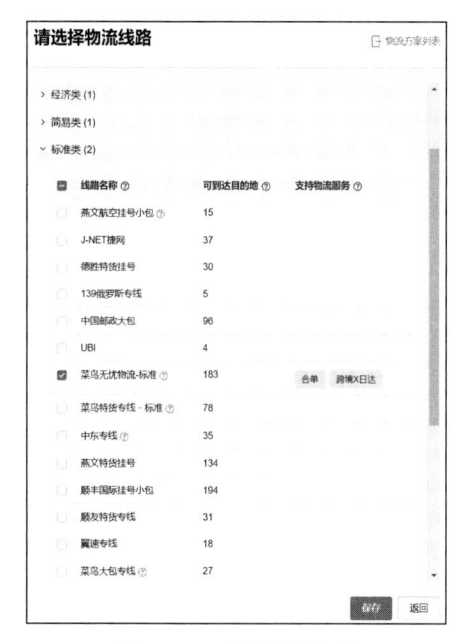

图 3.2.9　选择物流线路

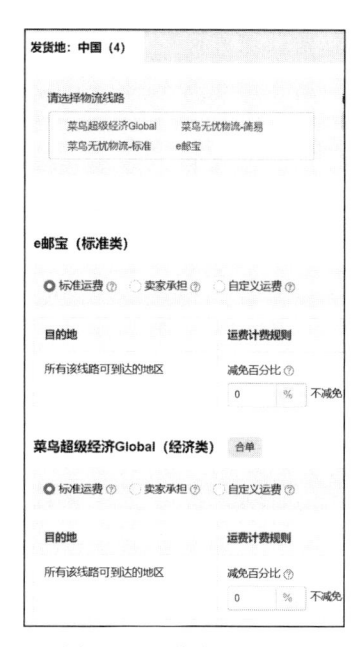

图 3.2.10　物流设置页面

（二）自定义运费

下面以菜鸟无忧物流-标准为例，介绍如何使用自定义运费。

菜鸟无忧物流-标准是目前速卖通平台标准类物流中卖家使用较多的，经常被设置成包邮的物流渠道。但是，如果寄送的国家比较多，有些国家的运费比较贵，就不能包邮了，而要收取部分运费。这时候卖家就需要在运费设置中选择"自定义运费"设置不同的运费组合。

1. 设置包邮国家和地区的组合

在"自定义运费"中，卖家可以定义多个目的地组合，每个目的地组合中的国家和地区都按照相同的规则计算运费。由于速卖通平台的买家很多都喜欢购买包邮的商品，因此一般卖家都会设置一个包邮的组合，而把运费成本算到商品价格中。具体操作步骤：先定义一个包邮的组合，再选择包邮的国家和地区，如图 3.2.11 所示。

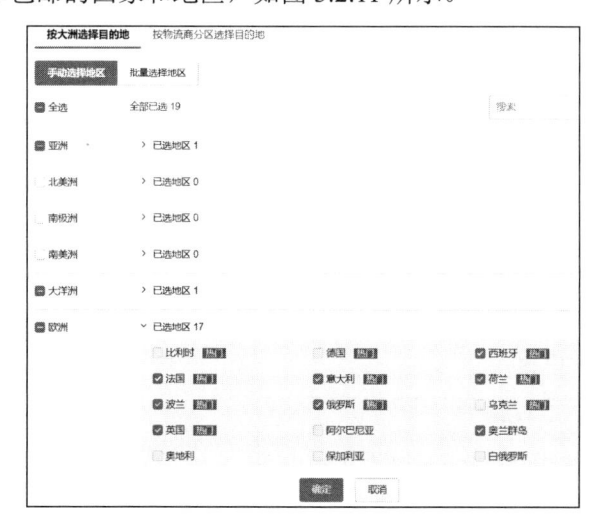

图 3.2.11　选择目的地组合中的国家和地区

在"运费计算方式"下拉列表中选择"卖家承担",并点击"保存并返回",一个包邮的组合就创建好了,如图 3.2.12 所示。

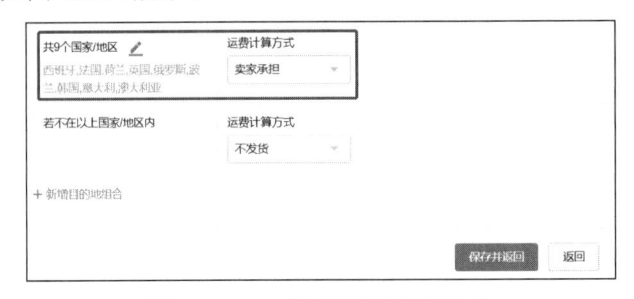

图 3.2.12　目的地组合设置免运费

2. 设置收取部分运费的组合

点击"新增目的地组合",创建一个收取部分运费的组合。首先,在新的目的地组合中勾选国家;然后,在"运费计算方式"下拉列表中选择"自定义运费",设置页面会出现新的内容,在"自定义计费方式"下拉列表中选择"按照重量计费",并输入首重、首重运费、续重范围、续加运费等,如图 3.2.13 所示,一个按重量收取部分运费的组合就创建好了。

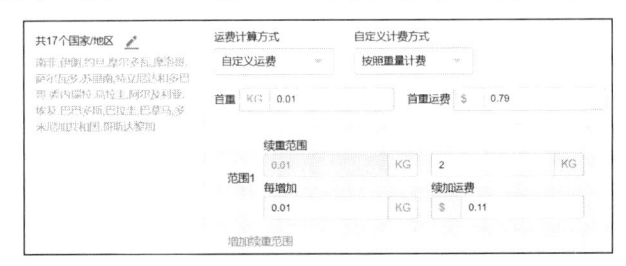

图 3.2.13　目的地组合按重量自定义运费

"自定义计费方式"还可以设置为"按照数量计费",适用于商品重量基本相同的情况,如图 3.2.14 所示。

图 3.2.14　目的地组合按数量自定义运费

"运费计算方式"还可以选择"标准运费",进行一定折扣的减免,如图 3.2.15 所示。

按照同样的方法,可以继续添加其他部分收费的组合,为不同的国家及地区组合定义不同的运费。我们将在后文介绍如何选择自定义运费组合中的国家及地区,以及如何决定所填写的首重和续重运费。对于不在任何目的地组合中的国家及地区,必须设置"标准运费",或者选择"不发货"。设置不发货组合如图 3.2.16 所示。在退出运费模板设置之前点击"保存并返回"以保存运费模板。

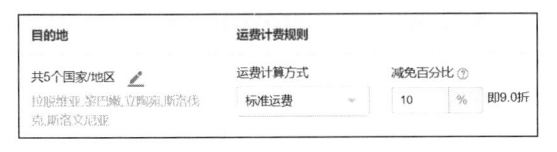

图 3.2.15　目的地组合按标准运费计费　　　　图 3.2.16　设置不发货组合

（三）自定义运费的国家及地区的选择与运费计算

前面我们介绍了如何自定义运费，那么，如何选择包邮的国家及地区和不包邮的国家及地区？对于不包邮的国家及地区，其运费又该如何计算得出呢？

1. 包邮运费组合的设置思路

由于很多速卖通平台买家都喜欢购买包邮的商品，而且速卖通平台的商品浏览列表中也有包邮的过滤条件，因此一般卖家都会设置一个包邮的运费组合，而把运费成本算到商品价格中。速卖通平台上的商品价格不能针对每个国家或地区设置，如果将所有的国家及地区设置为包邮，包含到商品价格中的运费成本该如何设置就比较困难了。如果选择其中最高的运费作为运费成本，就会导致商品价格较高，不利于吸引运费较便宜的国家及地区的买家；如果选择其中最低的运费作为运费成本，就可能无法盈利，甚至亏损。一个较好的方法是综合考虑运费与主营类目的主要买家所在的国家及地区。下面以运动服及配件类目为例，重量统一以国际小包的上限 2 千克为计算标准，所考虑的国家为速卖通平台部分国家及地区，根据菜鸟无忧物流-标准的运费计算出自定义设置的标准，如表 3.2.2 所示。

表 3.2.2 菜鸟无忧物流-标准自定义运费设置示例

目的地组合	运费/元	国家或地区	运费计算
组合 1	150	荷兰、印度尼西亚、意大利、俄罗斯、卢森堡、日本、柬埔寨、越南、法国、德国、新加坡、英国	包邮
组合 2	151~162	比利时、匈牙利、澳大利亚、新西兰	首重：0.01 千克 首重运费：0.01 美元 续重：0.01 千克 续重运费：0.01 美元
组合 3	166~178	爱沙尼亚、瑞典、罗马尼亚、丹麦、立陶宛、捷克、奥地利、克罗地亚、芬兰、拉脱维亚、爱尔兰、希腊	首重：0.01 千克 首重运费：0.02 美元 续重：0.01 千克 续重运费：0.02 美元
组合 4	179~187	葡萄牙、乌克兰、斯洛伐克	首重：0.01 千克 首重运费：0.03 美元 续重：0.01 千克 续重运费：0.03 美元
……	……	……	……

将这些国家及地区的运费进行排序，结合该类目的主要买家所在的国家及地区，定义目的地组合 1，包邮发货。根据速卖通平台线上发货报价表，到英国的运费最高，为 150 元，将其作为包邮运费。同时，在计算商品的运费成本时，可以将到英国的运费作为成本。

2. 部分收取运费组合的设置思路

根据表 3.2.2，将运费为 151~162 元的国家定义为目的地组合 2，收取部分运费。其中，到新西兰的运费最高，为 162 元，以此来计算部分运费。由于包邮的运费为 150 元，所以目的地组合 2 中的国家只需要支付 12 元。此外，我们之前计算的运费是 2 千克的包裹，但是使用该运费模板的商品可能有不同的重量，如 0.2 千克或 1.5 千克，那么，如何计算得出买家为这些不同重量的商品所需支付的运费呢？需要说明的是，由于运费模板设置涉及多个国家、多种运费价格及多种重量的商品，我们很难计算出每种商品的精确运费，但是能得到比较准确的结果。

对于 2 千克的包裹，目的地组合 2 中的国家和包邮国家相比还需要额外支付 12 元运费。但由于不同产品的重量不同，我们可以在运费模板中按照一个较小的重量来计算，以 10 克的包裹为例，将其转化为每 10 克重量需要额外支付的运费：

$$10 \times 12 \div 2000 \div 6.5 \approx 0.01（美元）$$

其中，6.5 是假设的当前美元兑人民币汇率。这样对于组合 2 对应的国家，将定为首重 0.01 千克，首重运费 0.01 美元，续重 0.01 千克，续重运费 0.01 美元。设置成功后系统就会按照这个标准对组合 2 包含的国家的买家根据所购买的不同产品的重量额外收取相应的费用。

当然，卖家也可以选择其他的参照重量，但不建议参照值过小或过大。过小了计算出来的首重和续重的运费数值太小，四舍五入后为"0"；过大了首重和续重的重量也变大，计算出的运费与实际运费的偏差也变大了。具体的重量，可以根据店铺商品的实际情况进行选择。

其他目的地组合也按照相同的方法去定义。而对于其他的物流渠道，也可以使用相同的方法定义运费组合，如果运费低于中国邮政挂号小包所采用的包邮运费，可以设置为包邮，如果高于则应在扣减包邮运费后收取部分运费。

以上示例仅介绍自定义运费的国家及地区的选择与运费计算的方法，卖家需要根据自己店铺的实际情况进行调整。以下几点需要特别注意。

- 不同类目的主要买家所在的国家及地区可能有所不同，并不一定要完全按运费高低来进行组合。此外，卖家也可以自由选择加入的国家及地区。
- 速卖通支持为部分国家设置不同的商品价格，对于运费组合中不包邮的国家，可以将运费算到商品价格中，之后将该国加入包邮的目的地组合中，如阿联酋。
- 示例中对 2 千克的中国邮政挂号小包的运费进行比较，但是，有一部分国家或地区的中国邮政挂号小包的运费根据重量区间而有所不同。例如，分 150 克以下、150 克到 300 克及 300 克以上 3 个区间，一般越轻的区间的价格会越高。如果运费有较大偏差，则可以对目的地组合进行调整。
- 一些国家或地区可能无法使用中国邮政挂号小包，或者有更便宜或时效更快的物流渠道，这种情况可以分别设置。例如，到美国用 E 邮宝包邮，到西班牙、法国、荷兰和英国则用菜鸟无忧物流-标准服务等。
- 由于物流报价会出现波动，卖家需要及时关注并对物流模板进行优化调整。
- 分组所用的运费区间和运费计算中使用的首重与续重重量可以自行调整，原则是让运费尽量精确，以提高商品价格的竞争力。

第三节　商品发布和管理

一、商品发布规则

在速卖通平台上发布商品是完全免费的，但这并不意味着可以随意甚至恶意发布商品。

为了避免违规而受到处罚,甚至店铺被关闭,卖家在发布商品之前,有必要先了解速卖通平台的商品发布规则。

(一)禁售、限售规则

禁售商品指涉嫌违反任何国家、地区及司法管辖区的法律规定或监管要求,而禁止发布和交易的商品。限售商品指信息发布前需要取得商品销售的前置审批、凭证经营或授权经营等许可证明,否则不允许发布的商品。

速卖通平台提供了禁止发布或限制发布的商品目录,并会根据法律规定、监管要求及平台自身规定对目录进行增删和修改。同时,卖家有义务确保自己发布的商品没有违反任何司法管辖区的要求。枪支弹药(含仿真枪)、军警用品、药品、医疗器械、管制刀具、货币、虚拟货币、香烟(含电子烟)、邮票、赌博用品等均为禁售、限售商品。对于任何违反禁售、限售规则的行为,速卖通平台将根据发布信息本身的违规情况及卖家行为做出处罚。

此外,速卖通平台规定卖家仅可在经过授权的情况下,在手机类目发布二手商品。由于二手品类的特殊性,目前对手机类目下的二手商品售卖卖家采取邀约制。除手机类目外,目前平台暂不开放其他类目的二手商品销售。

若卖家在未经授权的情况下发布、销售二手商品,则会被平台处罚。处罚包括但不限于:相关商品下架或删除,对于屡次违规的卖家将依照处罚规则进行扣分处罚。对于此规定,卖家不得通过任何方式规避,否则可能将被加重处罚。

(二)搜索排序规则

速卖通平台搜索排序的目标是帮助买家快速找到想要的商品并且能有比较好的采购交易体验,而搜索排序的目标是将最好的商品、服务最好的卖家优先推荐给买家,也就是说,谁能带给买家最好的采购体验,谁的商品就会排名靠前。

在排序过程中,速卖通平台坚持公平的原则,对于所有的卖家采取相同的标准,给予表现好的卖家更多的曝光机会,减少表现差的卖家的曝光机会,甚至不给曝光机会,以实现卖家之间的公平竞争,优胜劣汰,最终促进平台的良性发展。

1. 商品的描述信息质量

卖家须如实描述商品,这是最基本的要求。由虚假描述引起的纠纷会严重影响搜索排序情况,甚至卖家受到平台处罚。商品描述信息要尽量准确完整,商品的标题、发布类目、属性、图片、详细描述对于买家快速做出购买决策来说都非常重要,务必准、详细地填写。

(1)标题是搜索中一个非常关键的因素,卖家务必在标题中清楚地描述商品的名称、型号,以及关键特征和特性,让买家对所售商品一目了然,从而吸引他们进入详情页查看。

(2)一定要准确选择发布类目,切忌选择不相关的类目,否则被买家搜到的概率会比较小,情况严重的还会受到平台的处罚。

(3)商品属性填写一定要尽量完整和准确,因为这些属性将帮助买家快速地判断商品是不是他们想要的。

(4)主图是商品描述信息不可或缺的部分。买家更加喜欢高质量、多角度的实物图片,因为这些更能够帮助他们清楚地了解商品,从而做出购买决策。

(5)详细描述一定要真实、准确,最好能够图文并茂地介绍商品的功能、亮点、质量、优势,帮助买家快速理解。此外,美观、整洁、大方的页面排版设计也会吸引买家,从而提升商品成交的机会。

2. 搜索作弊

搜索作弊指卖家针对平台搜索排序规则,通过作弊骗取曝光机会、排名靠前的行为。对于搜索作弊,速卖通平台会进行日常的监控和处理,及时清理作弊的商品。处理手段包括使商品的排名靠后、商品不参与排名或隐藏该商品;对于作弊行为严重或屡犯的卖家,平台会给予店铺一段时间内整体排名靠后或不参与排名的处罚,对于特别严重者,甚至会关闭账号,进行清退。常见的搜索作弊行为如下。

(1) "黑五类"商品错放。"黑五类"商品错放指订单链接、运费补差价链接、赠品、定金、新品预告五类特殊商品没有按规定放置到指定的特殊发布类目中。例如,买家购买了一个 60 美元的跑步包,要求更换物流服务,需要补运费差价 5 美元。如果卖家在跑步包类目下创建一个运费补差价链接,单价为 1 美元,让买家购买 5 件,那就属于为商品设置超低价,骗取曝光和排名的作弊行为。针对这种情况,卖家应该选择其他特殊类目进行发布。

(2) 重复铺货。重复铺货指发布的商品信息与在同一个店铺内或在同一个主体开立的其他店铺内已发布的商品信息完全相同或主要商品信息雷同,包括图片、标题、价格、属性等。重复出现相同商品增加了买家的选购成本,严重影响了买家的购买体验。如果是重复的商品,卖家应仅保留一个,删除其余商品;如果不是重复的商品,卖家则需及时编辑调整主图、标题、价格、属性等。

(3) 标题滥用和关键词堆砌。标题滥用指卖家为提高曝光率,在商品标题中使用与商品本身不相关的关键词。关键词堆砌指在商品标题中多次使用同一关键词。例如,某背包商品的标题 "Trail Running Backpack Marathon Outdoor Backpack Ultra-light Water Bottle Backpack Water Bag Backpack"中出现了 4 次"Backpack",这样的标题不仅给买家带来不太好的阅读感,而且可能导致搜索结果排名靠后。

(4) 类目错放与属性错选。类目错放指发布商品时选择和商品的实际类目不符的类目,以获得更多的曝光机会。例如,将 Sneaker Accessories(运动鞋配件)商品发布到 Running Shoes(跑步鞋)类目中。属性错选指设置错误的属性值以获得更多的曝光。例如,商品的图案是 Print(印花),却在图案属性中设置了 Solid(纯色)。类目错放与属性错选会影响平台商品类目列表及属性筛选的准确性,进而影响买家的搜索采购体验。因此,卖家在发布商品时要正确填写类目和属性。

(5) 以商品超低价骗曝光。卖家发布与商品正常价格偏离较大的商品,在默认和价格排序时,吸引买家,骗取曝光。一种行为是以超低价格发布商品并调高运费价格。例如,一部手机正常销售价格为 199 美元,但卖家将价格设置成 1 美元,运费设置成 198 美元。另一种行为是将低值商品和高值商品放在一个商品页上销售。例如,将手机和手机壳作为同一商品的不同 SKU 进行销售。

《速卖通平台搜索作弊案例解析与处罚规则》见本书配套资料。

二、商品发布流程

商品发布和管理是卖家的高频操作。商品信息和商品发布与商品成交息息相关,优质的商品信息能提升成交概率,加快买家下单。此外,店铺定期发布新商品,维持一定的上新率,对店铺曝光及其他数据表现都有帮助。优质的商品信息应该做到标题专业、图片丰富、描述详尽、属性完整、价格合理、备货及时等。速卖通平台的商品发布流程如图 3.3.1 所示。发布的商品信息包括基本信息、价格与库存、详细描述、包装与物流、其他设置。

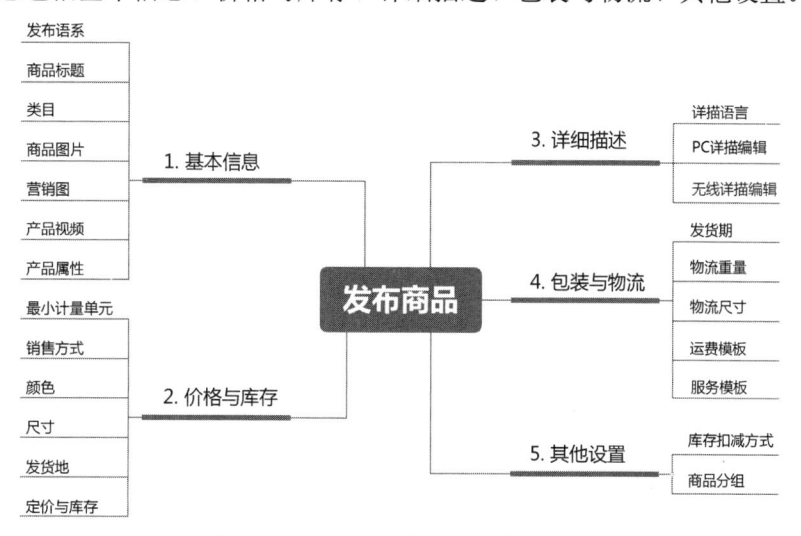

图 3.3.1　速卖通平台的商品发布流程

从卖家后台的"商品－发布商品"进入商品发布页面,如图 3.3.2 所示。

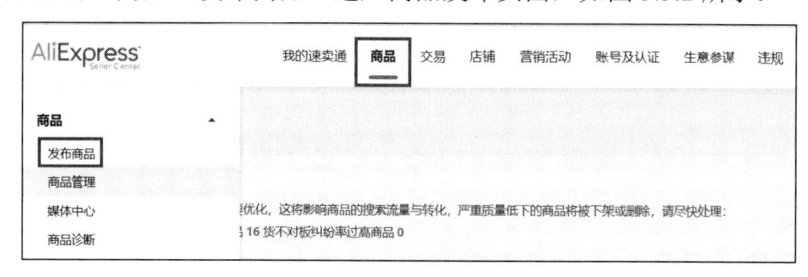

图 3.3.2　商品发布入口

(一)基本信息

1. 发布语系、商品标题和类目

(1)发布语系。

发布语系主要是确认当前选择的商品发布语言,而标题与详细描述将会以此语系为默认语系,当不同国家的买家访问时,系统会自动翻译成相应国家的语言。

进入商品发布页面后,卖家需要设置商品标题和类目,如图 3.3.3 所示。星号说明该项是必填的。

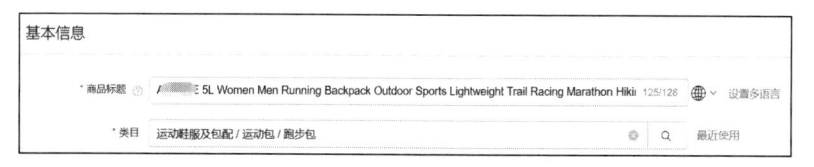

图 3.3.3　填写商品标题和类目

(2)商品标题。

商品标题是使买家搜索到商品并吸引买家点击进入商品详情页面的重要因素,也是速卖通平台搜索排序的重要依据之一。速卖通平台对商品的搜索排序重视相关性和商品信息质量，标题在这两方面都非常关键。速卖通平台商品标题设置的基础是关键词，包括核心词、属性词和流量词。

核心词指行业最重要的热搜词，即类目词或产品词。核心词能够增强商品的搜索相关性，并且给商品带来最主要的流量。属性词指商品重要的热搜或热销属性词，如品牌、型号、风格、材质、长度、颜色等。加入属性词符合买家的搜索习惯，可以使搜索排名靠前并且引入精准流量。流量词指其他与商品相关，并且可以带来流量的关键词。这些关键词可以从速卖通平台搜索下拉列表、生意参谋中的搜索词分析工具选词专家和直通车获取，也可以从谷歌关键词规划师及其他跨境出口电商平台获取。

在填写速卖通平台的商品标题时尽量将核心词往前放，这样不仅容易让买家明白是什么商品，而且速卖通平台搜索引擎也是根据靠前的关键词来判断商品的相关性的。标题的长度为 128 个字符（包括空格），应该尽量利用，合理覆盖多个与商品相关的关键词，每个单词的首字母要大写；两个及以上单词的关键词，只要每个单词出现在标题中一次即可，同一单词避免出现两次及以上，否则会被判为关键词堆砌，将严重影响商品的搜索排序；避免语法和拼写错误，否则会影响商品的搜索排序。

例如，卖家准备销售一款有黑色和紫色男女通用的运动腰包，可以拟定如下标题：Men Women Running Bag Neoprene Waist Pack Close-fitting Outdoor Sports Racing Hiking Gym Fitness Money Hip Belt Black Purple。

此外，设置多语言标题能给店铺带来更好的用户体验与更多的流量。点击商品标题右侧的"设置多语言"，可同步商品标题的翻译或进行手动修改。

（3）类目。

为了方便买家快速找到需要的商品，同时方便平台对海量商品进行管理，速卖通平台定义了 30 个一级行业类目。卖家发布商品时一定要选择正确的类目，否则会被判为类目错放，严重影响商品的搜索排序。卖家可以通过以下方法定位正确的类目。

- 搜索核心词，如输入关键词 running bag，可以在提示列表中选择正确的类目，如图 3.3.4 所示。

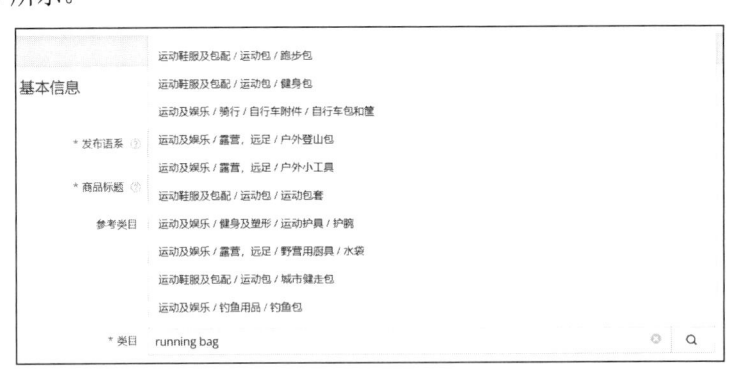

图 3.3.4　用核心词定位类目

- 在速卖通平台买家页面找到搜索结果靠前的同类商品。例如，图 3.3.5 中商品 URL （Uniform Resource Locator，网络地址）框起来的部分即商品 ID，将商品 URL 或商品 ID 复制粘贴到类目输入框，将自动定位该商品的类目，如图 3.3.6 所示。
- 通过类目树逐级选择类目，如图 3.3.7 所示。

图 3.3.5　商品 URL 及商品 ID

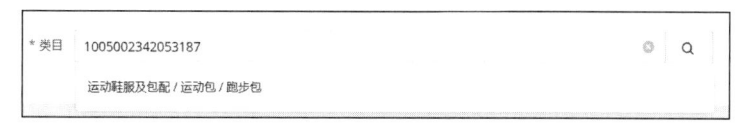

图 3.3.6　用商品 ID 定位类目

图 3.3.7　通过类目树逐级选择类目

2. 商品图片和营销图

商品图片全方位、多角度展示商品，能大大提高买家对商品的兴趣，所以建议上传不同角度的商品图片。速卖通平台允许最多上传 6 张商品图片，建议上传 6 张并且分别为商品（产品）的正面图、背面图、实拍图、侧面图、细节图（可放 2 张），如图 3.3.8 所示。图片横纵比例为 1∶1～1∶3，图片尺寸不小于 800 像素×800 像素，且所有图片比例一致，图片大小不超过 5MB，格式为 JPG、JPEG 或 PNG，建议不要在商品图片上添加水印、边框、"牛皮癣"等，如果有 Logo，可放在图片左上角，不要拼图。选择图片时可以从电脑、已发布商品、店铺装修或图片银行中选择，可以逐张添加，也可以批量添加。卖家可对选择好的图片进行删除或调整顺序。

图 3.3.8　上传商品图片

此外，速卖通平台在搜索、推荐、频道、平台活动会场等商品导购场景中会展示营销图，根据平台数据，在营销导购场景中，如果商品图片优质且按行业特性选择 1∶1 白底图和 3∶4 场景图，会对导购转化有明显的正向提升作用，因此，建议卖家上传符合规范的营销图，如图 3.3.9 所示。如果平台检测到图片不符合规范，将不予以展示。

1∶1 白底图要求背景为纯白色或全透明，商品主体需居中、正面展示，与四边保持一定间距，建议不小于 50 像素，图片尺寸不小于 800 像素×800 像素，图片横纵比例为 1∶1，图片大小不超过 5MB，格式为 JPG、JPEG 或 PNG。

3∶4 场景图要求背景为纯色或实拍场景，图片尺寸不小于 750 像素×1000 像素，图片横纵比例为 3∶4，图片大小不超过 5MB，格式为 JPG、JPEG 或 PNG。图片允许背景为实物场景、模特演示，用于辅助说明商品的使用方式、使用效果、使用场景、品牌调性等。

1∶1 白底图和 3∶4 场景图均允许表达多 SKU、套装、配件等产品属性信息，需保证产品主体清晰可识别，均不允许出现品牌 Logo、水印，以及任何形式的边框及促销"牛皮癣"等信息，不允许出现敏感类目、违禁商品、政治敏感信息和宗教敏感信息等。

3. 上传商品视频

为了更好地展示商品，避免同质化，以获得更多的流量，速卖通平台建议卖家上传商品视频，如图 3.3.10 所示。视频比例为 1∶1、3∶4 或 9∶16，时长在 30 秒内，大小在 2GB 内；内容含商品主体，不是 PPT，要求无黑边、无水印、无中文等。如果商品有视频，那么在该商品的首图上将显示播放按钮。

图 3.3.9　上传商品营销图　　　　图 3.3.10　上传商品视频

4. 填写商品属性

商品属性是买家选择商品的重要依据。类目不同，系统显示的商品属性也会不同。带星号的属性是必填内容，其他属性可以选填。卖家应尽量详细、准确地填写所有属性，如图 3.3.11 所示，这样既能提高商品在搜索和推荐中的曝光机会，也能提供商品的浏览支付转化率。商品属性内容应与其实际情况相符，需如实填写成分、材料、尺码、品牌、型号、产地、保修信息、年龄是否合适等。此外，为防止重复铺货，卖家发布的不同商品信息之间要区别商品属性，包括但不限于品牌、规格型号、材质、图片信息等。

图 3.3.11　填写产品属性

对于系统属性以外的信息，卖家可以点击"添加自定义属性"填写自定义属性，从而让买家对商品了解得更加全面。对此，卖家应填写一些系统属性中不能体现的商品特征。例如，图 3.3.11 中就增加了商品适合的胸围尺寸信息。

（二）价格与库存

1. 最小计量单元

最小计量单元即商品销售时的最小计量单位，如图 3.3.12 所示。不同商品的最小计量单元可能不同。一般而言，跑步包的最小计量单元是"件/个（piece/pieces）"，手套和袜子的最小计量单元则是"双（pair）"。卖家应选择正确的最小计量单元，以免让买家误解。

2. 销售方式

同一种商品也可以选择不同的销售方式，既可以按最小计量单元零售，也可以按最小计量单元打包出售，如图 3.3.13 所示。如果是打包出售，就需要输入按最小计量单元打包的数量，商品的销售单价也是打包后的价格。例如，手套的最小计量单元为"双（pair）"，如果选择的销售方式为 10 双打包出售，那么商品的零售价就是 10 双手套的价格，如果在计算商品零售价时，卖家是按 1 双手套计算的，就可能因为少算成本而亏损。因此，卖家要正确选择销售方式。

图 3.3.12　选择最小计量单元

3. 颜色

除部分类目外，一般商品都可以设置不同的颜色，并且可以上传不同颜色的图片。为方便买家了解所选购的商品，建议上传每种颜色商品的图片，图片尺寸建议为 750 像素×1000 像素，图片大小不超过 5MB，格式为 JPG、JPEG、PNG 或 GIF。如果商品的颜色和系统中可选颜色项不一致，可在颜色选项后面按发布语系填写颜色名称，如图 3.3.14 所示。

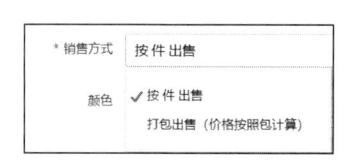

图 3.3.13　选择销售方式　　　　图 3.3.14　设置商品颜色

4. 尺寸

服装、鞋子、珠宝、内衣等类目的商品需要提供尺寸信息。以女装的尺寸设置为例，如图 3.3.15 所示。卖家设置买家可选择的尺寸，并设置不同尺寸的零售价、库存数量与商品编码，如图 3.3.16 所示。

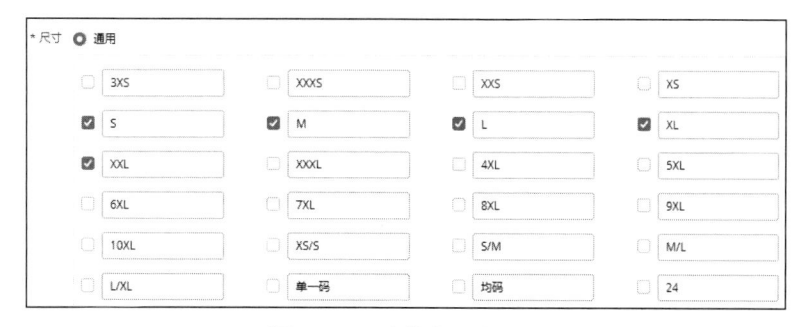

图 3.3.15　女装的尺寸设置

图 3.3.16 设置不同尺寸的零售价、库存数量与商品编码

此外，为方便买家挑选合适的尺寸，卖家还可以设置尺寸表——详细的尺码信息将帮助买家更准确地选择尺码，减少售后纠纷。设置好的尺码信息展示在买家端，如图 3.3.17 所示，点击后可查看尺码信息。

在使用尺码模板之前，卖家需要在后台的"商品—尺码模板"中创建尺码模板，如图 3.3.18 所示。

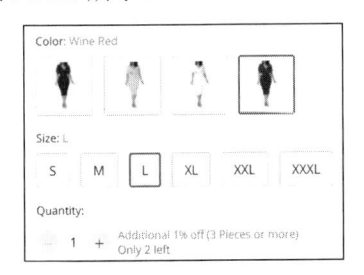

图 3.3.17 买家端的尺码信息　　　　　　图 3.3.18 新增尺码模板

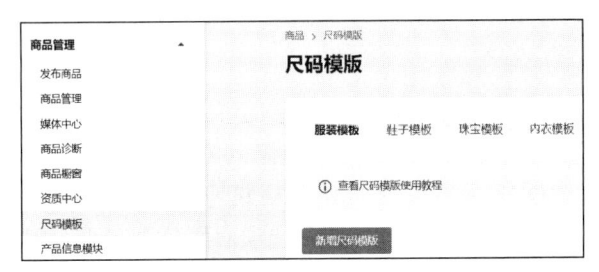

尺寸表在商品上架时设置，卖家既可以完全使用一个已创建的尺码模板，也可以为该商品单独创建一个尺码模板，如图 3.3.19 所示。

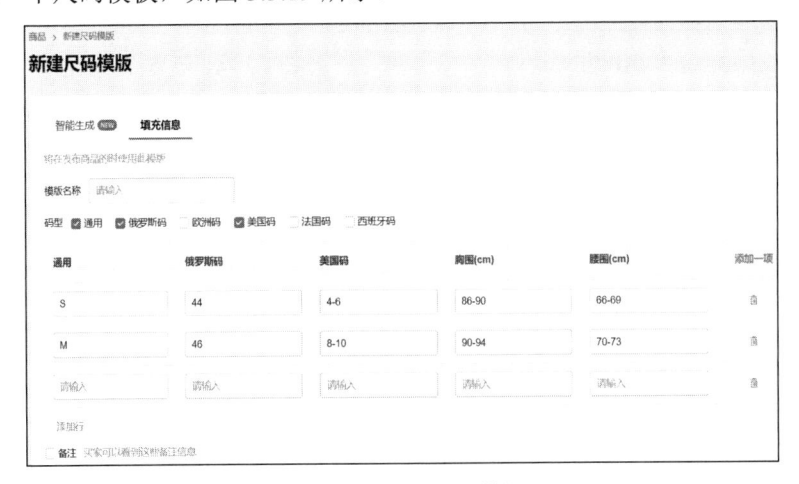

图 3.3.19 创建尺码模板

5. 发货地

发货地即发货国家。系统默认发货国家为中国，无须设置发货地。但如果卖家使用海外仓发货，可以点击"修改"，选择发货国家，相应地，商品的零售价也可以根据不同发货国家

进行设置，图 3.3.20 所示的商品的发货地为中国和俄罗斯（RU 为俄罗斯的英文缩写）。

6. 定价与库存

同一款商品根据设置的商品颜色和发货地，可以设置不同的零售价、库存数量和商品编码，如图 3.3.21 所示，当选项较多时，可以点击"批量填充"进行批量填写。

图 3.3.20　设置发货地

图 3.3.21　设置商品的零售价、库存数量与商品编码

库存数量按照发货地仓库的库存填写，如果数量为"0"，则买家无法购买。商品编码可用来查找商品和统计库存，填写前应仔细检查零售价格，核对库存数量，避免引起成交不卖、发错货等问题。

针对平台 30 个主要买家所在的国家，卖家可以考虑不同的运费成本，通过区域定价为这些国家设置不同的零售价，以便提供包邮服务，如图 3.3.22 所示。调价方式包括直接报价、调整比例和调整金额。

图 3.3.22　使用区域定价设置不同的零售价

对于购买数量多的买家，卖家也可以设置批发价，根据起批量给予一定的折扣，如图 3.3.23 所示。

图 3.3.23　设置批发价

（三）详细描述

为了让买家进一步了解商品，提高转化率，卖家可以在详细描述（详描）中介绍商品的功能、风格、特点、具体使用说明、包装信息、配件、店铺服务，展示商品实物全图、细节图、包装图、效果图等。因为详细描述属于交易订单的一部分，卖家在编辑详细描述时应以商品实际情况为准，以避免售后纠纷。

详细描述可分为 PC 详细描述（PC 详描）和无线详细描述（无线详描）两种。PC 详细描述必须提供，其内容用于所有非 App 端浏览商品时的详细描述展示，其编辑页面如图 3.3.24 所示。卖家可以先完成 PC 详描编辑，再点击"导入无线详描"。

无线详细描述内容用于 App 端浏览商品时的详描展示，其编辑页面如图 3.3.25 所示。有行业模板的类目可以参考行业模板进行编辑，没有行业模板的类目或想自主设计的可以打开空白模板。目前，大量买家使用 App 进行购物，卖家可以针对 App 端对无线详细描述内容进行特殊设计，以方便买家浏览，提高转化率。如果没有编辑无线详细描述内容，App 端将展示 PC 详细描述内容。卖家可以先完成 PC 详描编辑，再点击"导入 PC 详描"。

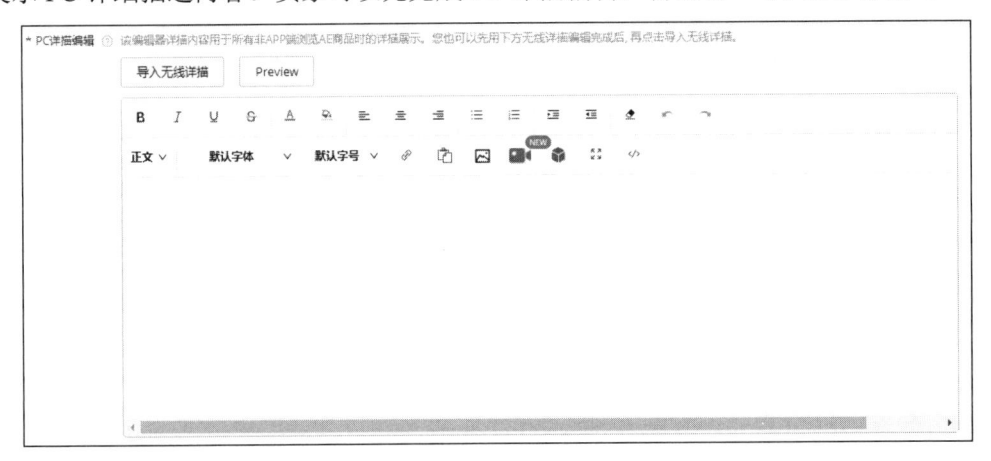

图 3.3.24　商品 PC 详细描述编辑界面

图 3.3.25　商品无线详细描述编辑界面

对于 PC 详细描述和无线详细描述，速卖通平台提供多语言编辑选择，如图 3.3.26 所示。英语是默认的详细描述编辑语言，系统会自动基于英语详细描述翻译其他语言。卖家也可以针对不同目标国家，增加当地语言的详细描述，以帮助买家更方便地浏览商品信息。需要注意的是，如果卖家选择用非英语编辑详细描述，系统将不再基于英语详细描述进行翻译，且无法恢复为默认状态。

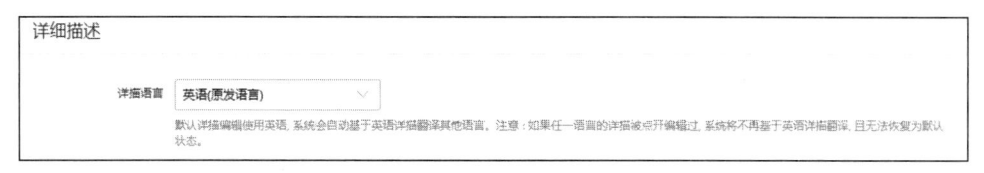

图 3.3.26　选择详描语言

（四）包装与物流

填写发货期、物流重量、物流尺寸、运费模板及服务模板，如图 3.3.27 所示。

1. 发货期

发货期指从买家下单付款成功且支付信息审核完成（出现"等待卖家发货"）到卖家完成发货信息填写的最大天数。假如发货期为 3 天，如果订单在北京时间星期四 17:00 支付审核通过，那么卖家必须在 3 日内填写发货信息，周末或节假日顺延，即北京时间星期二 17:00 前填写发货信息。若未在发货期内填写发货信息，系统将关闭订单并将货款全额退还给买家。

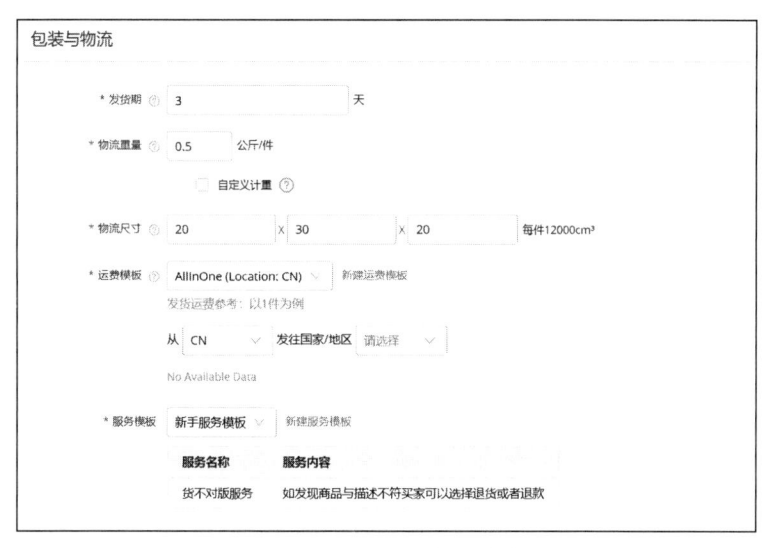

图 3.3.27　设置包装与物流

发货期要求填写的范围为 1~7 天，卖家应根据自身情况进行合理设置，以避免出现成交不卖的情况。此外，建议卖家及时填写发货信息，避免出现货款两失的情况。

2. 物流重量与物流尺寸

物流重量与物流尺寸指按照销售方式计数，每个包裹的重量和尺寸。包裹的重量和尺寸会影响跨境运费，因此，对于不包邮的商品，卖家应准确填写包装后的重量和尺寸，避免因填写错误而造成的运费损失和买家交易意愿降低。

卖家也可以根据商品的重量和包装情况填写自定义计重，系统会按照设定来计算总运费，而忽略包装尺寸。例如，买家购买 5 件，按每件 2 公斤计算运费，如果超过 5 件，每增加 1 件，按重量增加 0.5 公斤计算运费，如图 3.3.28 所示。对于体积重量大于实际重量的，请谨慎选择填写自定义计重，可以先计算体积重量再填写。

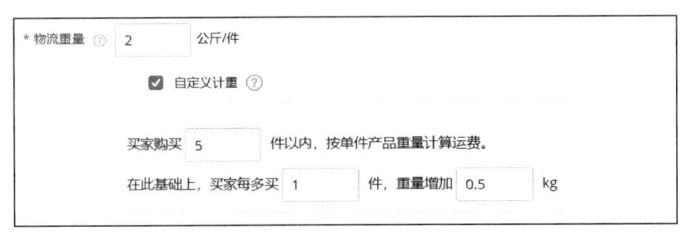

图 3.3.28　自定义计重

3. 运费模板

卖家在发布商品之前需要创建要使用的运费模板，如图 3.3.29 所示。如果没有创建自定义运费模板，那么可以选择系统预置的新手运费模板。卖家在选择运费模板后，可以在买家端预览物流服务。在分别选择发货地和目的国家或地区后，系统将显示可选择的物流公司、价格和运达时间。其中，非包邮物流服务的运费按照物流重量和物流尺寸计算得出。

4. 服务模板

服务模板用于定义商品的售后服务，包括货不对版服务和本地退货服务。对于货不对版服务，卖家可以设置退款是否要求退货，以及退货运费由哪一方承担。如果支持本地退货服务，那就需设置支持该服务的国家。卖家如果没有创建自定义服务模板，则可以选择系统预置的新手服务模板。

（五）其他设置

其他[①]设置包括设置商品分组、库存扣减方式及商品发布条款等，如图 3.3.30 所示。

图 3.3.29　运费模板设置　　　　图 3.3.30　完成其他设置

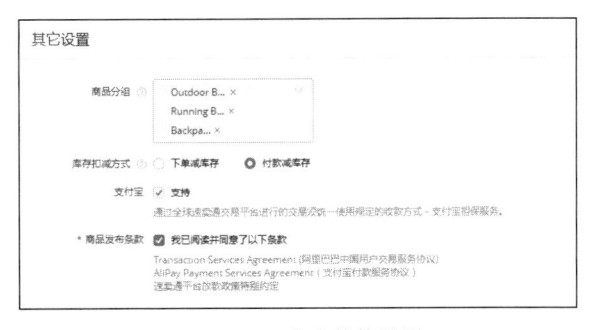

1. 设置商品分组

商品分组指把同类商品集合到一起，并将商品整合展示在店铺中。商品分组能帮助买家快速查找商品，也方便卖家更好地管理商品。每个商品最多只能分配三个商品分组，所分配的商品分组需提前定义。卖家从卖家后台的"店铺—商品分组"进入分组编辑页面设置分组条件，如图 3.3.31 所示。

卖家可以根据需要创建一级和二级分组，使用"管理"功能，手动将同类商品放在一个分组内，还可以为不同分组设置分组图片。系统也提供了自动分组功能，使用"按自定义规则分组"功能，卖家可以设置一组条件，如图 3.3.32 所示，系统会自动将符合条件的商品加入该分组中。

---

① 软件图中的"其它"的正确写法应为"其他"。

图 3.3.31　设置分组条件

2. 设置库存扣减方式

库存扣减方式分为下单减库存和付款减库存两种。

下单减库存指买家拍下商品即锁定库存，付款成功后进行库存的实际扣减。如果买家超时未付款，那么系统将释放锁定的库存。该方式可避免超卖，即避免当商品库存接近"0"时，如果多个买家同时付款，可能会出现超卖情况，但是选择该方式存在商品库存被恶意拍完的风险。

付款减库存指买家拍下商品且发起付款时锁定库存，付款成功后进行库存的实际扣减。如果买家超时未付款，那么系统将释放锁定的库存。该方式可以避免商品被恶意拍完，同时也可以避免超卖发生，即避免当买家选择线下支付或使用第三方支付方式时可能出现的缺货情况。

图 3.3.32　按自定义规则分组

3. 设置商品发布条款

在正式发布商品前，卖家须阅读《阿里巴巴中国用户交易服务协议》《支付宝付款服务协议》，以及《速卖通平台放款政策特别约定》，并勾选"我已阅读并同意了以下条款"。

（六）商品发布

商品信息填写完毕后，点击"提交"完成商品发布。商品发布完成后不会立即在速卖通平台展示，有 1~3 个工作日的审核时间，待审核完成后商品会自动展示。

三、商品更新

在商品成功发布后，如果要更新商品信息，卖家可以在卖家后台的"商品－商品管理"中点击"编辑"或"更多"进行更新，如图 3.3.33 所示。

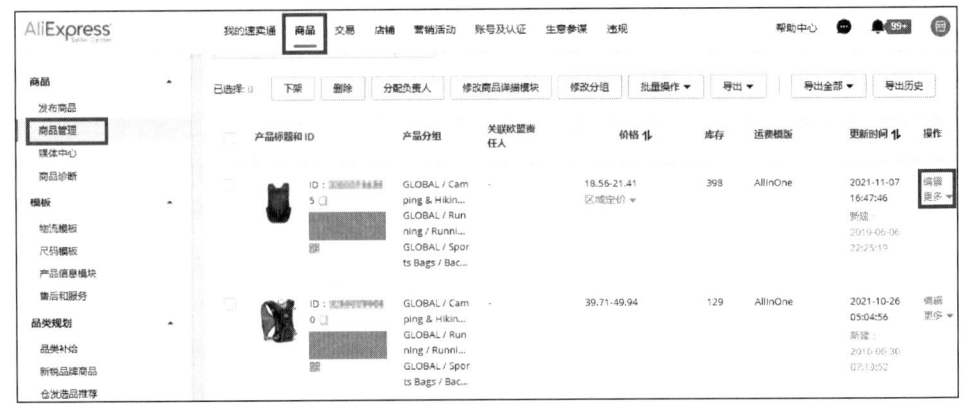

图 3.3.33　商品更新

第四节　速卖通营销

一、营销活动

到这里，店铺的基础建设都做好了，如果想要提升店铺销量，就必须充分利用速卖通平台的店铺活动进行促销。

在速卖通卖家后台的"营销"模块，平台提供了很多营销活动快速入口，点击左侧"营销活动"下的"店铺活动"，卖家可以创建店铺活动进行营销推广，如图 3.4.1 所示，也可以报名平台活动。在速卖通卖家后台，卖家可以自主设置的店铺活动主要有单品折扣、满减活动、店铺 code（新版）和互动活动等。

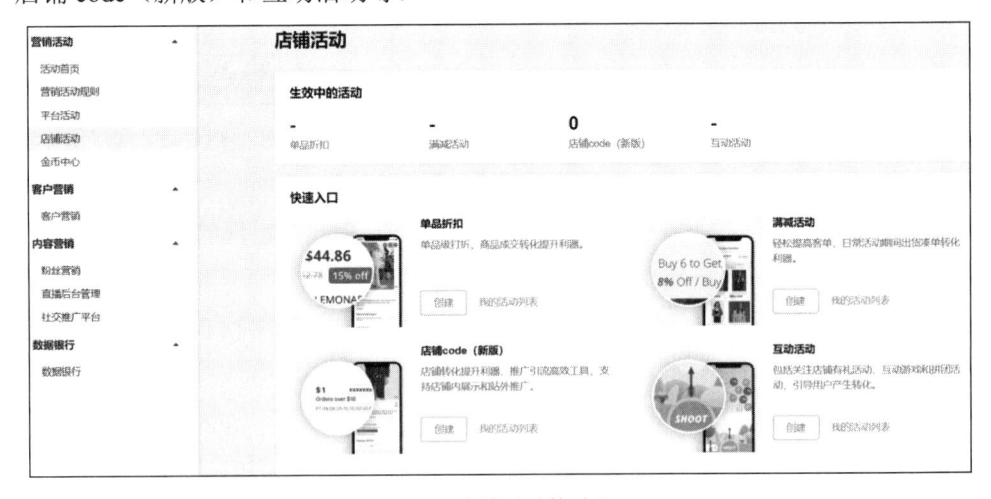

图 3.4.1　店铺活动快速入口

（一）单品折扣

单品折扣是商品级的打折优惠活动，既是最直观的店铺营销手段，也是最直接、有效的店铺或商品营销手段，能提高买家购买转化率，快速出单，是店铺快速推出新品和打造爆款的必备工具。

1. 创建单品折扣

在卖家后台点击"营销活动—店铺活动—单品折扣",之后点击"创建",进入如图3.4.2所示的页面。活动名称最长不超过200个字符,活动名称只供卖家查看。活动起止时间为美国太平洋时间,可设置最长180天的活动期限,到期后活动即时失效。编辑好后点击"提交"进入设置优惠信息页面。

2. 选择参加活动的商品

速卖通平台支持手动选择或通过模板批量导入商品,对于错误添加的商品可以单个删除或批量删除,如图3.4.3所示。设置折扣如图3.4.4所示(可以单个设置),"全站折扣"在PC端和App端均展示同一折扣,同时支持设置店铺粉丝或平台新买家专享价。需要注意的是,所输入的折扣率是原价扣除比例。例如,35% off 即6.5折。对于一些折扣力度大的商品,卖家可设置每位买家的限购数量。默认所有SKU都参加活动,卖家如果不想让某些SKU参加活动,则需修改对应SKU的库存为"0"。如果活动商品较多,则可以批量设置折扣与限购数量。

图 3.4.2 编辑单品折扣的基本信息

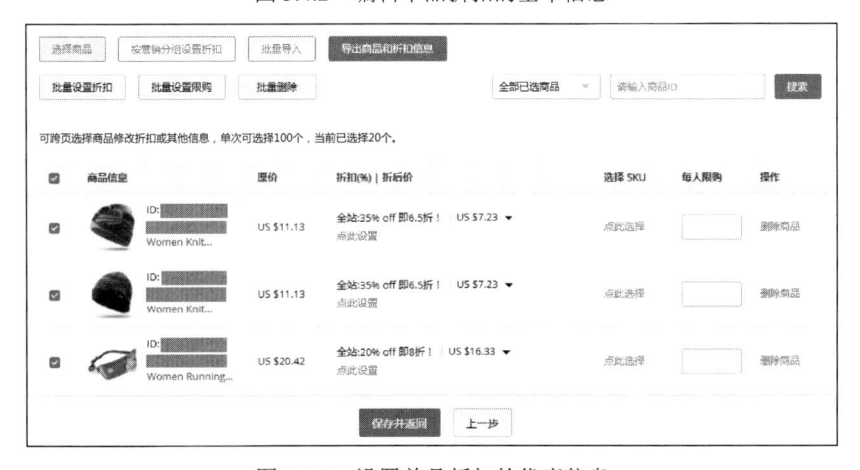

图 3.4.3 设置单品折扣的优惠信息

图 3.4.4　设置折扣

3. 保存活动

点击"保存并返回"即可完成创建活动，等活动开始后折扣即时生效。

单品折扣活动列表展示所有状态的活动，如图 3.4.5 所示，包括未开始、生效中、已暂停、已结束的活动。未开始的活动会展示倒计时，卖家可管理商品、编辑、暂停活动；对于生效中的活动，可管理商品、查看活动详情、暂停活动（暂停活动适用于活动中要进行调整的情况，完成调整后，再让活动重新生效，但大促期间的活动不能暂停）；对于已暂停的活动，可重新生效或查看活动详情；对于已结束的活动则只能查看活动详情。

在使用单品折扣时，卖家需要注意：活动既可以快速设置，即时生效，也可以设置特定时间生效，定点预热；不建议提价后再打折，否则会影响商品的搜索排序；活动结合直通车与联盟营销效果会更好；设置店铺粉丝或平台新买家专享价能带来精准流量。

图 3.4.5　单品折扣活动列表

（二）满减活动

满减活动包含满立减、满件折、满包邮三种活动类型，均不限制活动时长和活动次数。三种活动均可刺激买家多买，从而有效提升客单价。另外，满减活动同店铺其他活动优惠可累计使用。对于已经参加单品折扣活动的商品，买家购买时以单品折扣活动后的价格计入满减优惠规则中。

在卖家后台点击"营销活动—店铺活动—满减活动"，之后点击"创建"，三种类型的活动都在同一页面中创建，如图 3.4.6 所示，先输入活动名称和活动起止时间，再选择具体活动类型。

下面分别介绍这三种类型的活动的具体设置。

1. 满立减

满立减即设置单笔订单总金额达到×元，买家付款时享受×元优惠扣减。下面是满立减的设置方法。

（1）设置活动使用范围。选择"部分商品"，是为部分商品设置满立减活动；选择"全店所有商品"，是为全部商品设置满立减活动。

（2）设置满减适用国家。选择"全部国家"，则所有国家的买家都可享受该优惠；选择"部分国家"，则该优惠仅选中国家的买家可见。

图 3.4.6　编辑满减活动基本信息

（3）设置活动详情（最多可以设置三个梯度的满立减优惠条件）。如果只设置一个条件梯度，则系统默认是单层满减，根据条件梯度 1 的满立减优惠条件，可以选择"优惠可累加"，如图 3.4.7 所示，上不封顶，当促销规则为满 100 减 10 时，则满 200 减 20、满 300 减 30，依此类推。如果设置多个条件梯度，则后一个条件梯度的订单金额必须高于前一个条件梯度的订单金额，并且优惠力度不小于前一个条件梯度。计算满减条件的订单金额包含商品价格（不包含运费），商品按折后价计入满减优惠规则中。

图 3.4.7　设置满立减活动

（4）点击"提交"。如果之前选择的是"全店所有商品"，则活动设置完成；如果之前选择的是"部分商品"，则还需通过"选择商品"或"批量导入"添加参加活动的商品，如图 3.4.8 所示。批量导入商品需先下载 Excel 模板，在模板文件中提交商品信息，然后上传文件。

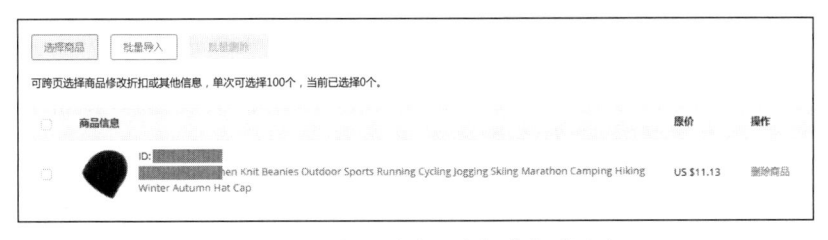

图 3.4.8　添加部分商品参加满立减活动

2. 满件折

满件折即设置单笔订单中的商品件数达到×件时，买家付款时享×折优惠。下面是满件折的设置方法。

（1）设置活动使用范围。选择"部分商品"，是为部分商品设置满件折活动；选择"全店所有商品"，是为全部商品设置满件折活动。

（2）设置满减适用国家。选择"全部国家"，则所有国家的买家都可享受该优惠；选择"部分国家"，则该优惠仅选中国家的买家可见。

（3）设置活动详情（最多可以设置三个梯度的满件折优惠条件）。如果只设置一个条件梯度，则按同一优惠减免。例如，满 3 件减免 10%，满 6 件仍然减免 10%。如果设置多个条件梯度，则后一个条件梯度的件数必须大于前一个条件梯度的件数，并且优惠力度要大于前一个条件梯度。如图 3.4.9 所示，当条件梯度为满 3 件时，减免 10%，满 10 件时，则减免 20%。计算满减条件的订单金额包含商品价格（不包含运费），商品按折后价计入满减优惠规则中。

图 3.4.9　设置满件折活动

（4）点击"提交"。如果之前选择的是"全店所有商品"，则活动设置完成；如果之前选择的是"部分商品"，则还需添加参加活动的商品（设置方法同满立减）。

3. 满包邮

满包邮即设置单笔订单总金额达到×元或商品件数达到×件，买家付款时，在指定的地区范围内，系统自动减免运费。下面是满包邮的设置方法。

（1）设置活动使用范围。选择"部分商品"，是为部分商品设置满包邮活动；选择"全店所有商品"，是为全部商品设置满包邮活动。

（2）设置包邮条件和目标区域。具体操作：先选择按单笔订单总金额（不包含运费）或商品件数设置包邮条件，然后选择包邮区域和所使用的包邮物流方式（都支持多选），如图 3.4.10 所示。

图 3.4.10　按单笔订单商品件数设置满包邮活动

（3）点击"确定"。如果之前选择的是"全店所有商品"，则活动设置完成；如果之前选择的是"部分商品"，则还需添加参加活动的商品（设置方法同满立减）。

满减活动列表中展示所有状态的活动，如图 3.4.11 所示，包括未开始、生效中、已暂停、已结束的活动。对于未开始和生效中的活动，卖家可进行编辑，或者暂停活动；对于已暂停的活动，可使其重新生效或查看活动详情；对于已结束的活动则只能查看活动详情。

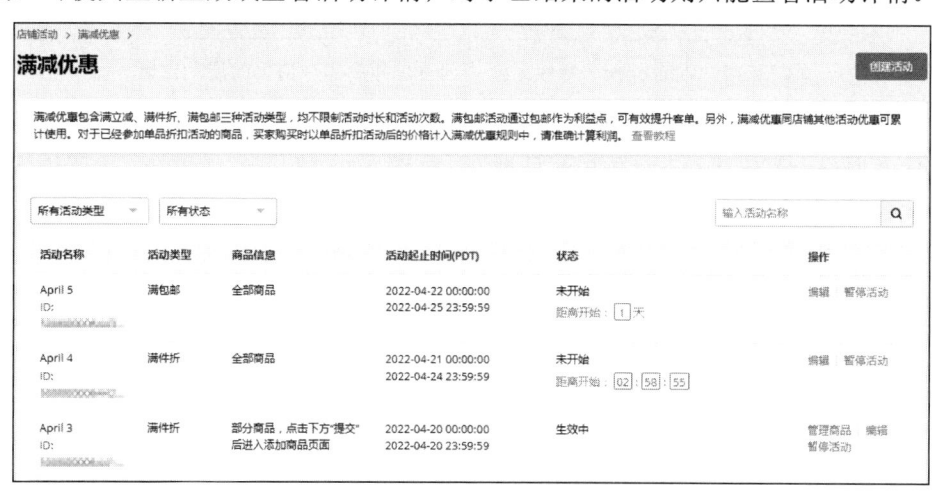

图 3.4.11　满减活动列表

（三）店铺 code（新版）

为了减少同质化工具数量和卖家工作量，以及贴近海外买家的习惯，速卖通平台原店铺优惠券和店铺优惠码合二为一，营销活动升级为店铺 code[①]（新版）。店铺 code（新版）沉淀原有店铺优惠券和店铺优惠码的共同优势，同时对原有链路进行简化和升级，如活动生效周期更短、操作页面更加简洁等。店铺 code（新版）是卖家针对商品设置的一串优惠码，如图 3.4.12 所示。买家可以从商品页或通过社交渠道获取店铺 code（新版），在下单时输入店铺 code（新版）即可享受相应优惠。店铺 code（新版）在海外市场广受买家欢迎，使用习惯更符合海外买家偏好，是帮助卖家提升交易转化率的利器。建议设置店铺 code（新版）时

---

① 正文中的"code"统一为首字母小写。

采取阶梯门槛，这样能保证店铺同时生效的店铺code（新版）活动有高、低两个不同的门槛，从而提升转化率和客单价。

1. 创建店铺code（新版）

具体操作：点击"营销活动—店铺活动—店铺code（新版）"，进入新的页面，点击"创建"。

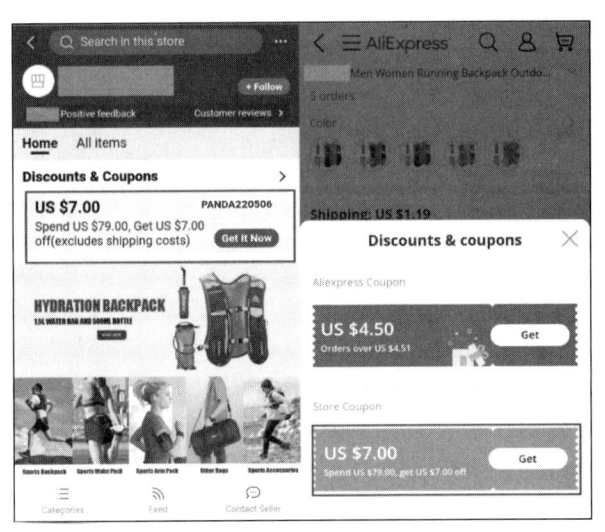

图 3.4.12　店铺code（新版）在店铺首页和商品详情页的展示位置

（1）选择code类型。

code类型分为可传播和不可传播两种类型，如图3.4.13所示。如果选择"可传播（通用型）"，则买家在领取前可以看到优惠码，并且可以将其分享给他人使用，这种优惠码适用于店铺首页和商品详情页，也可以通过买家会话、场景营销等渠道发送给买家使用。如果选择"不可传播（专享型）"，则买家领取前看不见优惠码，领取后仅可以自己使用，这种优惠码可以通过买家会话、场景营销等渠道发送给指定买家使用。

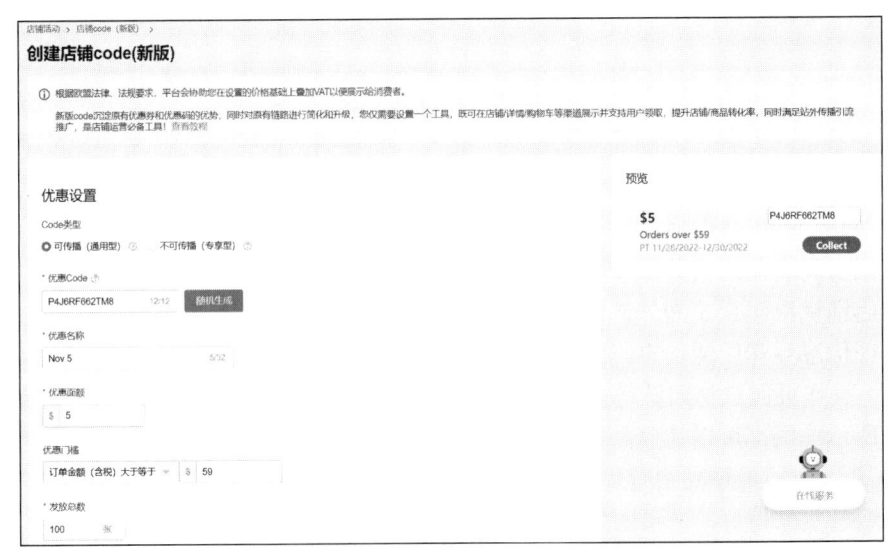

图 3.4.13　店铺code（新版）的优惠设置

(2)设置优惠 code。

优惠 code 仅支持可传播优惠码，优惠 code 可以自定义，由 6～12 个数字与英文字母组成，无法重复，可以随机生成，也可以添加品牌名作前缀。对于不可传播优惠码，优惠 code 在未领取状态下不显示，在买家领取后由系统生成。

(3)设置优惠名称。

输入的优惠名称仅在卖家后台展示，卖家可自由设置。

(4)设置优惠面额与优惠门槛。

优惠面额是买家使用时获得的减免金额，支持小数点后一位，并且小于或等于 9999999。优惠门槛是买家使用时的订单门槛金额，支持小数点后一位，并且小于或等于 9999999。如果选择无门槛，那么订单金额必须比优惠面额多 0.01 美元。

(5)设置发放总数和每人限领数量。

发放总数即一共发放多少张，支持输入 1～9999999 的数字。每人限领数量即每个买家最多可以领取多少张，支持输入 1～20 的数字。

(6)设置使用时间和领取时间。

使用时间为优惠码可以使用的时间范围。如果不设置提前领取，那么领取时间同使用时间；如果设置部分商品适用，那么最早可领取时间为当前时间延后 10 分钟；如果设置提前领取，那么实际领取时间为领取开始时间到使用结束时间。

2. 投放设置和适用商品

基本投放渠道分为常规展示和定向渠道发放两种，如图 3.4.14 所示。选择常规展示，优惠码会展示在店铺首页、商品详情页及购物车等页面。定向渠道则包括买家会话、场景营销、粉丝营销及互动游戏。选择其他投放渠道的，可以根据店铺运营需求选择是否投放联盟渠道（通过该渠道推广下单成功的商品会从支付金额中收取一定的佣金）。设置优惠适用国家，既可以适用全部国家，也可以指定投放部分国家（当投放联盟渠道时，仅支持全部国家）。

设置适用商品，既支持适用全部商品，也支持选择部分商品。点击"创建"，完成活动创建。

图 3.4.14　优惠码的投放与适用商品设置

店铺 code（新版）活动列表展示所有状态的活动，如图 3.4.15 所示，包括未开始、生效中、已结束、已关闭的活动。对于未开始的活动，卖家可以结束活动、编辑、复制；对于生效中的活动，可以查看、复制、右键复制链接及结束活动；对于已结束和已关闭的活动，可以查看活动详情、查看活动数据与复制。

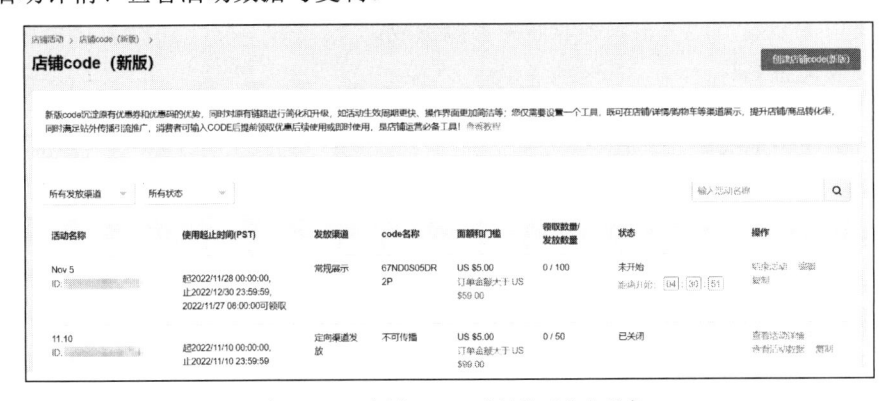

图 3.4.15　店铺 code（新版）活动列表

（四）店铺优惠券

店铺优惠券是店铺给予买家在指定时间内一定金额减免权利的电子券，减免金额即券面金额，如图 3.4.16 所示。使用条件为订单达到一定金额，或者无门槛（即订单金额只需高于优惠券面值 0.01 美元）。优惠券可以刺激新买家下单和老买家回购，提升转化率与客单价。目前，俄语区国家仍旧展示旧版优惠券的样式，不会展示店铺 code（新版）。

店铺优惠券能获得平台的推广，即速卖通将优惠券展示在速卖通平台优惠券推广页面，或者发送电子邮件向买家推荐。此外，卖家也可以通过商品页、粉丝营销、电子邮件、互动游戏等渠道发放店铺优惠券。

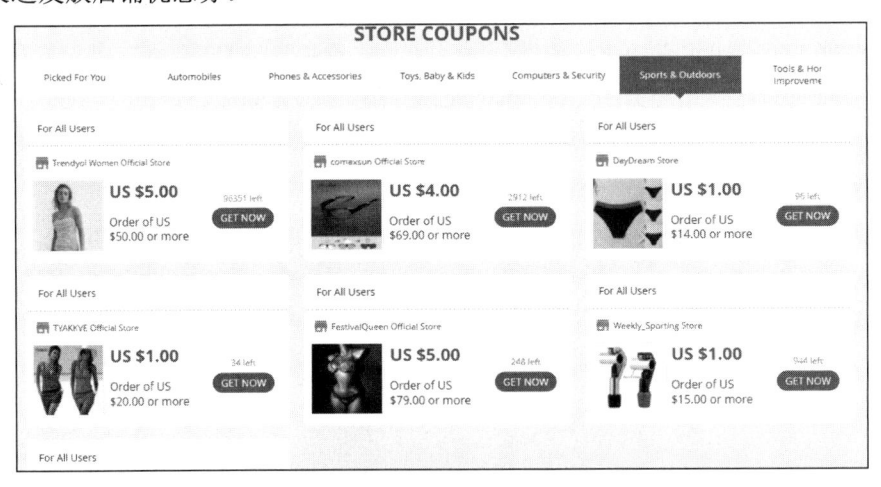

图 3.4.16　店铺优惠券推广页面

点击"营销活动—店铺活动—店铺优惠券"，进入新页面，点击"创建"创建活动。店铺优惠券的发放渠道包括店铺常规展示、官方推广渠道和所有定向渠道。下面分别介绍这三种发放渠道优惠券的设置。

1. 店铺常规展示

买家会在商品详情页、购物车或店铺中看到并领取这种优惠券。它的设置方法如下。

（1）编辑活动基本信息如图 3.4.17 所示。具体操作：发放渠道选择"店铺常规展示"，输入活动名称和活动起止时间。

（2）设置优惠券详细内容如图 3.4.18 所示。优惠券用户使用范围支持设置不限、会员用户专属、粉丝专享。如果选择会员用户专属，那么只有对应等级及以上的买家才可以看到。例如，设置铂金等级及以上的会员用户专属，那么铂金和钻石等级的买家可以看到该优惠券，金牌和银牌等级的买家则看不到。优惠券商品使用范围可设置优惠券适用于全部商品或部分商品。如果优惠券用户使用范围选择"不限"，优惠券可设置部分国家适用，或者，设置全部国家适用，引用国家营销分组实现部分国家适用。面额 USD 为减免的美元金额，必须为整数。

图 3.4.17　编辑活动基本信息 1

订单金额门槛用以设置优惠券使用的金额门槛，如果不限的话，那么订单金额必须比优惠券面额多 0.01 美元。发放总数建议根据店铺运营计划合理设置，输入值范围为 50～99999。

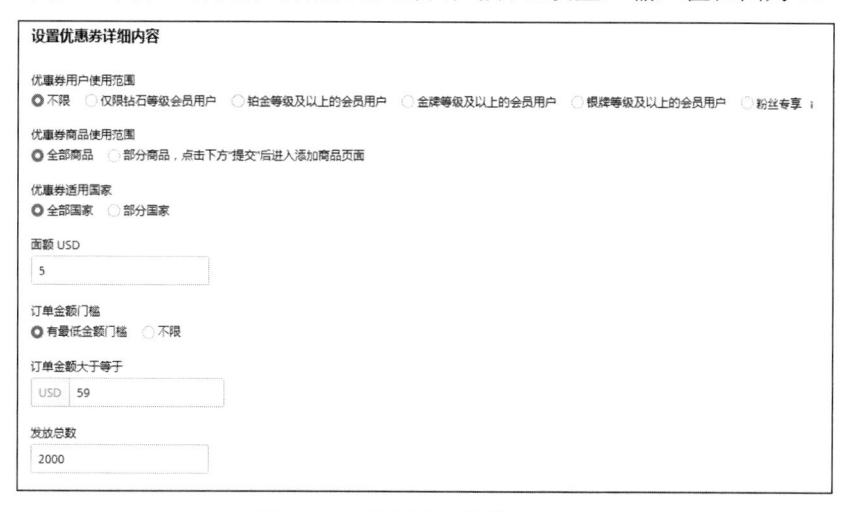

图 3.4.18　设置优惠券详细内容 1

（3）设置优惠券使用规则如图 3.4.19 所示。每人限领的数值大于或等于"1"。使用时间有两种选择，一种是设置买家领取成功起的有效天数，最多不超过 99 天；另一种是指定有效期，需要卖家设置"活动起止时间"。完成设置后，点击"提交"。

2. 官方推广渠道

官方推广渠道优惠券有可能在速卖通平台领券中心及卡包推荐页展示。以下是它的设置方法。

（1）编辑活动基本信息如图 3.4.20 所示。具体操作：发放渠道选择"官方推广渠道"，输入活动名称和活动起止时间。

（2）设置优惠券详细内容如图 3.4.21 所示。此类优惠券需设置为全部商品都可使用。优惠券适用国家可以是全部国家，也可以是部分国家，如果选择部分国家，可引用国家营销分组。其他内容的设置方法与店铺常规展示优惠券的设置方法相同。

（3）设置优惠券使用规则如图 3.4.22 所示。每人限领的数值大于或等于"1"。如果选择"买家领取成功起的有效天数"，那么有效天数最多不超过 99 天。完成设置后，点击"提交"。

图 3.4.19　设置优惠券使用规则 1

图 3.4.20　编辑活动基本信息 2

图 3.4.21　设置优惠券详细内容 2

图 3.4.22　设置优惠券使用规则 2

3. 所有定向渠道

定向渠道优惠券可以在客户营销、粉丝营销或互动游戏中发放。

（1）编辑活动基本信息如图 3.4.23 所示。具体操作：首先发放渠道选择"所有定向渠道"，然后选择想选的定向渠道，最后输入活动名称、活动开始时间和活动结束时间，即完成基本信息的编辑。对于定向渠道，如果需要通过买家会话和邮件发放给用户，就选择"客户营销"；如果想要在内容营销发帖时添加优惠券，供买家领取，就选择"粉丝营销（Feed）"；如果需要在互动游戏的奖励中提供优惠券，就选择"互动游戏"；如果以上三种渠道均需要发放，就选择"所有定向渠道"。其中，选择"所有定向渠道"和"客户营销"的话，活动是即时开始生效的，只需设置活动结束时间即可。

（2）设置优惠券详细内容。"客户营销"定向渠道的优惠券可以选择全部国家或部分国家适用，其他定向渠道的优惠券需全部国家适用。其他内容的设置方法与店铺常规展示优惠券的设置方法相同。

（3）设置优惠券使用规则如图 3.4.24 所示。如果选择"所有定向渠道"，则可以设置优惠券同时在 Feed 频道资源位曝光。其他内容的设置方法与店铺常规展示优惠券的设置方法相同。

在店铺优惠券活动列表中可以查看所有状态的活动，包括未开始、生效中、已结束的活动，如图 3.4.25 所示。对于未开始的活动，卖家可以结束活动、编辑；对于生效中的活动，可以查看活动详情、结束活动和查看活动数据；对于已结束的活动则可以管理商品、查看活动详情和查看活动数据。

图 3.4.23　编辑活动基本信息 3 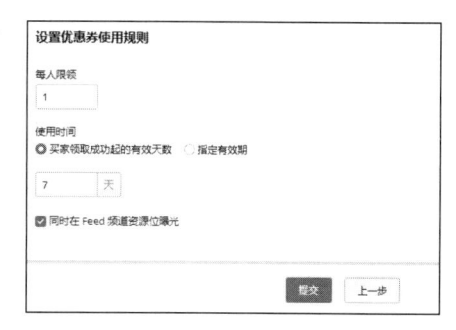　　　　图 3.4.24　设置优惠券使用规则 3

图 3.4.25　店铺优惠券活动列表

在使用店铺优惠券时，使用无门槛优惠券的效果最好，因此卖家可以设置小额无门槛优惠券；在同一时间段可设置多个店铺优惠券活动，满足不同购买力买家的需求，从而获得更多的订单；如果与满立减同时使用，优惠券的门槛金额一般应该低于满立减的，以刺激买家使用，从而达到好的促销效果。

（五）互动活动

店铺互动活动包括翻牌子、打泡泡和关注店铺有礼等。卖家可自行设置活动时间、买家互动次数和奖品，通过店铺互动活动可将粉丝快速引流到店，形成转化。

在卖家后台点击"营销活动—店铺活动—互动活动"，进入新的页面，点击"创建"，三种类型的活动都在同一页面中创建，如图 3.4.26 所示，先输入活动名称和活动起止时间，再设置游戏类型和详情。

1. 翻牌子

翻牌子是一种九宫格互动活动，有 8 张牌，每个买家一次只能点击 1 张牌，不同的牌对应不同的奖励，其中的奖励由卖家自行设置，如图 3.4.27 所示。因为在活动过程中奖励可能发完，所以系统会默认设置一个空奖。设置步骤如下。

（1）选择游戏类型为"翻牌子"；设置"互动次数每人限玩"：可选择输入活动期间限制每天互动次数（1～100 次），也可选择输入活动期间限制互动总数（1～1000 次）。

（2）上传背景图，图片类型为 PNG，尺寸为 300 像素×300 像素。

（3）选择奖励所对应的优惠券，点击"提交"。

图 3.4.26　编辑活动基本信息 4　　　　　图 3.4.27　设置翻牌子游戏

2. 打泡泡

打泡泡是一种买家发射箭击破泡泡的互动活动，每个游戏有 18 个泡泡，其中的奖励由卖家自行设置，可以设置空奖，一局游戏买家只能互动一次，如图 3.4.28 所示。设置步骤如下。

（1）选择游戏类型为"打泡泡"。

（2）设置"互动次数每人限玩"：可选择输入活动期间限制每天互动次数（1～100 次），也可选择输入活动期间限制互动总数（1～1000 次）。

（3）上传背景图，图片类型为 PNG，尺寸为 130 像素×130 像素。

（4）选择奖励所对应的优惠券，点击"提交"。

图 3.4.28　设置打泡泡游戏

3. 关注店铺有礼

关注店铺有礼是一种卖家自行设置的互动活动，即买家在关注店铺之后可以获得相应的奖励，奖励由卖家自行设置。目前，关注店铺有礼仅支持 App 端，买家在 PC 端关注店铺不可获得奖励。买家取消关注店铺超过 24 小时后再关注会再次获得奖励。具体设置步骤如下。

（1）选择游戏类型为"关注店铺有礼"。

（2）选择奖励所对应的优惠券，点击"提交"。

（六）金币抵扣

金币是买家在速卖通平台 App 端购买商品后或在金币频道玩游戏时获得的代币，买家可以用金币兑换优惠券或在下单时抵扣现金。金币按照 50∶1 的汇率结算，即 1 金币抵扣 0.02 美元。对于买家花费的金币，其中的 30%作为平台佣金，70%发放给卖家。

卖家若要使用金币抵扣，则需开通该功能。金币抵扣有超高的配置灵活度，可以作为日常运营商品的工具，并且金币折后价不会计入平台活动的最低价。开通了金币抵扣的店铺的商品在速卖通平台的搜索列表、搜索过滤、商品详情页及下单页上均有金币抵扣的标识，买家更容易找到有金币抵扣的商品下单。此外，App 端的金币频道是目前流量最高的频道，入口如图 3.4.29 所示。金币频道会针对金币抵扣的商品进行个性化推荐，卖家可以使用赚取的金币置换金币频道的流量。

金币抵扣的设置路径：先在卖家后台点击"营销活动—金币营销平台"，然后点击"去添加"。设置"全店金币抵扣"，可设置为 1%～10%的抵扣比例，点击"确认开通"，如图 3.4.30 所示。

图 3.4.29　速卖通 App 端金币频道　　　　图 3.4.30　开通金币抵扣

开通以后，支持对单个商品设置更高金币抵扣：输入要设置的商品 ID，多个 ID 用逗号隔开，所设置的抵扣比例需高于全店的金币抵扣比例，且不超过 20%。同样，也支持对单个商品设置无金币抵扣，最多可设置 10%的店铺商品不参与金币抵扣活动，向下取整。如果给商品设置了高金币抵扣，再设置无金币抵扣，则无法设置成功，若想设置成功需先删除高金币折扣商品。如果卖家想关闭金币抵扣，可以随时关闭。

（七）平台活动

除创建店铺营销活动外，卖家还可以报名参加平台活动，在卖家后台点击"营销活动—平台活动"，可进入平台活动营销中心，如图3.4.31所示。

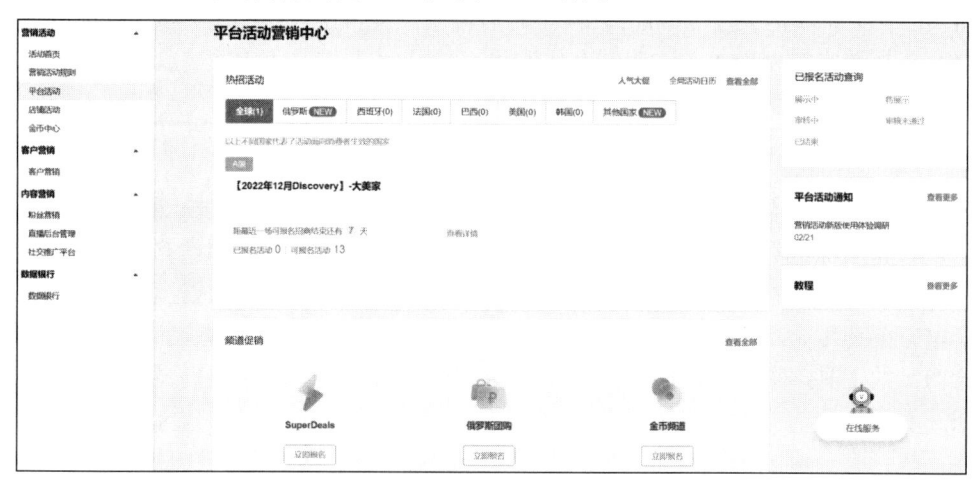

图 3.4.31　平台活动营销中心

卖家可选择任意活动进入平台活动管理页面，根据活动的不同状态进行管理，包括正在招商的活动、待确认的活动、参与中活动、已结束活动、审核不通过活动，如图3.4.32所示。平台对每种状态的活动提供了分类筛选，方便快速定位查找活动。

正在招商的活动按照活动类型可分为促销、频道、互动。促销活动主要包括大促和日常促销活动。频道活动主要为目前几个固定的频道活动，包括SuperDeals、俄罗斯团购、品牌闪购频道、团购等。卖家可以使用"报名资质"进行筛选，快速找到可报名的平台活动，选择后点击"立即报名"。

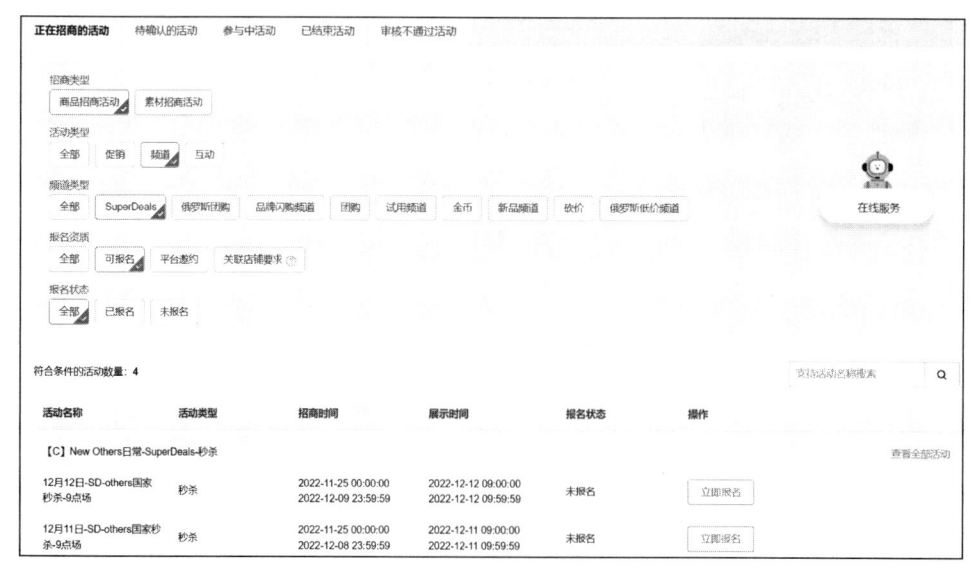

图 3.4.32　平台活动管理页面

随后进入主活动详情页，如图3.4.33所示，卖家选择自己想要报名的子活动，在下方查看基本活动要求和店铺资质要求，点击"立即报名活动"。

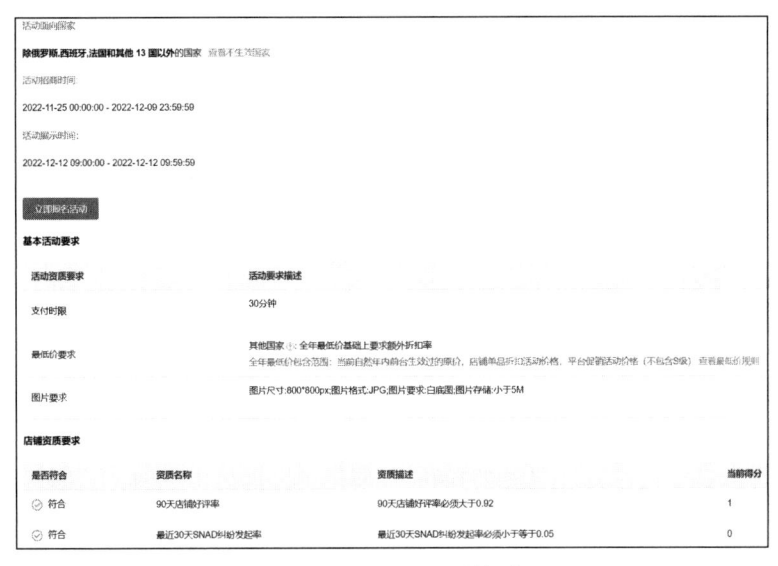

图 3.4.33　主活动详情页

在选择参加活动商品时，卖家可以先根据可报名商品、所有发布类目、所有商品分组等进行筛选，然后添加商品，如图 3.4.34 所示。同时，在"商品状态"一列可以看到当前商品报名活动的内容，包括已报名其他活动的名称和时间。

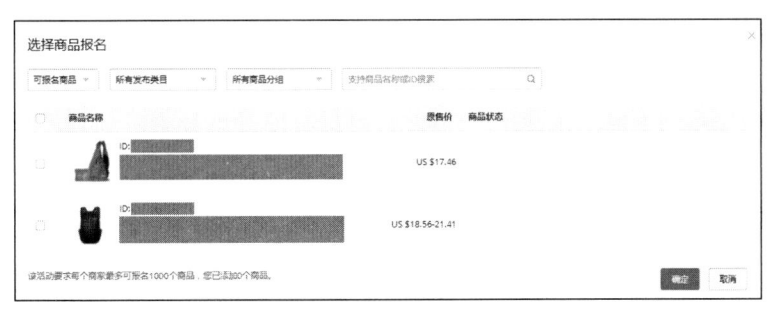

图 3.4.34　选择商品报名

对于商品折扣设置，平台提供详细模式与列表模式，分别为单个设置与批量设置，如图 3.4.35 所示。在设置完每个商品的折扣率及库存、每人限购后，可以一次性批量提交。此外，卖家在上传活动图片时可以直接选择之前提交过的图片。

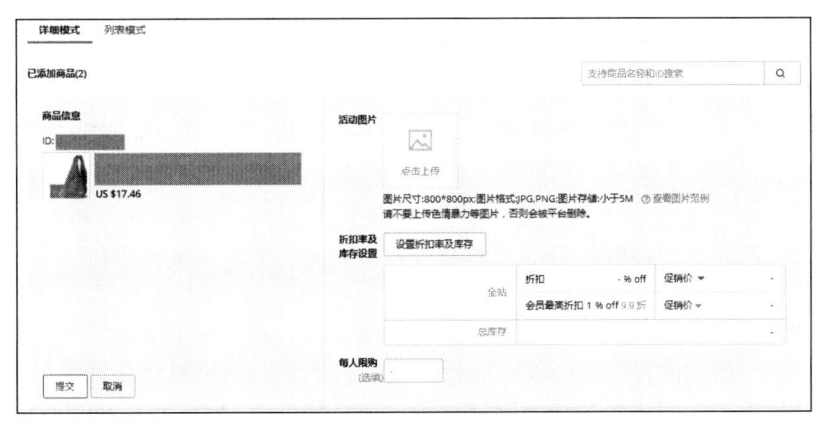

图 3.4.35　商品折扣设置

二、直通车

(一)直通车介绍

在开通了速卖通直通车后,卖家自主设置多维度关键词,当买家搜索商品关键词时,通过关键词实时竞价来提升商品信息的排名,最终借助大量曝光商品来吸引潜在买家。速卖通直通车是一种按效果付费的广告,它的付费方式为按每次点击付费,只有当买家对该商品产生兴趣并点击进一步了解详情时,系统才会对这次点击进行扣费。如果买家仅仅是浏览,并没有点击商品进行查看,则不扣费。合理使用直通车工具有助于卖家迅速、精准地定位海外买家,扩大商品的营销渠道。

速卖通直通车在 PC 端的推广位在搜索页面的主搜位置和搜索页面底部的智能推荐位置。在 PC 端主搜页中,每页有 60 个商品,直通车推广位从第 5 位起,每隔 4 个商品就有一个直通车推广位;在移动端主搜页中,每页有 20 个商品,直通车推广位动态变化,最靠前可出现在第 2 位。直通车推广位图片右下角有一个 AD(Advertisement,广告)标识。

(二)直通车推广方式

速卖通直通车的推广方式比较多,常见的有快捷推广、智能推广-均匀曝光和重点推广等推广方式。

1. 快捷推广

快捷推广适合普通商品的批量推广,指通过批量选词、出价等功能更好地创建引流计划,从而为商品带来更多的流量。快捷推广暂时可以创建 30 个快捷推广计划,每个计划最多容纳 100 个商品、20000 个关键词。卖家将进行直通车推广的商品加入快捷推广计划中,设置出价,在推广一段时间后,找出曝光高的商品进行重点推广。

2. 智能推广-均匀曝光

智能推广-均匀曝光就是原来的智能测款,指系统根据卖家出价进行智能调整,使计划中的每个商品获得均衡曝光流量,测试商品的市场热度,快速掌握测款数据。它操作简单——可选择商品做推广,目的性较强——用于测款,是个不错的挖掘潜力爆款的推广方式。但是,它无法匹配关键词,容易集中在几款商品,导致其他商品得不到推广,不能达到测款目的。如果卖家选择智能推广-均匀曝光,那么要保证推广商品的标题设置得较为合理。

3. 重点推广

重点推广适用于重点商品的推广管理。卖家最多可以建 10 个重点推广计划,每个计划最多包含 100 个单元。每个单元内可以最多容纳 1 个商品,200 个词。建议卖家优先选择市场热销或自身有销量、有收藏、有价格优势的商品来进行推广(可参考商品分析中的成交转化率、搜索点击率等数据)。一个计划可以加入多个商品,形成多个推广单元。卖家可对每个推广单元里的商品单独设置关键词,并对推广单元内的关键词单独出价。

(三)直通车排序与扣费规则

购买同一个关键词的推广商品实时竞价,出价排名靠前的可以获得直通车推广展示位。影响推广商品排序的主要因素包括关键词的推广评分和出价。推广商品的某个关键词的推广评分与出价越高，在搜索结果中获得直通车推广展示位的机会越多。

推广评分代表该关键词下推广商品的推广质量，和关键词与商品的相关程度、商品的信息质量、买家喜好程度及平台处罚情况有关。其中，和关键词与卖家推广商品的相关程度是主要影响因素，相关程度越高，推广评分越高；商品的信息质量越高（即信息越完善），推广评分越高。平台会根据多种影响因素定期自动更新推广评分，因此，卖家需要不断完善商品信息以提高推广评分。

当推广商品出现在直通车推广展示位上，且被买家点击时，平台将对卖家收取推广费用，收取的费用由触发此次展示的关键词决定，系统对该关键词下所有推广商品的出价和推广评分的乘积从高到低进行排序。若产品在竞争关键词卖家排名的最后一名，或者自己的商品是关键词下显示的唯一促销商品，则基本上需要花费的点击价格便是关键词的最低价格。在其他情况下，每次点击花费的计算公式如下。

$$点击花费 = \frac{下一名买家的出价 \times 下一名买家的推广评分}{卖家自身的推广评分} + 0.1$$

点击花费不会超过卖家为关键词所设定的出价。推广商品与相关关键词的推广评分越高，每次点击花费就越低。

（四）直通车设置

进入速卖通卖家后台，点击"推广"，在左侧菜单的"站内推广"中点击"直通车"下的"推广管理"进入直通车设置页面。

1. 新增推广计划

新增推广计划的入口有三个，第一个在"直通车－概览"页面的右侧位置，如图3.4.36所示；第二个在"直通车－概览"页面中间位置"推广管理"的右侧，如图3.4.37所示；第三个入口在"推广管理"页面左侧，如图3.4.38所示，通过任何一个入口都可以进入。

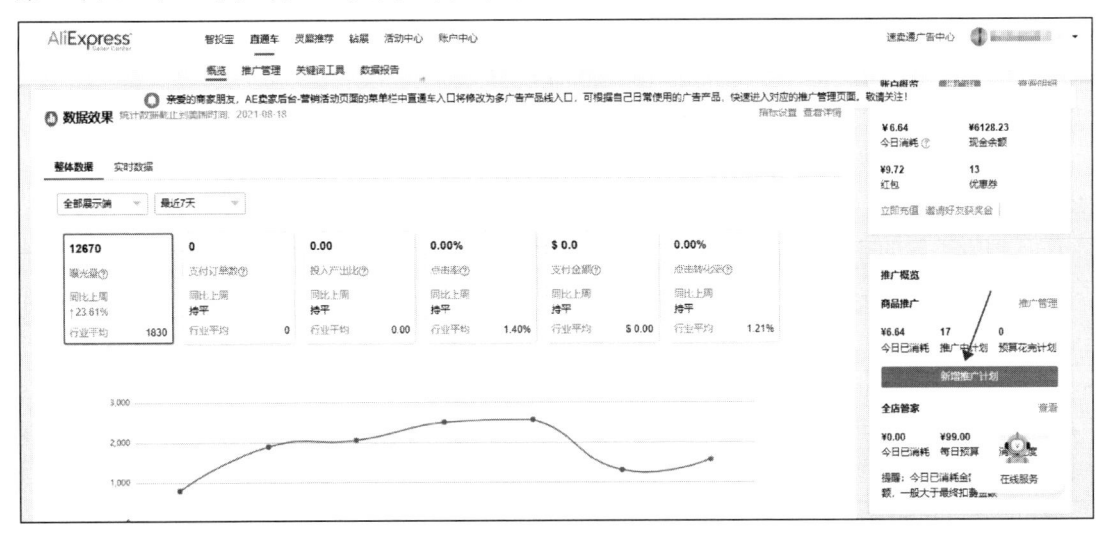

图3.4.36　新增推广计划入口1

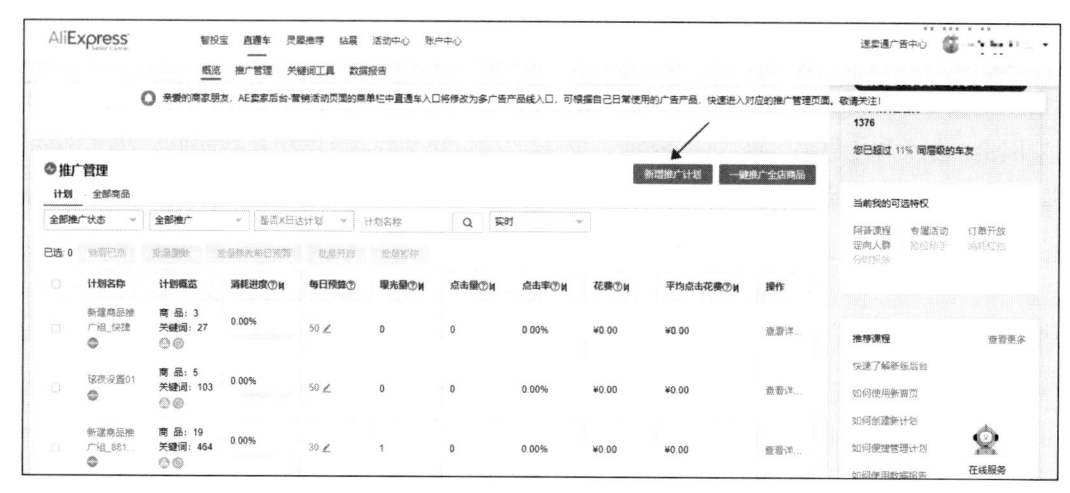

图 3.4.37 新增推广计划入口 2

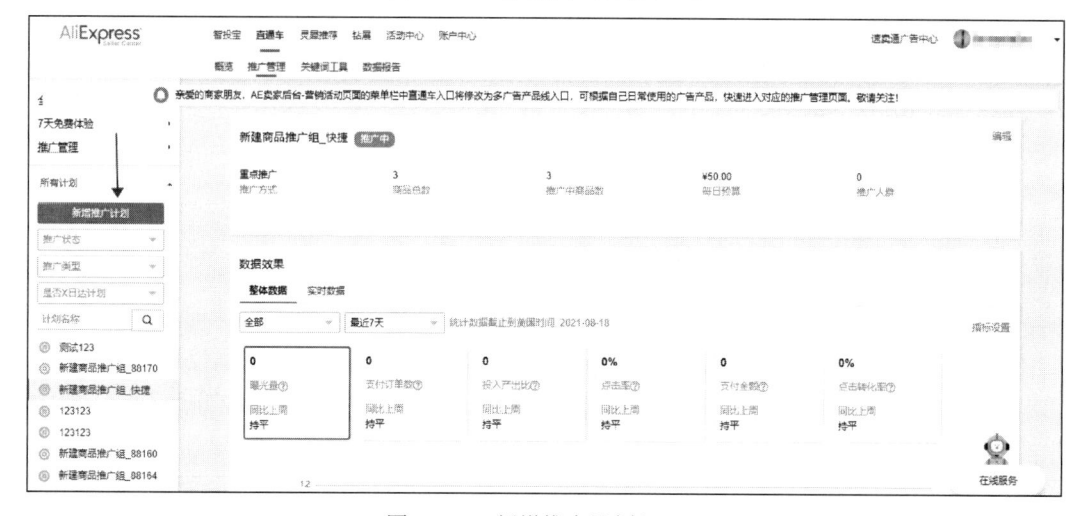

图 3.4.38 新增推广计划入口 3

2. 选择合适的推广商品

具体操作：点击"新增推广计划"，添加想要推广的商品——可以添加一个或多个，最多允许添加 100 个。考虑到只有推广商品获得一定的数据才能进行推广效果分析，建议一个推广计划所添加的商品不要超过 10 个。系统提供了全部商品、新发商品、热搜商品和热销商品这几个分类，卖家可以通过所有商品分类、商品 ID 或输入标题等搜索并选择商品，如图 3.4.39 所示。

3. 选择合适的推广方式

卖家根据偏好可选择智能推广、重点推广或快捷推广。如果卖家选择智能推广无须设置关键词，系统将自动根据商品和出价进行智能投放，卖家只需填写计划推广名称并设置每日预算，如图 3.4.40 所示。如果卖家选择重点推广或快捷推广，则需要自行设置关键词。另外，为保证推广效果，卖家为单个商品建立计划时可以设置最低每日预算为 10 元；为多个商品建立计划时，若选择重点推广或快捷推广计划，则可以设置最低每日预算为 30 元，若选择智能推广计划，则可以设置最低预算为 50 元。

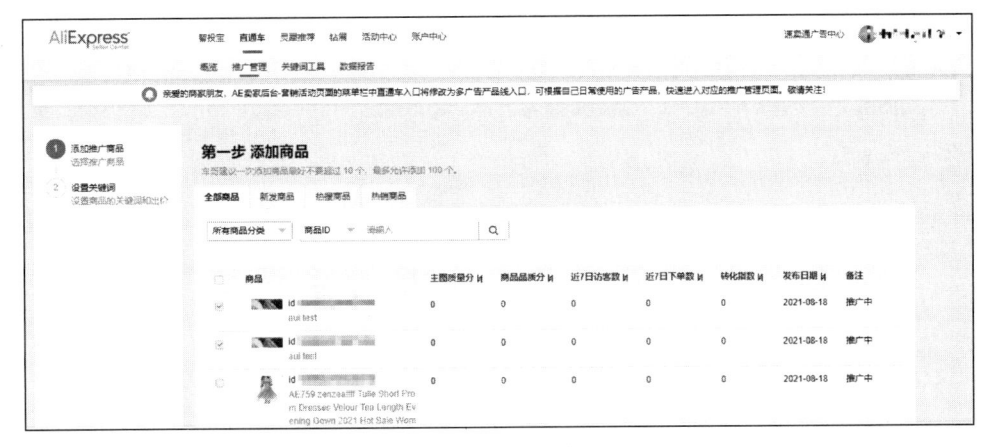

图 3.4.39　添加推广商品

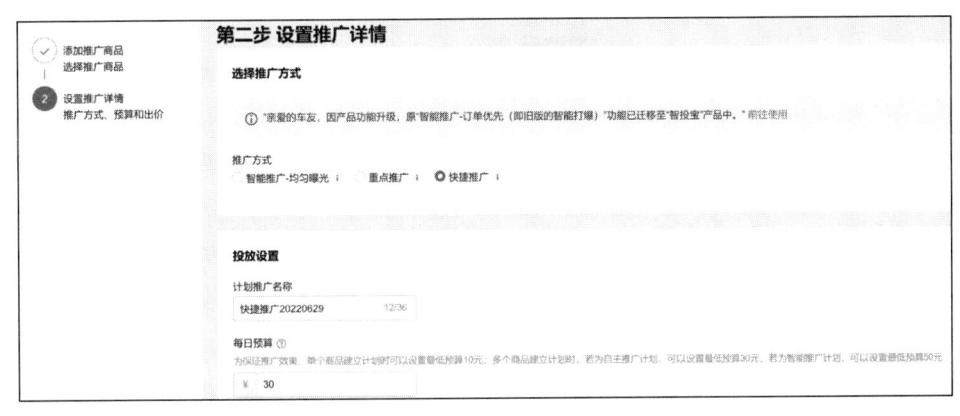

图 3.4.40　选择推广方式和投放设置

4. 为商品添加关键词和出价

在快捷推广和重点推广中，卖家需要为计划中的每个商品添加关键词，可以直接选择系统为该商品推荐的关键词，也可以根据商品分类添加系统推荐的关键词，还可以自行添加关键词，如图 3.4.41 所示。卖家还需要对关键词进行出价——App 出价和非 App 出价，均可分为市场平均出价和自定义出价，如图 3.4.42 所示。

图 3.4.41　为商品添加关键词

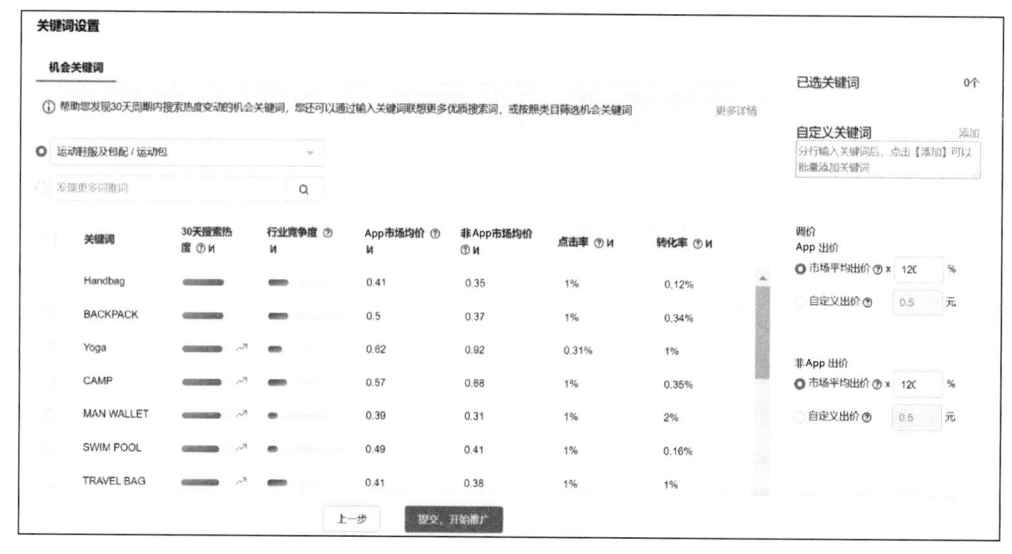

图 3.4.42　设置出价

推广评分用于衡量在某关键词下，商品在直通车推广的质量。推广评分为 5 星或 4 星表示商品可以参与搜索结果页主推推广位竞价，建议高度关注该类关键词，并从中择取高转化率的关键词作为核心词。推广评分为 3 星或 2 星表示商品仅可以参与底部智能推广位和搜索结果页翻页后推广位竞价，该推广位下可能存在竞争较小的高性价比流量，建议保留并观察转化率，同时尝试优化商品信息。推广评分为 1 星表示无法参与正常投放，建议更换关键词，或者根据推广评分规则尝试优化商品信息，提升推广评分。

完成以上操作后点击"提交，开始推广"即完成直通车的设置。

（五）直通车数据分析

如果说直通车是速卖通卖家的营销利器，那么直通车的数据就是这把利器的磨刀石，做好直通车数据分析可以让直通车推广事半功倍。

在直通车"概览"页面，卖家可以快速查看推广计划和商品的推广效果，并对已建立的推广计划和商品进行单独或批量删除、暂停/开启和修改，如图 3.4.43 所示。

图 3.4.43　推广计划概览

在"数据报告"模块，卖家可以根据点击率、花费、支付订单数等指标查看推广效果，并可以选择按推广投放区域和时间段观察效果，如图 3.4.44 所示。

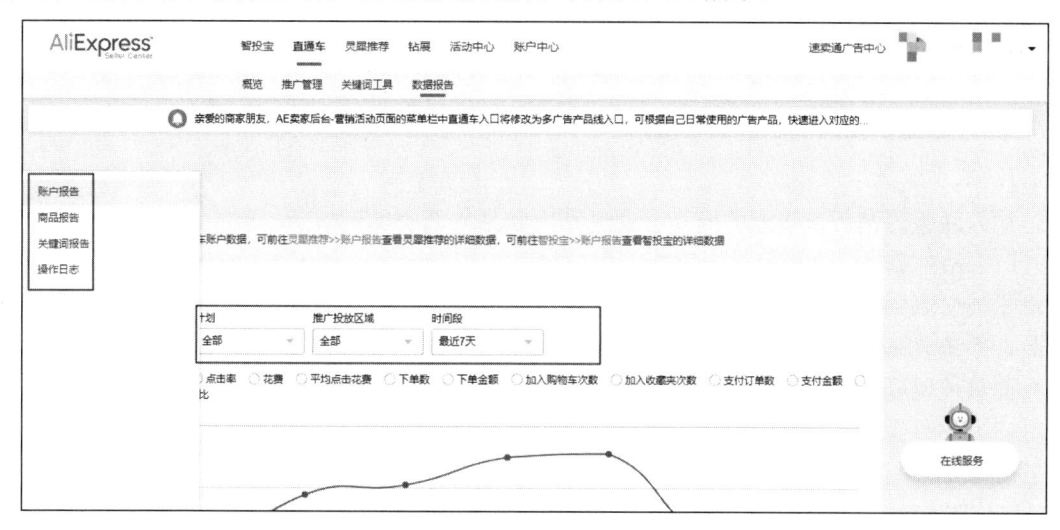

图 3.4.44　推广数据报告

卖家可以通过曝光量、点击率、花费、平均点击花费、下单数、下单金额、加入购物车次数、加入收藏夹次数、支付订单数、支付金额等核心指标了解商品的推广效果。要想针对问题商品进行细节排查和优化，卖家可以根据七日曝光量、七日点击率、七日花费等数据维度对推广计划进行整体排序，选择需要重点关注的推广计划。例如，可以根据不同计划的推广数据，对一些计划增加或更改推广商品，也可以根据计划的推广效果继续添加更多长尾关键词，提高点击率，降低平均点击花费。

在"数据报告"模块中还有一个非常重要的功能就是"操作日志"，每当直通车推广数据发生变化时，卖家就可以通过研究以前的操作日志来发现和总结推广技巧，从而争取花更少的资金来获取更多的点击量。

三、联盟营销

（一）联盟营销概述

速卖通联盟营销属于站外推广，指联合各类海外媒体提供一站式付费流量解决方案。广告主以佣金付费模式推广和销售商品，按成交付费。当买家通过联盟营销链接进入店铺购买商品并交易成功时，平台向广告主按照一定销售百分比收取佣金。在店铺加入联盟之后，店铺的商品会在联盟专属频道得到额外的曝光，从而把海量联盟流量吸引到店铺之中。

联盟营销和直通车属于不同的推广方式。首先，它们的流量来源不同，直通车帮助卖家在速卖通网站内获得更多的曝光，而联盟营销则帮助卖家获取更多的速卖通网站以外的流量；其次，付费模式不同，开通直通车的卖家按每次点击进行付费，加入联盟的卖家按每笔成交进行付费。也就是说，只有当买家通过联盟营销链接进入店铺购买商品并交易成功时，卖家才需要支付佣金。联盟营销对于店铺流量和促成交易都起着非常重要的作用。

由此可见，联盟营销的优势比较明显。第一个优势是免费曝光，按成交收费。联盟营销是按照成交计费的推广方式，不需要先充值，也不需要先投入资金。第二个优势在于费用可控，效果可见。卖家可以自主选择推广的商品和设置不同比例的佣金，预算灵活可控；推广后效果清晰可见：为店铺带来多少流量、流量转化了多少订单、预计要支付多少费用，都清晰可查。第三个优势是海量买家，精准覆盖。加入联盟的卖家可以获得在不同国家、不同App、不同社交或导购网站等站外渠道的海量推广资源，有利于提升店铺销量及市场占有率。

（二）联盟营销的展示位置和规则

1. 展示位置

加入联盟营销后，卖家的商品会通过站内和站外两类渠道展示。

（1）站内渠道：主要是基于联盟专属营销阵地展示商品，如图 3.4.45 所示，该阵地是站外流量被引流到速卖通网站后的流量承接阵地。买家可以在该阵地上按照关键词、类目搜索商品，系统会基于买家的历史浏览和采购行为千人千面地展示和推荐商品。值得注意的是，该页面只展现联盟商品。

（2）站外渠道：可以在手机厂商、搜索引擎、社交媒体、导购媒体、创新渠道、社交内容等渠道进行推广。

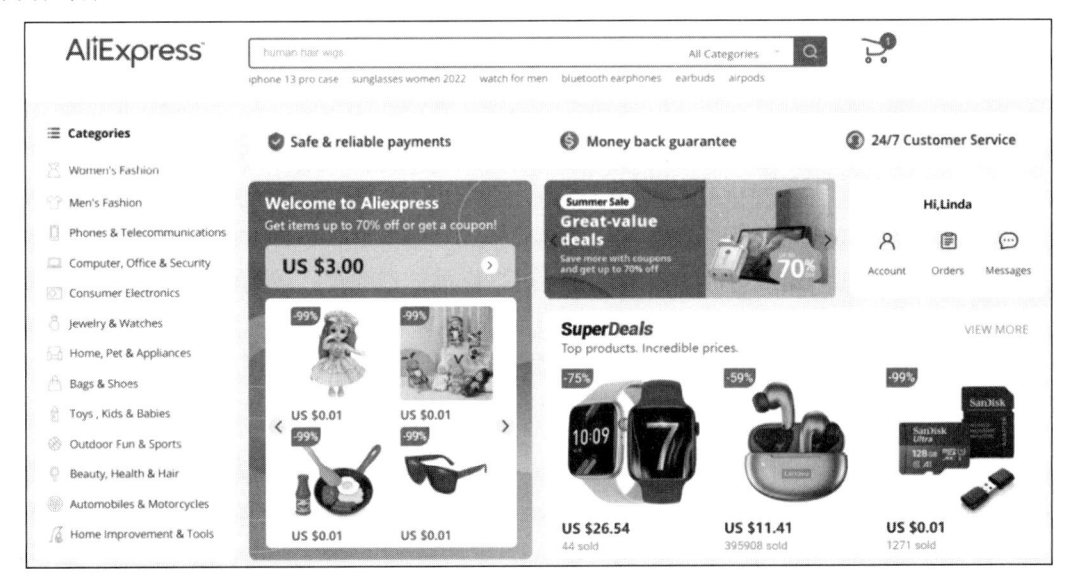

图 3.4.45　联盟专属营销阵地

2. 展示规则

联盟营销的展示规则是千人千面展示：对于不是第一次访问的买家会依据其在网站的历史浏览和采购行为进行推荐；对于首次来访的买家会依据流量来源的喜好展示对应的商品。此外，平台对于爆品会增设展示专区。

联盟专属营销阵地的商品列表页展示首先会基于多个维度的综合得分来排序，其中包含是否为爆品、佣金比例、历史销量等；其次会根据商品的综合得分来排序，佣金比例越高则排序越靠前。

此外，在速卖通首页，联盟营销的销量在主搜结果页中享有加权。

3. 付费规则

对于付费规则，要先判断是不是联盟营销带来的订单，如果一个买家点击了联盟营销的商品广告链接，在 15 天的追踪有效期内下单，就会被判定为联盟营销带来的订单，在交易成功后，卖家会支付联盟佣金。

联盟佣金等于商品成交金额乘以商品佣金比例。其中，单品营销计划的佣金比例可以直接设置，最高是 90%；主推计划的佣金比例允许范围为 5%～50%（比例只能是 0.5 的倍数，如 5%或 5.5%）；店铺通用计划允许范围为 3%～50%（比例只能是 0.5 的倍数，如 3.5%或 5%）。

举例：买家 Amy 在网站 A 看到了 Linda 店铺正在推广的 B 商品。Amy 进入 Linda 的速卖通店铺购买了 B 商品（售价为 100 美元，含运费 20 美元），Linda 在联盟营销中对 B 商品设置的佣金比例为 5%。最终 Linda 需要为这个订单支付（100-20）×5%=4（美元）的联盟佣金。

卖家如何针对商品设置支付的联盟营销佣金比例？对于想要提高销量的商品建议设置高佣金，一般设置在 5%以上；对于重点商品和重点市场，也可设置较高的佣金进行推广。

（三）联盟营销的设置

1. 加入联盟

加入联盟包含三个步骤：联盟业务介绍、确认协议、设置佣金。目前申请加入联盟没有门槛，所有卖家都可以通过联盟进行推广。申请加入后店铺的所有商品都会通过联盟推广，卖家可以针对部分重点推广的商品去设置更高的佣金。

（1）浏览"联盟业务介绍"页面，点击"下一步"。

（2）在"立即加入联盟"页面查看《海外联盟营销服务协议》，勾选"我已同意协议"，点击"下一步"，如图 3.4.46 所示。

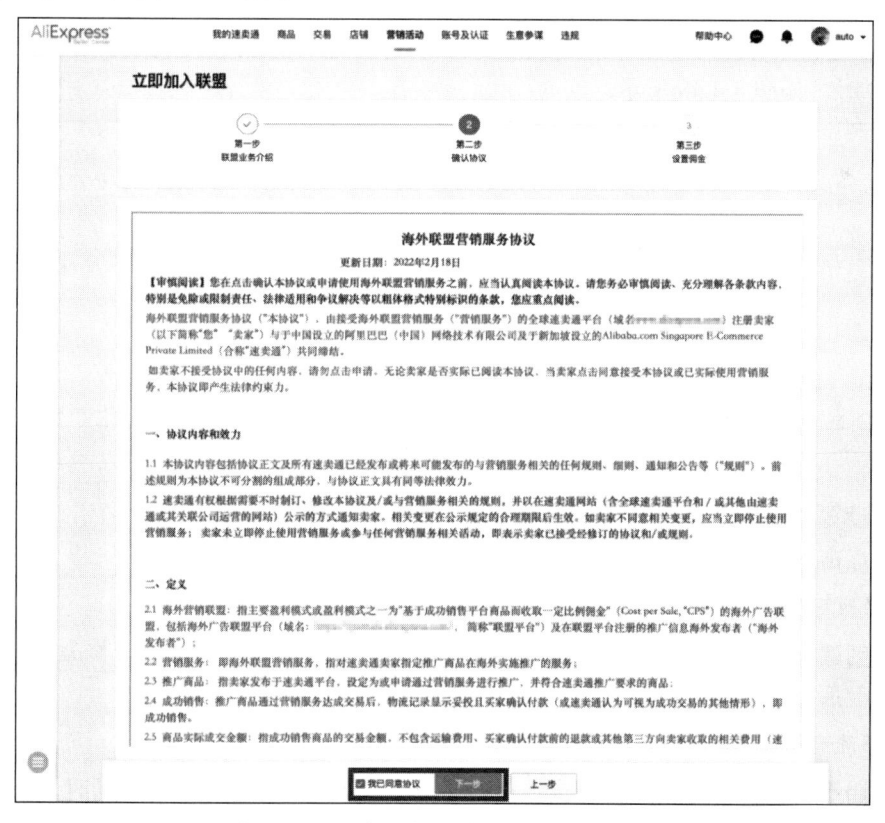

图 3.4.46　同意《海外联盟营销服务协议》

（3）设置店铺基础佣金比例，范围为3%～50%，点击"确定"，完成加入联盟操作，如图 3.4.47 所示。

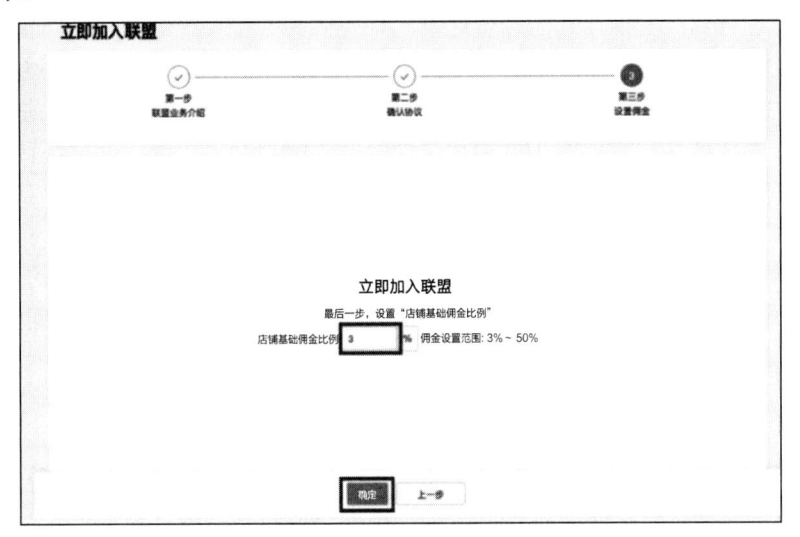

图 3.4.47　设置店铺基础佣金

2．联盟基础操作

（1）在卖家后台点击"站外推广—联盟营销"进入联盟营销"概览"页面，点击"单品营销计划"进入"单品营销计划"页面。

（2）单品营销计划适用于推广重点商品。点击"手动添加商品"，选择要推广的商品（可以无限添加），如图 3.4.48 所示。

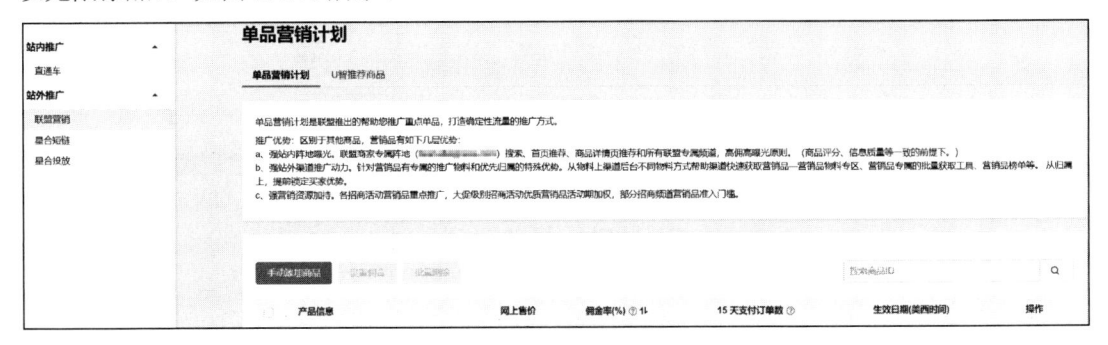

图 3.4.48　手动添加商品

（3）设置营销品的佣金比例（可以批量设置佣金比例），如图 3.4.49 所示。

（4）点击"立即生效"，单品营销计划将实时生效。

3．修改营销品佣金

对于创建好的联盟营销计划，卖家可以修改佣金，具体步骤为点击"修改"进行修改，待确定修改后点击"确认"。

4．移除营销品佣金

速卖通平台支持移除营销品佣金：点击"更多"下的"移除"即可。同时，平台支持对已下架商品进行批量删除——新增批量清理当前页失效商品的功能。

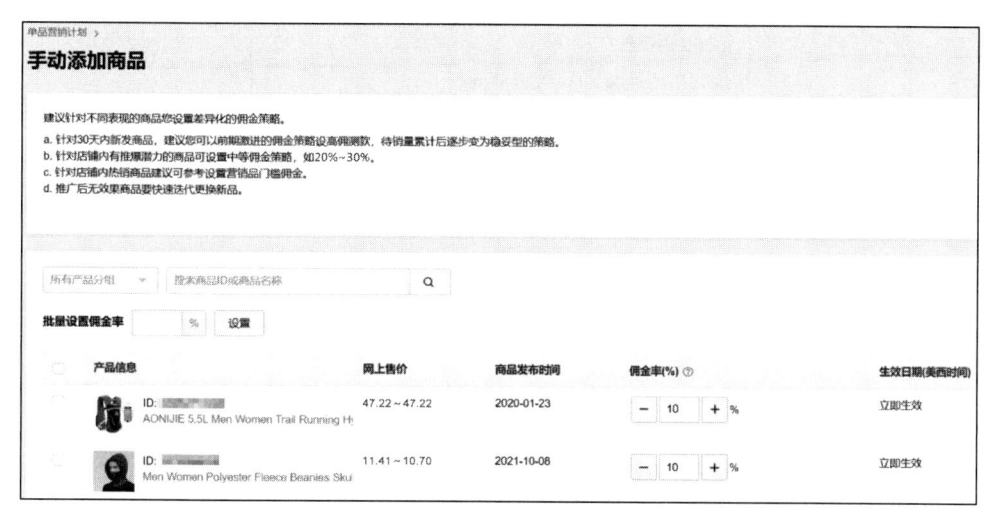

图 3.4.49　设置佣金比例

5. 设置类目佣金

在店铺加入联盟后，整个店铺的商品都会通过联盟营销矩阵进行推广。除针对重点推广商品单独设置佣金比例外，卖家还可以针对不同类目设置不同的佣金比例。在卖家后台，选择"营销活动—联盟营销"下的"基础佣金设置"，进入"店铺通用计划"页面，如图 3.4.50 所示，点击"添加类目设置"来设置类目佣金。未设置佣金的类目将使用默认的类目佣金。

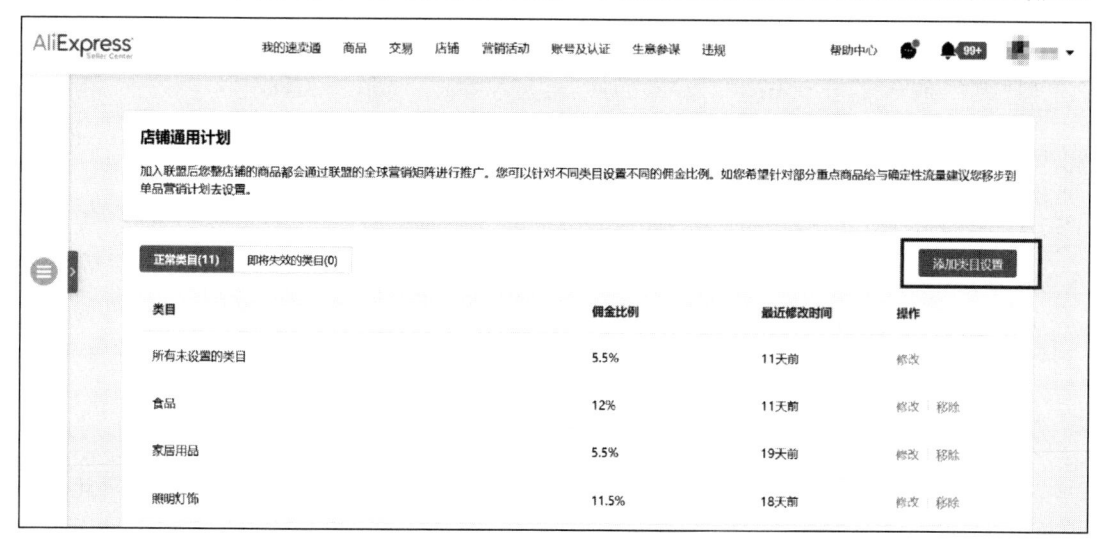

图 3.4.50　添加类目设置入口

具体操作：选择类目，系统会自动对店铺中已发售的商品进行分类；输入佣金比例；选择具体的生效时间；完成设置后点击"保存"，如图 3.4.51 所示。

6. 修改或移除类目佣金

如果要修改类目佣金，则可以点击指定类目后面的"修改"，待修改佣金比例后点击"保存"。如果要移除类目佣金，则可以点击"移除"，在跳出的移除页面点击"确认"即完成移除设置。

图 3.4.51　添加类目设置

（四）联盟营销推广效果数据报表

1. 联盟看板

通过联盟看板，卖家可以查看不同时间段内（可筛选时间为 7 天、15 天、30 天）联盟带来的浏览量、访客数、算佣支付金额（所选时间段内由联盟引导支付成功订单金额）、支付订单数、预计佣金等，如图 3.4.52 所示。卖家也可点击"营销品报表"查看。

图 3.4.52　联盟看板

2. 推广效果报表

推广效果报表主要展示整体数据、营销品报表、成交详情报表和我的操作记录（此项不展开介绍）四个部分的信息，如图 3.4.53 所示。

（1）整体数据。

整体数据是由订单报表和流量报表整合而成的店铺推广效果报表，主要展示包括浏览量、访客数、支付用户数、支付订单数等订单数据和结算数据，这些数据可以充分展示联盟营销的推广效果。

（2）营销品报表。

卖家可以通过营销品报表了解通过联盟营销推广的商品在一定时间的流量、订单等汇总的详细数据。该报表仅展示重点推广的爆品和主推品效果数据，不展示没有设置联盟营销或设置了联盟营销但尚未产生效果的商品的相关数据。

图 3.4.53　推广效果报表

（3）成交详情报表。

通过成交详情报表，如图 3.4.54 所示，卖家可以了解所有通过联盟营销成交的明细（指买家已确认收货的订单），包括买家购买的商品、交易时间、交易金额、设置的佣金比例，以及实际要支付的联盟佣金等数据。

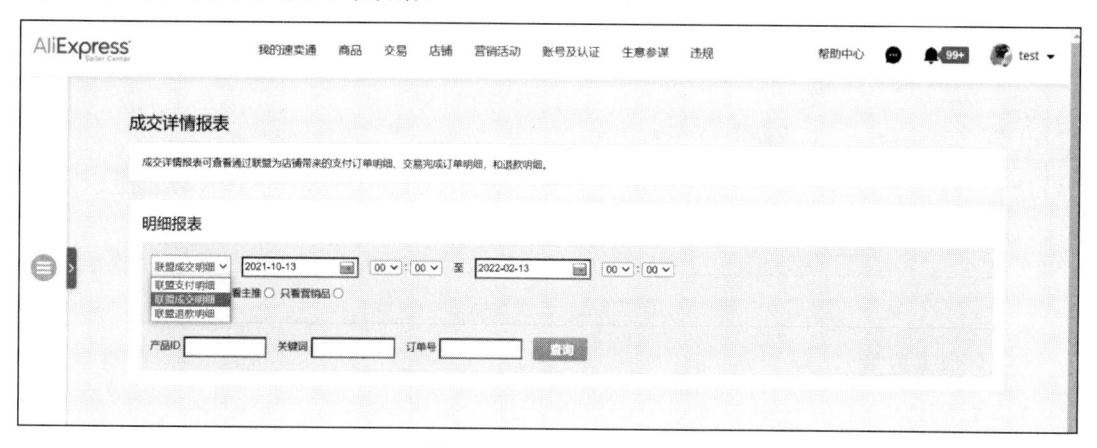

图 3.4.54　成交详情报表

第五节　订单处理

一、订单处理基本流程

一般来说，速卖通卖家后台的订单状态会经历买家下单、买家付款、卖家发货和交易完成四个阶段。

（一）买家下单

买家选择产品后在产品详细描述页点击"Buy Now"，如图 3.5.1 所示，即进入创建订单页面。买家成功填写订单信息并提交后即可生成订单。

图 3.5.1　创建订单

（二）买家付款

买家在选择任意一种支付方式后，点击"Pay My Order（支付我的订单）"即可进入支付页面进行支付。卖家可以在"交易"页面中查询订单信息。在买家完成付款后，订单状态会显示"去发货"，如图 3.5.2 所示。

图 3.5.2　去发货状态

（三）卖家发货

1. 发货方式

速卖通订单有两种发货方式：一种是线上发货，另一种是线下发货。线上发货是由速卖通平台与菜鸟网络联合多家优质第三方物流服务商打造的物流服务体系。线上发货流程如图 3.5.3 所示。使用线上发货的卖家可以直接在后台选择物流服务商并创建物流订单。在指定城市，物流服务商提供免费的上门揽收服务，而在其他城市，卖家需将包裹自行寄至物流服务商的仓库。在物流服务商发货之后，卖家可以在线支付运费，对于后续发生的物流纠纷也可以在线发起投诉。速卖通平台作为第三方，将全程监督物流服务商的服务质量，以保障卖家权益。

图 3.5.3　速卖通线上发货流程

如果选择线下发货，物流订单的创建则在线下物流服务商的 ERP 系统中完成，卖家只需要在"订单状态"页面点击"填写发货通知"，之后填写正确的物流服务商、国际物流单号及发货状态并提交，即完成发货。

与线下发货相比，线上发货主要有以下优点。

（1）渠道稳定，保证时效。线上发货所引入的物流渠道都是经过速卖通平台认可的优质物流渠道，比线下的物流渠道更加稳定。使用线上发货，速卖通平台可以全程跟踪物流信息，妥投时效也高于线下的物流渠道。此外，由于物流服务商的原因在承诺时效内未妥投而引起的纠纷赔款由物流服务商承担。

（2）服务有保障。对于线上发货指定物流渠道的包裹，一旦出现丢包、破损、运费争议等情况，就可以在线发起投诉申请赔偿。如果无法与物流服务商达成一致，菜鸟网络的客服人员就会介入，依据投诉赔付条款进行判责和赔款退还处理。此外，如果卖家遇到与物流相关的投诉，无须提交发货底单等相关证明文件；如果买家发起申诉或卖家物流服务评价出现低分，该订单不会被纳入店铺考核相关指标的计算。

（3）价格有市场竞争力。卖家可以享受速卖通专属合约运费。对于发货量不太多的中小卖家，线上发货的运费价格低于市场价，只发一件也可以享受折扣。

（4）资金周转更灵活。运费可以通过卖家的收款账户结算，卖家收到的美元也可以直接用来支付运费。

下面具体介绍一下线上发货。

2. 线上发货

新卖家最好选择线上发货。当有新的订单等待发货时，卖家可以在"订单状态"页面点击"线上发货"进行发货，如图 3.5.4 所示。

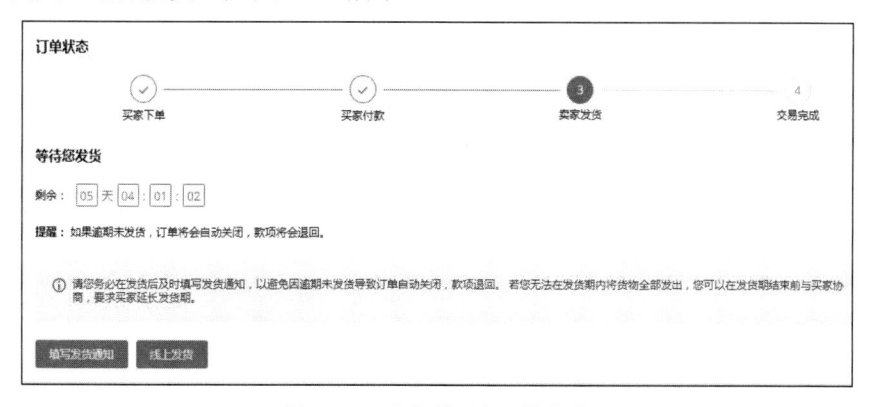

图 3.5.4　速卖通平台订单发货

首先，选择物流方案。如图 3.5.5 所示，系统会根据收货国家、包裹重量等列出可选物流的服务名称、参考运输时效和试算运费。如果要寄送的是带电商品，那么卖家可以选择"带电"选项来查看可选物流的服务名称、参考运输时效和试算运费。系统会默认选择买家下单时所选的物流渠道，卖家在两种情况下可以改选其他物流渠道：第一，经过协商，买家同意更改发货的物流渠道；第二，对于买家所选物流渠道的承诺运达时间大于或等于菜鸟无忧物流-简易或菜鸟无忧物流-标准服务的承诺运达时间的，卖家可以改用菜鸟无忧物流-简易或菜鸟无忧物流-标准服务发货。例如，一位俄罗斯买家支付了一个金额为 20 美元的订单，所选物流渠道为 E 邮宝，承诺运达时间为 75 天，由于菜鸟无忧物流-标准服务到俄罗斯的承诺运达时间为 60 天，因此卖家可以改用菜鸟无忧物流-标准服务发货，无须买家同意。除这两种情况外，卖家如果擅自更改发货的物流渠道，那么一旦买家发起申诉，卖家就将承担相应的损失。

图 3.5.5　选择线上发货的物流服务

其次，创建物流订单。不同物流渠道的订单创建页面可能不同，但需要填写的内容大致相同。系统将自动导入收件人的地址信息。如需要，卖家可以点击"修改收件信息"进行修改，如图 3.5.6 所示。

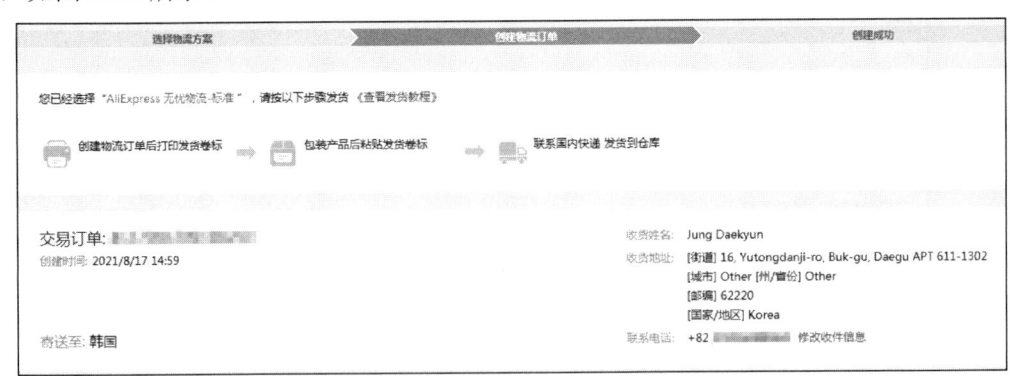

图 3.5.6　线上发货物流订单的收件信息

系统也会自动导入订单商品的申报信息，包括商品名称（中英文描述）、申报重量、产品体积、发货件数及申报金额合计等。其中，发货件数和申报金额合计来自订单信息，其他信息来自商品的上架信息，如图 3.5.7 所示。卖家可以点击"编辑"修改申报信息。对于特殊商品，卖家需要申报说明，包括是否含电池、是否含非液体化妆品及是否含特货。此外，卖家进行海关申报需要提供英文的发件信息，如需修改可以点击"编辑"进行修改。

图 3.5.7　线上发货物流订单的申报信息

请扫码阅读主要目的国家的免税额。速卖通平台关于欧盟 VAT 税改解读，请通过本书配套资料阅读。

在指定城市，对于线上发货的包裹，卖家可以申请免费上门揽收，只需提供揽收地址，如图 3.5.8 所示。详细规定可参见速卖通平台卖家后台物流渠道的相关规定。

主要目的国家的免税额

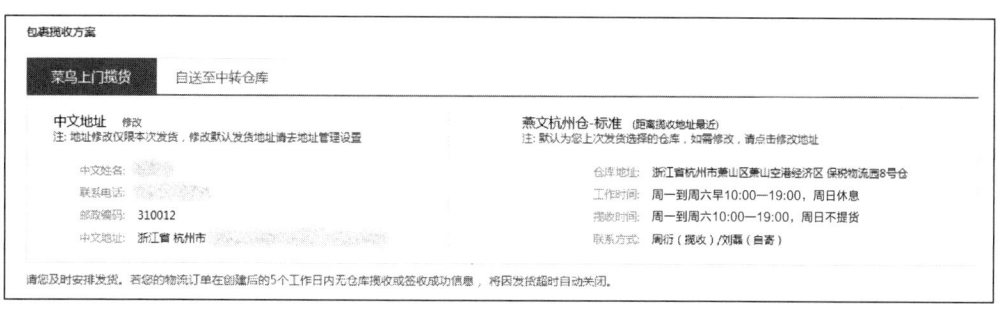

图 3.5.8　线上发货物流订单的上门揽收信息

卖家也可以自送或通过快递公司将包裹送至所选定的物流中转仓库。通过快递公司寄送包裹的，需要填写快递单号，如图 3.5.9 所示。物流中转仓库可以点击"修改"进行选择。

图 3.5.9　线上发货物流订单的自送信息

对于被退回的包裹，卖家需要提供退货收件地址。部分物流渠道提供海外无法投递的包裹退回服务，卖家可以选择退回（付费）或销毁（免费），如图 3.5.10 所示。对于货值较高的商品，卖家可以选择退回。卖家在完成操作后，点击"提交发货"创建物流订单。

图 3.5.10　线上发货物流订单的退货地址

物流订单创建成功后，卖家可以点击"打印发货标签"生成发货标签，如图 3.5.11 所示。如果需要重新创建物流订单，那么先点击"申请取消"取消当前物流订单，再重新创建物流订单。

图 3.5.11　线上发货物流订单操作

将打印出来的发货标签粘贴在包裹上——这只是物流中转仓库使用的揽收标签，如图 3.5.12 所示。仓库在收到包裹后会打印并粘贴正式面单。

选择"自送至中转仓库"的包裹需要在规定时间内被送到物流中转仓库，否则物流订单将自动关闭。在送出包裹后，卖家应在物流订单操作页面点击"填写发货通知"，在新页面填写货运跟踪号等，选择"全部发货"并提交，如图 3.5.13 所示。如果一个订单分多个包裹发出，那么只有当最后一个包裹送出时，才能选择"全部发货"，否则只能选择"部分发货"。

如果卖家未在交货时间内将货物发出并填写有效货运跟踪号，那么订单会自动关闭，订单款项将会退回给买家。这种情况称为"发货超时"，属于卖家"成交不卖"行为，该行为在速卖通平台属于违规行为。当判定卖家"成交不卖"后，平台将根据违规的严重程度，按照速卖通卖家"成交不卖"行为规范对卖家进行处罚。

图 3.5.12　线上发货的发货标签

图 3.5.13　填写发货通知

（四）交易完成

在卖家将包裹交给物流服务商后，物流服务商会将货物运输到目的国家，并派送给买家。卖家接下来要做的就是做好物流的跟踪，若货物已被签收，则可以联系买家确认收货。

买家在收到货物之后确认没有问题，就会进行确认签收；如果有问题，就联系卖家申请售后。当买家签收后，订单处理基本完成。买卖双方可以在 30 天内给对方做出评价，并获得相应的评价积分，超过 30 天将无法再评价。

二、特殊订单处理

卖家在发布商品后，订单就可能接踵而至，但是当卖家去查看后台订单的时候，经常会看到一些订单处于等待买家付款或买家申请取消的状态，或者遇到买家发起申诉的订单，以及一些等待买家评价的订单等。

（一）等待买家付款的订单

1. 买家拍下但未付款的原因分析

买家拍下但未付款的原因比较多，可能有以下几种情况：买家拍下后，由于无法及时联系卖家对细节进行确认导致未付款；拍下后，买家发现运费过高，从而导致未付款；买家下单后还需要对同类商品进行比较，因此未付款；新手买家第一次下单，在付款过程中遇到问题从而导致未付款。针对以上原因，卖家可以采取以下应对措施。

（1）当订单生成后，卖家可以给买家发站内信或邮件，及时和买家进行沟通，了解买家未付款的原因，并力争促成订单支付。

（2）卖家根据买家对价格、运费等方面的感受，及时调整，即给予折扣，让商品的综合实力更具竞争力。

（3）卖家也可以优化展示商品，提供商品的细节图片、细节材质描述，让买家对商品质量有更深的认识。

（4）如果买家在支付过程中遇到困难，那么，卖家可以主动帮助买家解决支付问题，也可以针对不同地区的支付方式做一个支付流程图，方便买家解决问题。

（5）卖家可以对自己的商品进行简单介绍，提高买家信任度，增强购买欲望。

（6）在卖家主动沟通 24 小时后，如果买家仍未付款，也未给予任何回复，那么卖家可以考虑主动调整价格。

2. 调整价格

等待买家付款订单为买家已经下单，但是还没付款成功的订单。若买家在订单生成后 20 天内不付款，平台将会自动关闭订单。卖家可以通过订单详情查看买家剩余付款时间。如果买家要求卖家调整价格，那么，在买家未付款之前，经双方协商，达成一致意见后，卖家选择需要修改折扣的订单，点击"调整价格"，如图 3.5.14 所示，进入订单详情页面，对折扣信息进行修改，如图 3.5.15 所示。如果买家已经付款，卖家则无法再调整交易价格。

图 3.5.14　点击"调整价格"

图 3.5.15　调整价格

（二）买家申请取消订单

卖家有时也会遇到买家取消订单的情况。买家可以取消未支付的订单，也可以取消已支付的订单。

1. 取消未支付的订单

买家取消未支付的订单的原因很多，卖家可以参考前文未支付的原因及应对措施。未支付订单的取消不需要经卖家同意，同时这类订单的取消对卖家的店铺没有影响。

2. 取消已支付的订单

买家取消已支付的订单的原因也很多。针对买家取消已支付的订单，平台有不同的惩罚措施。属于卖家的原因包括但不限于：上涨订单价格，不回复买家咨询，备货期不满足买家期望值，无法使用买家选择的物流方式发货和商品缺货。若买家选择卖家原因类型，那么此订单会涉及"成交不卖"，对店铺的评分会产生影响。

（三）异常物流订单

1. 异常物流订单产生的原因

异常物流订单是卖家运营店铺过程中必然会遇到的订单状态，卖家可以在后台的订单栏查询到异常物流订单的内容。选择经济类物流和标准类物流两类物流的订单中常会出现异常物流订单。异常物流订单产生的原因如下。

（1）取消的物流订单。

这属于订单物流拦截失败，即卖家未能及时拦截包裹并退回，导致包裹被寄送出去的情况。针对这类情况，卖家可咨询物流在线客服人员，通过反馈的物流单号等信息，请求客服人员进行下一步拦截处理。

（2）长时间等待分配物流单号。

卖家申报的重量和体积超过寄送限制、政治局势不稳定导致线路关闭、申报的商品属于违禁品等，这几种情况都会导致物流单号分配不下来。

（3）无法创建物流订单。

卖家店铺存在未扣款的订单导致无法创建物流订单。在这种情况下，卖家可查看平台绑定的国际或国内支付宝，若支付宝账户没有余额则需要进行充值，若余额足够则需要咨询菜鸟在线客服。另外，卖家申请的物流渠道非买家选择的也会导致无法创建物流订单。例如，无忧物流的使用前提是买家选择了菜鸟无忧物流，若买家没有选择菜鸟无忧物流，则无法创建菜鸟无忧物流的订单。

2. 异常物流订单的物流处理

卖家在后台国际小包订单处能查看到正常状态订单、异常状态订单和可操作订单。其中，异常状态订单主要包括仓库揽收失败订单、仓库签收失败订单、入库失败订单、出库失败订单、交航/交寄失败订单、关闭中订单及已关闭订单。

（1）仓库揽收失败/签收失败订单。

仓库揽收失败订单指自创建物流订单 48 小时内物流服务商未成功揽收到包裹，平台会给卖家推送揽收失败的信息。仓库签收失败订单指仓库未及时扫描订单入库，平台会给卖家反馈签收失败的信息。

（2）入库/出库失败订单。

入库失败订单指订单包裹实际的体积、重量或商品属性不符合寄送条件，无法扫描入库的订单。平台会给卖家反馈失败信息。出库失败订单指因为邮编等信息错误，系统无法分拣的订单。

（3）交航/交寄失败（安检不成功）订单。

交航/交寄失败（安检不成功）的原因通常有订单包裹涉及国家安全物品、涉及航空安全物品、涉及危害毒品、涉及仿牌等。针对交航/交寄失败的订单，卖家可以在线发起"费用类问题"投诉,在投诉类型处选择"费用争议"。投诉成功后,物流服务商将费用退回。卖家需注意的是,中国邮政挂号小包较为特殊,收寄之后不退运费。

(4)关闭中订单。

自卖家创建物流订单成功后的 7 个工作日,若一直没有揽收成功或签收成功的物流信息,该物流订单会被平台关闭。因物流订单超时而显示"订单关闭处理中"状态的订单,卖家不可以再交货给物流服务商。若卖家已经将包裹寄给物流服务商,被揽收或寄出的包裹仍会被正常处理。

(5)已关闭订单。

因物流订单超时而显示"订单已关闭"状态的,卖家不可以再交货给物流服务商,已经被揽收或寄出的包裹,仓库收到后会联系卖家退回。

(四)买家发起申诉的订单

在运输过程中,如果买家提交退款申请,那么订单会进入纠纷阶段。此时,卖家可与买家进行协商,必要时需要平台介入。

1. 买家提交退款申请

买家提交退款申请的原因可能是未收到货和货不对版。未收到货的原因包括货物仍然在运输途中、运单号无法查询到物流信息、包裹丢失、包裹退回、发错地址等。货不对版的具体情况为描述不符、货物短装、货物破损、不能正常使用等。

买家提交退款申请的有效期:在卖家填写货运跟踪号以后,根据不同的物流方式,买家可以在不同的期限内提起退款申请。具体来讲,使用商业快递发货的,提交退款申请的有效期是第 6 天到第 23 天;使用 EMS/顺丰发货的,提交退款申请的有效期是第 6 天到第 27 天;使用航空包裹发货的,提交退款申请的有效期是第 6 天到第 39 天。

在买家的订单详情页中,买家可以看到"Open Dispute 开启纠纷",点击即可提交退款申请。当买家提交退款申请时纠纷即产生。当买家提交退款申请后,纠纷订单便会显示在卖家后台。

2. 买卖双方进行协商

买卖双方可以针对退款申请进行协商解决,在协商阶段平台不介入处理。

(1)当买家提交退款申请后,需要卖家的确认,卖家可以选择同意纠纷内容进入纠纷解决阶段,也可以拒绝纠纷内容与买家做进一步协商。

(2)如果卖家在接近 30 天的时间内没有收到退货或收到的退货货不对版,就可以提交至平台进行纠纷裁决。平台会在 2 个工作日内介入处理。卖家可以在投诉举报平台查看纠纷状态及进行响应。在平台裁决期间,卖家可以撤销纠纷裁决。

本章小结

1. 速卖通平台可设置的店铺类型分别是官方店、专卖店和专营店。
2. 速卖通平台将商品按照不同类型分为二十几个大类,如服装服饰、箱包鞋类、珠宝手表、美容个护、3C 数码等。除个别经营大类外,每个店铺只能申请一个经营大类。

3．速卖通平台的运费模板中主要包含经济类、简易类、标准类和快速类等物流方案。新手卖家可以选择平台设置的"新手运费模板"，但是按照标准运费向买家收取运费并不太适合速卖通平台买家，所以大部分卖家会对运费模板进行自定义设置。

4．搜索作弊指卖家针对平台搜索排序规则，通过作弊骗取曝光机会、排名靠前的行为。对于搜索作弊，速卖通平台会进行日常的监控和处理，及时清理作弊的商品。处理手段包括使商品的排名靠后、商品不参与排名或隐藏该商品；对于作弊行为严重或屡犯的卖家，平台会给予店铺一段时间内整体排名靠后或不参与排名的处罚，对于特别严重者，甚至会关闭账号，进行清退。

5．在速卖通卖家后台，卖家可以自主设置单品折扣、满减活动、店铺code（新版）和互动活动等。

6．除了店铺活动，直通车是速卖通平台站内推广的有效手段，联盟营销是众多卖家都会使用的站外推广的主要手段。

7．一般来说，速卖通卖家后台的订单状态会经历买家下单、买家付款、卖家发货和交易完成四个阶段。

本章习题

一、思考题

1．注册速卖通店铺需要提交哪些资料？
2．简要介绍商品发布的基本流程。
3．商品的标题一般由哪几部分构成？
4．填写商品销售属性时需要注意什么？
5．王先生开通店铺后，想找渠道引流，但不知道速卖通有什么引流渠道。你有什么渠道推荐呢？
6．买家下单了，但是一直没有付款。对此，卖家需要马上备货吗？
7．订单处理的流程是怎样的？
8．假设你在一家速卖通男鞋店铺担任售前客服。有一天，你收到一位俄罗斯买家发来的消息，询问店铺中的某款商品能不能降价，你会如何应对？

二、实训题

1．在1688平台挑选一款适合速卖通平台销售的商品，完成商品发布流程，包括商品标题和关键词的填写、添加主图、商品销售属性填写、商品详情等相关信息的填写。
2．在速卖通卖家后台完成无忧物流-标准服务的自定义运费模板设置。
3．为所发布的商品设置单品折扣和满减活动。
4．对所发布的商品进行直通车快捷推广。
5．为所发布的商品设置联盟营销。

第四章　亚马逊平台运营

【学习目标】

1. 知识目标
- 了解亚马逊平台入驻基本流程。
- 掌握亚马逊物流政策及解决方案。
- 掌握商品刊登和订单处理的基本流程。
- 掌握亚马逊站内广告的基本知识。
- 掌握亚马逊促销的基本知识。

2. 能力目标
- 掌握亚马逊卖家账户申请与基础设置的步骤。
- 掌握亚马逊物流的基础设置。
- 掌握商品刊登的基本方法。
- 掌握订单处理的基本方法。
- 掌握亚马逊站内广告投放的基本方法。
- 掌握亚马逊促销设置的基本方法。

第一节　亚马逊账户注册与基础设置

一、注册准备

在注册亚马逊账户前，卖家需要先按照要求准备好资料。申请企业入驻通道的卖家必须提供的资料如表 4.1.1 所示。目前，中国卖家已经不能以个人身份注册。亚马逊可以接受有营业执照的个体工商户，但对于个体工商户的营业执照有经营范围的添加要求。

表 4.1.1　申请企业入驻通道的卖家必须提供的资料

中国企业卖家	具体要求
商业文件	（1）须由中国大陆或中国香港或中国台湾出具； （2）中国大陆：营业执照；中国香港：公司注册说明书和商业登记条例；中国台湾：有限公司设立登记表/股份有限公司设立登记表/有限公司变更登记表/股份有限公司设立变更表； （3）须为原件的彩色扫描件或原相机拍摄的照片（要求四边、四角齐全）； （4）须在有效期内（距离过期时间超过 45 天）； （5）如果是新注册的，建议通过国家企业信用信息公示系统查询，若得到再注册； （6）商业文件建议类型：贸易类、科技类、电商类

续表

中国企业卖家	具体要求
法定代表人身份证明	（1）身份证件上的姓名必须与商业文件上法定代表人及注册的亚马逊账户上的姓名完全一致； （2）必须由中国大陆或中国香港或中国台湾出具； （3）须为彩色扫描件或原相机拍摄的照片（要求四边、四角齐全）； （4）须在有效期内
付款信用卡	（1）可进行国际付款的信用卡（VISA 或 MasterCard，首选 VISA）； （2）须确认开通了销售国币种的支付功能，比如开通美国站就要用能支付美金的信用卡； （3）需准备好付款信用卡的账单地址（注册时要填写）； （4）需确认信用卡尚未过期并具有充足的信用额度，且对网购或邮购付款没有任何限制
收款账户	用于接收付款的银行账户，有以下方式可供选择（三选一）： （1）亚马逊全球收款：使用人民币接收全球付款并直接存入卖家的国内银行账户，银行地址选择中国； （2）使用海外或中国香港地区的有效银行账户，用当地货币接收亚马逊销售款； （3）第三方存款账户：使用参加"支付服务商计划"的支付服务商提供的银行账户（如 Payoneer、WorldFirst、PingPong 等），且银行地址选择支付服务商开立的银行账户所在国家
注册邮箱	须为新注册的，没有在亚马逊平台用过的邮箱（最好是其他平台均未使用的）
联系方式	正确联系人的电子邮箱地址、联系人的电话号码（建议填写法定代表人的电话号码）和公司的地址、联系电话

二、注册流程

根据 2021 年亚马逊开店注册流程，新卖家只需一次注册即可快速开通亚马逊北美站点、欧洲站点、日本站点和澳大利亚站点等 13 个热门站点店铺。这里以注册亚马逊北美站点为例介绍账户的详细注册流程。

（一）卖家账户的注册

1. 开始注册

打开亚马逊全球开店首页，如图 4.1.1 所示，点击右上方的"前往站点注册"，选择北美站点注册，跳出图 4.1.2（a）所示的页面。

图 4.1.1　亚马逊全球开店首页

2. 输入姓名和邮箱地址

在图 4.1.2（a）所示的页面中点击下方的"创建您的 Amazon 账户"，进入图 4.1.2（b）所示的页面，分别输入姓名（一般为法定代表人的姓名）、卖家联系用的邮箱地址和密码。点击"下一步"后，亚马逊平台将向注册邮箱发送含验证码的邮件。

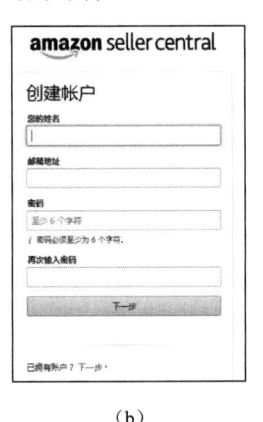

（a） （b）

图 4.1.2　创建账户①

3. 验证邮箱

打开注册邮箱收取邮件，如图 4.1.3（a）所示；先将收到的验证码输入亚马逊验证页面中，如图 4.1.3（b）所示，然后点击"Create your Amazon account（创建您的亚马逊账户）"，进入图 4.1.4 所示的页面。

（a） （b）

图 4.1.3　验证邮箱

（二）填写公司及店铺相关信息

1. 设置公司地址、业务类型和名称

先在"公司地址"处选择公司所在的国家或地区（中国大陆卖家就选择"中国"），根据公司的实际情况选择业务类型，然后用拼音填写公司名称（即商业文件上公司名称的拼音）和中文名称，最后点击"同意并继续"。若提示公司名称过长，建议使用拼音全小写，不要有空格；如果超出最大输入限制，请尽量填写公司名称的主要部分。

---

① 软件图中"帐户"的正确写法应为"账户"。

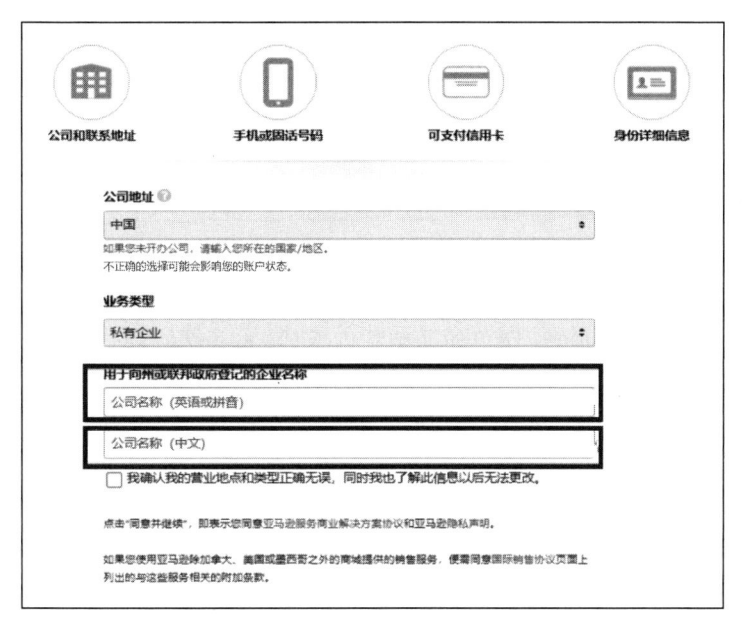

图 4.1.4　设置公司地址、业务类型和名称

2. 填写公司信息

卖家在图 4.1.5 所示的页面中依次输入公司的相关信息。一旦验证完成，就将无法退回至本步骤修改信息，因此，卖家在填写过程中要特别注意以下几点。

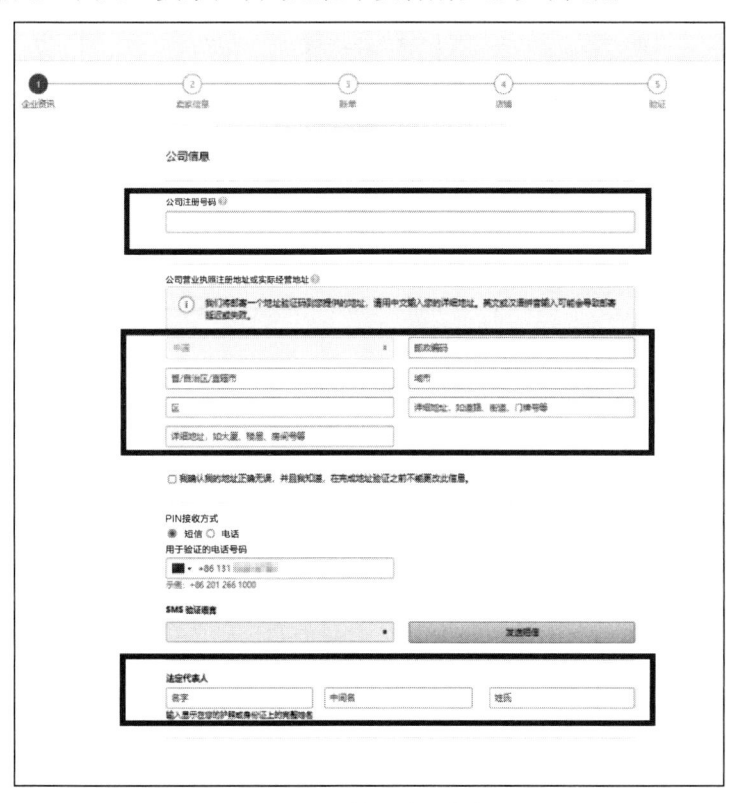

图 4.1.5　输入公司信息

（1）公司注册号码须与商业文件上的相同。

（2）地址填写栏可以填写公司商业文件注册地址，也可以填写公司的实际经营地址；地址应详细到门牌号，填写时请使用中文。

（3）PIN（Personal Identification Number，个人身份识别码）接收方式是指用哪种方式进行验证，可以选择短信或电话。输入电话号码时，需要在电话号码旁边的下拉框中选择公司所在的国家或地区。

（4）如果选择短信验证，就会收到短信，输入短信验证码即可。如果选择电话验证，图 4.1.5 所示的页面上就会显示验证码，同时会自动拨打过来语音电话，请接起电话，输入验证码进行验证。若验证码正确，网页会显示验证成功；若 3 次验证不成功，则需要等待 1 小时才可以重新验证。

（5）填写公司法定代表人的姓名的拼音，若没有中间名，则不填写中间名。例如，王小平，名字：Xiaoping；姓氏：Wang；中间名，不填写。

等所有信息输入完毕，且已通过短信或电话验证，点击"下一页"进入下一步。

3．填写卖家个人信息

接下来进入"个人信息"页面，需要进一步完善账户所属公司的法定代表人的个人信息，如图 4.1.6 所示。

图 4.1.6　卖家"个人信息"页面

（1）选择国籍后（中国大陆卖家选择"中国"），依次输入或选择出生地、出生日期、身份证的编码和有效期、身份证的签发国，以及身份证上显示的名称（名称可以是中文）。

（2）居住地址如果和页面上默认的公司地址不一样，可以点击"+添加其他地址"来添加新的地址。

（3）如果法定代表人的手机号码和页面上默认的手机号码不一样，可以点击"+添加新的手机号码"来添加新的手机号码。需要注意的是，新添加的手机号码也需要通过短信或电话进行验证。

（4）勾选"是企业的受益所有人"和"是企业的法定代表人"。

受益所有人信息（Beneficial Owner Information）：受益所有人必须是公司所有人或管理者，即直接或间接拥有公司25%及以上股份，或者对业务发展有决定权，或者以其他形式对公司行使管理权的自然人或公司。人数必须与实际情况相符，其信息将有可能被验证。

如果受益所有人只有法定代表人一个，就在"我已新增该公司所有的受益所有人"下方选择"是"，否则就选择"否"。如果选择"否"，就需要输入其他受益所有人的信息。

4. 输入银行存款账户信息

接下来要输入银行存款账户信息，如图4.1.7所示，输入时请注意以下几点。

图 4.1.7　输入银行账户

（1）使用亚马逊全球收款：使用人民币接收全球付款并直接存入卖家的国内银行账户，银行地址选择中国。

（2）使用海外或中国香港地区的有效银行账户，用当地货币接收亚马逊的销售款：这种方式需要选择银行地址为账户所属国家和地区，并填写银行账户信息。

（3）使用参加"支付服务商计划"的支付服务商提供的银行账户：选择银行地址为支付服务商开立给卖家的银行账户所在国家，并填入银行账户信息。

5. 输入信用卡信息

接下来需要填写信用卡号、到期日、持卡人姓名、收费地址，如图4.1.8所示。卖家在输入信用卡信息时需要注意以下几点。

（1）要求使用可以进行国际付款的信用卡，否则会提示不符合要求。

（2）检查默认地址信息是否与信用卡账单地址信息相同。如果不同，点击"+添加新地址"，使用英文或拼音填写新的地址信息。注意：如果填写的信用卡收费地址与卖家在银行填写的账单寄送地址不一致，则可能导致注册失败。

（3）信用卡持卡人与账户注册人无须为同一人；公司账户亦可使用个人信用卡（欧洲信用卡信息建议使用法定代表人/受益所有人所属信用卡）。

（4）在注册完成后及账户运营过程中，卖家可随时更改信用卡信息，但频繁更改可能触发账户审核，建议更换前咨询。

（5）在账户结算时，若卖家账户结余不足以抵扣相关款项，亚马逊则会从这张信用卡中扣除每月月费或其他销售费用，如 FBA 费用。

图 4.1.8　账单信息

6. 填写店铺信息

接下来填写店铺信息，包括店铺名称，以及商品编码和品牌的一些信息，如图 4.1.9 所示。强烈建议使用英文填写店铺名称。

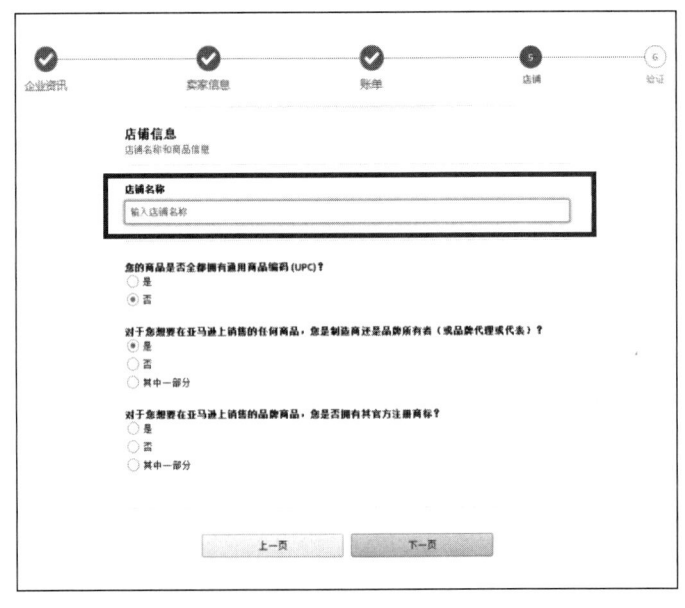

图 4.1.9　店铺信息

（三）进行身份和地址验证

1. 提交身份验证文件

因为公司及法定代表人的信息都已经填过，所以在身份验证这个环节卖家只需要上传法定代表人身份证的正反面及公司商业文件的照片，如图 4.1.10 所示，上传成功后点击"提交"。

图 4.1.10　身份验证

2. 身份验证和地址验证

（1）身份验证。

接下来进入"身份验证"页面，卖家可以选择"即时视频通话"或"预约视频通话"，如图 4.1.11 所示。卖家在选择"即时视频通话"后立即开始排队等候接通与亚马逊员工的视频通话，无须预约。卖家也可以选择"预约视频通话"，预约一个时间进行视频通话。亚马逊要求最好是法定代表人参加视频通话，非法定代表人必须获得公司的授权才能代表法定代表人行事，且必须携带公司法定代表人的有效身份证件（由政府签发且带有照片的）、本人的有效身份证件（由政府签发且带有照片的），以及安装了 Alipay 应用的智能手机或平板电脑。与此同时，亚马逊将通过"住房津贴查询"或"社会保障查询"确认卖家名称是否和注册账户关联的公司相符。

图 4.1.11　视频通话验证

①即时视频通话。

在选择了"即时视频通话"的方式之后出现"指南"，请仔细阅读选项并勾选，如图 4.1.12 所示，确认后点击"下一步"进行即时视频通话。

图 4.1.12　勾选指南

卖家在确保资料已经准备齐全后，可以点击"加入通话"，如图 4.1.13 所示；系统开始检查设备兼容性，如图 4.1.14 所示，检查完成后卖家开始排队等候，如图 4.1.15 所示。排队过程中请勿关闭浏览器，否则将失去队列中的位置，请提前做好准备并耐心等待。

图 4.1.13　加入通话

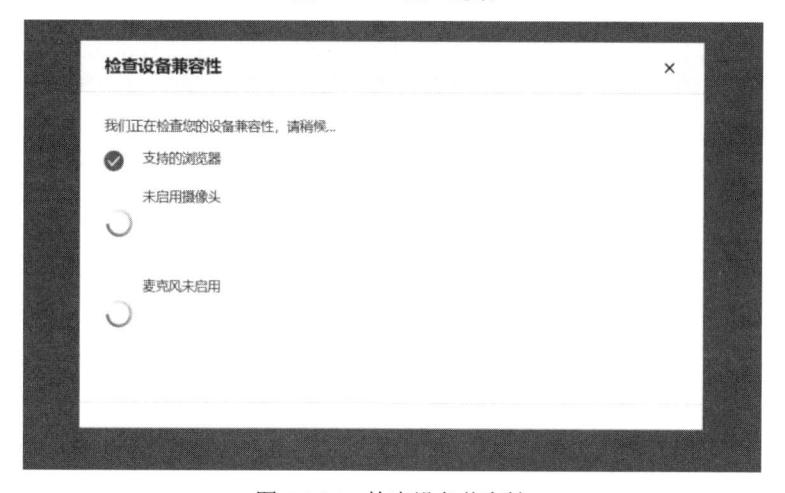

图 4.1.14　检查设备兼容性

图 4.1.15　排队等候

②预约视频通话。

具体操作：选择"预约视频通话"，点击"下一步"，选择一个时间，并单击"下一步"确认视频通话验证预约，如图 4.1.16 所示。预约完成后，卖家将在 24 小时内收到一封包含更多详情的电子邮件（卖家也可以取消或更改预约）。卖家要在预约时间点击"加入视频通话"进行视频通话验证。

若相关人员错过了预约时间而未能出席，则可以根据提示重新预约。

（2）地址验证。

除身份验证外，亚马逊会根据填写的地址邮寄一张包含一次性密码的明信片来进行地址验证。在卖家完成视频通话预约后，明信片和相关说明将在 5~8 个工作日被寄到卖家的邮寄地址。如果长时间未收到，卖家可以选择"请求新的一次性密码"，亚马逊将重寄一张新的明信片。

图 4.1.16　预约视频通话验证

完成实时视频通话验证后，等待审核结果。卖家可以通过邮件或登录卖家后台（Seller Central）查看身份验证结果，如果看到图 4.1.17（a）所示的页面，就意味着卖家的身份验证已经通过，并且开通了北美站点、欧洲站点、日本站点和澳大利亚站点的卖家账户，可以根据实际运营需求进入相应的站点进行相关销售。在卖家后台，如果要切换至其他站点，可以在图 4.1.17（b）所示页面右上角的站点选择框中点击下拉菜单选择目标站点。

（a）

（b）

图 4.1.17　完成卖家身份验证

（四）启用两步验证

新注册的账户还需要启用两步验证来进行保护，点击图 4.1.18 所示的"启用两步验证"开始验证。

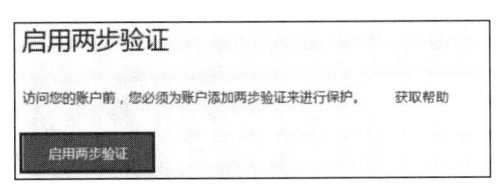

图 4.1.18　启用两步验证

方法 1：选择图 4.1.19（a）所示的电话号码，填写手机号码（建议使用法定代表人的）；查收验证码并输入，如图 4.1.19（b）所示。

方法 2：选择图 4.1.20（a）所示的认证器应用程序，并下载"Authenticator"；根据图 4.1.20（b）所示的步骤完成验证。

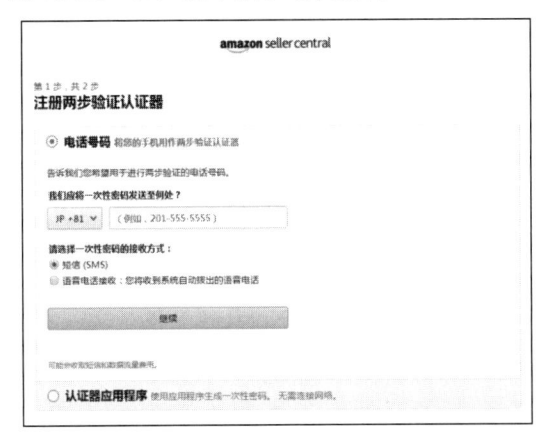

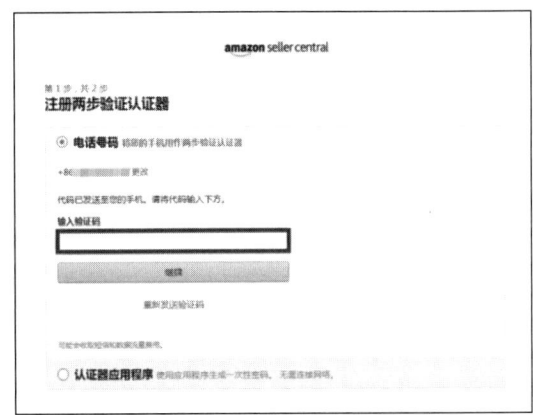

（a）　　　　　　　　　　　　　　（b）

图 4.1.19　电话号码验证

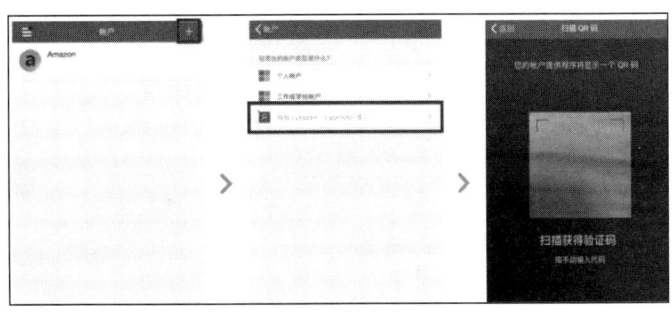

（a）　　　　　　　　　　　　　　（b）

图 4.1.20　认证器应用程序验证

（五）进行税务审核

亚马逊还要求卖家提供纳税身份信息进行税务审核，如图 4.1.21 所示，否则买家将看不到卖家发布的任何商品。卖家根据系统提示完成即可。

图 4.1.21　提供纳税身份信息

第二节　亚马逊物流

一、发货方式

对于亚马逊第三方卖家来说，发货方式主要有 FMB/MFN 和 FBA。不同的发货方式有各自的优劣势，卖家可选择适合自己的发货方式。

（一）FBM/MFN

FBM（Fulfillment By Merchant）或 MFN（Merchant Fulfillment Network）都是卖家自配送（自发货）的简称，是指卖家自己配送在亚马逊销售的订单，从库存管理、包装、配送、客户服务到退换货管理等一系列流程都由卖家自行负责。FBM/MFN 的发货流程如图 4.2.1 所示。卖家既可以选择直接从中国发货，将商品配送给目的国的买家；也可以先将商品运输至海外仓，再从海外仓发货，将商品配送给目的国的买家。

图 4.2.1　FBM/MFN 的发货流程

1. 国内自发货

国内自发货要求卖家在国内不仅有货源渠道，还有跨境配送的渠道，在买家下单后，卖家把国内的商品通过国际快件等形式直接送到国外买家的手中。

（1）优势。

国内自发货的库存由卖家自己管理。卖家自己管理库存，可以及时控制库存量，加快库存周转，减少资金占用，库存风险可控，库存压力较小。此外，发货渠道选择多，操作更灵活。卖家自配送，可以选择的渠道有国际小包（包括平邮、挂号）、国际专线小包、国际快递、海运等方式。卖家可根据自己货品的特点和买家的需求选择最合适的发货渠道——在控制物流费用的同时满足买家的需求。

（2）劣势。

国内自发货的劣势也比较明显——发货周期长。从下单至到达国外买家手中，所需的时间周期较长（不可控因素较多），一般是15～20天。由于这种发货方式会影响亚马逊买家的购物体验，因此使用该方式的卖家越来越少。

2. 海外仓自发货

海外仓自发货（海外仓储服务），卖家提前将货物存储在海外仓库，当买家下单后，由海外仓库第一时间做出响应，及时进行货物的分拣、包装及递送。

（1）优势。

从海外直接发货给当地买家，送货更快。海外仓配备专业的管理人员，具有更好的仓储管理经验，这样处理订单更加方便，实现了自动化批量处理订单。库存管理及盘点更加清晰，系统自动显示当前销量及剩余库存，每个订单的物流成本一目了然。此外，海外仓自动高效的退货处理流程也是一大优势。由于各种原因导致客户退货，直接退到海外仓库即可，免去了国内国外来回双清的成本，以及时效和弃货等各方面损失。

（2）劣势。

使用海外仓发货也存在一些问题：一方面，海外仓储要求有一定的库存来进行销售，但并不是所有的商品都适合做海外仓储；另一方面，长期把货物放在海外仓库，仓储成本较高，建议卖家在销售旺季使用海外仓储服务。

（二）FBA

FBA是卖家在亚马逊开启跨境业务的优选物流方案。卖家将商品发送至亚马逊运营中心，由亚马逊帮助卖家存储商品，当商品售出后，同样由亚马逊负责完成分拣、包装、配送等，如图4.2.2所示。

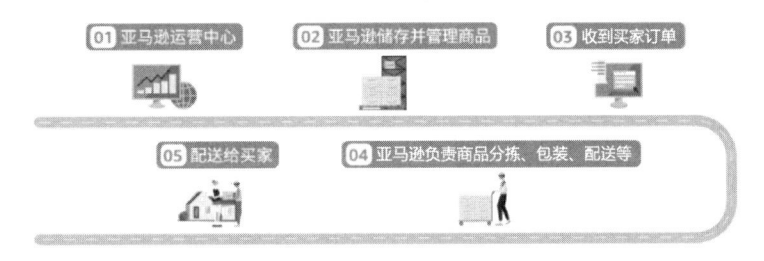

图4.2.2 FBA物流流程

1. 优势

卖家通过FBA发货可以提高Listing排名，帮助卖家成为特色卖家和抢夺购物车，增强买家对店铺的信任度，提高销售额。另外，亚马逊仓库遍布全世界，智能化管理，配送超快，通过FBA发货的商品享有7×24小时亚马逊的专业客服。

2. 劣势

卖家通过FBA发货也有一些不足之处。其一，仓库处理的灵活性差，费用相对较高，也不会为卖家的头程物流提供清关服务。其二，亚马逊客服人员直接模板化处理客诉订单，可能影响用户体验，造成退货率的上升。

二、FBA头程物流的主要流程

从卖家到亚马逊仓库之间的物流通常称为FBA头程物流。商品从卖家手中一路被配送至亚马逊仓库一般包含以下几个重点工作。

（一）国内打包

亚马逊仓库接收卖家的货物有自己的要求。卖家需要在发货至亚马逊仓库前进行打包，打包的时候要遵守亚马逊的要求，否则有被拒收的可能。商品拥有唯一的条形码且对应唯一一类商品，同时外部的条形码和标签清晰可扫描。除此以外，如果是散装商品，要求每个商品（包括多册图书套装）都必须单独、牢固地包装。亚马逊不接收需要亚马逊组装多个零件的商品（如把手和支腿单独包装但作为一个商品出售的手推车）。未采用安全包装的商品（如宽袖筒或口袋）需要采用袋装式包装，或者使用非黏性胶带或可移除胶带加以固定。无论鞋靴材质如何，均须采用鞋盒或带窒息警告的聚乙烯塑料袋包装，确保不会暴露鞋靴材质。

卖家在打包商品时需要使用多种标签。

（1）FNSKU（Fulfillment Network Stock Keeping Unit，物流服务商品编码）标签：类似每类商品的唯一ID，不同批次的同款商品的FNSKU是不变的，不同变体（如型号及颜色）则对应不同的FNSKU。在做完发货计划后，卖家可以下载FNSKU标签，贴在每个产品上面。

（2）Made in China（中国制造）标签：清关保险起见，无论寄往哪个国家，都要在每个商品上贴Made in China标签。

（3）FBA外箱标签：做完发货计划后，可以下载，贴在大箱外。

（4）箱唛：可以通过货运公司生成，也可以自己编辑，说明每个外箱里面有多少件货，这个外箱是总外箱的第几箱等信息。

（5）透明计划标签：如有申请透明计划，需要打印并粘贴在包装上。

（6）超重/机械升降标签：参考FBA对尺寸的要求。

（二）FBA头程物流选择

头程物流处理过程复杂，会涉及清关、缴纳关税等多方面的事务。不同物流方式的运费不同、发货时效也不同，而不同的物流服务商提供的服务也良莠不齐。通常可供卖家选择的FBA头程物流有商业快递、空运和海运。

1. 商业快递

商业快递主要指四大国际快递（DHL、UPS、FedEx和TNT）。商业快递时效快、服务好，但运费单价也比较高。

2. 空运

空运也叫空加派（空运加派送）、空运专线等，指一些物流公司自行和航空公司签合同，以租位的方式，将货物运到目的地机场，经由物流服务商在本地的合作伙伴将货物送至亚马逊仓库的服务。相对于商业快递来说，空运的时效稍慢，但运费比商业快递低。

3. 海运

（1）拼箱：英文全称 Less Container Load，简称 LCL，指发货人托运的货物为不足整箱的小票货，通过代理人（或承运人）分类整理货物，把发往同一目的地的货物集中到一定数量拼装入箱。

（2）整箱：英文全称 Full Container Load，简称 FCL，指整箱货物仅有一个发货人，由发货人来负责装箱、计数、积载并加以铅封的货运方式。

选择拼箱或整箱需要根据托运货物的体积而定。海运标准集装箱的最小柜型为 20 英尺的，若托运的货物体积小于 20m³，建议使用拼箱运输；若大于 20m³，建议使用整箱运输。

无论是采用拼箱还是采用整箱的方式发货，运费都会远远低于商业快递和空运。海运发货方式的不足之处在于发货时效比较差。以美国为例，海运一般需要 25~40 天，再加上到港后的清关和尾程派送，需要的时间就更长了，这对卖家的资金周转是非常大的考验。

（三）亚马逊全球物流服务

亚马逊全球物流（Amazon's Global Logistics，AGL）服务为选择亚马逊物流的卖家提供稳定、高效、便捷的跨境海、空运官方头程物流服务，可以帮助卖家将商品发往目的国的亚马逊运营中心。目前已开通的站点涵盖美国站点、欧洲站点（英国、德国、法国、意大利、西班牙）及日本站点。

AGL 与亚马逊卖家后台对接，通过卖家后台提供一站式服务，包括货件操作管理、关务文件线上化操作、全链条货件透明追踪和锁仓服务等。此外，AGL 还推出了有存货抢先起步计划、直飞美西包机等多项计划，助力选择亚马逊物流的卖家快速补充库存，同时协助卖家处理进出口关务。卖家需在发/补货前确保已经准备好所需材料，以使运输过程顺畅。

三、FBA 发货

使用 FBA 发货主要包含四个步骤：FBA 注册，创建 Listing，设置为 FBA 发货；在后台创建发货计划；将货物发至 FBA 仓储中心；当买家下单后，亚马逊仓储中心会自动提供货物的分拣、打包、配送、收款、客服和售后处理等相关服务。这里重点介绍 FBA 注册、创建发货计划的具体流程，以及 FBA 配送和仓储费用等。

（一）FBA 注册

（1）点击亚马逊后台"设置"下拉列表中的"账户信息"，如图 4.2.3 所示，如果还未注册，勾选"Fulfillment by Amazon"后点击"注册"进行注册。

（2）卖家在亚马逊上传一个新的 Listing，系统默认这个 Listing 为卖家自配送（买家下单后，卖家直接从中国发货到买家手上）。如果想要亚马逊代发货，卖家可在后台选择"编辑"—"转换为'亚马逊配送'"，如图 4.2.4 所示。

（3）选择配送计划为"FBA"，如图 4.2.5 所示。

（4）设置条形码类型。亚马逊物流要求条形码能被扫描仪清晰读取，且为唯一正确的条形码，建议使用亚马逊条形码。

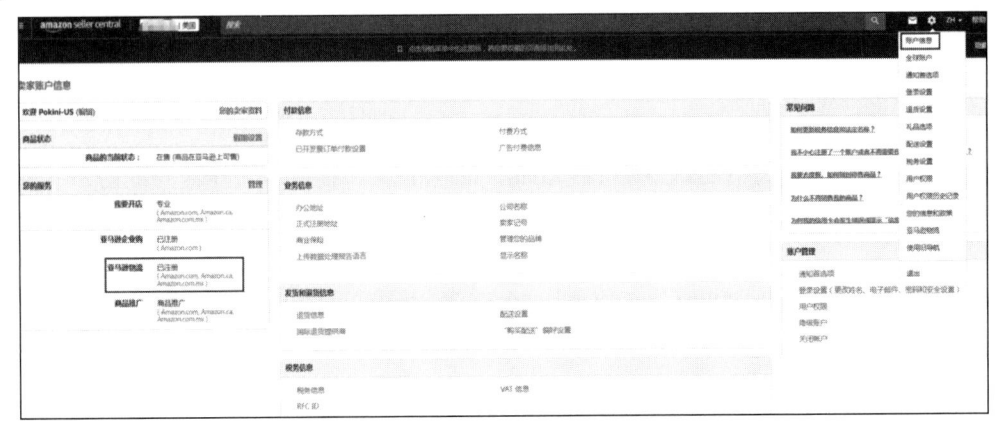

图 4.2.3　卖家账户信息

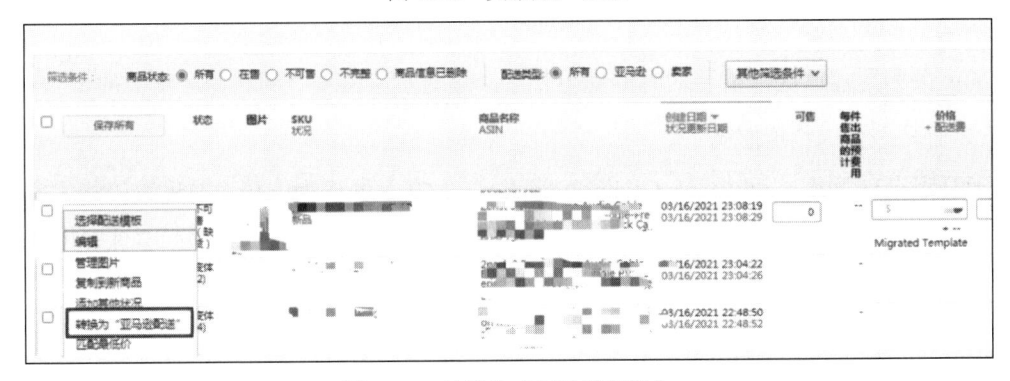

图 4.2.4　转换为"亚马逊配送"

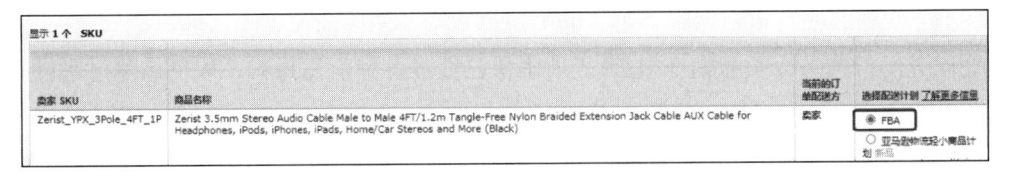

图 4.2.5　选择配送计划"FBA"

（5）如果还没发货计划，点击"只转换"；如果已经有发货计划，点击"转换并发送库存"（建议先点击"只转换"，然后添加危险品信息）。危险品存在于多种消费品分类中，包括个护用品（如易燃香氛）、食品（如含气溶胶的烹饪喷雾）、家居用品（如腐蚀性浴室清洁剂）及使用电池的商品（如手机）。它不包括可能会以危险的方式使用的刀具、尖锐的商品、重型商品或其他商品。这里按照实际情况勾选，如图 4.2.6 所示，点击"提交"—"保存并继续"。这样就完成了 FBA 设置。

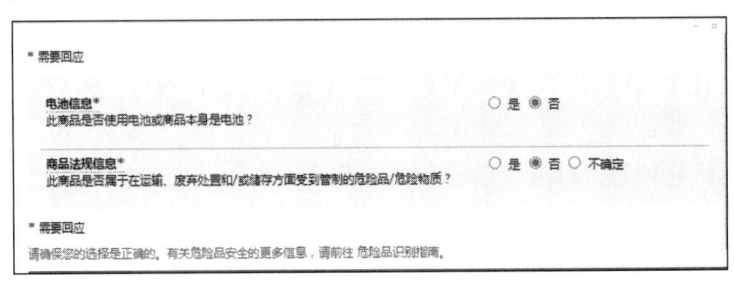

图 4.2.6　添加危险品信息

（二）创建发货计划

不同的站点及创建发货计划时所做的选择不同，创建发货计划的步骤可能有所不同，下面以美国站点为例展示创建发货计划的步骤。卖家在日常创建货件时，经常会遇到的情况包括为单一 SKU 发/补货、同时为多个 SKU 发/补货和使用文件批量上传发/补货的商品。登录亚马逊卖家后台，在"库存"模块中选择"管理所有库存"，如图 4.2.7 所示；选择要发送至亚马逊的商品，如图 4.2.8 所示，点击"发/补货"，进入图 4.2.9 所示的 Send to Amazon（发送至亚马逊）页面。

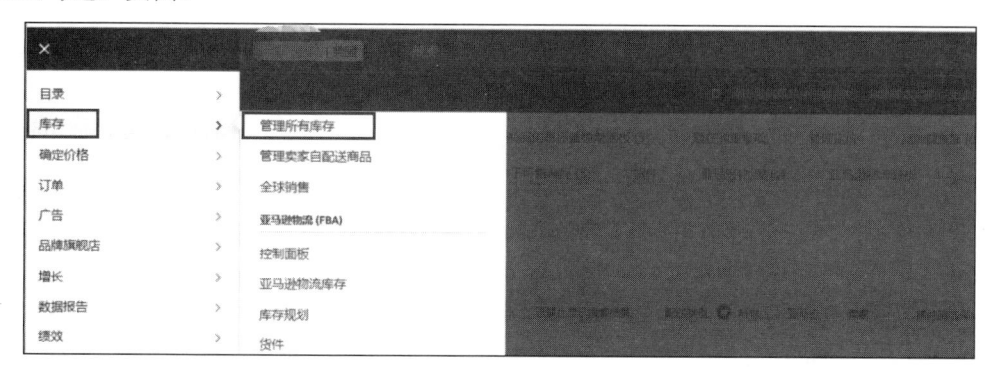

图 4.2.7　管理所有库存

图 4.2.8　点击"发/补货"

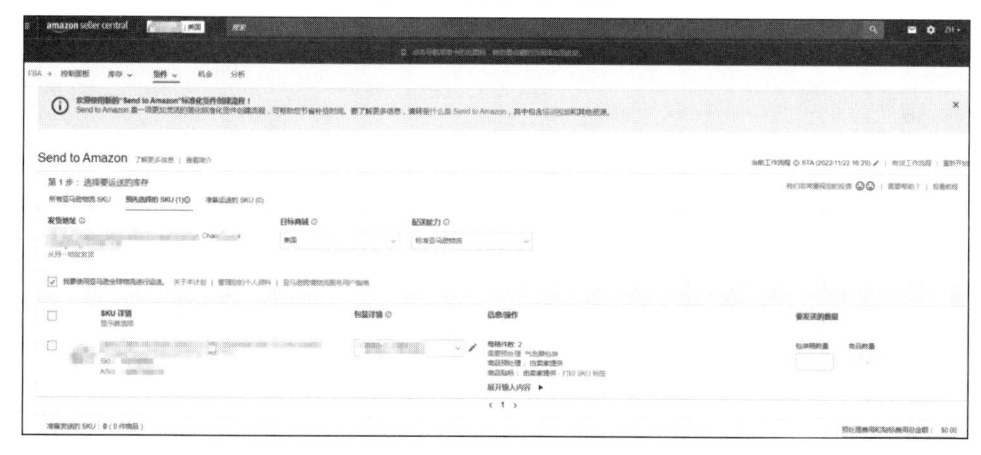

图 4.2.9　Send to Amazon 页面

1. 为单一 SKU 发/补货

第 1 步：选择要运送的库存。卖家需要在该步骤中明确的内容如图 4.2.10 所示。

图 4.2.10　选择要运送的库存

（1）设置 SKU 选择方法。

SKU 选择方法有两种：其一可以从列表中选择，也就是从页面下方的"SKU 详情"中选择要发送入仓的商品；其二可以通过"文件上传"，也就是使用模板文件批量上传要发送入仓的商品。

（2）设置发货地址。

（3）选择目标商城。

发货地址和目标商城的选择都很简单，此处介绍一下 SKU 选择方法，重点讲解"为单一 SKU 发/补货"。

从 SKU 详情列表中直接选择要发送入仓的商品（关于使用文件上传的方法，会在后面进行讲解）

如果卖家仅选择了为一个 SKU 发/补货，并且每次为所选的 SKU 创建货件使用的包装箱配置相同，如每箱件数、包装箱尺寸、包装箱重量、商品预处理方和商品贴标方信息，则建议卖家创建可重复使用的装箱模板，如图 4.2.11 所示，日后卖家再为该 SKU 补货时，无须每次重新输入这些信息，可以节省时间。

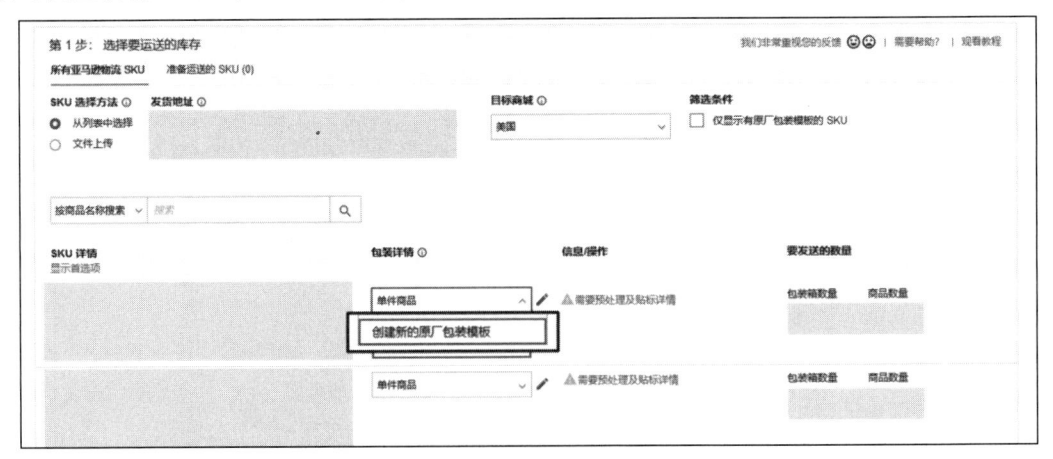

图 4.2.11　创建装箱模板

卖家在弹出窗口填写相应信息即可，如图 4.2.12 所示。新卖家也可以点击右上角的"观看教程"来了解更多操作方法。

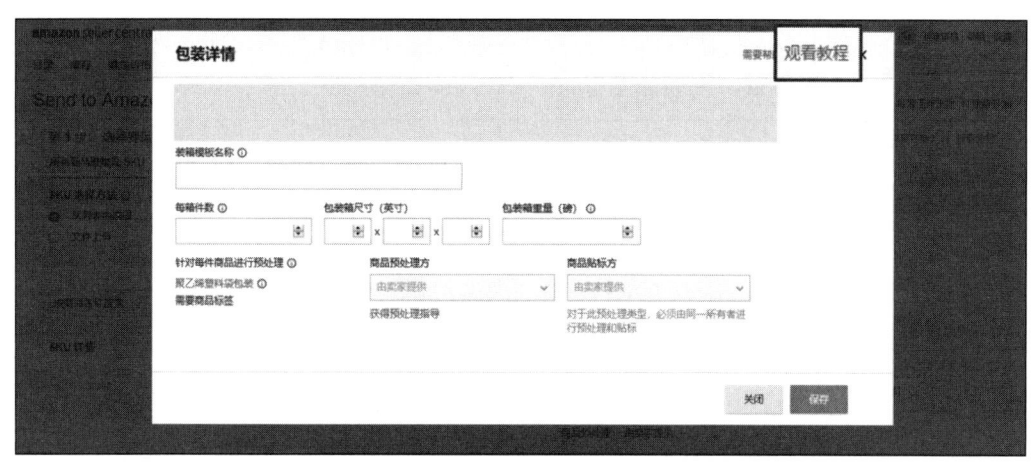

图 4.2.12　填写包装信息

在页面中输入"包装箱数量",如图 4.2.13 所示,点击"准备发货",打印 SKU 标签;将页面拉到底部,点击"核对准备运送的 SKU",可以再次检查相关信息,或者直接点击"确认并继续",跳转至下一步。

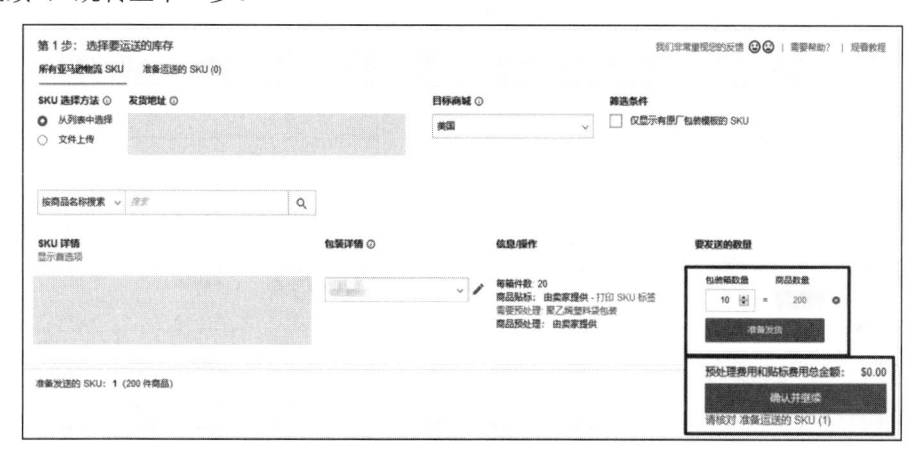

图 4.2.13　输入包装箱数量

如果卖家不想使用包装模板,就可以直接点击图 4.2.14 所示的铅笔符号,在弹出窗口中确认商品包装详情,点击"保存"。

图 4.2.14　用其他方式确认包装详情

首先在页面右侧输入商品数量，点击"准备包装"，如图 4.2.15 所示，然后点击"打印 SKU 标签"，输入标签数量，为商品贴标。

图 4.2.15　商品贴标页面

卖家通过这种方式选择要发送至亚马逊的商品，并设置包装详情，会比创建装箱模板多一步操作——将页面拉到底部，点击"核对准备运送的 SKU"，或者直接点击"确认并继续"，跳转至第 1b 步，如图 4.2.16 所示。卖家需要在此步骤中填写包装信息，告诉亚马逊，在此前选择的所有入仓的商品是都被装入同一包装箱中，还是被装入多个包装箱。卖家可以参考此页面中的详细介绍，或者点击右上角的"观看教程"，了解详细操作指导。

图 4.2.16　包装单件商品

第 2 步：确认发货。

在这步操作中，卖家需要按照提示填写发货日期、运送方式等信息，如图 4.2.17 所示。其中，发货日期指卖家将库存交给承运人的日期，填写此日期可帮助亚马逊运营中心提前安排，准备接收卖家的库存。对于运送方式，卖家可根据实际需求情况选择"小包裹快递"或"汽运零担"（汽运零担在"同时为多个 SKU 发/补货"中介绍）。

亚马逊合作承运人适用于目的国当地的入库运输，如果卖家的商品从目的国当地（如海外仓）发货，则可以选择使用亚马逊合作承运人。如果从中国发货，运往目的国的亚马逊运营中心，那么需要选择非亚马逊合作承运人，如图 4.2.18 所示。卖家在操作过程中有任何疑问，都可以点击右上角的"观看教程"获取详细操作指导。

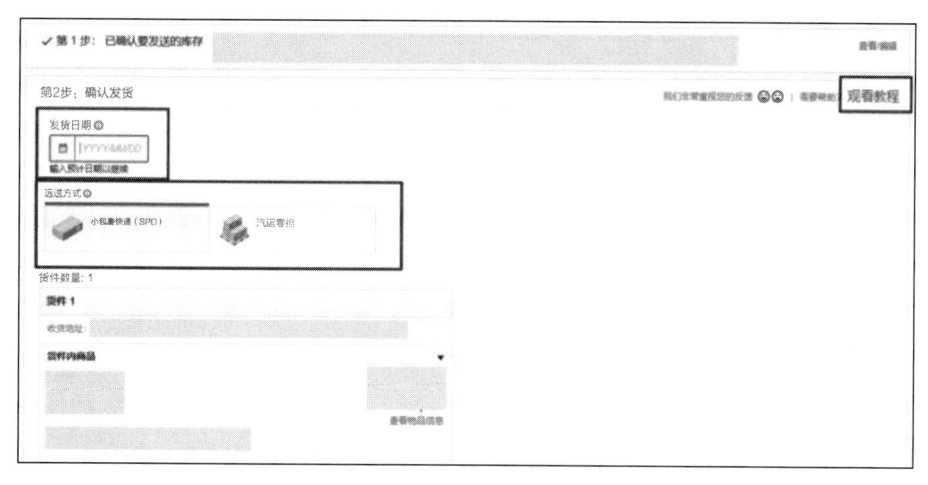

图 4.2.17　确认发货页面

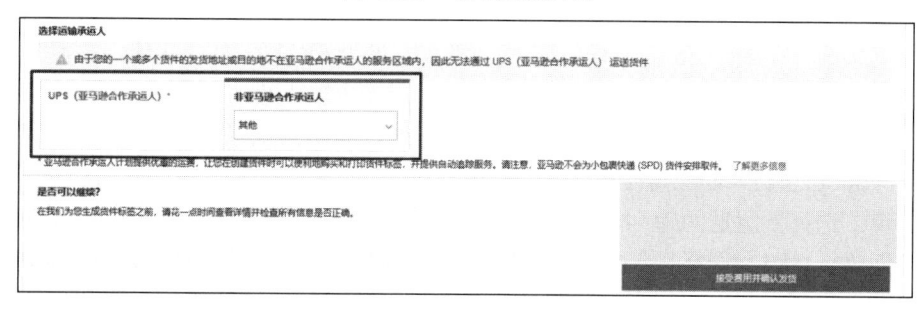

图 4.2.18　选择运输承运人

第 3 步：打印包装箱标签。

假设卖家在第 2 步中选择的运送方式是"小包裹快递"，那么在第 3 步中，也就是最后一步操作中，需要选择标签纸类型及大小，点击"打印"，如图 4.2.19 所示。卖家接下来要做的是为每个包装箱贴上正确的亚马逊物流包装箱编号标签；与承运人协调，为包装箱创建承运人货件标签；将包装箱交给承运人，并全部标记为已发货；点击右下方的"转到'货件处理进度'"，跳转至图 4.2.20 所示的页面；提供承运人给卖家的追踪编码——这有助于亚马逊运营中心将货件接收速度提高 30%，并让商品更快上架销售。

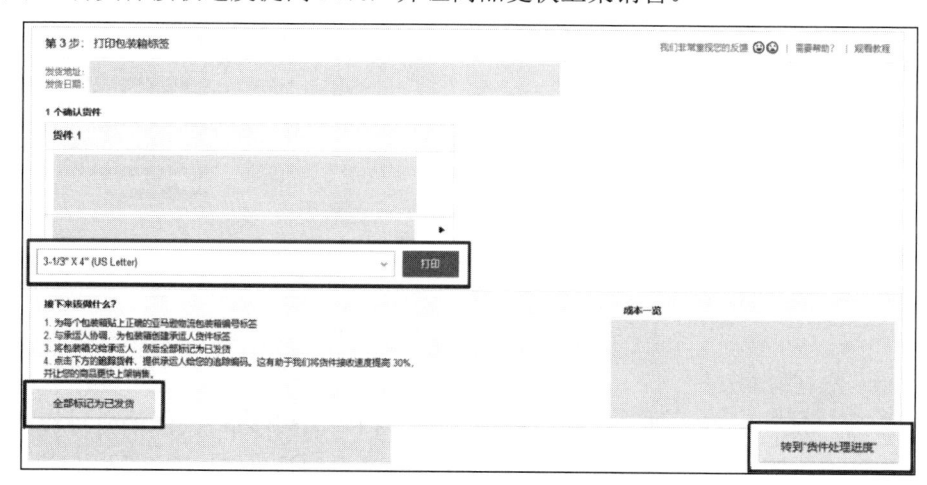

图 4.2.19　打印包装箱标签

图 4.2.20　货件处理进度页面

2. 同时为多个 SKU 发/补货

如果卖家选择了多个 SKU 进行发/补货,那么与单个 SKU 发/补货相比,二者有所差异:一方面需要卖家提供箱内物品信息;另一方面,在运送方式上也有所差异,如果选择汽运零担,那么在完成上述操作后,还需要进行第 4 步操作,即确认承运人和托拍信息,并打印托拍标签(Pallet Label),贴在每个托拍上。

第 1 步:选择要运送的库存。

与"为单一 SKU 发/补货"的操作相同,卖家为每个 SKU 填写包装详情后,跳转至包装详情页面,为所有要入仓的商品填写包装信息。

第 1b 步:包装单件商品。

假设卖家选择了 5 个 SKU 发送入仓,则应选择"需要多个包装箱",如图 4.2.21 所示。对于"如何提供箱内物品信息",如图 4.2.22 所示,卖家以文件的形式批量上传,或者请亚马逊人工处理箱内物品信息(收费服务)。如果选择文件上传,则需要填写包装箱数量,点击"生成 Excel 文件";按照 Excel 文件里的说明进行填写,点击"上传并验证文件"即可。

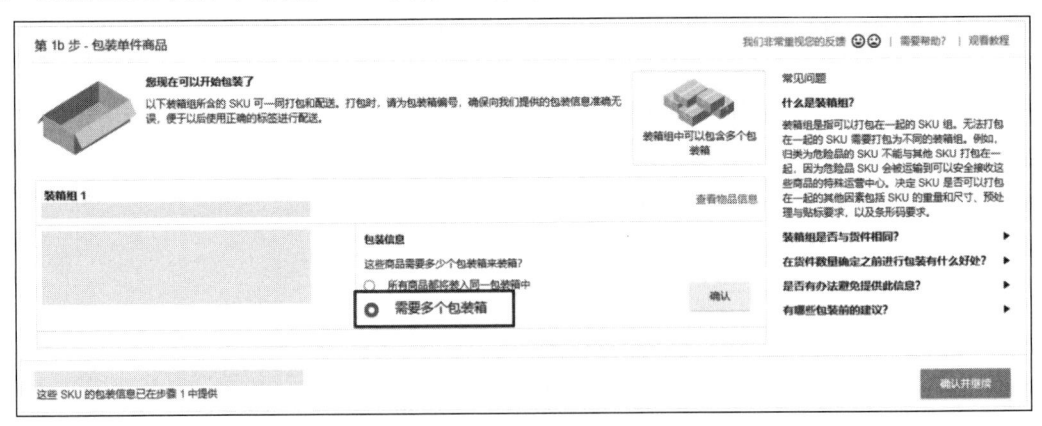

图 4.2.21　包装单件商品 1

第 2 步:确认发货。

该步骤与"为单一 SKU 发/补货"的操作相同,但考虑到多个 SKU 的发货数量及包装箱数量可能较多,所以在此步操作中,我们假设卖家选择的是"汽运零担"的运送方式。

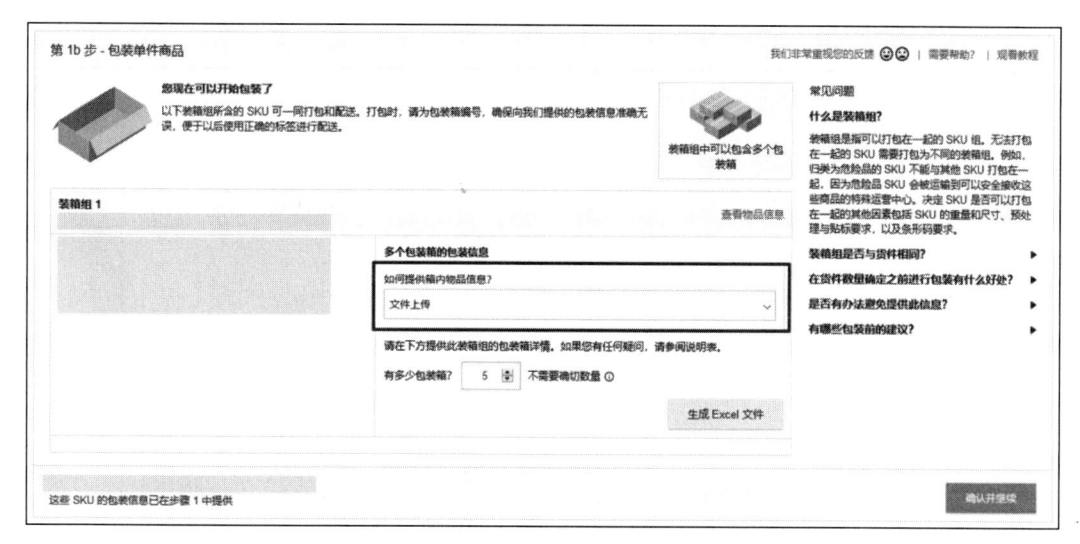

图 4.2.22　包装单件商品 2

第 3 步：打印包装箱标签。

页面中会有清晰的提示，提醒卖家此处打印的标签是贴在包装箱外的标签。具体的操作步骤与"为单一 SKU 发/补货"相同，如图 4.2.23 所示。如有疑问，可以点击页面右上角的"观看教程"获取详细的操作指导。

图 4.2.23　打印包装箱标签

第 4 步：确认承运人和托拍信息。

如前文所述，亚马逊合作承运人适用于目的国当地的入库运输，假设卖家的商品储存在目的国当地的海外仓，直接从海外仓发货，那么可以选择使用亚马逊合作承运人。如果不从目的国当地发货，则需要选择非亚马逊合作承运人，并按照页面上的提示填写托拍数量、打印托拍标签、提供具体的承运人，如图 4.2.24 所示。

接下来，卖家需要在托拍的四个侧面各贴一个标签，而对于单一 SKU 的托拍，需要额外贴上一个颜色醒目的单一 SKU 标签。之后的操作与"为单一 SKU 发/补货"相同，此处不再赘述。

图 4.2.24　确认承运人和托拍信息

3. 使用文件批量上传发/补货的商品

如果卖家使用模板文件批量上传要运送的库存，在第 1 步操作的"SKU 选择方法"中，点击"文件上传"，页面中会有清晰的操作步骤指引，如图 4.2.25 所示，按照提示进行操作即可。后续的操作步骤由卖家上传的 SKU 数量和包装详情决定，操作与"为单一 SKU 发/补货"和"同时为多个 SKU 发/补货"相似，不再赘述。如在操作过程中遇到问题，每一步操作的右上角都有一个"观看教程"，可点击观看相应视频获取详细的操作指导。

图 4.2.25　批量上传发/补货的商品

（三）"发送至亚马逊"常见问题解答

（1）问：是否可以修改 SKU 或数量？

答：卖家可以在确认发货之前修改 SKU 数量，但是如果这样做的话，配置目的地可能发生变化。一旦确认发货，卖家将无法向货件添加新的 SKU，但亚马逊允许在一定限制内编辑现有 SKU 数量。如果卖家需要进行超出限制的更改，则必须取消工作流程中的所有货件，并重新设置。

（2）问：我的货件中的商品会发往多个亚马逊运营中心吗？

答：为了让卖家的库存距离买家更近，缩短订单的配送时间，亚马逊可能将卖家的货件中的商品发送到多个目的地。亚马逊会参考卖家的装箱模板，不对单个箱子内的物品进行拆分。

（3）问：卖家如何取消货件？

答：卖家可以点击页面底部的"取消货件和费用"来取消货件。

（4）问：在货件创建后，卖家可以向货件中添加或从中移除箱子吗？

答：在点击"完成货件"之前，卖家可以对货件的数量进行小幅度调整，调整的范围只能是货件数量的5%或6件。如果想要向货件添加更多商品或新商品，则必须复制货件或创建新的货件。

（四）分仓与合仓

1. 分仓

物流设置的默认选择是分布式库存配置，俗称"分仓"。在创建入库计划后，卖家的货件可能被拆分为多个货件，每个货件被发往不同的亚马逊运营中心。亚马逊将根据卖家要配送的商品和发货地来选择亚马逊运营中心，将库存分配到全国的多个亚马逊运营中心，让买家可以更快地收到商品。根据亚马逊官方公布的消息，服装、鞋靴、珠宝首饰、媒介类商品和大件商品被分仓的可能性比较大。

对于分仓的货件，亚马逊本身不会额外收取费用，但是分仓会导致头程费用升高，也会增加管理库存的难度。

2. 合仓

合仓后台物流设置的选项是"库存配置选项"，也就是"合仓"，如图4.2.26所示，将所有符合条件的库存发送到同一个亚马逊运营中心，货件抵达后，亚马逊将对货件进行拆分并将其发往不同的亚马逊运营中心，此项服务按件收取费用。

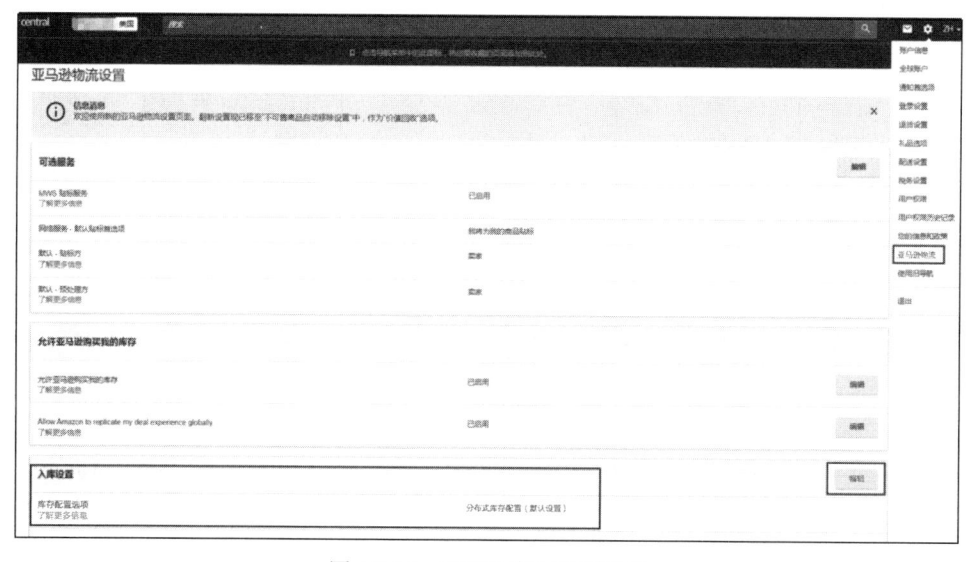

图4.2.26 亚马逊库存配置选项

建议卖家在设置合仓或分仓前，结合自身的实际情况，在计算清楚选择哪个更划算后再进行选择。

（五）FBA 相关费用及原则

通常，不同的商品会有不同的尺寸收费标准。FBA 配送的费用如表 4.2.1 和表 4.2.2 所示。根据商品的不同，在包装的时候可以尽可能地降低包装的体积重量，从而减少卖家所需支付的 FBA 配送费用。

表 4.2.1　FBA 配送的费用（服装类商品除外）

尺寸分段	2022 年配送费用[1]			尺寸分段	2023 年配送费用[2]	
	发货重量	旺季配送费用（每个商品）	非旺季配送费用（每个商品）		发货重量	每个商品的配送费用
小号标准尺寸	不超过 6 盎司	3.28 美元	3.07 美元	小号标准尺寸	不超过 4 盎司	3.22 美元
	6 至 12 盎司（不含 6 盎司）	3.43 美元	3.22 美元		4 至 8 盎司（不含 4 盎司）	3.40 美元
	12 至 16 盎司（不含 12 盎司）	3.98 美元	3.77 美元		8 至 12 盎司（不含 8 盎司）	3.58 美元
					12 至 16 盎司（不含 12 盎司）	3.77 美元
大号标准尺寸	不超过 6 盎司	4.03 美元	3.72 美元	大号标准尺寸	不超过 4 盎司	3.86 美元
	6 至 12 盎司（不含 6 盎司）	4.27 美元	3.96 美元		4 至 8 盎司（不含 4 盎司）	4.08 美元
	12 至 16 盎司（不含 12 盎司）	5.06 美元	4.75 美元		8 至 12 盎司（不含 8 盎司）	4.24 美元
	1 磅至 2 磅（不含 1 磅）	5.71 美元	5.40 美元		12 至 16 盎司（不含 12 盎司）	4.75 美元
	2 磅至 3 磅（不含 2 磅）	6.60 美元	6.08 美元		1 磅至 1.5 磅（不含 1 磅）	5.40 美元
	3 磅至 20 磅（不含 3 磅）	6.96 美元+0.32 美元/磅×超出首重 3 磅的部分	6.44 美元+0.32 美元/磅×超出 3 磅的部分		1.5 磅至 2 磅（不含 1.5 磅）	5.69 美元
					2 磅至 2.5 磅（不含 2 磅）	6.10 美元
					2.5 磅至 3 磅（不含 2.5 磅）	6.39 美元
					3 磅至 20 磅（不含 3 磅）	7.17 美元+0.16 美元/磅×超出 3 磅的部分
小号大件	不超过 70 磅	10.44 美元+0.40 美元/磅×超出首重的部分	9.39 美元+0.40 美元/磅×超出首重的部分	小号大件[3]	不超过 70 磅	9.73 美元+0.42 美元/磅×超出首重的部分
中号大件	不超过 150 磅	15.99 美元+0.46 美元/磅×超出首重的部分	13.37 美元+0.46 美元/磅×超出首重的部分	中号大件[3]	不超过 150 磅	19.05 美元+0.42 美元/磅×超出首重的部分
大号大件	不超过 150 磅	89.33 美元+0.83 美元/磅×超出首重 90 磅的部分	86.71 美元+0.83 美元/磅×超出首重 90 磅的部分	大号大件[3]	不超过 150 磅	89.98 美元+0.83 美元/磅×超出首重 90 磅的部分

续表

尺寸分段	2022 年配送费用[1]			2023 年配送费用[2]		
	发货重量	旺季配送费用（每个商品）	非旺季配送费用（每个商品）	尺寸分段	发货重量	每个商品的配送费用
特殊大件	超过 150 磅	161.11 美元+0.83 美元/磅×超出首重 90 磅的部分	158.49 美元+0.83 美元/磅×超出首重 90 磅的部分	特殊大件[3]	超过 150 磅	158.49 美元+0.83 美元/磅×超出首重 90 磅的部分

注：1. 旺季配送费用于 2022 年 10 月 15 日至 2023 年 1 月 14 日期间收取，非旺季配送费用于 2023 年 1 月 15 日至 2023 年 1 月 16 日期间收取。

2. 自 2023 年 1 月 17 日起，亚马逊收取 5%的燃油和通货膨胀附加费。

表 4.2.2　服装类商品的 FBA 配送的费用

尺寸分段	2022 年配送费用			2023 年配送费用		
	发货重量	旺季配送费用（每个商品）	非旺季配送费用（每个商品）	尺寸分段	发货重量	每个商品的配送费用
小号标准尺寸	不超过 6 盎司	3.64 美元	3.43 美元	小号标准尺寸	不超过 4 盎司	3.43 美元
	6 至 12 盎司（不含 6 盎司）	3.81 美元	3.60 美元		4 至 8 盎司（不含 4 盎司）	3.58 美元
	12 至 16 盎司（不含 12 盎司）	4.36 美元	4.15 美元		8 至 12 盎司（不含 8 盎司）	3.87 美元
					12 至 16 盎司（不含 12 盎司）	4.15 美元
大号标准尺寸	不超过 6 盎司	4.75 美元	4.43 美元	大号标准尺寸	不超过 4 盎司	4.43 美元
	6 至 12 盎司（不含 6 盎司）	4.94 美元	4.62 美元		4 至 8 盎司（不含 4 盎司）	4.63 美元
	12 至 16 盎司（不含 12 盎司）	5.64 美元	5.32 美元		8 至 12 盎司（不含 8 盎司）	4.84 美元
	1 磅至 2 磅（不含 1 磅）	6.42 美元	6.10 美元		12 至 16 盎司（不含 12 盎司）	5.32 美元
	2 磅至 3 磅（不含 2 磅）	7.35 美元	6.83 美元		1 磅至 1.5 磅（不含 1 磅）	6.10 美元
	3 磅至 20 磅（不含 3 磅）	7.54 美元+0.32 美元/磅×超出 3 磅的部分	7.01 美元+0.32 美元/磅×超出 3 磅的部分		1.5 磅至 2 磅（不含 1.5 磅）	6.37 美元
					2 磅至 2.5 磅（不含 2 磅）	6.83 美元
					2.5 磅至 3 磅（不含 2.5 磅）	7.05 美元
					3 磅至 20 磅（不含 3 磅）	7.17 美元+0.16 美元/磅×超出 3 磅的部分

续表

2022 年配送费用				2023 年配送费用		
尺寸分段	发货重量	旺季配送费用（每个商品）	非旺季配送费用（每个商品）	尺寸分段	发货重量	每个商品的配送费用
小号大件	不超过 70 磅	10.44 美元+0.40 美元/磅×超出首重的部分	9.39 美元+0.40 美元/磅×超出首重的部分	小号大件	不超过 70 磅	9.73 美元+0.42 美元/磅×超出首重的部分
中号大件	不超过 150 磅	15.99 美元+0.46 美元/磅×超出首重的部分	13.37 美元+0.46 美元/磅×超出首重的部分	中号大件	不超过 150 磅	19.05 美元+0.42 美元/磅×超出首重的部分
大号大件	不超过 150 磅	89.33 美元+0.83 美元/磅×超出首重 90 磅的部分	86.71 美元+0.83 美元/磅×超出首重 90 磅的部分	大号大件	不超过 150 磅	89.98 美元+0.83 美元/磅×超出首重 90 磅的部分
特殊大件	超过 150 磅	161.11 美元+0.83 美元/磅×超出首重 90 磅的部分	158.49 美元+0.83 美元/磅×超出首重 90 磅的部分	特殊大件	超过 150 磅	158.49 美元+0.83 美元/磅×超出首重 90 磅的部分

《商品的尺寸分段表》如表 4.2.3 所示。

表 4.2.3　商品的尺寸分段表

商品尺寸分段	单件重量限制	最长边限制	次长边限制	最短边限制	"长度+周长" 限制
小号标准尺寸	16 盎司	15 英寸	12 英寸	0.75 英寸	不适用
大号标准尺寸	20 磅	18 英寸	14 英寸	8 英寸	不适用
小号大件	70 磅	60 英寸	30 英寸	不适用	130 英寸
中号大件	150 磅	108 英寸	不适用	不适用	130 英寸
大号大件	150 磅	108 英寸	不适用	不适用	165 英寸
特殊大件	超过 150 磅	超过 108 英寸	不适用	不适用	超过 165 英寸

除了 FBA 配送费用，亚马逊还会根据收费规则收取仓储费用（主要按月来收取仓储费和长期仓储费），具体的费用主要还是看商品的体积，以及存放在仓库的时间。

1. 月度库存仓储费

仓储费按照商品存放在仓储中心所占空间的日均体积（以立方英尺为单位）收取。一般来说，亚马逊会在每月的 7 日到 15 日之间收取上个月的月度库存仓储费。例如，如果卖家要查看 1 月的库存仓储费，那么可以参阅 2 月 7 日至 15 日交易信息的付款报告。

月度库存仓储费因商品的尺寸分段和一年中的不同时间而有所不同，如表 4.2.4 所示。

表 4.2.4　月度库存仓储费

2023 年 2 月 1 日前			2023 年 2 月 1 日后		
仓储月份	标准尺寸商品	大件商品	仓储月份	标准尺寸商品	大件商品
1 月~9 月	每立方英尺 0.83 美元	每立方英尺 0.53 美元	1 月~9 月	每立方英尺 0.87 美元	每立方英尺 0.56 美元
10 月~12 月	每立方英尺 2.40 美元	每立方英尺 1.20 美元	10 月~12 月	每立方英尺 2.40 美元	每立方英尺 1.40 美元

计算方法：根据长×宽×高（以英寸为单位）得出体积；用体积除以 1728 计算出以立方英尺为单位的体积。

2. 长期仓储费

对在亚马逊仓库放置时间过长的商品，亚马逊还会收取长期仓储费。

（1）长期仓储的库存定义和收费标准如表 4.2.5 所示。

表 4.2.5　长期仓储的库存定义和收费标准

2023 年 4 月 15 日之前							
库存评估日期	库龄介于 181~210 天	库龄介于 211~240 天	库龄介于 241~270 天	库龄介于 271~300 天	库龄介于 301~330 天	库龄介于 331~365 天	库龄达到或超过 365 天
每月（每月 15 日）	不适用	不适用	不适用	每立方英尺 1.50 美元	每立方英尺 1.50 美元	每立方英尺 1.50 美元	每立方英尺 6.90 美元或每个商品 0.15 美元（以较大者为准）
2023 年 4 月 15 日及之后							
库存评估日期	库龄介于 181~210 天	库龄介于 211~240 天	库龄介于 241~270 天	库龄介于 271~300 天	库龄介于 301~330 天	库龄介于 331~365 天	库龄达到或超过 365 天
每月（每月 15 日）	每立方英尺 0.50 美元（特定商品除外）	每立方英尺 3.80 美元（特定商品除外）	每立方英尺 3.80 美元（特定商品除外）	每立方英尺 3.80 美元	每立方英尺 4.00 美元	每立方英尺 4.20 美元	每立方英尺 6.90 美元或每个商品 0.15 美元（以较大者为准）

如何判断是否因冗余库存而产生了长期仓储费？有如下两种方式可以参考。

第一种：在卖家后台点击"库存"—"控制面板"，如图 4.2.27 所示；点击"减少超龄库存"，如图 4.2.28 所示（需要重点关注库龄、预计冗余商品数量、预计长期仓储费等相关数据）。

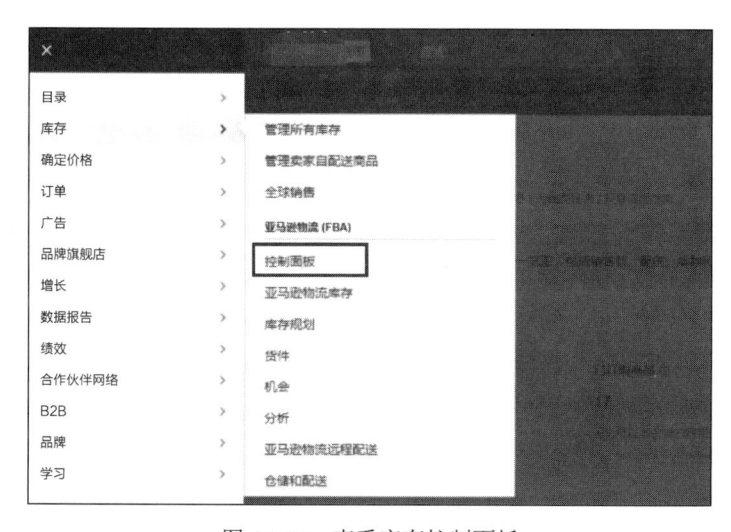

图 4.2.27　查看库存控制面板

(a)

(b)

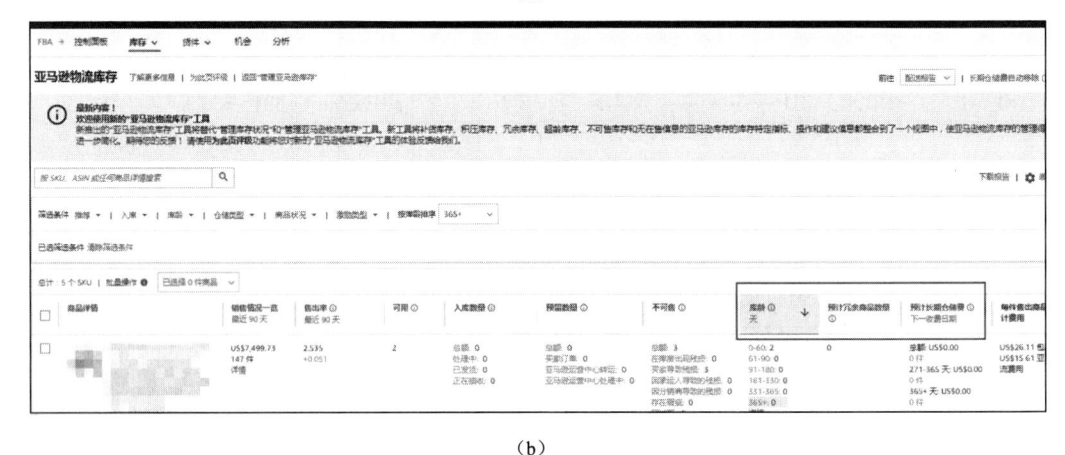

图 4.2.28 查看库存库龄

第二种：在卖家后台点击"数据报告"—"库存和销售报告"，在左边选项卡中找到"长期仓储费"，如图 4.2.29 所示，可以在线查看报告，也可以下载报告。

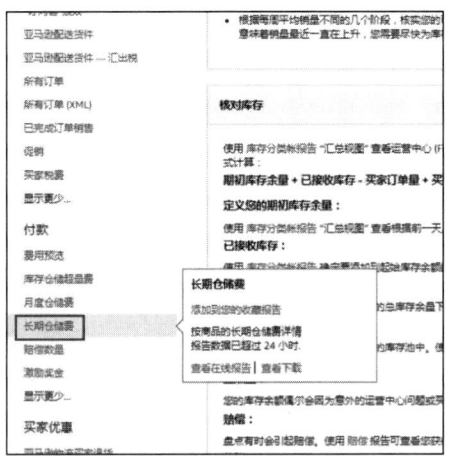

图 4.2.29 查看库存和销售报告

（2）避免产生长期仓储费的方法。

卖家主动管理超龄库存可避免产生长期仓储费。卖家可在下一个库存清点日之前移除超龄库存，具体操作如下。

① 提交移除订单。

如果在库存清点日之前提交了移除订单，那么这些库存将不产生长期仓储费，即使库存在清点日之前并未被实质性移除也并不影响。提交移除订单的截止时间为当月 14 日晚上 11:59（太平洋时间）。在亚马逊将移除的库存退还给卖家或弃置之前，不会向卖家收取移除订单费用。需注意，卖家在提交移除订单后，需要关注订单的状态，系统可能会根据商品的状况对提交的订单进行部分取消。

② 设置自动移除。

卖家可以根据每月 15 日生成的长期仓储费的相关报告，为需要支付长期仓储费的库存设置自动移除。卖家对指定移除的库存无须支付长期仓储费。要设置自动移除，卖家需要在卖家后台的"设置"菜单点击"亚马逊物流"找到"自动长期存储删除设置"。

3. 先进先出原则

亚马逊物流在整个配送网络中按照先进先出（First In First Out，FIFO）的原则计算库龄。无论实际配送或移除的是哪些商品，亚马逊物流都会从在配送网络内存放最久的库存中扣除售出或移除的商品。例如，运营中心员工取件并配送了最近才送达运营中心的商品，但亚马逊物流仍会从最早的有货库存中扣除该商品。

第三节　商品刊登和管理

一、刊登政策

（一）刊登品类的政策

在亚马逊上传商品必须确保其展示是合规的，因此，卖家在上传前需要了解对应商品在亚马逊上的销售政策。有些商品需要获得站点所属国家的商品标准化书面认证，有些商品的品类需要做分类审核。下面简单介绍产品认证及分类审核。

（二）常用产品认证类别

国际标准化组织（ISO）将产品认证定义为由第三方通过检验评定企业的质量管理体系和样品型式试验来确认企业的产品、过程或服务是否符合特定要求，是否具备持续稳定地生产符合标准要求产品的能力，并给予书面证明的程序。

随着亚马逊平台越来越完善，其平台规则也越来越多。买家在选择产品时，也会考虑到产品认证的事情。亚马逊不同站点有不同的认证类别，表 4.3.1 所示为北美站点的产品认证类别，表 4.3.2 所示为欧洲站点的产品认证类别。常见的认证有 FDA、FCC、CE、GS、RoHS 和 PSE 等。例如，CPC 认证是指儿童产品证书，但凡在亚马逊美国站点售卖的儿童产品和儿童玩具都必须提供儿童产品证书；FCC 认证是为了确保与生命、财产相关的无线电应用产品等的安全性。

表 4.3.1　北美站点的产品认证类别

Logo	认证类别	说明
FDA	FDA 认证	FDA 全称为"Food and Drug Administration"，即美国食品药品管理局，是美国政府在健康与人类服务部和公共卫生部中设立的执行机构之一

续表

Logo	认证类别	说明
CPC	CPC 认证	CPC 全称为"Children's Product Certificate",意为儿童产品证书
FCC	FCC 认证	FCC 全称为"Federal Communications Commission",是指美国联邦通信委员会。许多无线电应用产品、通信产品和数字产品要进入美国市场,都要有 FCC 的许可
Bluetooth	BQB 认证	BQB 全称为"Bluetooth Qualification Body",即蓝牙认证,是任何使用蓝牙无线技术的产品必须经过的证明程序
(DOT logo)	DOT 认证	DOT 即美国交通部,"US Department of Transportation"。DOT 认证是强制性认证,即所有在美国销售的机动车及配件都必须通过 DOT 认证,拥有 DOT 标志
IC	IC 认证	IC 全称为"Industry Canada",即加拿大工业部,规定了模拟和数字终端设备的检测标准

表 4.3.2　欧洲站点的产品认证类别

Logo	认证类别	说明
CE	CE 认证	CE 全称为"Conformite Europeenne",是一种安全认证标志,被视为制造商打开并进入欧洲市场的护照
RoHS	RoHS 认证	RoHS 全称为"Restriction of Hazardous Substance",是欧盟立法制定的一项强制性标准
ERP	ERP 认证	ERP 全称为"Energy Rrelated Products",即能源相关产品,是 CE 认证的能效认证部分
GS	GS 认证	GS 全称为"Geprufte Sicherheit",即欧洲市场公认的德国安全认证标志
E-mark	E-mark 认证	E-mark 即欧洲共同市场,对汽车及其安全零配件产品、噪音及废气等,均需依照欧盟法令与欧洲经济委员会法规的规定

亚马逊限制这些品类的销售,以确保卖家的产品满足质量要求、上线标准及品类的其他特殊要求。这些标准有助于增强买家从亚马逊购买产品的信心。

（三）常见商品分类及质量审批要求

对于某些商品分类,卖家在未获得亚马逊预先批准之前不得创建商品信息;在上传商品之前,卖家首先要找到其销售的品类,查看是否需要审核。这里以美国站点为例介绍常见商品分类及质量审批要求,如表 4.3.3 所示。

表 4.3.3 常见商品分类及质量审批要求（美国站点）

商品分类	允许的状况	是否需要批准	商品分类	允许的状况	是否需要批准
大家电	新品、二手商品、经认证的翻新品	否	手机和配件	新品、二手商品、经认证的翻新品	是
独立设计	新品	是	体育收藏品	收藏品、类似新品	是
工业与科学	新品、二手商品、经认证的翻新品	销售指南	玩具和游戏	新品、二手商品	在冬季、假日销售可能需要
母婴（服装除外）	新品	否，但假日销售可能需要	消费电子	新品、二手商品、经认证的翻新品	否，但特定商品可能需要
汽车用品	新品、二手商品、经认证的翻新品、收藏品	是	艺术品	新品（包括一手交易和二手交易艺术品）	是，但是限制新卖家的申请
软件	新品、二手商品	否，但特定商品可能需要	音乐	新品、二手商品、收藏品	销售指南
食品	新品	销售指南	硬币收藏品	收藏品、类似新品	是
视频、DVD 蓝光光盘	新品、二手商品	销售指南	娱乐收藏品	收藏品、类似新品	是
视频游戏	新品、二手商品	否，但特定商品可能需要	钟表	新品	是

注：销售指南，这些类目的销售要求比较复杂，可在亚马逊后台搜索查看相关要求或咨询客服人员。

二、Listing 组成要素

商品 Listing 是展示商品所有信息的独立商品页面，主要由标题、商品图片、商品要点、商品描述、A+页面、搜索关键词和分类节点几个要素组成。一个商品的 Listing 会对流量能否成功转化为订单产生直接的影响。

（一）标题

标题是买家能否搜索到相关商品的重要来源。标题一般由"品牌+主关键词+最多三个高搜索量副关键词+附加给买家新增价值的描述+商品所具有的风格或包装参数颜色"等信息组成。平台规定大部分类目的标题的字符数在 200 个字符以内，部分类目的标题限制在 80 个字符以内。亚马逊的商品标题如图 4.3.1 所示。

图 4.3.1 亚马逊的商品标题

新卖家在编写标题时，要特别注意标题中单词首字母需大写；不得使用连字符和分隔符，可以用"and"来替代；标题中包含数字的都用阿拉伯数字，不要用英文描述；重量单位要用全称；禁止在标题中出现促销信息等。

（二）商品图片

一个 Listing 可以上传 9 张图片（1 张主图+8 张辅图），前台只能显示 7 张，另外 2 张需要点击其中一张图片后才能查看。关于亚马逊图片的具体要求详见第二章。亚马逊的商品图片展示如图 4.3.2 所示。

图 4.3.2　亚马逊的商品图片展示

（三）商品要点

商品要点是亚马逊 Listing 中最独特的一部分，如图 4.3.3 所示。这部分可以突出描述商品的重要信息或特殊信息（如对尺寸、功能、特点、差异化卖点、运输时间等的特别说明）。买家依靠商品要点来了解重要的商品特征，卖家最多可以填写 5 条商品要点（也叫"五点描述"）。

图 4.3.3　亚马逊的商品要点

在编辑五点描述时，建议将重要且独特的商品属性写在第一条，其余几条依重要程度排序，重要的放在前面，可以将售后保障在最后一条写明；每条描述的首字母大写，每条最多500 个字符；描述中不能包含促销和定价的相关信息。

（四）商品描述

商品描述是对商品的文本说明，是为买家提供的更详细的商品说明。

没有品牌备案的卖家只能通过编写文字版的商品描述对商品进行补充说明，如图 4.3.4 所示。新卖家在编写商品描述页的文案时要保证句子通顺，避免语法错误；可以使用目标关键词，但不要盲目填充，否则会让内容变得难以理解。为了让文本描述更加清晰明了，卖家可在商品描述中使用 HTML 语言，以方便买家阅读。

图 4.3.4　普通商品描述

（五）A+页面

亚马逊 A+页面指具有通过图片和文字组合增强宣传效果的商品描述。亚马逊平台普通的详情页面只能添加文字，后来，平台允许已经通过亚马逊品牌备案的卖家创建 A+页面，也就是说，A+页面是图文版详情页面。图 4.3.5 就是一个跑步背包的 A+页面的局部效果。这样组合图片与商品说明，可以更好地体现商品特征、差异点、商品魅力等具体的诉求点，从而促使买家购买。

图 4.3.5　A+页面商品描述（局部）

A+页面把亚马逊商品页面上以往没有人注意的商品描述板块变成展示品牌和商品优势的黄金板块，图文结合，充分体现了品牌、商品细节、公司理念等。有数据表明，带有 A+页面的商品转化率比普通商品描述的转化率要高出 40%以上。

（六）搜索关键词

搜索关键词是能代表商品的词组和短语，用于将卖家销售的商品与买家查找商品时输入的搜索词匹配。买家通过输入关键词进行搜索，因此关键词要与卖家为商品提供的信息（商品名称和描述等）匹配。搜索关键词属于商品详情页面的隐性部分，可以被亚马逊系统抓取。

文本匹配度、商品供货情况选择和销售历史记录等因素共同决定了商品在买家搜索结果中的排位。卖家通过为商品提供具有相关性且完整的关键词信息，可以提高商品的曝光度和销量。

1. 收集关键词

要想填写准确的关键词，卖家可以通过两种方式查找关键词：其一，在亚马逊买家前台输入目标商品的大词进行搜索，对前面的 Listing 标题进行分析，找到一些相近的关键词；其二，在亚马逊前台输入某个关键词，如图 4.3.6 所示，会出现这个关键词的一些长尾词，点击其中任何一个关键词，通过出现的商品数量来判断这个关键词的竞争度。

图 4.3.6　在亚马逊前台输入某个关键词

2. 搜索关键词的优化

具体要求：在填写搜索关键词时，建议写满 250 个字符，直接用空格区分不同词即可；不必区分单复数，比如 shoes 和 shoe 对亚马逊算法来讲都是一样的，亚马逊会自动优化、匹配搜索者的意图；可以使用包含连字符的词语，比如 anti-aging 涵盖了 anti 和 aging；尽量不要使用虚词或标点符号，比如 cream for night 中的 for 是没有必要的。

（七）分类节点

在亚马逊平台，由于类目流量入口占爆款商品 Listing 的比重较大，因此类目流量是不可忽视的重要方面。亚马逊商品分类的每一层都可以叫作一个节点，卖家上传商品会被分配一个或多个节点。买家可以通过搜索和浏览功能来查找商品，买家在浏览时可以通过选择特定的商品分类和子分类来进一步缩小搜索范围。

三、刊登步骤

（一）单个上传（添加新商品）

单个上传是一种交互式发布工具，可指导完成添加和维护库存的过程。单个上传工具面向所有卖家，适合一次添加一个商品且发布少于 100 个商品，也适合在"要求和限制"规定的商品分类中发布商品。

单个上传不仅可以创建新商品信息，也可以匹配现有的商品信息（跟卖）。如果亚马逊上没有卖家想要销售的商品，那么卖家就可以发布新商品，这就意味着亚马逊将创建一个新的商品详情页面。如果该商品已经有人在亚马逊上销售了，那么卖家跟卖时必须与现有商品详情页面保持一致。

1. 创建新商品信息

在亚马逊卖家中心，点击"目录"—"添加商品"，如图 4.3.7 所示，点击"我要添加未在亚马逊上销售的新商品"。

图 4.3.7　单个上传商品的添加

卖家可通过"搜索"或"浏览"找到要销售的商品所对应的分类，输入搜索类别或点击选择按钮，如图 4.3.8 和图 4.3.9 所示。准确选择分类可以帮助买家更轻松地找到商品。

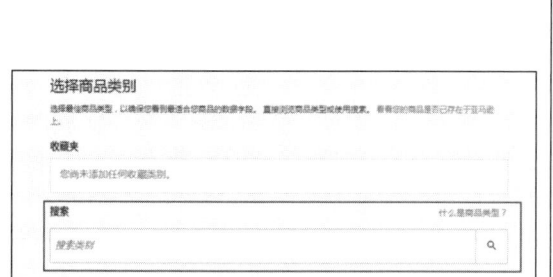

图 4.3.8　单个上传商品搜索类别　　　　图 4.3.9　单个上传商品选择类别

按照图 4.3.10 的提示输入必填信息，点击"保存更改"完成商品发布。卖家可随时对商品详情信息进行编辑。

图 4.3.10　单个上传编辑商品详情

2. 匹配现有的商品信息（跟卖）

在亚马逊卖家中心，点击"目录"—"添加商品"，如图 4.3.11 所示；搜索想在亚马逊上销售的商品，如图 4.3.12 所示，按照搜索商品编码（如 UPC、ISBN）进行搜索的搜索结果会更准确。

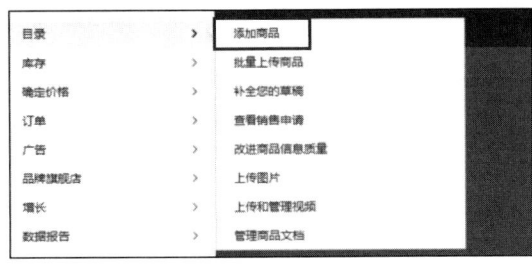

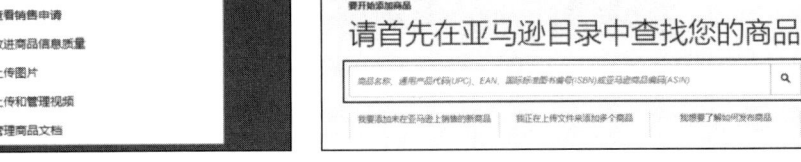

图 4.3.11　跟卖商品的添加　　　　图 4.3.12　在亚马逊目录中查找商品

如果想找到要销售的商品，点击"销售此商品"，如图 4.3.13 所示；在提供的数据字段中输入报价详情，带星号的为必填内容，填写完成后点击"保存并完成"，如图 4.3.14、图 4.3.15 所示。

匹配现有的商品信息（跟卖）不能随意操作。虽然亚马逊为了给买家提供更多优质的、性价比高的商品选择允许跟卖操作，但是，卖家想要跟卖其他品牌的商品，需要获得品牌方的允许。在未经品牌方允许的情况下跟卖，产品链接可能因被品牌方投诉而下架。

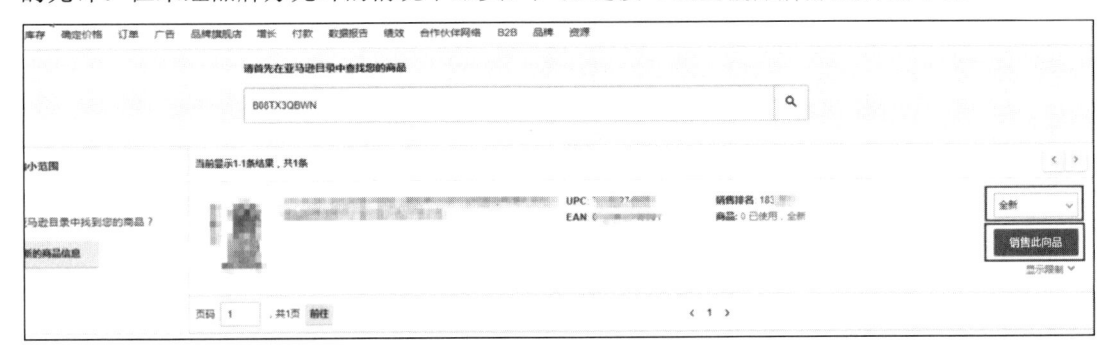

图 4.3.13　亚马逊的跟卖商品选择

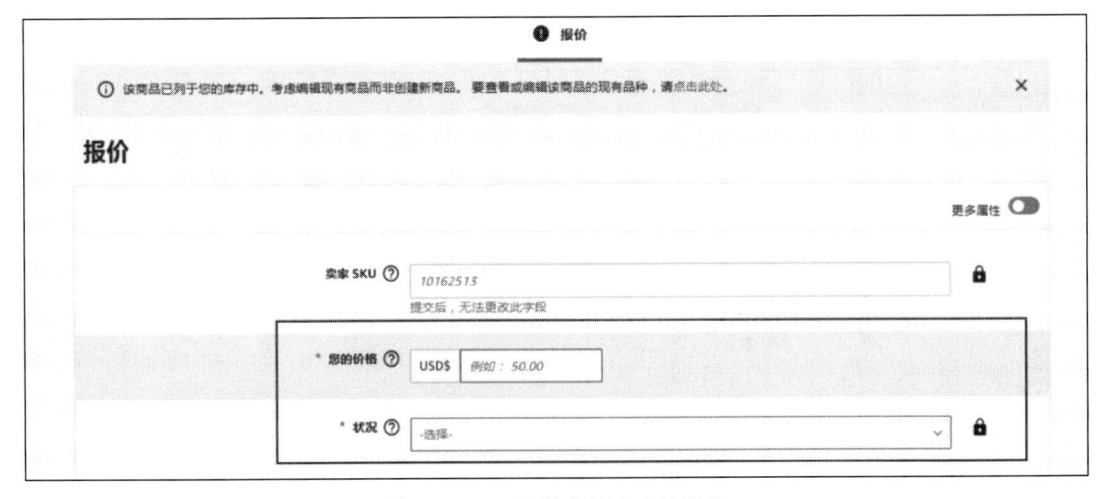

图 4.3.14　亚马逊的跟卖商品报价

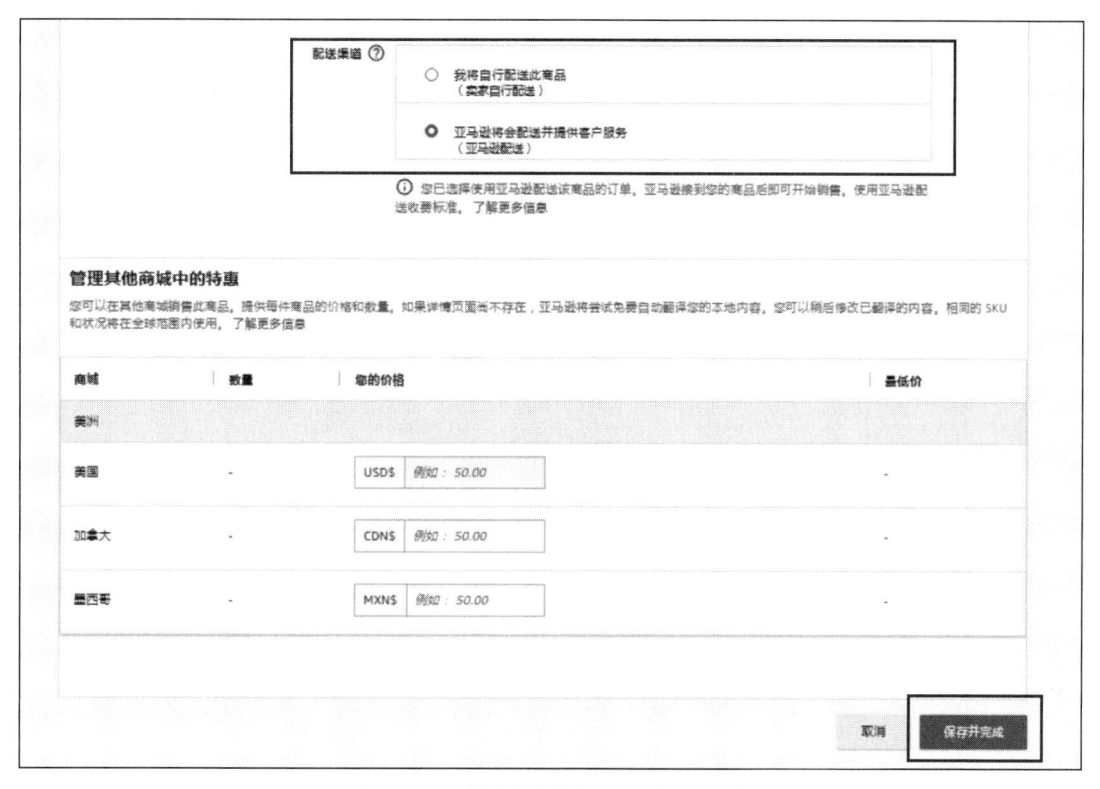

图 4.3.15　亚马逊的跟卖商品更新提交

（二）批量上传

批量上传面向加入专业销售计划的卖家，根据不同商品类型的自定义模板，一次添加多个商品及发布多于 100 个的商品。具体操作如下。

（1）在亚马逊卖家中心，点击"目录"—"批量上传商品"，如图 4.3.16（a）所示；选择"获取'商品模板'"，如图 4.3.16（b）所示。

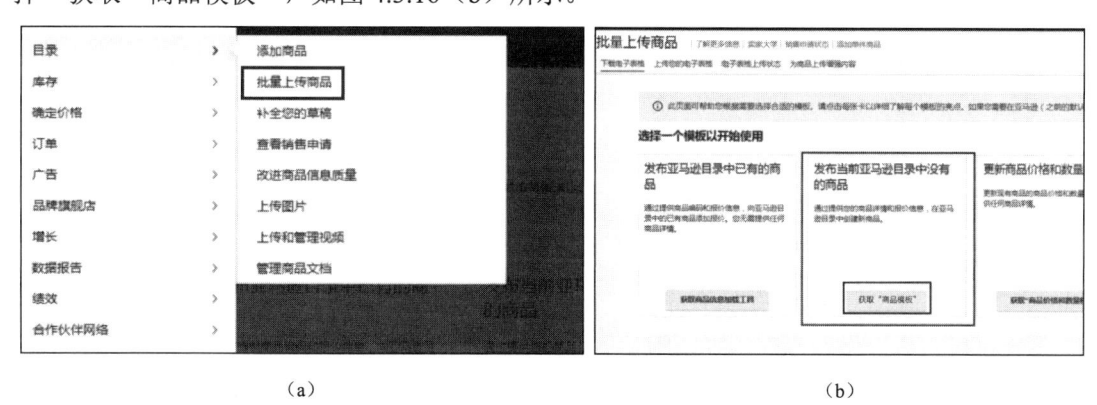

图 4.3.16　批量上传商品

（2）选择对应的站点，选择销售的商品类型和模板的类型选择（销售商品的类型的选择和单个上传一样，模板的类型按照推荐的选择），点击"生成模板"，如图 4.3.17 所示。

（3）填写库存文件模板，检查完毕后上传库存文件，如图 4.3.18、图 4.3.19 所示。上传后要及时查看库存文件的上传状态，如果处理报告出现错误，则需要重新上传。

图4.3.17　批量上传商品的模板选择

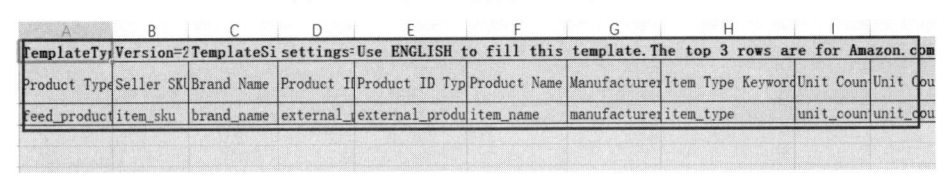

图4.3.18　库存文件

图4.3.19　上传文件

（三）建立国际商品信息

BIL（Build International Listings，建立国际商品信息）是一种自助服务工具，它可以轻松、快速地帮助卖家识别现有商品页面，复制销售信息及同步来源商城。这个工具面向加入专业销售计划的卖家，在北美洲使用建立国际商品信息，需要拥有北美联合账户；在欧洲使用建立国际商品信息，需要拥有欧洲联合账户；跨区域使用建立国际商品信息，则需要在区域间拥有关联账户。

需要说明的是，账户在要关联的商城内信誉良好，上架商品需要具有相同ASIN（Amazon Standard Identification Number，亚马逊标准识别号）的商品详情页面，必须同时存在于来源商城和目标商城；ASIN必须在来源商城中有在售商品；商品必须遵守所有适用法律，且在目标商城中不属于禁售商品；卖家必须得到批准才能销售受限商品或分类。符合以上条件者，可以进行连接和同步。

如何在建立国际商品信息前判断是否拥有联合账户或关联账户？最简单的判断方法是点击卖家账户顶部的商城切换器，查看是否会显示其他商城。

具体操作步骤如下。

(1) 点击"库存"—"全球销售"—"建立国际商品信息"，如图 4.3.20 所示；点击"开始使用"。

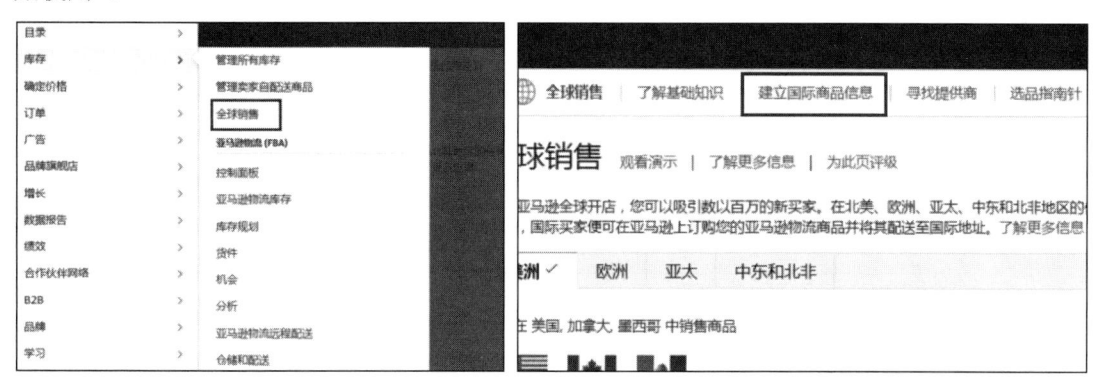

图 4.3.20　建立国际商品信息

(2) 确认"来源商城"（选择一个包含最多商品的商城），并选择想要进行销售的"其他目标商城"，如图 4.3.21 所示，完成后点击"保存并继续"。

图 4.3.21　来源商城和其他目标商城的选择

(3) 点击"更改商品"，选择要在目标商城中复制的商品（设置规则或选择特定产品），如图 4.3.22 所示，完成后点击"保存并继续"。

(4) 定义商城商品价格规则如图 4.3.23 所示，根据实际情况进行设置，完成后点击"保存并继续"。

完成以上操作后，等待亚马逊处理，在处理完毕后，卖家会收到一封电子邮件，可在控制面板上查看商品状态和建立国际商品信息状态报告。

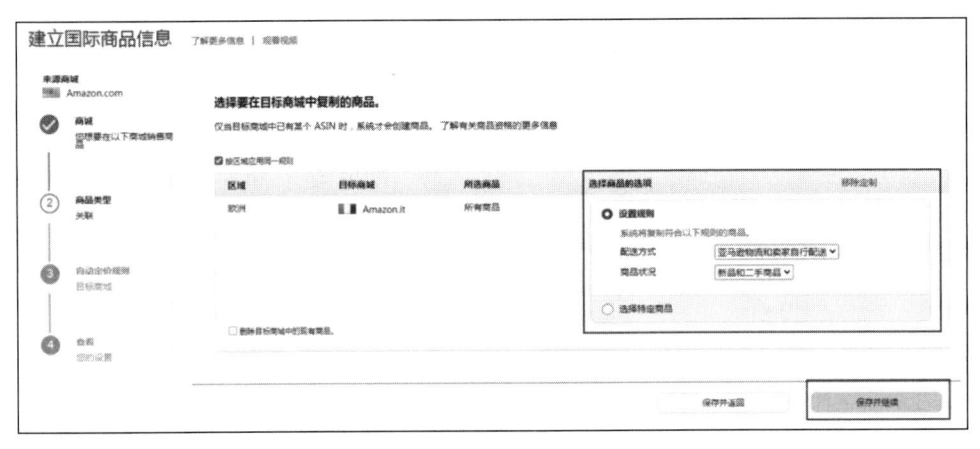

图 4.3.22　商城中商品的设置规则

图 4.3.23　商品设置的保存

第四节　订单处理

一、订单处理基本流程

亚马逊的买家订单一般分为两种类型：一种是亚马逊物流订单，即 FBA 订单，由亚马逊配送处理；另一种是卖家自配送订单，即 FBM 订单，由卖家自行处理。本节主要讲解的是卖家自配送订单。买家将商品添加至购物车并结算后，卖家就要对订单进行处理了。

亚马逊订单管理包括打印快递单、确认发货、取消订单、编辑发货信息、退货管理、全额退款、部分退款和取消退款这几个基本操作。亚马逊按照下列步骤处理其订单。

二、订单处理步骤

订单处理步骤跟订单的状态相关，那么，如何查看订单的状态呢？具体操作：点击"订单"—"管理订单"，进入"管理订单"页面，如图 4.4.1 和图 4.4.2 所示。其中，"等待中"订单是指付款验证最初不成功或已经延期的订单，可能会将订单处理时间延长至 21 天。"未发货"订单是指付款验证成功的订单，是需要卖家操作发货的。"已取消"订单是指付款未获批准，或者存在欺骗行为的订单。如果某个订单被取消，亚马逊只会在"管理订单"中将该订单记录为"已取消"，而不会另行通知，对此，卖家无须采取其他操作。"已发货"订单是指已完成发货步骤的订单。

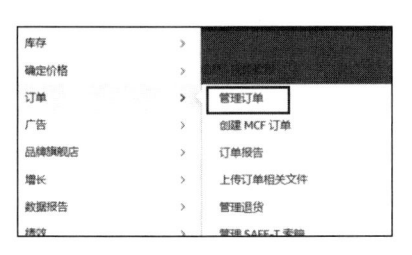

图 4.4.1　亚马逊管理订单入口

图 4.4.2　卖家自配送订单的状态

接下来介绍一下订单处理步骤。

（一）平台将订单置于"等待中"状态

在"管理库存"页面中，系统从总商品数量中扣除买家所购商品的数量。如果下单时商品的数量为 1 个，那么处理订单时，商品将从亚马逊商品页面中被移除，并出现在"管理库存"中，数量为 0 个。"等待中"订单不会出现在订单报告或未配送订单报告中，并且在"管理订单"页面中显示为灰色（不可对其执行操作）。

亚马逊将所有订单保留 30 分钟，以便买家有机会取消订单。买家取消的订单将作为"已取消"订单出现在"管理订单"页面中，并且显示为灰色。

（二）验证订单

亚马逊会验证买家的付款方式和订单详情。根据验证结果，订单会进入"未发货"或"已取消"状态。

（三）确认订单付款

在确认订单付款后，亚马逊将订单状态更改为"未发货"，并向买家发送包含预计送达日期的订单确认通知，同时向卖家发送订单通知。卖家每天至少查看一次"管理订单"页面或"订单报告"，以确定是否存在"未发货"订单。如果订单因亚马逊的流程被延误，亚马逊将根据订单从"等待中"状态恢复的日期为买家提供一个新的送达日期。

（四）处理订单

如果订单处于"未发货"状态，那么卖家必须配送或取消订单。为了保护买家的机密信息，亚马逊不会在"已售出，即将发运"电子邮件中包含买家的配送地址。卖家可以在订单详情页面、订单报告或未配送订单报告中获取配送地址，并根据配送地址和要求的配送方式为买家配送。

（五）确认发货

卖家可以通过在"管理订单"页面上点击"确认发货"，并填写必填信息进行确认发货，如图 4.4.3 和图 4.4.4 所示。需要特别注意的是，卖家必须在订单创建日期起 30 天内向亚马逊确认订单发货，否则亚马逊将自动取消订单，而且超期后即使卖家已配送订单，也不会获得付款。

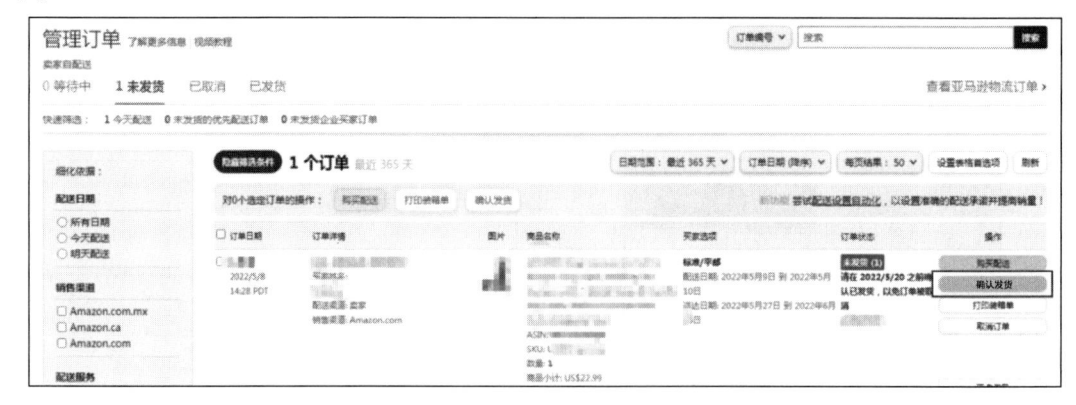

图 4.4.3　亚马逊订单未发货页面

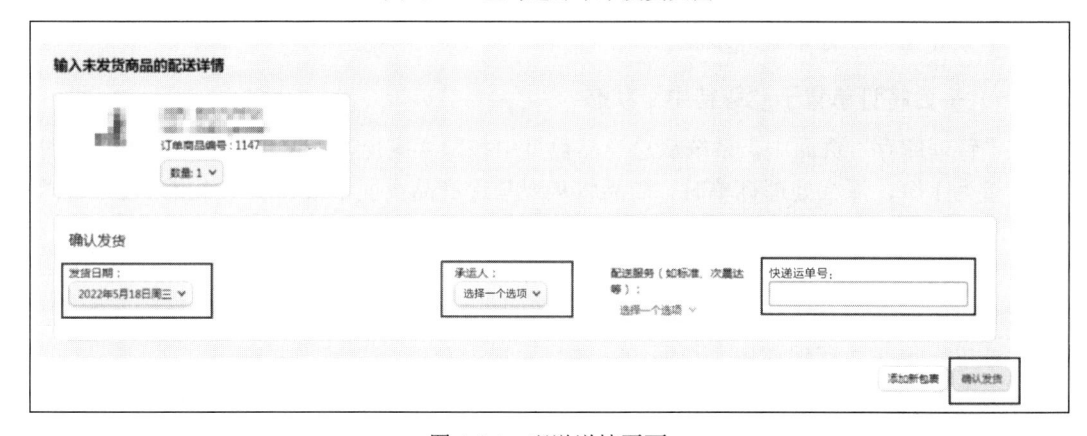

图 4.4.4　配送详情页面

第五节　亚马逊广告

随着大量涌入的亚马逊卖家，同类商品也逐渐增多，仅靠自然流量已经无法产生足够的曝光量。亚马逊广告是亚马逊平台推出的一款用于卖家推广产品的极其重要的付费引流工具。当买家在亚马逊搜索框中输入关键词并显示结果时，部分搜索结果带有"Sponsored（赞助）"字样，这些都被视为亚马逊广告。绝大多数卖家通过投放广告的方式来提高商品曝光率和点击率，最终达到产生订单的目的。

一、亚马逊常见广告位

（一）品牌广告位

一般品牌广告位会展示在关键词搜索结果页，页面的上下方均会有广告位展示。头条搜索广告是品牌广告的一种，展示在搜索结果页的顶部。其示例如图 4.5.1 所示，是一个户外运动品牌购买的广告位，在搜索页面最显眼的广告位上，买家在点进广告中的链接时，可以进入卖家的商品或品牌旗舰店。

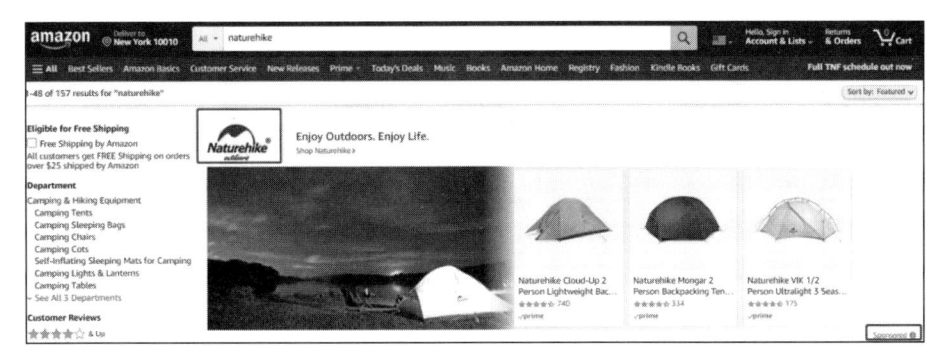

图 4.5.1 头条搜索广告

（二）关键词搜索广告位

当买家输入搜索关键词时，亚马逊会在搜索页上展示相关商品信息，如图 4.5.2 所示。

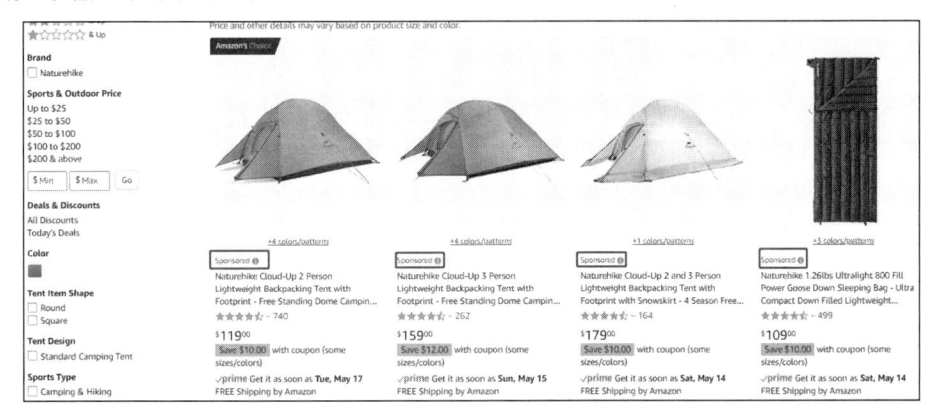

图 4.5.2 关键词搜索广告位

（三）Listing 详情页广告位

Listing 详情页会有多排带有"Sponsored"标记的广告。

1. 4 星以上商品广告位

在 Listing 详情页的中间位置，亚马逊会展示 4 星以上商品广告，如图 4.5.3 所示。

图 4.5.3 4 星以上广告商品推荐

2. 关联广告位

在商品 Listing 详情页中间位置，亚马逊会展示和买家购买偏好相近的商品广告，如图 4.5.4 所示。

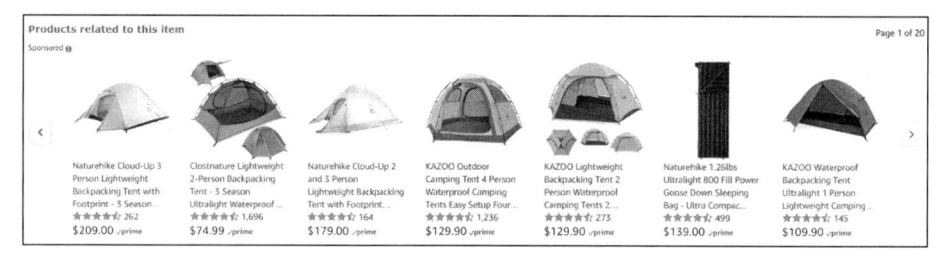

图 4.5.4　关联广告位

二、亚马逊广告类型

亚马逊广告包括商品推广、品牌推广和展示型推广等类型。

（一）商品推广

商品推广（Sponsored Products）简称 SP 广告，通常以单个商品为推广对象。亚马逊系统自动抓取 Listing 关键词或根据卖家投放的关键词来展示亚马逊站内广告，买家可以使用关键词来搜索或查看类似商品的卖家的推广广告。商品推广广告按照点击次数收费，也称为 CPC 广告（Cost Per Click，按点击付费）。只有买家点击广告才会产生费用，卖家可以通过设计预算及每次点击的竞价来控制支出。

（二）品牌推广

品牌推广（Sponsored Brands）通常以商品的品牌为推广对象，推广过程侧重于对品牌的展现。这种类型的广告通常适用于一些实力较强的卖家和品牌知名度较高的商品，对品牌的推广和商品的引流都非常有利。品牌推广广告可以展示卖家的品牌徽标、自定义标题或最多 3 种商品。在使用过程中，卖家会尝试抢占搜索结果首页顶部的位置，如头条搜索广告位，就因为该广告位曝光流量大。

（三）展示型推广

展示型推广（Sponsored Display）的主要目的是将买家引导至特定商品页面。该广告类型有两种投放方式：受众群体定向投放和商品定位投放。受众群体定向投放会根据卖家的定位需求和买家的消费习惯进行受众的筛选和定位，如看过商品却未购买的人群、买过竞品的人群等。这种投放方式的广告展示位置很多，如亚马逊首页、搜索结果页左侧及详情页等，图 4.5.5 所示的左侧就是其中一个。商品定位投放一般展示在定位商品的五点描述右侧或下方，如图 4.5.6 所示。

图 4.5.5　左侧展示广告　　　　图 4.5.6　商品五点描述的右侧广告

三、站内广告的投放

亚马逊目前的站内广告仍然以商品推广为主，因此这里主要介绍商品推广广告的投放。

（一）站内广告的投放类型

亚马逊站内广告有自动广告和手动广告两种投放类型。

1. 自动广告

自动广告也叫自动投放，是由系统推荐的，默认进行广泛匹配。这种投放形式的匹配类型主要有紧密相关、宽泛相关、关联商品和同类商品四种类型。不同的匹配类型对应着不同的展示结果，卖家可以为不同的匹配类型设置不同的竞价。

自动广告的位置在亚马逊主搜索页面及 Listing 详情页、Today's Deals 页面、Browse 浏览页面。买家在亚马逊搜索框中输入一个关键词进行搜索后，在搜索结果页会看到带有"Sponsored"标识的商品。自动投放广告时，卖家无须输入搜索关键词，亚马逊会根据卖家所投放广告的商品详情页中的信息自动匹配相同或相似的广告搜索结果。

2. 手动广告

手动广告根据投放类型可以分为关键词投放和商品投放。卖家需要提前搜集需要投放的关键词和对标竞品 ASIN。其中关键词投放广告有三种匹配模式，即广泛匹配、词组匹配和精准匹配。

（1）广泛匹配可以给商品带来最大限度的曝光。即使买家搜索的关键词出现拼写错误、相似关键字、顺序错乱等情况，也能搜索到卖家设置的关键词。例如，当卖家设置的关键词为"ABC"时，买家即使只输入"A"，卖家的广告也有曝光的机会，并不一定必须输入全部关键词。该模式能触达的用户较多，但不一定是精准买家。

（2）词组匹配是对广泛匹配的延续，搜索词条的关键字必须与输入广告组的关键字保持顺序一致。比如，当你设置的关键词是"ABC"时，买家搜索的关键词必须有"ABC"全部的关键字，而且顺序不能乱，但可以在前面或后面加上关键词（如搜索 DABC、DABCEF、ABCD 等），这样，卖家的广告都会有曝光的机会。

（3）精准匹配是词组匹配的进阶版。既能筛选到精准的关键词，又能有效降低成本。只有搜索词与广告关键词完全匹配，或者与广告关键词十分接近的词匹配，才能显示广告。比如，当卖家设置的关键词是"ABC"时，只有买家搜索的关键词是"ABC"，卖家的广告才会有曝光的机会。

3. 自动广告和手动广告的区别

自动广告和手动广告存在区别。首先，自动广告是优先于其他 Listing 详情页内的广告推荐的；手动设置关键词的广告是优先通过买家搜索关键词展示出来的。其次，自动广告设置简单，只需要明确推广的商品；手动广告设置中需要添加广告关键词和定位商品，这些都要求卖家在推广前进行准备。最后，自动广告因为由系统直接抓取关键词，抓取数据多，曝光量大，但同时因为抓取的数据比较杂，所以转化率低；手动广告因为在投放中设置了关键词或商品定位，而曝光和流量的来源会优先由这些关键词或定位商品直接导入，所以流量相对精准，转化率会高于自动广告。

（二）自动广告的创建

（1）在亚马逊卖家中心点击"广告"—"广告活动管理"，并选择"创建广告活动"，如图 4.5.7 所示。

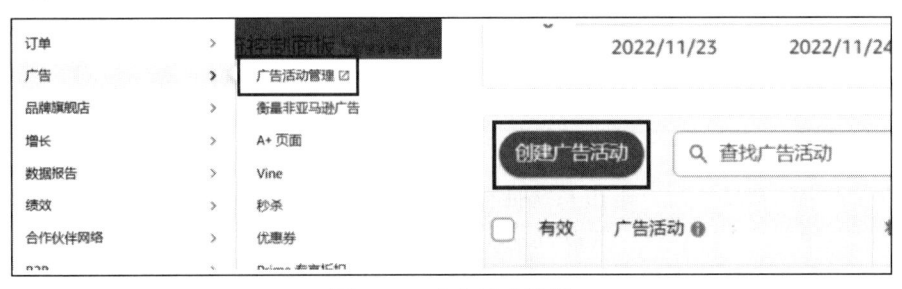

图 4.5.7　广告活动管理

（2）广告活动类型的选择：要想选"商品推广"类型，就点击"继续"，如图 4.5.8 所示。

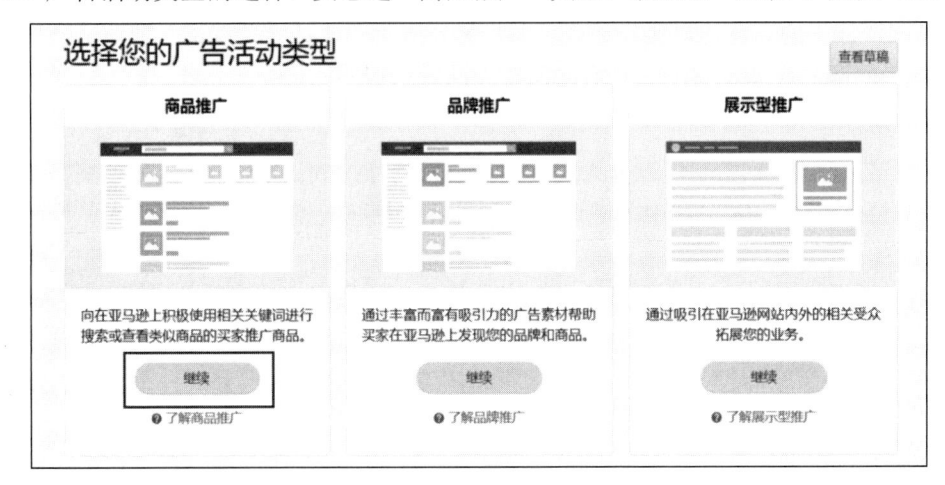

图 4.5.8　选择广告活动类型

（3）填写广告组名称，选择投放商品，如图 4.5.9 所示。

图 4.5.9　广告组名称和投放商品的设置

（4）广告定向策略和竞价设置：根据自身资金可投入范围和商品的情况填写合适的价格，如图 4.5.10 所示。

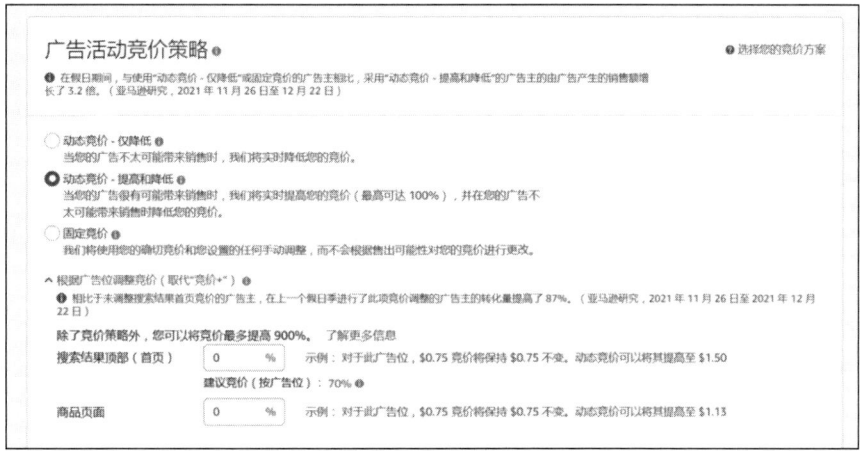

图 4.5.10　设置定向策略和竞价策略

（5）设置广告活动名称、开始时间及结束时间、每日预算等，如图 4.5.11 所示，完成后点击"启动广告"。

设置自动广告需要特别注意：在设置自动广告前，根据官方的词表把不相干的关键词添加到否定关键词中，在后续推广的过程中也需要优化，把不重要的关键词继续剔除。

图 4.5.11　广告活动设置完成

(三）手动广告的创建

（1）在亚马逊卖家中心点击"广告"—"广告活动管理"，进入创建广告活动页面。

（2）选择广告活动类型，添加需要推广的商品，并选择"手动投放"。

（3）根据提示选择投放类型，如图 4.5.12 所示，投放类型分为两种。

关键词投放：选择该投放类型，需要放入准备好的关键词，并确认相应的匹配模式。选择该投放类型的商品广告一般出现在关键词搜索页面。

商品投放：选择该投放类型，需要放入准备好的竞品 ASIN。选择该投放类型的商品广告一般会在该商品的所属分类或竞品详情页展示。

图 4.5.12　投放类型的选择

（4）选择合适的竞价方式，如图 4.5.13 所示。一般前期的商品广告投放，为了降低投放风险，卖家会选择"动态竞价-仅降低"。

（5）设置广告活动名称、开始时间及结束时间、每日预算等，完成后点击"启动广告"。设置完毕后，需继续关注投放效果，可手动暂停该项广告。

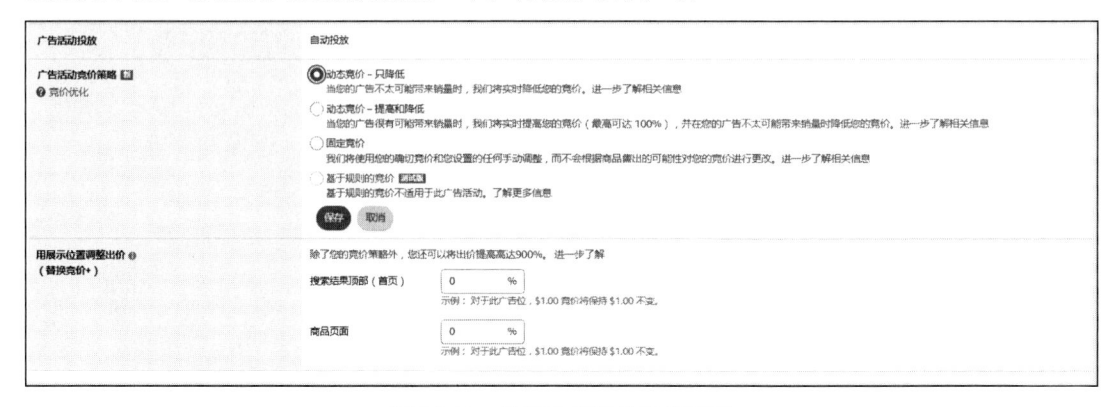

图 4.5.13　设置动态竞价操作页面

第六节　亚马逊促销

亚马逊的促销方式非常多，除了卖家常用的亚马逊优惠券、Prime 专享折扣、秒杀和 7 天促销，还有镇店之宝、社交媒体促销代码、购买折扣、买一赠一、清仓促销和清仓销售等。如何合理地将各种促销方式进行组合，从而提升销量和排名？对于新手来讲，这需要学习，并逐步积累经验。

一、亚马逊优惠券

（一）亚马逊优惠券概述

亚马逊优惠券（Coupons）是一种常见的促销手段，设置门槛相对较低，如图 4.6.1 所示。专业卖家可以为单一商品或一组商品创建折扣，也可以享受由亚马逊提供的自动推广服务。

亚马逊要求创建优惠券的最低折扣为 9.5 折，持续时间最长为 90 天。另外，亚马逊对设置优惠券的商品评价星级/数量也有基本要求：处于 0 条评论状态的商品可以设置优惠券；当拥有 1~4 条评论时，商品评分不得不低于 2.5 星；当拥有 5 条及以上评论时，商品评分不得不低于 3 星。买家在领取优惠券后，使用时可以和同一个商品的其他所有折扣叠加使用。

图 4.6.1　亚马逊优惠券

（二）亚马逊优惠券的创建

（1）在亚马逊卖家中心点击"广告"—"优惠券"—"创建新的优惠券"，如图 4.6.2 所示。

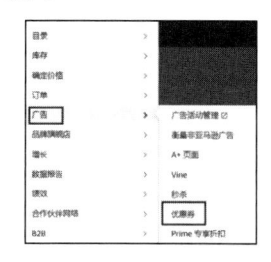

图 4.6.2　创建新的优惠券

（2）搜索要创建优惠券的 ASIN，如图 4.6.3（a）所示。

（3）选择可以使用优惠券的商品，确定信息无误后打钩，点击"继续"，如图 4.6.3（b）所示。

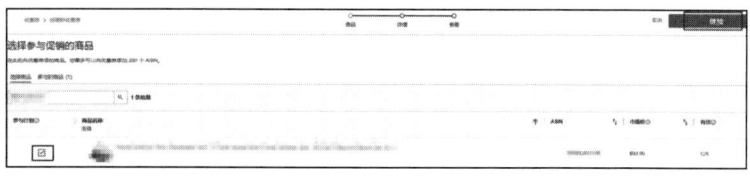

(a)　　　　　　　　　　　　　　(b)

图 4.6.3　搜索要创建优惠券的 ASIN

（4）设置优惠券的有效日期，如图 4.6.4 所示。

（5）根据商品的利润估算设置折扣，如图 4.6.5 所示。

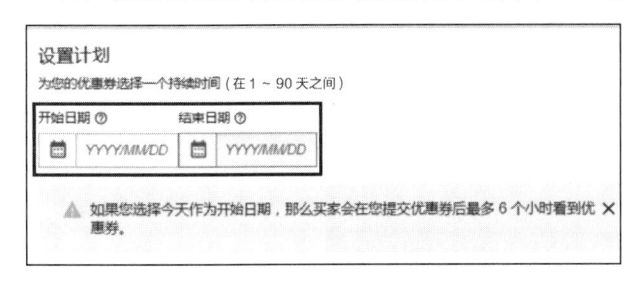

图 4.6.4　设置优惠券的有效日期

图 4.6.5　设置折扣

（6）设置预算如图 4.6.6 所示。买家每使用一张优惠券，亚马逊会收取卖家 0.6 美元的兑换费，因此，设置的预算需要涵盖兑换费及提供折扣的同等金额。

（7）设置优惠券名称和定位，如图 4.6.7 所示。

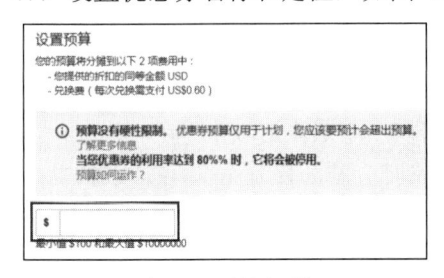

图 4.6.6　设置预算

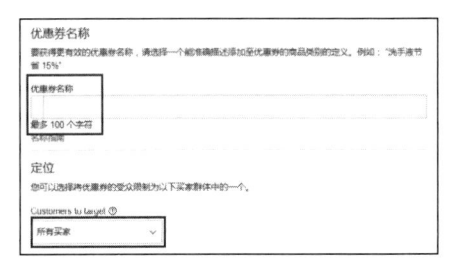

图 4.6.7　设置优惠券名称和定位

（8）检查所有信息，点击"提交"，如图 4.6.8 所示。

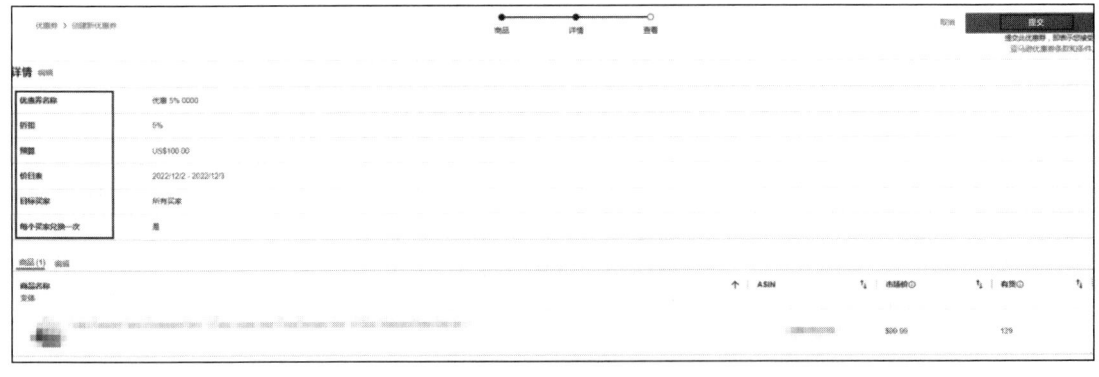

图 4.6.8　检查所有信息

二、Prime 专享折扣

（一）Prime 专享折扣概述

Prime 专享折扣（Prime Exclusive Discounts）是面向 Prime 会员的专属折扣，持续时间较长、折扣要求较低，通常会被作为日常折扣广泛使用。Prime 专享折扣创建资格：日常的最低折扣要求为 9 折（特殊活动时，Prime 专享折扣的要求会有所不同），暂无评论或 3 星及以上，并且使用亚马逊物流的商品才可以设置 Prime 会员的专属折扣。

（二）Prime 专享折扣的创建

创建 Prime 专享折扣的方法如下。

（1）在亚马逊卖家中心点击"广告"—"Prime 专享折扣"—"创建折扣"，如图 4.6.9 所示。

（2）为 Prime 专享折扣进行命名，该命名仅卖家可见；设置折扣期限，可以设置 1～4 周，如图 4.6.10 所示。

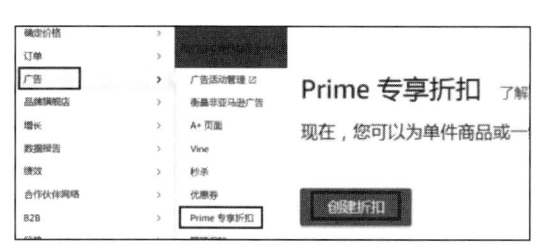

图 4.6.9　点击创建折扣　　　　　　图 4.6.10　为折扣命名和设置折扣期限

（3）输入卖家想要促销的 SKU，为每个 SKU 设置折扣类型，点击"提交商品"，如图 4.6.11 所示。

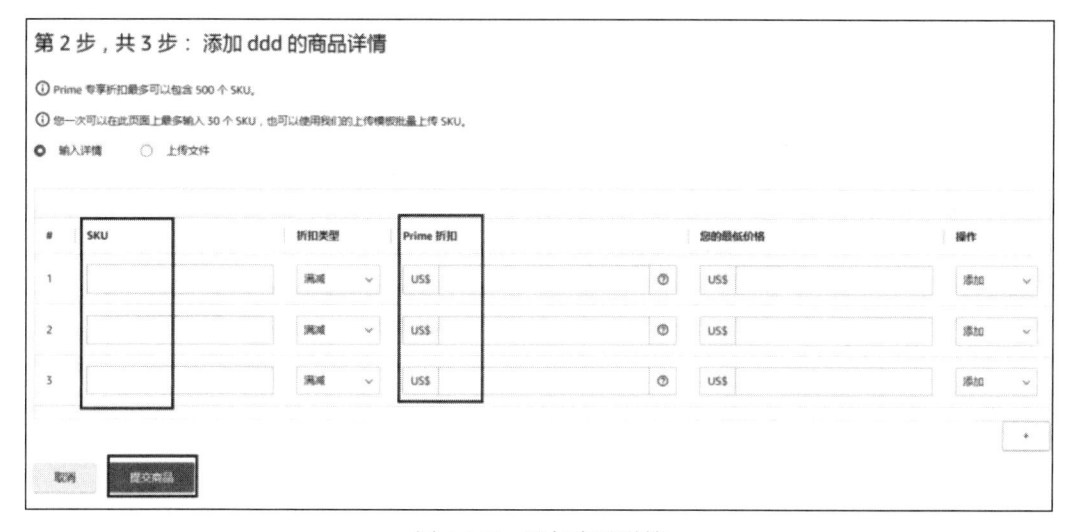

图 4.6.11　添加商品详情

（4）点击"全部保存并提交"即可完成设置。

三、秒杀和 7 天促销

（一）秒杀和 7 天促销概述

秒杀（Lightning Deal，LD）是一种限时、短时间高流量的展示活动，如图 4.6.12 和图 4.6.13 所示。

7 天促销也是一种限时促销优惠活动，指的是参与 7 天促销的商品将会在促销页面显示 7 天的时间。搜索结果页的展示跟秒杀活动一样，但是详情页面不会展示图 4.6.13 所示的标记内容。

亚马逊秒杀和 7 天促销的创建资格如表 4.6.1 所示，但是相关的促销活动都只有经亚马逊系统推荐才能提报创建。

图 4.6.12　秒杀活动-搜索结果页　　　　图 4.6.13　秒杀活动-详情页

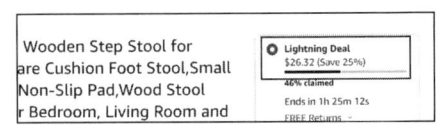

表 4.6.1　亚马逊秒杀和 7 天促销的创建资格

促销工具	创建资格			持续时间
	最低折扣要求	商品评价星级/数量	配送方式	
秒杀	85 折	3 星及以上（5 条或更多评论）或暂无评论（除美国站点外）	亚马逊物流 卖家自配送 Prime 计划	不同站点时长不同（美国站点为 12 小时）
7 天促销	85 折	3 星及以上（5 条或更多评论）或暂无评论（除美国站点外）	亚马逊物流 卖家自配送 Prime 计划	7 天

（二）秒杀的创建方法

（1）在亚马逊卖家中心，点击"广告"—"秒杀"—"创建新促销"，如图 4.6.14 所示。

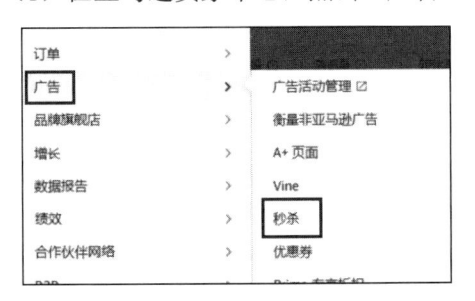

图 4.6.14　创建新促销

（2）直接搜索想要创建秒杀的 ASIN，或者选择推荐的商品，点击"选择"，如图 4.6.15 所示。

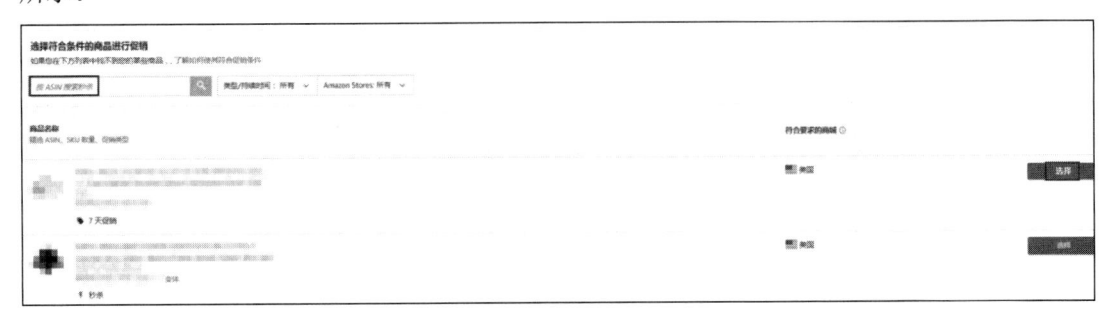

图 4.6.15　选择要创建促销活动的商品

（3）选择促销时间段，如图 4.6.16 所示。

图 4.6.16　选择促销时间段

（4）配置参加促销的商品（应包含尽可能多的商品变体）：设置促销价格及参与促销的最低库存数量等，如图 4.6.17 所示。

图 4.6.17　配置参加促销的商品

（5）确认促销信息无误，点击"提交促销"。

四、镇店之宝

镇店之宝（Deal of the Day，DOTD）是指参与活动的一个或一组高需求的商品，仅在指定的一天内设有大幅折扣的促销活动，如图 4.6.18 所示。亚马逊要求创建镇店之宝的商品最低折扣为 85 折，4 星及以上且至少拥有 5 条评论，采用亚马逊物流或卖家自配送 Prime 计划的配送方式均可，持续时间为 24 小时或库存售罄。这个活动的提报需要通过亚马逊官方的账户经理。

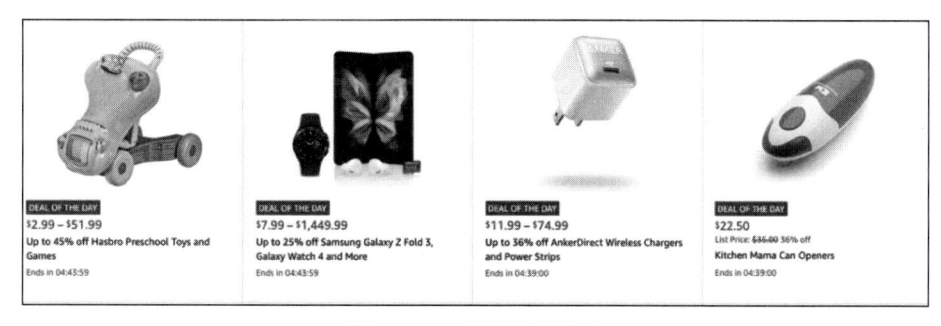

图 4.6.18　镇店之宝活动

五、社交媒体促销代码

（一）社交媒体促销代码概述

卖家可以创建社交媒体促销代码（Social Media Promo Code）来针对符合条件的商品向买家提供百分比折扣，并通过社交媒体和网红营销内容将促销代码分享给买家。社交媒体促销代码可以更广泛地推广商品，为卖家引入大量的站外流量，有助于提高商品的销量。亚马逊要求创建社交媒体促销代码的商品折扣范围为 2 折～9.5 折，同时要求拥有至少 20 条评论且至少 80% 为正面反馈。新版亚马逊品牌注册中获得批准的商品也可以参加该活动，持续时间为 1～30 天。

（二）社交媒体促销代码的创建方法

（1）在亚马逊卖家中心，点击"广告"—"管理促销"—"创建促销"，选择"社交媒体促销代码"，点击"创建"，如图 4.6.19 所示。

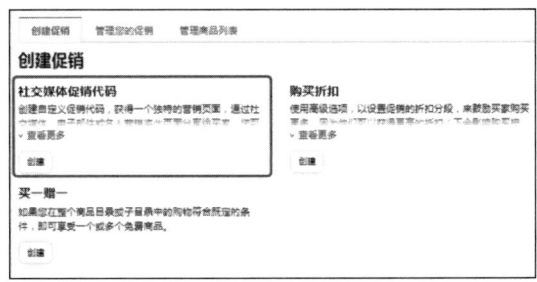

图 4.6.19　创建社交媒体促销代码

（2）选择促销条件：选择参与促销的商品，设置减免的折扣，如图 4.6.20 所示。如果已创建参加促销的商品列表，那么直接选择即可；如果没有，点击图 4.6.20 右侧的"创建新的商品选择"来创建新的商品列表，如图 4.6.21 所示，设置完成后点击"提交"。

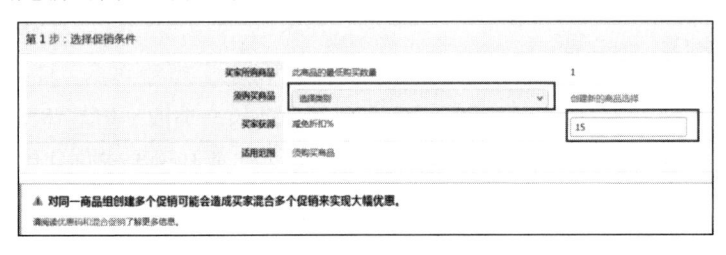

图 4.6.20　选择促销条件

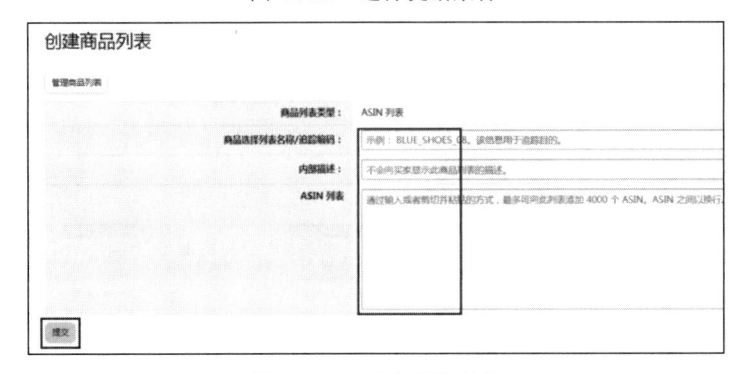

图 4.6.21　创建商品列表

（3）设置促销时间：填写开始日期、结束日期、内部描述、追踪编码，如图 4.6.22 所示（注意最长促销时间只有 30 天）。

图 4.6.22　设置促销时间

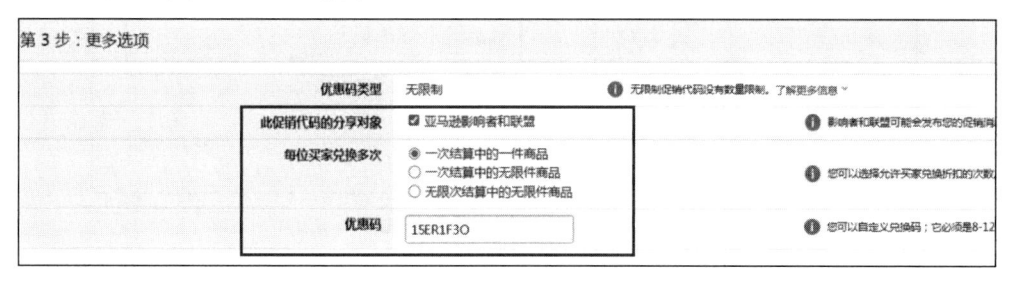

（4）更多选项如图 4.6.23 所示。

图 4.6.23　更多选项

① 选择是否将促销代码分享到亚马逊网红和联盟网站：选择参加此计划，即表明卖家允许通过亚马逊影响者和联盟分享卖家的促销代码——可能会发布卖家的促销消息并引导流量；参加此计划是免费的；提交后，卖家将无法再编辑此选项；参加此计划并不保证商品能够被投放。

② 选择允许买家兑换折扣的次数：使用"每位买家兑换多次"功能允许买家在一次或多次结算中针对一件或多件符合要求的商品兑换折扣。

③ 自定义优惠码必须是 8~12 个字符。

（5）点击"查看"，在确认信息无误后点击"提交"。

六、购买折扣

（一）购买折扣概述

购买折扣可设置不同的购买数量享受不同的折扣，也可设置购买商品 A 的同时再购买商品 B 可获得折扣。购买折扣详情页如图 4.6.24 所示。

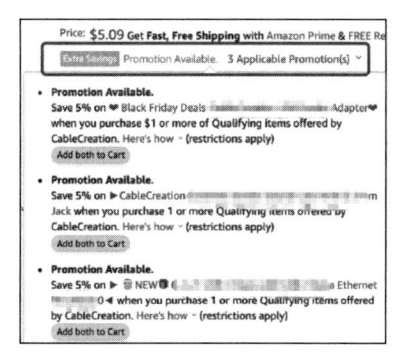

图 4.6.24　购买折扣详情页

（二）购买折扣的创建方法

创建购买折扣的方法如下。

（1）在亚马逊卖家中心点击"广告"—"管理促销"—"创建促销"，选择"购买折扣"，点击"创建"，如图 4.6.25 所示。

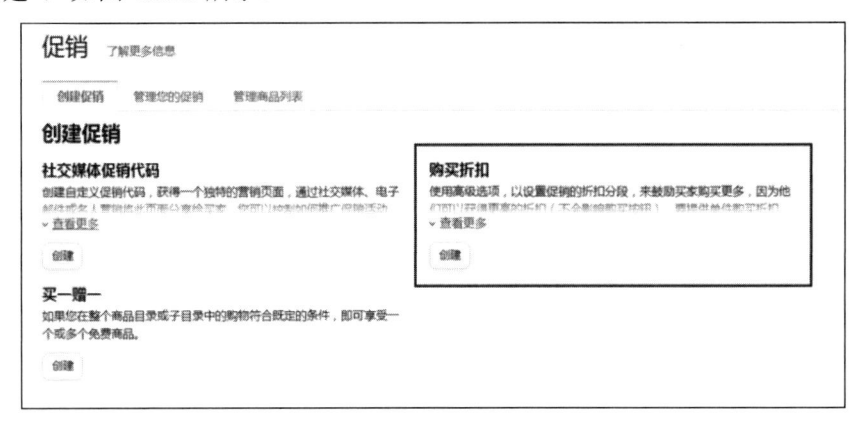

图 4.6.25　创建购买折扣

（2）选择促销条件，如图 4.6.26 所示。

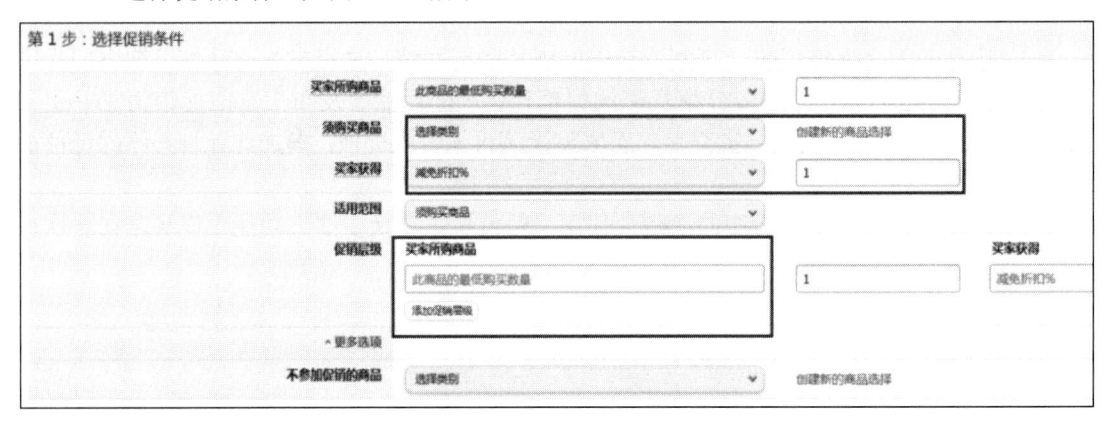

图 4.6.26　选择促销条件

（3）设置促销时间，如图 4.6.27 所示。

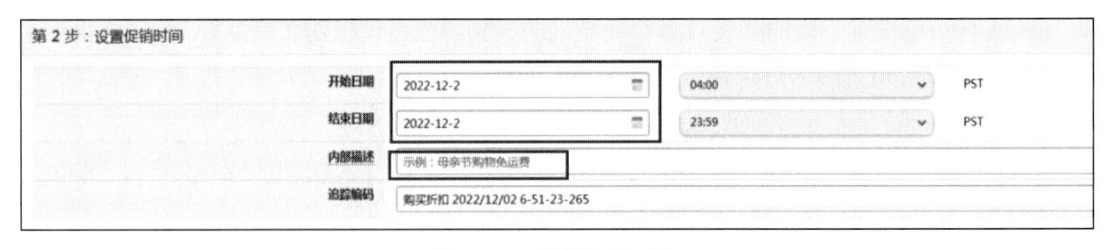

图 4.6.27　设置促销时间

（4）更多选项。

① 一次性优惠码：可以创建任意数量的优惠码（非公开），有针对性地发放给特定买家，如图 4.6.28 所示。卖家在创建促销后，查看促销并点击"管理促销代码"就可以下载优惠码。

图 4.6.28　设置一次性优惠码

② 无限制优惠码：没有数量限制，如图 4.6.29 所示。如果将无限制优惠码发布在社交媒体网站上，那么卖家的库存将在短时间内售完。

图 4.6.29　设置无限制优惠码

③ 无优惠码：不使用优惠码，买家下单时直接享受折扣优惠，如图 4.6.30 所示。因为无优惠码的促销折扣会跟店铺内的其他促销折扣叠加，所以创建需谨慎。

图 4.6.30　不使用优惠码

（5）点击"查看"，在确认信息无误后点击"提交"。

七、买一赠一

（一）买一赠一概述

买一赠一指如果买家在整个商品目录或子目录中的购物符合既定的条件，即可获得一个或多个免费商品，可以买 A 送 A，也可以买 A 送 B。

（二）买一赠一的创建方法

（1）在亚马逊卖家中心，点击"广告"—"管理促销"—"创建促销"，选择"买一赠一"，点击"创建"，如图 4.6.31 所示。

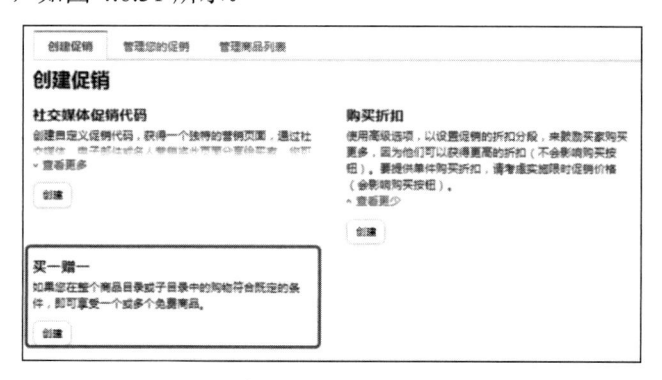

图 4.6.31　买一赠一

（2）选择促销条件：卖家需要设置"买家所购商品"的最低购买数量、"须购买商品"的类别、"买家获得"的赠品等，如图 4.6.32 所示。其中，"适用范围"有两种类型可选，如果选择"须购买商品"，就是买 A 送 A 方式；如果选择"额外购买的商品"，就是买 A 送 B 方式。对于"额外购买的商品"，卖家输入要送的商品的 ASIN 即可，如图 4.6.33 所示。

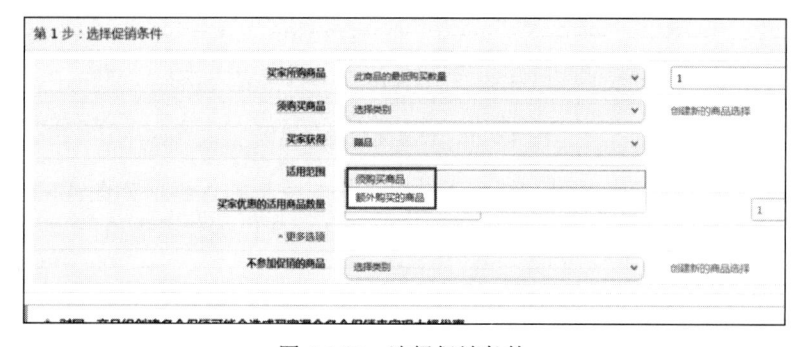

图 4.6.32　选择促销条件

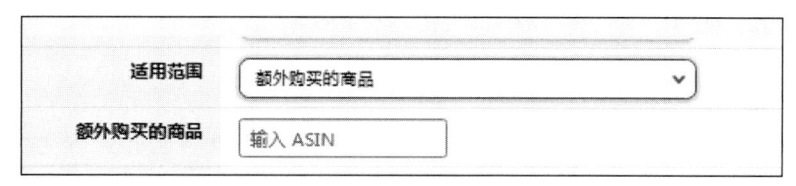

图 4.6.33　卖家输入要送的商品的 ASIN

（3）设置促销时间，如图 4.6.34 所示。

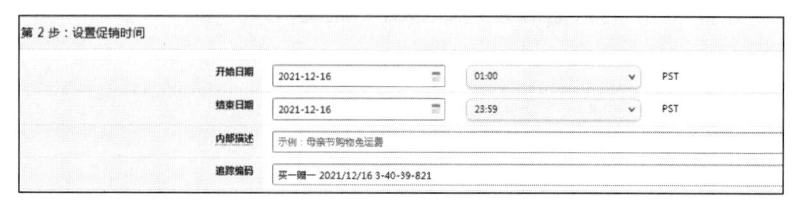

图 4.6.34　设置促销时间

（4）更多选项：此处的设置的方法与"购买折扣"的设置方法是一样的，如图 4.6.35 所示。

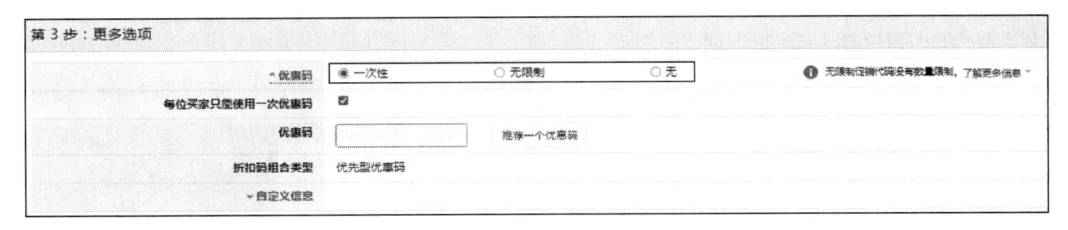

图 4.6.35　更多选项

八、清仓促销和清仓销售

(一) 清仓促销和清仓销售概述

清仓促销，也叫奥特莱斯限时促销（Outlet Deal），是限时放置在 Outlet 页面上的促销优惠，用来清理积压库存；清仓销售（Outlet Sales）是通过降价而创建的常规促销活动。亚马逊清仓促销、清仓销售创建资格和持续时间如表 4.6.2 所示。清仓促销是需要亚马逊推荐的，除了表 4.6.2 中的要求，亚马逊还会根据商品在仓库存放的时间、库存数量及是否参与过其他促销活动来判断推荐。

表 4.6.2　亚马逊清仓促销、清仓销售创建资格和持续时间

促销工具	创建资格			持续时间
	最低折扣要求	商品评价星级/数量	配送方式	
清仓促销	7 折（北美站点） 8 折（日本/欧洲站点）	3 星及以上	亚马逊物流	14 天或库存售罄
清仓销售	低于清仓促销			1～14 天

(二) 清仓促销的创建

创建清仓促销的方法如下。

（1）在亚马逊卖家中心，点击"库存"—"亚马逊物流库存"，查看可创建清仓促销的商品列表，如图 4.6.36（a）所示。

（2）在"筛选条件"下的"推荐"中选择"创建奥特莱斯限时促销"和"创建奥特莱斯降价促销"，如图 4.6.36（b）所示。

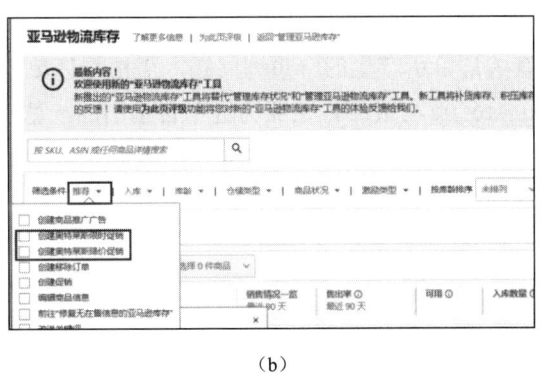

(a)

(b)

图 4.6.36　亚马逊物流库存

（3）在结果页中显示的都是符合奥特莱斯促销条件的商品，选择一个参与促销的商品，

点击右边的"创建奥特莱斯促销"。

（4）在弹出的对话框中设置促销价格及促销时间，如图 4.6.37 所示，完成后点击"提交"。

图 4.6.37　设置促销价格及促销时间

本章小结

1. 在注册亚马逊账号前，卖家需要先按照要求准备好所有资料。目前，中国卖家不能以个人身份注册。亚马逊可以接受有营业执照的个体工商户，但对于个体工商户的营业执照有经营范围的添加要求。

2. 新卖家只需一次注册即可快速开通亚马逊北美站点、欧洲站点、日本站点和澳大利亚站点等 13 个热门站点店铺；在完成账号注册后，要完成对业务政策和站点偏好的设置。

3. 对于亚马逊卖家来说，发货方式主要有两种：FMB/MFN 和 FBA，卖家可选择适合自己的发货方式。

4. 亚马逊平台商品的刊登管理：在上传商品之前，必须确保所展示的商品合规；此外，还需要了解售出的商品品类是否需要做分类审核。

5. 订单处理是跨境电商交易环节中的重要组成部分。订单一旦生成，卖家就需要面对有关订单所产生的一系列问题，需根据订单的不同情况进行处理，特殊订单要特殊处理。

6. 亚马逊广告是亚马逊平台推出的一款用于卖家推广产品的极其重要的付费引流工具。当买家在亚马逊搜索框中输入关键词并显示结果时，部分搜索结果带有"Sponsored"字样，这些都被视为亚马逊广告。

7. 亚马逊的促销方式非常多，除了卖家常用的亚马逊优惠券、Prime 专享折扣、秒杀和 7 天促销，还有镇店之宝、社交媒体促销代码、购买折扣、买一赠一、清仓促销和清仓销售等。

本章习题

一、思考题

1. 注册亚马逊卖家账户的地址、电话、信用卡如何设置？
2. FBM 和 FBA 各有哪些优缺点？
3. 对于包装体积较大的商品，卖家在发货时有哪些注意点？
4. 亚马逊 Listing 有哪些组成要素？
5. 亚马逊广告有哪些类型？
6. 亚马逊促销主要有哪些类型？
7. 简要介绍亚马逊自发货订单处理的基本流程。

二、实训题

1. 在亚马逊平台完成一个 Listing 的刊登。
2. 制定一款新品从开发到打造成爆款的方案。

第五章　eBay 平台运营

【学习目标】

1. 知识目标
- 了解 eBay 平台入驻的基本流程。
- 掌握 eBay 物流政策及解决方案。
- 掌握产品刊登和订单处理的基本流程。

2. 能力目标
- 掌握 eBay 卖家账户申请与基础设置的步骤。
- 掌握 eBay 物流的基础设置。
- 掌握产品刊登的基本步骤。
- 掌握订单处理的基本方法。
- 了解 eBay 营销推广的基本方法。

第一节　eBay 账户注册与基础设置

eBay 成立于 1995 年 9 月，是一个全球在线交易平台，有超过 1 亿个活跃买家。eBay 的站点已经覆盖澳大利亚、奥地利、比利时、加拿大、中国、法国、德国、中国香港、印度、越南、泰国、爱尔兰、意大利、马来西亚、荷兰、新西兰、波兰、菲律宾、新加坡、韩国、西班牙、瑞典、瑞士、英国和美国等 38 个国家和地区。

一、账户注册

根据注册主体的不同，eBay 账户分为个人账户和商业账户。注册个人账户只需要准备好个人的身份证和银行卡等资料，审核要求也相对比较少；注册商业账户则需要提供公司名称、类型和地址等详细信息。账户注册主要包含注册 eBay 账户和注册 eBay 管理支付两个部分。

（一）eBay 个人卖家账户申请

1. 注册 eBay 个人账户

（1）登录 eBay 中国香港站点，如图 5.1.1 所示，点击左上角的"注册"。

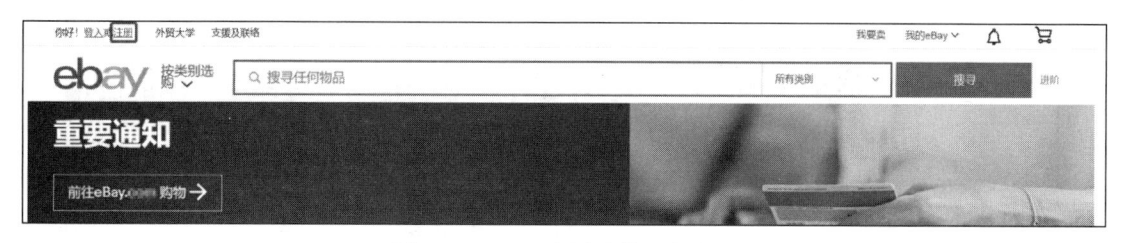

图 5.1.1　eBay 中国香港站点首页

（2）跳转到登记注册信息页面，如图 5.1.2 所示，选择"个人账户"，正确填写名字、姓氏和电邮等信息。注意：要求填写信息均为英文；注册的电邮将成为今后和 eBay 沟通的工具，要保证能正常使用。

图 5.1.2　登记注册信息页面

（3）在填写完资料后，点击"登记成为会员"，很快就会收到注册成功的邮件，这就表示已成功建立 eBay 买家账户，可以在 eBay 各站点购买物品了。

（4）如果卖家希望以个人身份在 eBay 销售物品，那就需要先在 eBay 美国、英国、德国或澳洲任一站点刊登一个物品。以在 eBay 美国站点刊登物品为例，用已经注册的买家账号进入 eBay 美国站点首页并登录，如图 5.1.3 所示；在 eBay 首页顶部可以选择语言和买家收货地址。

图 5.1.3　eBay 美国站点首页

（5）在右上角点击"出售"，网页跳转至图 5.1.4 所示的页面，点击"List an item"。

图 5.1.4　刊登物品入口

网页跳转至图 5.1.5 所示的页面，填写刊登物品的关键词，比如输入"running backpack"后点击右边的搜索按钮，系统会自动匹配类别，选择其中一个类别，或者重新输入关键词进行搜索，如图 5.1.6 所示。

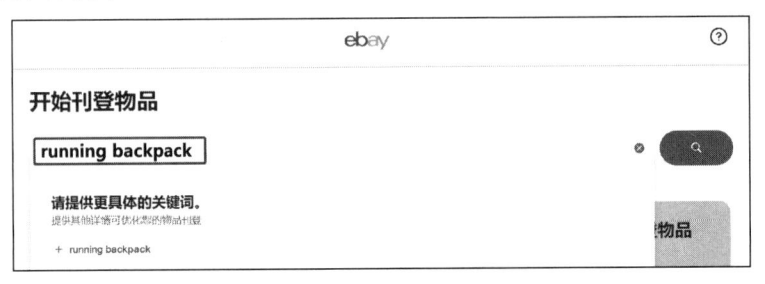

图 5.1.5　输入刊登物品关键词

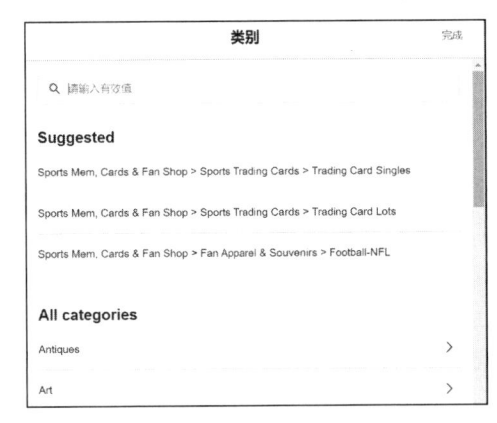

图 5.1.6　选定类别

（6）在选定要发布的物品类别后，跳转至图 5.1.7 所示的页面，这里罗列了可能和卖家即将要发布的物品相近的物品，系统允许选择另一位卖家刊登的物品来帮助起草即将发布的物品，但原卖家刊登物品中的图片不可被重复使用。如果没有相同或相近的物品，就点击"不选择物品并继续"，自动跳转至新页面，如图 5.1.8 所示，卖家自己从零开始刊登物品。

（7）在图 5.1.8 所示的页面中，eBay 平台允许卖家销售全新或二手物品，卖家先根据物品的实际情况选择物品状况，然后点击"继续刊登"，自动跳转至登录页面，输入密码再次网页登录。登录成功后，网页跳转至物品详情编辑页面，如图 5.1.9 所示，填写刊登物品的相关信息。具体的刊登步骤详见本章第三节。

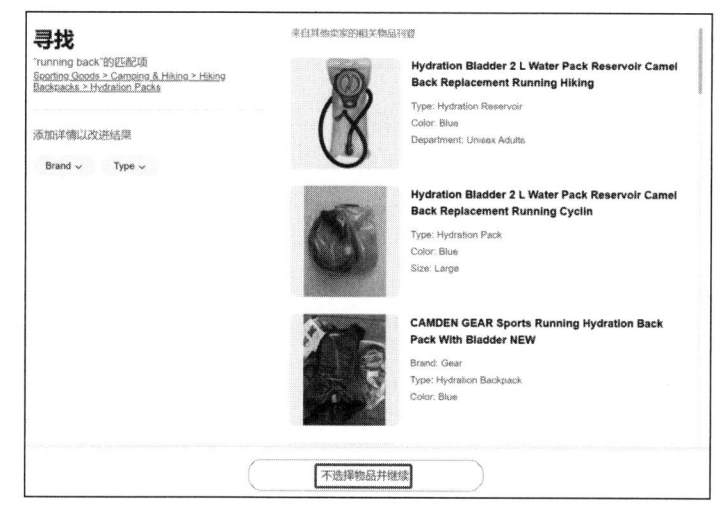

图 5.1.7　寻找匹配项

图 5.1.8　选择物品状况

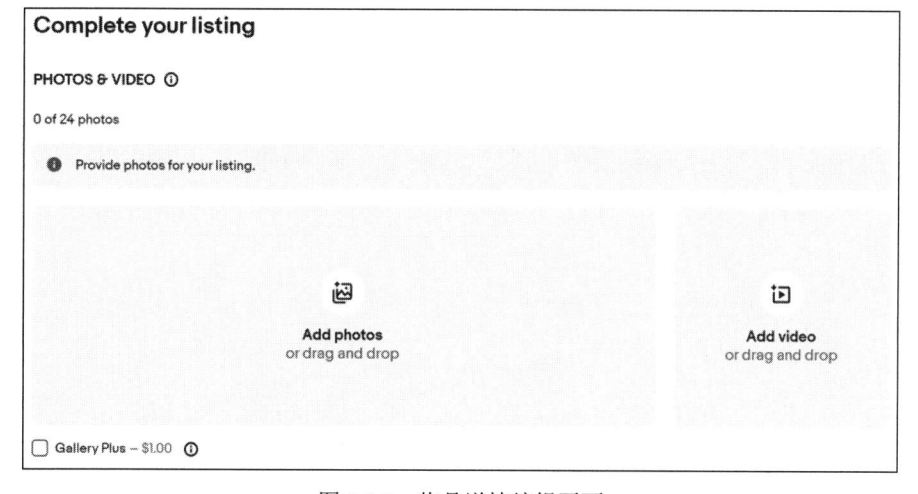

图 5.1.9　物品详情编辑页面

（8）完成基本信息填写以后，选择"List it"刊登物品，如图 5.1.10 所示。

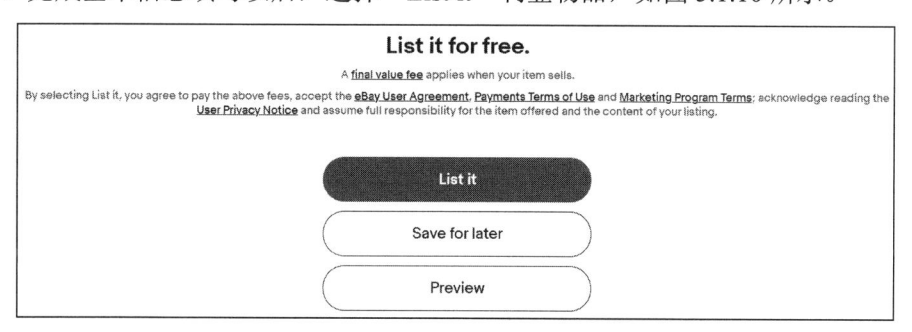

图 5.1.10　物品刊登页面

（9）如果所填的信息没有错误，那么网页将会跳转至 eBay 中国香港站点登录页面，进行再次登录，之后进入设定出售账户首页，如图 5.1.11 所示，点击"立即开始"进行 eBay 管理支付注册。

图 5.1.11　设定出售账户①首页

2. 注册 eBay 个人卖家管理支付

（1）完成 eBay 新账户注册后，网页将直接跳转至 eBay 管理支付页面，继续完成 eBay 管理支付注册流程。如果卖家继续在已有的 eBay 个人账户下操作，则在"是否要以个人账户继续？"下方选择"是，继续保留此个人账户"，如图 5.1.12 所示，点击"继续"。

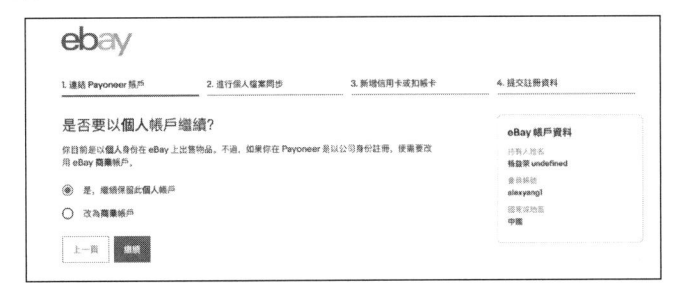

图 5.1.12　账户类型选择

（2）接下来，卖家可以选择新建 Payoneer 账户或绑定已有 Payoneer 账户，如图 5.1.13 所示。如果需要建立一个全新的 Payoneer 账户，点击"否，帮我建立"；如果已经拥有一个 Payoneer 账户，点击"是，登入"。

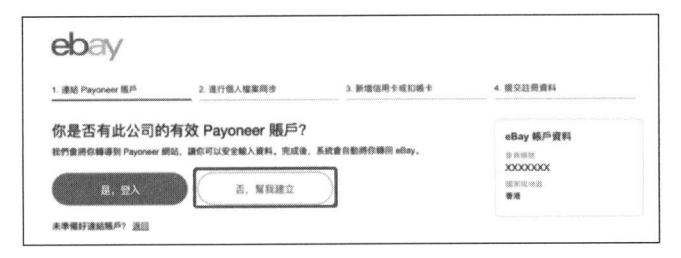

图 5.1.13　选择是否新建 Payoneer 账户

---

① 软件图中的"帳户"应为"账户"。由于网站界面是针对我国香港地区的，使用的是**繁体字**，为保持截图真实性，我们不对图片进行修改，正文介绍使用对应简体字。

在注册过程中，个人卖家需要准备的资料包含联系人电话、个人身份证信息（姓名和身份证号）、地址证明和可以用于海外支付的个人信用卡。新建 Payoneer 账户将在 Payoneer 注册页面完成，如图 5.1.14 所示。该页面需要填写的信息全部要求用拼音或英文。

（3）完成上述步骤后，回到 eBay 页面核对 eBay 与 Payoneer 将同步的信息，如图 5.1.15 所示。

图 5.1.14　Payoneer 个人账户注册页面

图 5.1.15　进行 eBay 和 Payoneer 个人档案同步

（4）新增信用卡，以备后续进行销售、退款等相关操作，如图 5.1.16 所示，同意管理支付条款并提交注册申请。

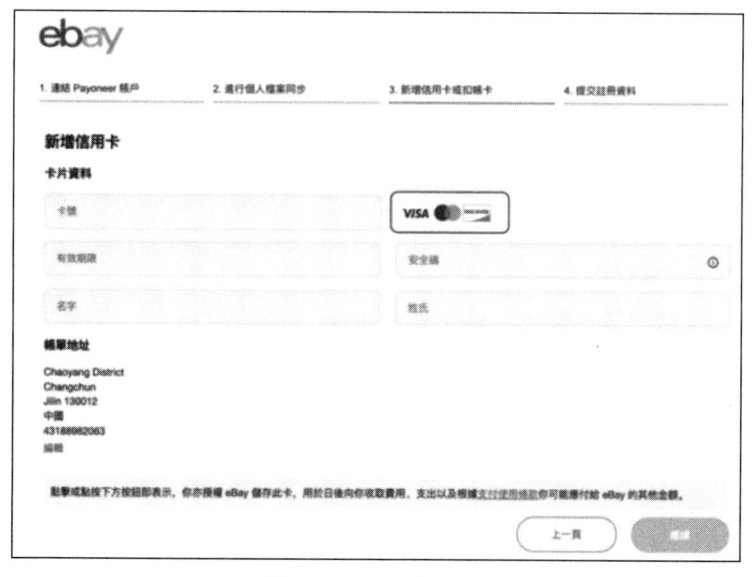

图 5.1.16　新增信用卡

(5)成功提交申请后,进入图 5.1.17 所示的页面。

卖家在完成 eBay 管理支付注册流程后,eBay 将委托 Payoneer 对身份信息进行 KYC（Know Your Custome,一种实名认证机制）资料验证,卖家要按照 Payoneer 邮件的通知和提示提交 KYC 验证资料。在完成 KYC 资料验证后,卖家将会收到"您从 eBay 收取款项的申请已经获得批准"的邮件。eBay 平台也会发送 eBay 管理支付账号激活通知邮件。至此,个人卖家账户完成整个注册流程。

图 5.1.17 成功提交注册资料

（二）eBay 企业卖家账户注册

企业卖家入驻有两个渠道:通过 eBay 招商团队入驻和直接在 eBay 中国香港站点申请入驻。eBay 团队每个月会在全国各地召开线下招商会,分享平台招商政策、海外消费趋势、选品建议等内容,帮助卖家拓展业务。通过线下招商会,企业卖家不仅可以与 eBay 招商经理面对面交流,还可以获得招商经理的一对一指导,从而帮助企业卖家在 eBay 平台更好地开展业务。另外,大中华区的企业卖家可以在 eBay 中国香港站点申请 eBay 账户,通过申请审核的企业卖家会获得最高 200 个刊登额度的 eBay 账户。注册流程主要包含注册 eBay 账户和注册 eBay 管理支付两个环节。

1. 注册 eBay 商业账户

注册 eBay 商业账户较为简单,首先登录 eBay 中国香港站点,点击"注册",选择"商业账户",填写公司名称、密码等信息,如图 5.1.18 所示;完整填写后点击"创建账户"。接下来,通过邮箱验证后就完成 eBay 商业账户的注册了,如图 5.1.19 和图 5.1.20 所示,可设置会员账号[①]。

---

① 软件图中的"帳號"的正确写法应为"賬號"。

图 5.1.18　商业账户注册页面

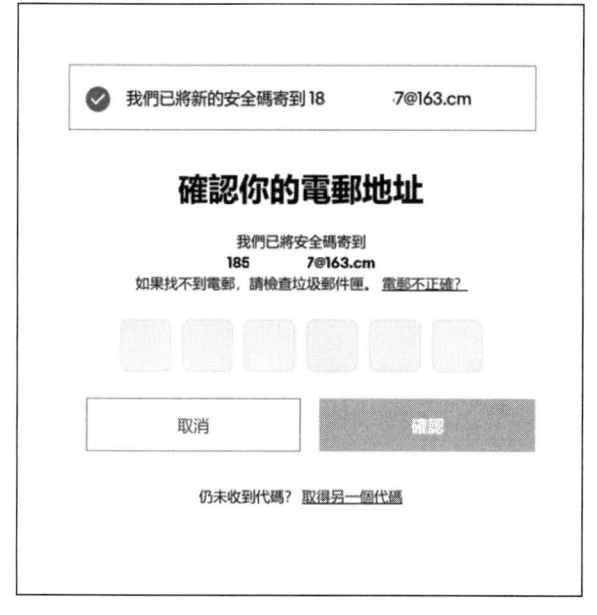

图 5.1.19　验证邮箱

图 5.1.20　建立账户

2. 注册 eBay 企业卖家管理支付

完成 eBay 新账户注册后,网页就直接跳转至 eBay 管理支付页面,企业卖家需要继续完成 eBay 管理支付的注册流程。具体操作流程见本书配套资料。

二、账户基础设置

在刊登物品之前进行账户基础设置,不仅可以简化后期运营工作,还可以让新卖家提前熟悉卖家后台的功能按钮。eBay 账户的基础设置主要包含业务政策、运送偏好设置和销售偏好设定等。进入 eBay 卖家后台,在"我的 eBay（My eBay）"页面中选择"账户（Account）",如图 5.1.21 所示,就可以看到相应的设置入口。

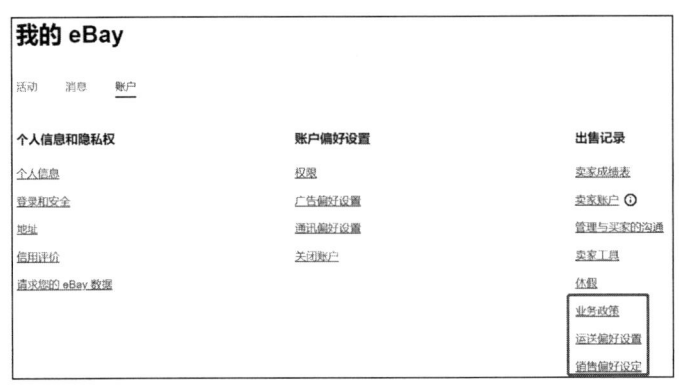

图 5.1.21　账户设置主页面

（一）业务政策

点击账户设置主页面中的"业务政策"，进入图 5.1.22 所示的页面。业务政策主要包含付款（Payment）政策、退货（Return）政策和物流（Shipping）政策。接下来分别介绍三个政策的设置步骤。

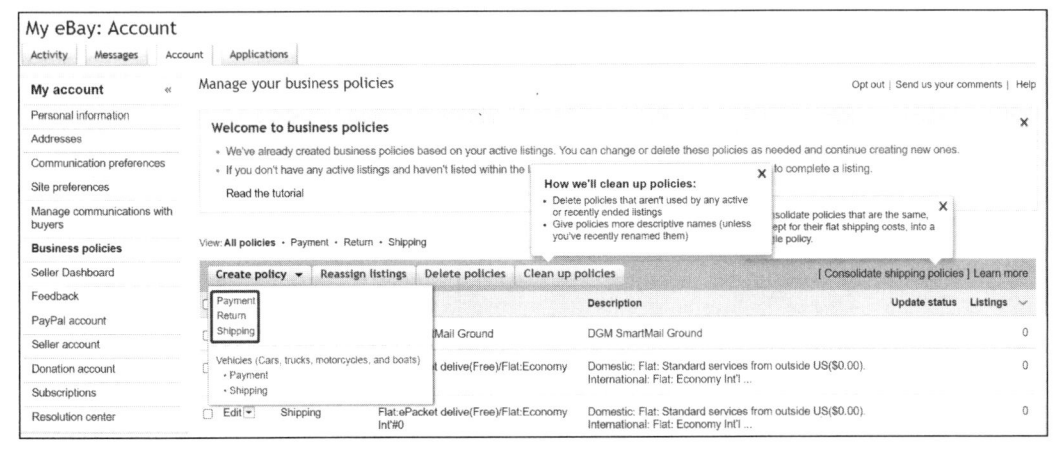

图 5.1.22　业务政策设置

1. 设置付款政策

付款政策是买家在购买物品时的付款方式。不论是用"一口价"还是"拍卖"形式刊登物品，卖家都需选择付款方式。设置付款政策的操作步骤如下。

（1）在业务政策设置页面，设置点击"Create policy"，在下拉列表中选择"Payment"来创建一个新的付款政策，进入如图 5.1.23 所示的新页面。

（2）在设置付款政策页面，可在"Policy name"的文本框中输入付款政策名称，在"Policy description"的文本框中输入付款政策说明。付款政策名称和付款政策说明由卖家自行设定。如果要将正在设置的付款政策设为默认政策，可勾选"Set as default payment policy"。如果没有设置默认的付款政策，在刊登物品的时候会把多个付款政策中最后设置的那个作为默认的付款政策。

（3）如需买家立即支付，则可勾选"Require immediate payment when buyer uses Buy It Now"。勾选这个选项有两个前提：第一是直到付款成功，这些物品都可以正常售卖；第二是售价必须是包括运费的总价。设置完毕，点击"Save"保存设置。

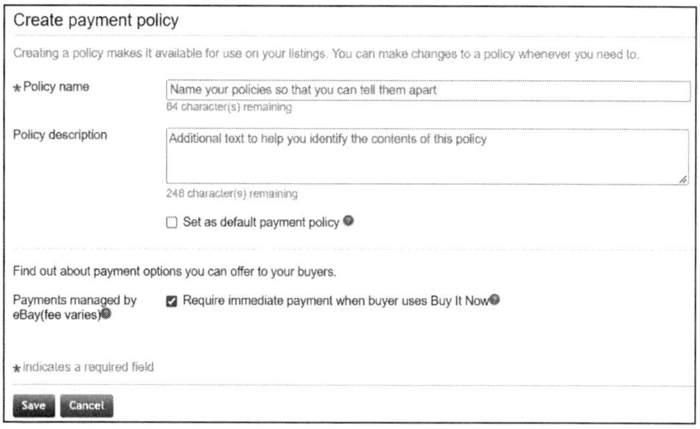

图 5.1.23　设置付款政策

2. 设置退货政策

为了提升买家的购物体验，卖家一般都会提供退换货的服务，有退换货服务的卖家都要设置退货政策，指定退货条件及退货期限等细节。一般来说，买家退换货有三种原因：第一是自身因素，第二是物品与描述不符，第三是物品受损或有质量问题。根据以上原因，卖家处理退换货问题有三种解决方案：第一种是"退货退款"，第二种是"全额退款"，第三种是"部分退货退款"。由于运费成本较高，建议尽量选择第二种或第三种解决方案。当然，如果遇到超过了卖家设置的退货期限、在 eBay 退货保障期限后申请的退货、不符合卖家的退货政策等情况，卖家可以不予理会，最终由 eBay 平台进行裁决。设置退货政策的操作步骤如下。

（1）在业务政策设置页面，点击"Create policy"，在下拉列表中选择"Return"，设置一个新的退货政策，设置页面如图 5.1.24 所示。

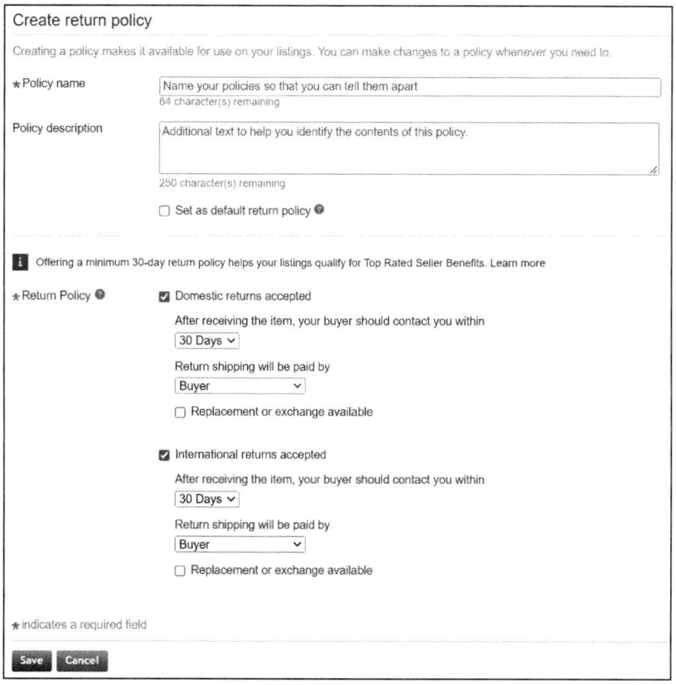

图 5.1.24　设置退货政策

（2）在设置退货政策页面，在"Policy name"的文本框中输入退货政策的名称，在"Policy description"的文本框中输入退货政策说明。如需将正在设置的退货政策定为默认政策，则勾选"Set as default return policy"。

（3）可勾选"Domestic returns accepted"接受退货，需设置起码 30 天的退货时间。

（4）可在"Return shipping will be paid by"下方选择运费的分担方式，"Buyer"为买家承担运费，"Seller"为卖家承担运费。

（5）同样，在"International returns accepted"做相应的设置。

（6）设置完毕点击"Save"进行保存。

3. 设置物流政策

物流政策提供有关运送的细节，如指定处理时间、提供的运送方式及运费等信息。设置物流政策的操作步骤如下。

（1）在业务政策设置页面，点击"Create policy"，在下拉列表中选择"Shipping"来设置物流政策。设置物流政策页面如图 5.1.25 所示。

图 5.1.25　设置物流政策

（2）在设置物流政策页面，在"Policy name"的文本框中输入物流政策的名称，在"Policy description"的文本框中输入物流政策说明；若要将正在设置的物流政策定为默认政策，则勾选"Set as default shipping policy"。

（3）所设置的物流政策分国内物流（Domestic shipping）政策和国际物流（International shipping）政策。新卖家可以重点设置国内物流政策。国内物流政策有四种计费模式：为每件物品设定固定运费（Flat:same cost to all buyers）；为不同地区的买家设置不同运费（Calculated:Cost varies by buyer location）；为超过 150 磅的大型物品设置运费（Freight:large items over 150 lbs）；将物品设置为本地面交无运费（No shipping:Local pickup only）。对于出售小物品的新卖家来说，"Flat:same cost to all buyers"是一种比较便捷的选择。

（4）"Services"下可设置具体的运送服务。以美国站点为例，按照物品发出的地点不同可以分为从美国本土发出的快递和从美国以外的地区发出的快递（如从中国、印度等）。这两种运送服务按照时效又可以分别分为经济型服务、标准型服务和快递型服务。

以美国站点的卖家为例，卖家可以根据自身的情况做出选择，如果买家要将普通小件物品直邮到美国，一般都会选择标准型服务。在图 5.1.26 中选择 eBay 推荐的物流——SpeedPAK 的标准型服务，之后可以在 eDIS 物流平台做相关的发货设置。

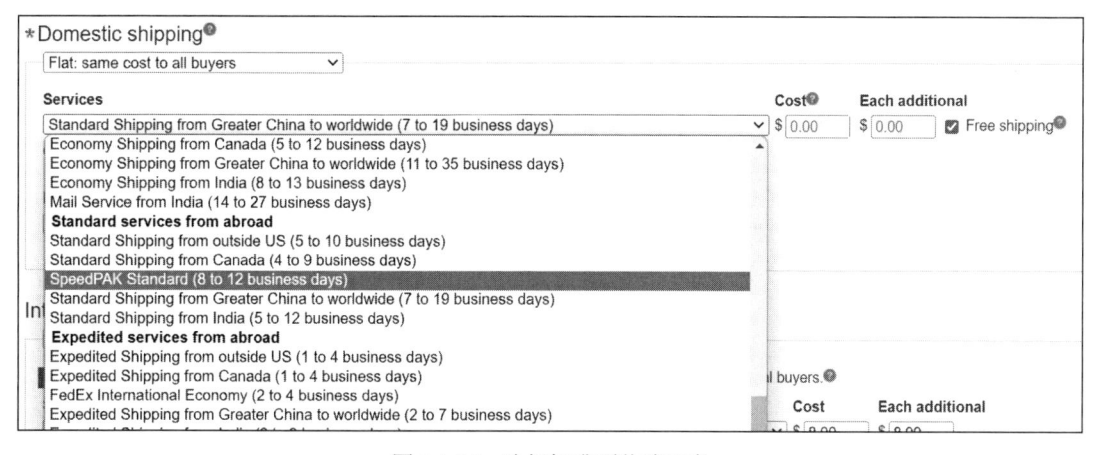

图 5.1.26　选择标准型物流服务

按照图 5.1.26 的提示，在"Cost"下面的文本框中填写一件物品的运费，在"Each additional"下面的文本框中填写每增加一件物品所要多付的运费。同时，可勾选"Free shipping"设置为包邮，以增加其曝光率。在很多情况下，卖家都会选择包邮，但是包邮的时候卖家要核算好物流成本和其他成本，从而对物品做出合理定价。

（5）在设置物流政策页面，点击"Offer additional service"可增加更多的运输服务。

（6）在设置物流政策页面，在"Handling time"的下拉列表中可选择物品的处理时间。Handling time 即处理时间，是指当卖家收到买家的付款后，直到卖家的包裹被承运商扫描揽收所需要的时间（工作日）。除非是定制物品，一般发货不要超过三天，eBay 官方建议选择当天发货或隔天发货以提升卖家的级别，没有如期发货会对账号表现产生负面影响。

以上是中国发往美国的物流政策设置，如果只针对某个站点，那么可以在"International shipping"区域选择"No International Shipping"。

（7）对于新卖家，建议先针对某个站点进行设置。如果卖家想让物品出现在 eBay 的其他站点上，那就需要在"International shipping"区域设置除美国外的国际货运细节，如图 5.1.27 所示。由于不同国家不同物流渠道的费用差异较大，因此卖家应该清楚不同的国家的物流方案和收费标准后再进行设置。

图 5.1.27　International shipping 设置

（8）在设置物流政策页面中，在"Exclude shipping locations"中设置不能运达的国家/地区，要点击"Create exclusion list"来设置不能运达的国家/地区列表。建议屏蔽阿拉斯加/夏威夷、美国保护区和战地等地区，这些地区的物流费用远远超过发往美国本土运费，卖家可以设置不发货，如图 5.1.28 所示。

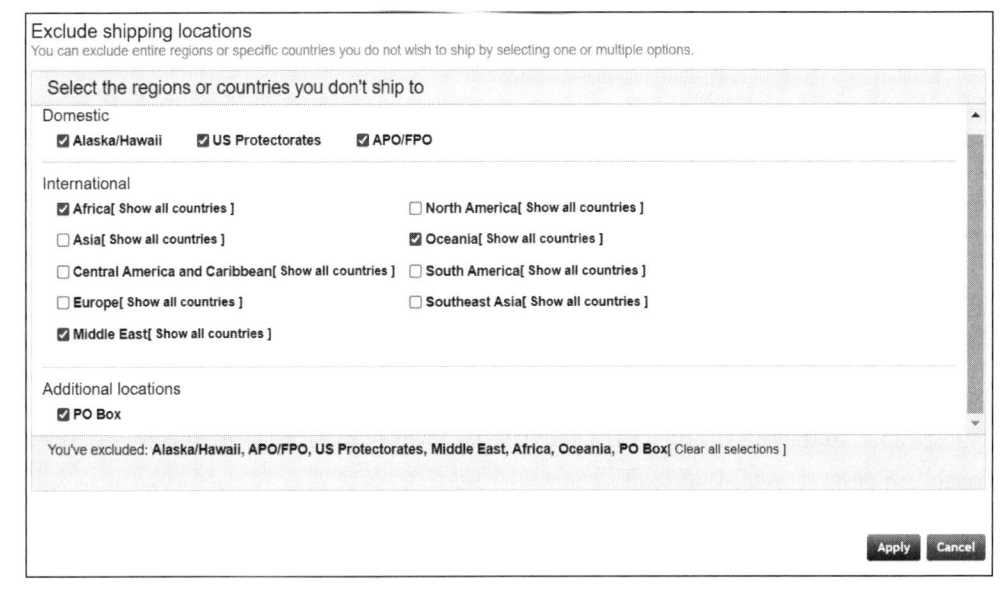

图 5.1.28　Exclude shipping locations 设置

设置完货运政策后，点击"Save"，至此，完成了三种政策的设置工作。

（二）销售偏好设定

eBay 新卖家在进行物品刊登前必须先进行一些销售偏好（Selling preferences）的设置，这样可以在后期的运营中避免一些不必要的麻烦。进入"我的 eBay"，点击"账户"—"销售偏好设定"，进行自动留下信用评价、退货偏好设置、尚未付款物品的偏好设置等设定，如图 5.1.29 所示。

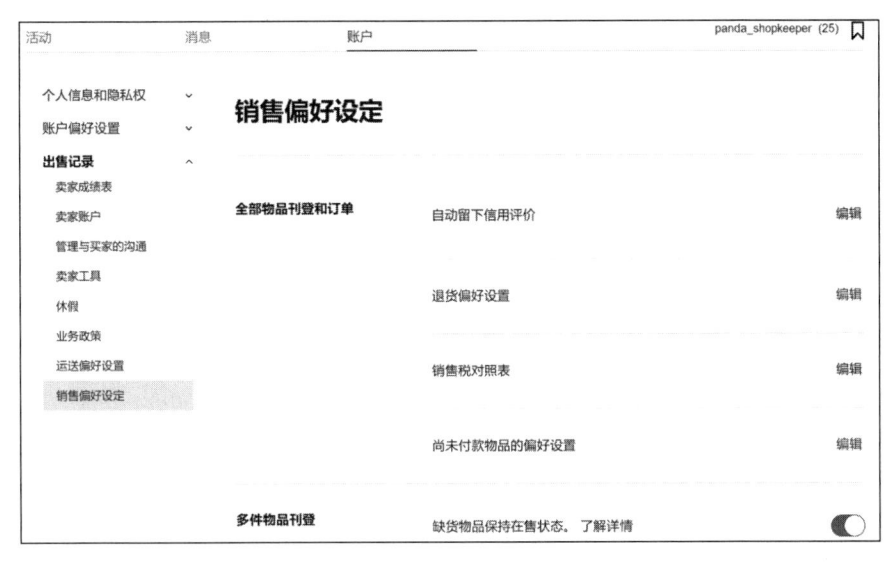

图 5.1.29　销售偏好设定

1. 自动留下信用评价

对于有些卖家来说，每次都要留下评价或许是一件比较麻烦的事情，有时还会遗忘，所以推荐卖家设置自动留下信用评价。具体设置方法：选择"自动留下好评"，从两个选项中选择一个选项，确定何时会留下评价，可以在买家已为物品付款后（Buyer has paid for the item），也可以在买家已为物品付款并留下好评后（Buyer has paid for the item and left me positive feedback），最后点击"保存"提交，如图 5.1.30 所示。

2. 退货偏好设置

为了节省卖家的时间，更快捷地给予买家申请退款退货的回复，卖家可以通过"退货偏好（Return preferences）"设置自动退款金额或退货。

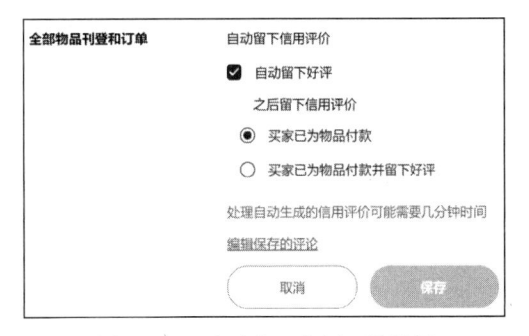

图 5.1.30　自动留下信用评价设置

设置路径在自动留下信用评价设置的下方，点击"退货偏好设置"右侧的"编辑"进入退货偏好设置页面，如图 5.1.31 所示。

退货偏好设置的页面中有"发送退款（Send a refund）"和"批准退货（Approve a return）"两个模块。"发送退款"指的是当买家提出退款请求时，卖家可设置在多少金额内自动退款给买家，同时卖家可设置当买家提出哪几种情况的退款时，该自动退款可生效。"批准退货"指的是在某些设定的情况下，当买家的退货金额在多少金额以内时，便会自动同意该退货请求的设置。需要注意的是，一旦同意自动退货，eBay 就会自动发送退货物流标签给买家，同时退货被发送到卖家的优先退货物流地址。

如果卖家不需要该功能，则可以关闭此功能。

如果卖家觉得以上功能不够全面，也可自己创建一种类型的退货规则。只需点击"创建您自己的规则（Create your own rule）"下方的"需要设置更具体的规则吗？前往高级退货规则"进行创建，创建完成后对新的退货规则进行命名便可使用。

图 5.1.31　退货偏好设置

建议卖家打开退货偏好设置页面，勾选下方的"让我自行选择为每个退货标签添加退货授权编号（RMA number）"，如图 5.1.32 所示，勾选后可以为每个退货订单生成退货编号。

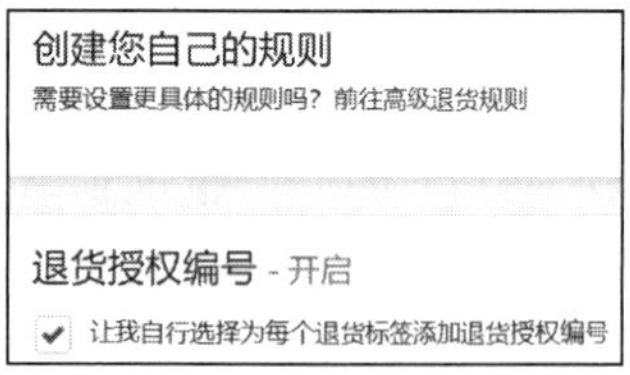

3. 尚未付款物品的偏好设置

针对买家没有及时付款的订单，卖家可以设置自动取消未付款的订单的天数。尚未付款物品的偏好设置（Preferences for items awaiting payment）如图 5.1.33 所示，一般建议设置 4 天左右。

图 5.1.32　退货授权编号设置

4. 无货隐藏设置

无货隐藏设置（Out-of-stock）是销售偏好设定中最为重要的设置，在选择了无货隐藏设置后，物品的库存为零时也不会下线，这样就能够保存该物品的销售数量和销售排名。具体操作：在"销售偏好设定"中的"多件物品刊登（Multi-quantity listings）"模块中找到"缺货物品保持在售状态（Listings stay active when you're out of stock）。

了解详情",如图 5.1.34 所示,点击旁边的开关按钮使其打开即可完成设置。

图 5.1.33 等待付款设置

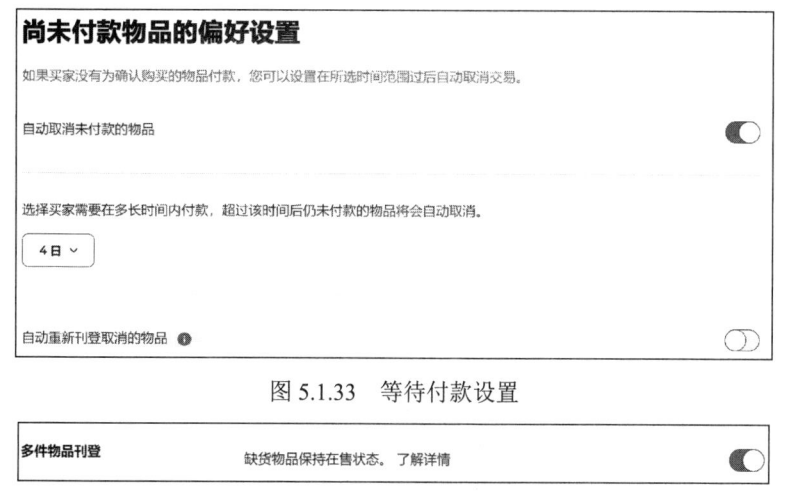

图 5.1.34 无货隐藏设置

除了以上设置,卖家还可以在"出售记录(Selling)"模块中设置"运输偏好(Shipping Preferences)"和"管理与买家的沟通(Manage communications with buyers)"等内容,这里由于篇幅有限,不再展开描述。

三、eBay 平台销售费用及相关规则

eBay 平台销售费用包括基础费用和增值服务费用。一般 eBay 平台会向卖家收取两种类型的基础费用:刊登费(Insertion fee)和成交费(Final value fee),这些费用又会因产品的售价、刊登形式、刊登时选择的分类及卖家的账号表现等具体情况而异;另外,卖家可能还会为使用增值服务向平台付费,如刊登选项升级费用、店铺订购费及广告费等。

(一)刊登费

按照 eBay 平台的规则,卖家刊登 Listing 需要缴纳一定比例的刊登费,不同类型的卖家需要缴纳的费用有所差别。每个卖家每个月可以获得一定的免费刊登额度。根据 2022 年 eBay 平台的规则,卖家在无店铺状态下最多可以刊登 250 条 Listing,如果有 eBay 店铺,则可以享受零刊登费的刊登,数量更多。只有 Listing 刊登数量超过了免费刊登数量,卖家才会被收取相应的刊登费。非店铺卖家超出刊登免费刊登数量后,在大多数类别中每条按 0.35 美元被收取费用(特殊类目除外)。

在刊登物品时,卖家可以选择一些升级的功能(如字体加粗、第二分类、副标题、1 天或 3 天的刊登天数、保底价等),以使自己的 Listing 更容易吸引买家。对此,卖家需要额外支付功能费用,且无论物品是否售出,这些费用不包含在每月的免刊登费 Listing 条数中。拍卖方式可选刊登升级费用如表 5.1.1 所示,一口价方式可选刊登升级费用如表 5.1.2 所示。

表 5.1.1 拍卖方式可选刊登升级费用

可选刊登升级项目	售价在 150 美元以内	售价超过 150 美元
刊登天数为 1 天或 3 天	1.00 美元	1.00 美元
字体加粗	2.00 美元	2.00 美元

续表

可选刊登升级项目	售价在 150 美元以内	售价超过 150 美元
特大图片展示（艺术品、古董、收藏品、陶瓷和玻璃类的物品刊登免费）	0.35 美元	0.35 美元
在两个类目中刊登物品	始终对第二类目收取刊登费，并且再次收取任何可选刊登升级的费用。如果物品售出，将收取两个成交费中较高的费用	
副标题	1.50 美元	3.00 美元

表 5.1.2　一口价方式可选刊登升级费用

可选刊登升级项目	售价在 150 美元以内	售价超过 150 美元
字体加粗	4.00 美元	4.00 美元
特大图片展示（艺术品、古董、收藏品、陶瓷和玻璃类的物品刊登免费）	1.00 美元	1.00 美元
可展示在国际站的 Listing	0.50 美元	0.50 美元
选择两个类目	始终对第二类别收取刊登费，并且再次收取任何可选刊登升级的费用。如果物品售出，将收取两个成交费中较高的费用	
副标题	2.00 美元	6.00 美元

（二）成交费

当物品成功出售时，卖家需要缴纳一定的成交费。成交费的计算方法为销售总额的百分比金额，加上每个订单 0.30 美元的固定费用。销售总额包括物品价格、任何处理费、买家选择的运送服务费、销售税，以及任何其他适用的费用。对于非店铺卖家来说，如果每个月销售总额不超过 7500 美元，大多数类目的成交费按每件物品的 13.25%计算，超过 7500 美元的销售总额部分按 2.35%计算。对应店铺卖家，不同店铺类型、不同类目物品成功出售的成交费也有所不同。关于入门店铺其他类目的成交费，可以扫描二维码查看。

其他类目的成交费

（三）店铺费用

eBay 店铺是卖家在 eBay 平台上开设的属于自己的店铺。eBay 店铺可以为买家创建一个有关卖家售卖物品的统一的购物中心。卖家不仅可以通过 eBay 店铺以视觉化、生动且真实的方式展示自己的物品/服务，还可以获得更多免费刊登额度，并提高销售额，减少成交费用。eBay 平台目前提供五种店铺订阅套餐，即入门店铺（Starter Store）、基础店铺（Basic Store）、高级店铺（Premium Store）、超级店铺（Anchor Store）和企业店铺（Enterprise Store），对不同等级的店铺收取不同的费用。费用的收取有月度和年度两种方式。针对不同等级的店铺，每月免费 Listing 的刊登数量、刊登费及成交费收取的比例均不相同。店铺等级越高，免费刊登数量就越多，其他费用的费率越低。店铺订阅费用如表 5.1.3 所示。店铺订阅分为包月形式订阅和包年形式订阅，不过无论哪种形式，eBay 都是按月度来收取订阅费的。

表 5.1.3　店铺订阅费用

订阅类型	入门店铺	基础店铺	高级店铺	超级店铺	企业店铺
按月订阅	7.95 美元/月	27.95 美元/月	74.95 美元/月	349.95 美元/月	不适用

续表

订阅类型	入门店铺	基础店铺	高级店铺	超级店铺	企业店铺
按年订阅	4.95 美元/月	21.95 美元/月	59.95 美元/月	299.95 美元/月	2999.95 美元/月
一口价免费刊登数	250 条/月	350 条/月	1000 条/月	10000 条/月	100,000 条/月
拍卖免费刊登数	250 条/月	250 条/月	500 条/月	1000 条/月	2500 条/月
"一口价"刊登费	0.30 美元	0.25 美元	0.10 美元	0.05 美元	0.05 美元
"拍卖"刊登费	0.30 美元	0.25 美元	0.15 美元	0.10 美元	0.10 美元
成交费比率	2.35%～13.25%	2.5%～12.35%	2.5%～12.35%	2.5%～12.35%	2.5%～12.35%
成交费上限	750 美元	350 美元	350 美元	250 美元	250 美元

(四) 其他费用

除了以上提到的费用，卖家还可以选择使用 Promoted Listing（站内推广）广告服务，使自己销售的物品获得更多的曝光机会。Promoted Listing 可以有机会把卖家的物品推送给更多的潜在买家，而卖家只需要为那些通过 Promoted Listing 广告成交的物品支付费用。该费用可以由卖家自行设置，通常设置为物品售价的 1% 起。

另外，如果卖家违反了 eBay 平台的政策，eBay 平台可能向卖家收取成交费；如果卖家的表现未达到 eBay 平台的期望，eBay 平台也可能收取额外的成交费。

如果出现 eBay 政策认定卖家应该承担存在争议的费用（如退单），eBay 平台对每次纠纷收取 20.00 美元的纠纷费用，不包括销售税。

(五) 费用计算示例

假设卖家是一位入门店铺订阅户，用一口价的形式刊登了一件滑雪服，价格为 65 美元，并且提供包邮服务，同时添加了副标题以帮助刊登物品脱颖而出。假设这位卖家本月可享受零刊登费的物品刊登配额未用完，并且表现达到了 eBay 平台的期望，滑雪服很快就售出了，加上包邮选项，销售总额是 68.90 美元（包括 6% 的销售税）。那么，刊登费为 0 美元，副标题费为 2.00 美元，成交费为 9.43 美元（销售总额的 13.25% 加上每笔订单 0.30 美元的固定费用），最终 eBay 平台要扣除的总费用为 11.43 美元。

四、eBay 卖家收款

为了推动平台现代化、简化流程、优化卖家支付体验，从 2021 年 5 月开始，eBay 与 Payoneer 开展合作，eBay 卖家改成使用 Payoneer 支付工具进行支付和收款管理。这样便于 eBay 卖家轻松收取款项、灵活管理多币种入账，并入驻多个 eBay 国际站点，触及更多的潜在客户。

五、eBay 卖家管理店铺常用工具

除了 ERP 工具，在 eBay 站点上，卖家专区（Seller Hub）是卖家管理店铺的常用工具。以美国站点为例，卖家可以打开 eBay 首页，点击"出售"进入卖家专区。

卖家专区可以帮助卖家集中管理 eBay 业务。它不仅可以免费使用并将所有销售工具合并到一个位置，还可以为卖家提供有效的数据及报表，让卖家对自己的账户情况一目了然。

其中,"物品刊登(Listings)"是卖家专区中一个很重要的板块,它包含了创建 Listing 刊登(Create Listing)、在售(Active)、未售出(Unsold)、草稿(Drafts)、已预订(Scheduled)、已结束(Ended)等内容。其中一些设置会在后面的内容中进行介绍。

第二节　eBay 物流

一、eBay 物流概述

一般来说,跨境物流分为直邮和海外仓两种物流模式。eBay 平台比较注重与卖家沟通,通过了解部分卖家以往在各路向上的物流经验,为卖家提供直邮物流、仓配服务、退运仓物流和海外仓头程物流解决方案。不同 eBay 站点的物流解决方案也略有不同。

(一)直邮物流解决方案

为了提高 eBay 平台的整体物流水准,改善海外买家的物流体验,eBay 联合物流战略合作伙伴橙联股份共同打造了 SpeedPAK 物流管理方案,为 eBay 大中华区跨境出口电商卖家量身定制了直邮物流解决方案,要求卖家使用 SpeedPAK 直邮物流解决方案及其他符合政策要求的物流服务达到一定比例,从表 5.2.1 可以看出,SpeedPAK 直邮物流解决方案已成为 eBay 卖家直邮的主要解决方案。

表 5.2.1　eBay 关于使用 SpeedPAK 直邮物流解决方案及其他物流服务的比例要求

刊登站点	路向	必须达到合规比例要求的单价定义(包括单个物品产生的平均运费)	合规比例要求
美国	中国寄往美国	全价位段	90%
英国	中国寄往英国	全价位段	90%
德国	中国寄往德国	≤150 欧元(不包括运费)	90%
澳大利亚	中国寄往澳大利亚	>8 澳元	90%
不限站点	中国寄往加拿大、意大利、法国、西班牙……	美国:>6 美元;英国:>5 英镑;德国、法国、意大利、西班牙:>5 欧元(不包含评估交易模块 5 的交易);澳大利亚:>8 澳元;加拿大:>8 加元;其他站点:>6 美元	40%

自 2021 年 9 月起,针对卖家销往德国、意大利及西班牙路向物品单价高于 150 欧元(不包含运费)的直邮物品(刊登站点为路向国本国站点),eBay 要求卖家需 100%提供且买家选择 SpeedPAK DDU(Delivered Duty Unpaid,未完税交货)物流选项或特快型物流选项,并实际使用服务等级对应的 SpeedPAK 标准型服务或其他符合政策要求的特快型物流服务。自 2021 年 10 月 10 日(含)交易日起,针对卖家销往法国路向物品单价高于 150 欧元(不包含运费)的直邮物品(刊登站点为路向国本国站点),eBay 要求卖家需 100%提供且买家选择 SpeedPAK DDU 物流选项或特快型物流选项,并实际使用服务等级对应的 SpeedPAK 标准型服务或其他符合政策要求的特快型物流服务。

(二)仓配服务管理方案

eBay 面向所有卖家推出 eBay Fulfillment by Orange Connex(简称 eBay Fulfillment)服务

计划。该计划通过与物流服务商橙联股份合作，向卖家提供端到端的仓配物流服务，为数以百万计的热门物品提高配送速度和提供更可靠的服务，同时为卖家降低配送成本和操作的复杂性。目前，eBay Fulfillment 服务计划已经在德国、英国和澳大利亚推出，如表 5.2.2 所示。

表 5.2.2 eBay Fulfillment 服务计划一览表

物流服务名称	服务国家	当地派送时效	价格信息
eBay Fulfillment	德国	1~4 个工作日	详情请咨询橙联股份
	英国	1~3 个工作日	详情请咨询橙联股份
	澳大利亚	1~8 个工作日	详情请咨询橙联股份

（三）退运仓服务和海外仓服务

eBay 的退运仓服务主要依靠 Return Helpe 公司（专门帮助大中华地区跨境电商卖家解决跨境退货困难的问题）。该公司在美国、英国、德国、西班牙、法国等超过 10 个国家或地区设有仓库，拥有跨境电商的服务经验。Return Helper 更能体会身为卖家对于处理退件的难处及需求，在系统操作和仓库运营上，专为 eBay 量身打造退件服务。

为了提升卖家物流体验，橙联股份推出为 eBay 量身定制的 SpeedFreight——海外仓头程运输服务，持续为客户提供稳定、可靠的物流服务。详情请咨询橙联股份。

二、eBay 直邮物流方案

（一）SpeedPAK 直邮物流解决方案概述

SpeedPAK 直邮物流解决方案（简称"SpeedPAK 直邮物流"）是 eBay 平台为大中华区跨境出口电商卖家量身定制的国际派送解决方案。物流服务主要分经济型直邮、标准型直邮，覆盖全球 51 个国家和地区，部分国家支持带电物品的派送。从揽收到完成派送的平均时效，经济型直邮为 10~15 天，标准型直邮为 8~12 天。卖家通过 eDIS 物流平台发货，物流轨迹可追踪，支持包含中国境内的 185 个城市上门揽收、目的地分拣、出口报关、国际运输、进口清关、终端配送、物流轨迹追踪等端到端的整体服务。SpeedPAK 直邮物流揽收范围、平均时效和派送范围如表 5.2.3 所示。

表 5.2.3 SpeedPAK 直邮物流揽收范围、平均时效和派送范围

物流服务名称	揽收范围	平均时效	派送范围
经济型直邮	北京、上海、杭州、金华、深圳、广州等 185 个城市	10~15 个工作日	美国、英国、法国、德国、澳大利亚等 49 个国家
标准型直邮	北京、上海、杭州、金华、深圳、广州等 185 个城市	8~12 个工作日	美国、英国、法国、德国、澳大利亚等 22 个国家
标准带电物品派送	北京、上海、杭州、金华、深圳、广州等 185 个城市	8~12 个工作日	美国、英国、澳大利亚、法国、意大利、西班牙

1. SpeedPAK 经济型直邮

SpeedPAK 经济型直邮面向五十多个国家和地区，可扫码查看包裹计费的基本要求。

SpeedPAK 经济型直邮包裹重量/尺寸货值限制

2. SpeedPAK 标准型直邮

SpeedPAK 标准型直邮面向欧美二十几个国家和地区，可扫码查看直邮包裹计费的基本要求。

SpeedPAK 标准型直邮包裹重量/尺寸货值限制

（二）SpeedPAK 主要路向直邮物流费用

1. 美国路向

自 2020 年 2 月 19 日起，eBay 暂时关闭试运营中的 SpeedPAK 美国经济型轻小件直邮。目前，美国路向只支持标准型直邮——按照不同重量区间收取不同的配送服务费和操作费，详情如表 5.2.4 所示。

表 5.2.4 美国路向价格、时效

国家代码	平均时效	重量范围（克）	币种	计费方式	计费标准	
					配送服务费（元/千克）	操作费（元/包裹）
US	8～12 个工作日	0<x≤100	人民币	每克计重	145.00	16.00
		101<x≤200				18.50
		201<x≤31500				19.00

2. 英国路向

SpeedPAK 英国路向可以选择标准型直邮、经济型直邮和经济型轻小件直邮。

（1）SpeedPAK 英国路向标准型直邮价格、时效如表 5.2.5 所示。

表 5.2.5 英国路向标准型直邮价格/时效

国家代码	平均时效	重量范围（克）	币种	计费方式	计费标准	
					配送服务费（元/千克）	操作费（元/包裹）
GB	8～12 个工作日	0<x≤10000	人民币	每克计重	116.40	17.60

（2）SpeedPAK 英国路向经济型直邮价格、时效如表 5.2.6 所示。

表 5.2.6 英国路向经济型直邮价格、时效

国家代码	平均时效	重量范围(克)	币种	计费方式	计费标准	
					配送服务费（元/千克）	操作费（元/包裹）
GB	10～15 个工作日	0<x≤30	人民币	每克计重	88.00	7.00
		31≤x≤100			90.00	8.00
		101≤x≤2000			118.00	10.00

（3）SpeedPAK 英国经济型轻小件直邮，如表 5.2.7 所示。

表 5.2.7 英国路向经济型轻小件直邮价格、时效

国家代码	平均时效	重量范围(克)	币种	计费方式	计费标准	
					配送服务费（元/千克）	操作费（元/包裹）
GB	10~15 个工作日	0<x≤30	人民币	每克计重	80.00	7.00
		31≤x≤100			89.00	7.00
		101≤x≤750			117.00	10.00

前述价格生效日期为 2022 年 3 月 16 日，受国际局势等的影响，价格可能会有波动。其他各个国家路向的物流服务，可以登录 SpeedPAK 官网进行查询。

（三）eDIS 物流平台

eDIS 物流平台（eDelivery International Shipping）是 SpeedPAK 的线上发货平台，可以进一步提升物流服务水平，改善海外买家的物流体验，让卖家取得更好的销售业绩。卖家可以通过该平台完成线上发货、打印物流面单和跟踪物流轨迹等操作。

卖家可在 eDIS 物流平台首页注册账户并激活，如图 5.2.1 所示。首次登录 eDIS 物流平台时，系统会引导卖家进行账户预设操作，包括订单来源、发货地址、交运偏好、打印物流面单设置、物流偏好设置等。对于订单管理，可以查看第四节相关内容。

图 5.2.1　eDIS 物流平台首页

1. 增加发货地址

新卖家在发货前需要在 eDIS 物流平台增加发货地址。具体操作如图 5.2.2 所示，先点击页面上的设置按钮，再点击"地址管理"，进入发货地址管理页面；点击"+添加发货地址"弹出新增发货地址弹窗，填写信息，可设置当前编辑的发货地址为默认发货地址，点击"保存"。对于未审核通过的地址，系统会显示审核状态：审核中、审核失败。

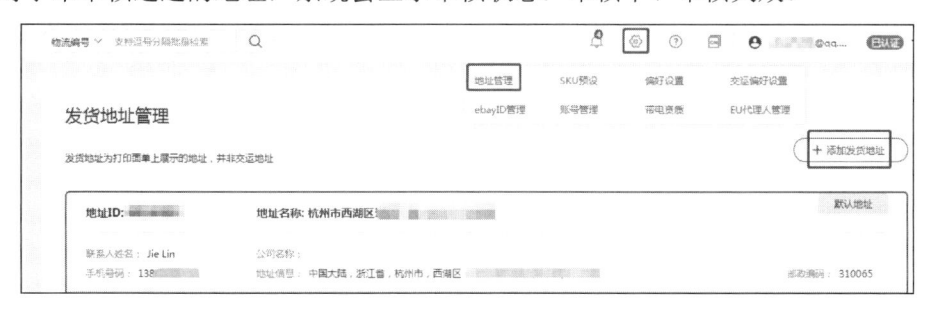

图 5.2.2　发货地址管理

2. 添加交运偏好（揽收地址信息）

先点击页面上的设置按钮，再点击"交运偏好设置"，进入交运偏好设置页面，如图 5.2.3 所示，点击"默认偏好"，即可将当前交运偏好设置为默认交运偏好。如果要新增交运偏好，点击"+添加交运偏好"进入新增页面，填写信息，点击"保存"即可。

图 5.2.3　交运偏好设置

3. 编辑面单打印偏好（自定义面单打印内容）

进入 eDIS 物流平台后，先点击设置按钮，再点击"偏好设置"—"打印偏好"，如图 5.2.4 所示。打印偏好设置页面可设置打印面单方式，选择需要展示的商品信息。一般面单尺寸为 10cm×10cm，卖家可以选择 A4 或热敏纸进行打印。

图 5.2.4　设置打印偏好

4. 绑定需要发货的 eBay ID

为了方便以后的订单管理，eDIS 物流平台需要进行 eBay 账号授权，先点击页面上的设置按钮，再点击"eBayID[①]管理"进入 eBayID 管理页面，如图 5.2.5 所示。点击"+绑定 eBay ID"，根据跳出的页面完成相应操作即可。授权后，该账号不可再迁移至其他 eDIS 账号。

图 5.2.5　eBayID 管理

---

① eBay 中的"b"在正文中统一用大写"B"。

5. 账户认证

为了验证用户的有效性，eDIS 物流平台要求卖家完成账户认证。具体操作：登录 eDIS 账户，点击主页右上角的“立即认证”，接下来在图 5.2.6 所示的页面中填写认证信息。其中，客户类型可以选择个人或企业。如果选择个人，那么联系方式填写身份证上的中文姓名；如果选择企业，则需填写营业执照上的企业全称。填写完毕提交审核。

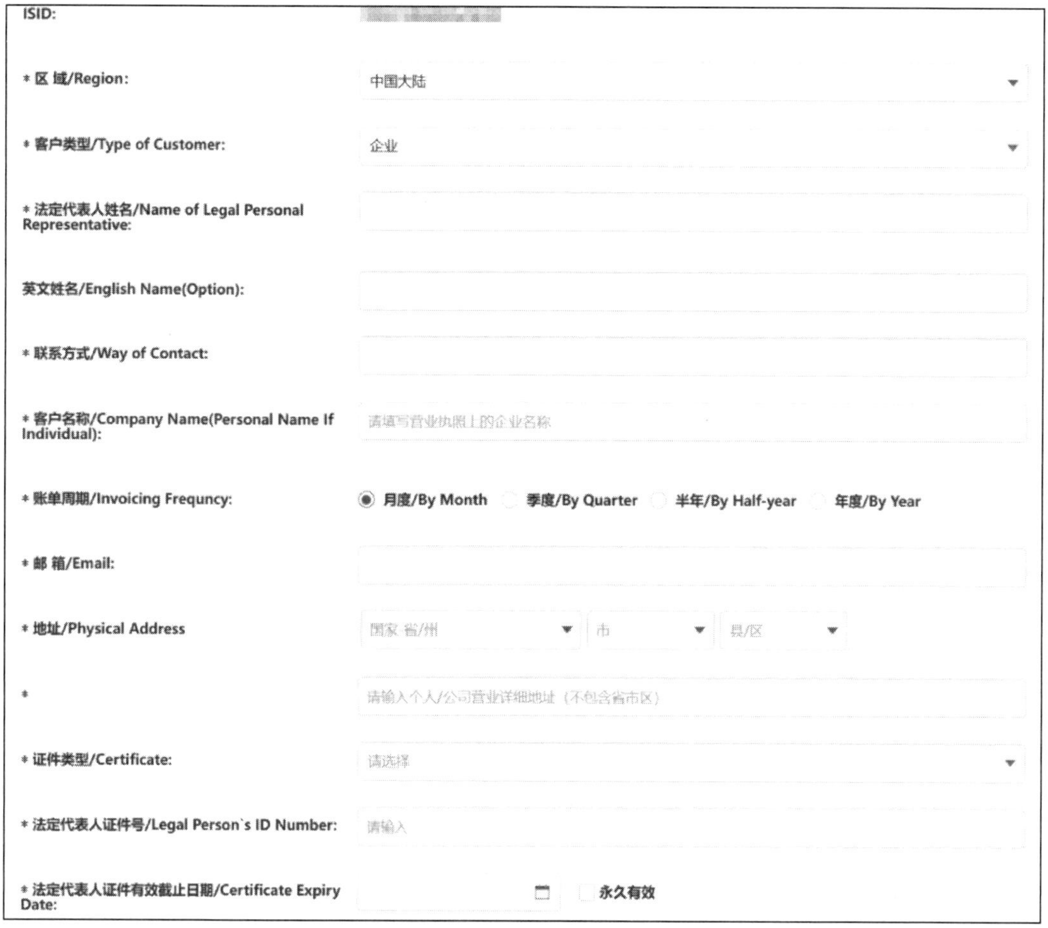
ISID:
* 区 域/Region: 中国大陆
* 客户类型/Type of Customer: 企业
* 法定代表人姓名/Name of Legal Personal Representative:
英文姓名/English Name(Option):
* 联系方式/Way of Contact:
* 客户名称/Company Name(Personal Name If Individual): 请填写营业执照上的企业名称
* 账单周期/Invoicing Frequncy: 月度/By Month 季度/By Quarter 半年/By Half-year 年度/By Year
* 邮 箱/Email:
* 地址/Physical Address 国家 省/州 市 县/区
* 请输入个人/公司营业详细地址（不包含省市区）
* 证件类型/Certificate: 请选择
* 法定代表人证件号/Legal Person`s ID Number: 请输入
* 法定代表人证件有效截止日期/Certificate Expiry Date: 永久有效

图 5.2.6　账户认证

6. 账户充值

账户充值主要用于支付物流费用。eDIS 物流平台支持线上和线下充值。卖家选择线上，则可以选用 PayPal、支付宝和银联等多种渠道进行充值。卖家也可以线下充值，向橙联股份提供的账户进行转账。由于篇幅所限，这里不再展开介绍。

三、eBay 海外仓物流方案

（一）eBay 海外仓概述

近几年，eBay 不断完善并扩充 eBay 认证对接仓网络，为卖家提供了超过 20 家物流表现优秀、服务稳定的海外仓服务商供选择，助力卖家拓展海外仓业务。为确保 eBay 认证对接仓为卖家持续提供稳定、优质的服务，并通过良性竞争保持海外仓的活力，eBay 推出“eBay

金牌认证对接仓"——根据 eBay 认证对接仓的出库时效、未收到货纠纷等物流指标表现进行客观评估，挑选出表现突出的供应商授予"eBay 金牌认证对接仓"称号，表彰其在海外仓行业中起到的标杆作用，同时为 eBay 卖家挑选深度合作伙伴提供参考。eBay 推荐的海外仓服务商主要有橙联股份（Orange Connex）、万邑通（Winit）和谷仓（Goodcang）等。eBay 金牌认证对接仓的相关内容见本书配套资料。

1. 万邑通简介

万邑通成立于 2012 年，致力于打造开放的跨境电商产业支持平台，为广大跨境电商卖家提供跨境物流服务、国际速递、进口物流、金融贷款、跨境 B2S 分销等跨境电商供应链整体解决方案，是 eBay 官方推荐的物流合作伙伴。万邑通已针对 eBay 卖家推出了美国、英国、德国、比利时等海外仓服务，为卖家提供包括国际物流管理、国内外仓储管理"最后一公里"派送管理、数据分析等一站式的跨境电商供应链服务。

2. 出口易简介

出口易拥有超过十年自营海外仓经验，为卖家提供仓储与配送服务，配送范围可覆盖北美、欧洲、澳洲全境。出口易不仅能帮助中国卖家实现海外本土销售，降低物流运营成本，还能进行实时的库存管理与监测，缩短到货时间，提高买家满意度。

3. 谷仓简介

谷仓是易可达旗下提供海外仓仓储物流一条龙服务的平台。谷仓主要从事全球仓储配送服务，竭诚为客户提供专业化、国际化、个性化的全方位、高品质的标准化第三方海外仓服务。谷仓作为 eBay 的合作伙伴，已经为 eBay 卖家提供了法国仓、意大利仓和西班牙仓的服务，同时为卖家提供头程服务、海外仓储操作服务和二程服务等针对跨境出口的服务。

为了持续助力卖家拓展海外仓业务，并鼓励更多的卖家参与使用 eBay Fulfillment 及 eBay 数据对接海外仓的服务，从 2021 年 11 月开始，eBay 进一步简化 eBay 海外仓服务标准政策，并向广大海外仓卖家推出 eBay 数据对接仓免考核政策。

（二）eBay 海外仓头程运输服务

为了进一步提升卖家体验感，为 eBay 卖家提供更加多元化的跨境物流解决方案，让更多卖家享受一站式物流服务，从 2020 年 1 月 1 日开始，橙联股份推出了全新的海外仓头程运输服务——SpeedFreight 特快货运。SpeedFreight 特快货运揽收范围/时效可扫码查看。

该物流服务涵盖美国、英国、德国、澳大利亚和意大利等国家，头程运输方式包括海运-FCL 普船、海运-FCL 快船、海运-LCL 普船、海运-LCL 快船和空运等。货物到达国内揽收仓后，被运输到指定的海外仓库，平台提供全程物流轨迹。海运拼箱为 2 立方米起重计价，不同国家和地区有不同的物流时效。

SpeedFreight 特快货运揽收范围/时效

除了橙联股份，万邑通、谷仓、递四方都有推出海外仓头程运输服务，因篇幅有限，这里不再叙述，可以登录各平台官网查看最新资讯。

（三）eBay 海外仓尾程运输服务

采用海外仓进行销售的卖家还需要考虑尾程运输的问题。尾程运输是跨境卖家选择何种目的国本土的快递方式将物品送到买家的手上。以美国站点为例，海外仓售往美国的卖家主要可以选择以下几种尾程的快递方式：USPS 美国境内服务、UPS 美国运输服务、FedEx 美国运输服务和 DHL 全球邮件（DHL eCommerce）等。

为了改善海外仓的客户体验及打击假海外仓等不良现象，自 2019 年 3 月开始，eBay 出台了海外仓服务标准管理政策，明确了美国、英国、澳大利亚和德国海外仓的相关服务标准，具体包括海外仓服务的承诺时效和订单的实际履行情况两部分。

1. 规范海外仓服务的承诺时效

卖家在刊登物品时，设置订单处理天数（Handling Days）及所提供物流选项的承诺送达天数（Estimated Delivery Days），两者相加总时长不超过表 5.2.8 所示的规定，否则视为不合规刊登。

表 5.2.8　美国、英国和澳大利亚海外仓时效

物品所在地	派送目的地	承诺送达总时长(订单处理天数 + 承诺送达天数)
美国	美国	付款后 6 个工作日（含）内
英国	英国	付款后 5 个工作日（含）内
澳大利亚	澳大利亚	付款后 8 个工作日（含）内

2. 考核海外仓订单的实际履行情况

英国海外仓 5 个工作日内及时送达率的要求从原来的 50%提升至 80%，美国海外仓揽收扫描的要求从原来的 2 天缩短到 1 天，并且美国和澳大利亚海外仓的及时送达率将被纳入考核指标。

第三节　Listing 刊登和管理

一、刊登政策

（一）刊登品类的政策

在刊登之前，卖家必须先确认该物是否可以在 eBay 刊登。卖家需要阅读 eBay 的政策，遵守 eBay 规定并参考范例。对于不符合规定的刊登，一经发现，eBay 会将其移除，且账户会受到限制，包括买卖权限的限制及账户被冻结等。eBay 禁售和限售物品见本书配套资料。

（二）产品信息的政策

产品（物品）信息的政策主要包括刊登中的图片和文本政策、禁止刊登时不提供实物或服务、禁止重复刊登、禁止操纵搜索和浏览体验、明确说明产品所在地、卖家对产品的担保政策等。

第一，Listing 中卖家必须原创产品描述和图片，或者使用 eBay 目录中提供的内容，确保不侵犯其他人的内容权利；第二，eBay 上的所有产品都必须提供实物或具体服务，不提供实物或服务的 Listing 会存在欺诈的风险；第三，eBay 不允许卖家为同一个产品创建多个 Listing；第四，禁止通过添加操纵与 Listing 无关的流行关键词搜索和浏览体验；第五，为了确保买家对运费和交货时间有一个清晰的了解，所有卖家必须在他们的清单中提供关于产品

所在位置的清晰和准确的信息；第六，建议卖家能向买家提供担保或保证，既可以让买家买得更放心，也可以让卖家获得更多的竞争优势。

除此以外，平台禁止在 Listing 中，特别是在移动设备上添加动态内容；禁止使用除产品视频、货运服务、其他有需要的法律信息外的外部链接；禁止卖家在刊登的时候通过第三方证明或标识的方式来担保卖家的"信誉"或"可信度"，以确保买家不会被不易核实的背书所误导；预售品必须在购买完成后 30 天内发货，并且在刊登信息中明确说明该产品是预售的。具体的销售守则政策见本书配套资料。

二、刊登步骤

很多高销量的产品背后，除了优质的产品，精美的 Listing 刊登也至关重要。卖家既可以在卖家专区选择单件物品刊登（Single listing）或批量刊登（Multiple listing），也可以刊登来自清库存网站的物品。接下来以美国站点为例介绍单件物品刊登的主要流程。

在 eBay 美国站点首页，登录卖家账号后，点击页面上方的"sell（出售）"进入卖家专区首页，如图 5.3.1 所示。卖家可以点击页面上方的"English"切换中英文。在卖家专区页面中选择"Listings（物品刊登）"页面中的"Create listing（创建物品刊登）"，或者直接点击右侧的"创建物品刊登"下的"Single listing（单件物品刊登）"，跳出"开始刊登物品"页面。

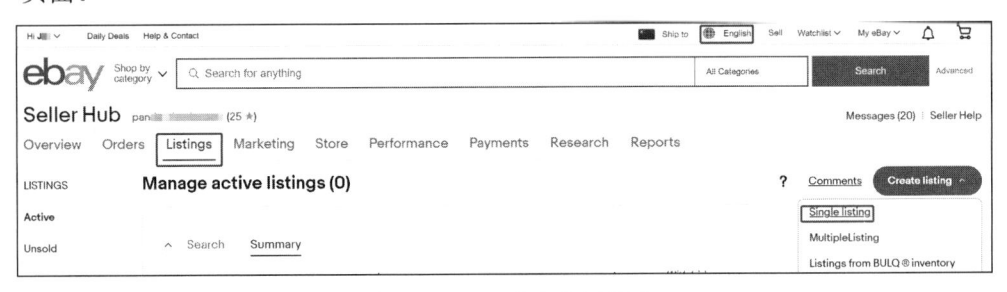

图 5.3.1　eBay 卖家专区首页

卖家可以直接在"开始刊登物品"下的文本框中输入即将售卖的物品的关键词，如图 5.3.2 所示。此时在文本框下方，eBay 根据卖家输入的关键词弹出相应的物品所属分类供卖家选择。在选定要发布的类目后，系统跳转到新页面，并罗列出可能和卖家即将要发布的物品相近的物品。如果没有相同或相近的物品，则选择"不选择物品并继续"，网页会自动跳转至新页面。卖家选择物品状况，售卖的产品需明确标明其状况，并设定是属于全新带标签、全新无标签、全新有瑕疵或二手等。

图 5.3.2　开始刊登物品

(一)产品信息

产品信息(Listing Details)主要包括图片或视频、产品标题、产品分类、产品属性、产品的多属性、产品状况、产品详情描述等几个部分。

1. 图片或视频

在"图片或视频(Photos & Video)"模块,卖家可以通过"拖动"的方式直接把图片拖到图片框中,如图 5.3.3 所示,点击"Add photos"可以上传更多的细节图。eBay 允许最多上传 24 张图片。如果卖家上传后发现图片没有按照预期排序,那么拖动图片至指定位置即可。如果希望在搜索页显示大图,则可以选择"Gallery Plus-$1.00",但发布成功后系统会从卖家账户中扣除 1 美元。

图 5.3.3 添加图片或视频

2. 产品标题

产品标题(Item Title)就是向买家展示所销售产品特点的语句。如图 5.3.4 所示,标题要求符合买家的搜索习惯,并能激发他们的兴趣,让他们快速知悉并产生购买欲望。好的产品标题会提供简单的产品信息,并尽可能包含多个高相关性的产品搜索关键词。

图 5.3.4 填写产品标题

一般标题由核心关键词、重要关键词、次关键词和带有创新的差异化关键词组成。其中,核心关键词主要说明这个产品是什么，重要关键词主要说明该产品有什么，次关键词主要说明该产品还有什么（如特点、功能等），带有创新的差异化关键词是对比同类竞争对手突出自身产品优势的词组。eBay 允许卖家使用 80 个以内的字符描述产品信息。单词拼写一定要准确，以此提升关键词搜索率。标题中不能含有网址、电子邮件或电话号码，不得使用涉及侵权的关键词。如果希望在搜索结果中能更多地展示标题信息，则可以在"Subtitle"下方增加不多于 55 个字符的副标题，但需要额外支付 2 美元。

3. 产品分类

产品分类（Item Category）在最开始创建 Listing 的时候就已经完成设置，如图 5.3.5 所示。如果需要修改产品分类，则可以点击"Edit"进行修改。

图 5.3.5 编辑产品分类

4. 产品属性

产品属性（Item Specifics）可为买家提供产品的细节详情，如品牌、尺寸类型、尺寸、颜色等。这些详情会按统一的格式显示在刊登内容描述中，可以帮助买家在搜索产品时准确筛选他们的需求，以及了解产品的细节，如图 5.3.6 所示。属于不同类目的产品，其必填项的数量和内容会有所不同。eBay 会根据卖家之前设置的关键词如分类信息等，推荐一些相关的属性信息，如果不合适，则可以选择"Show all"查找或输入相关信息。

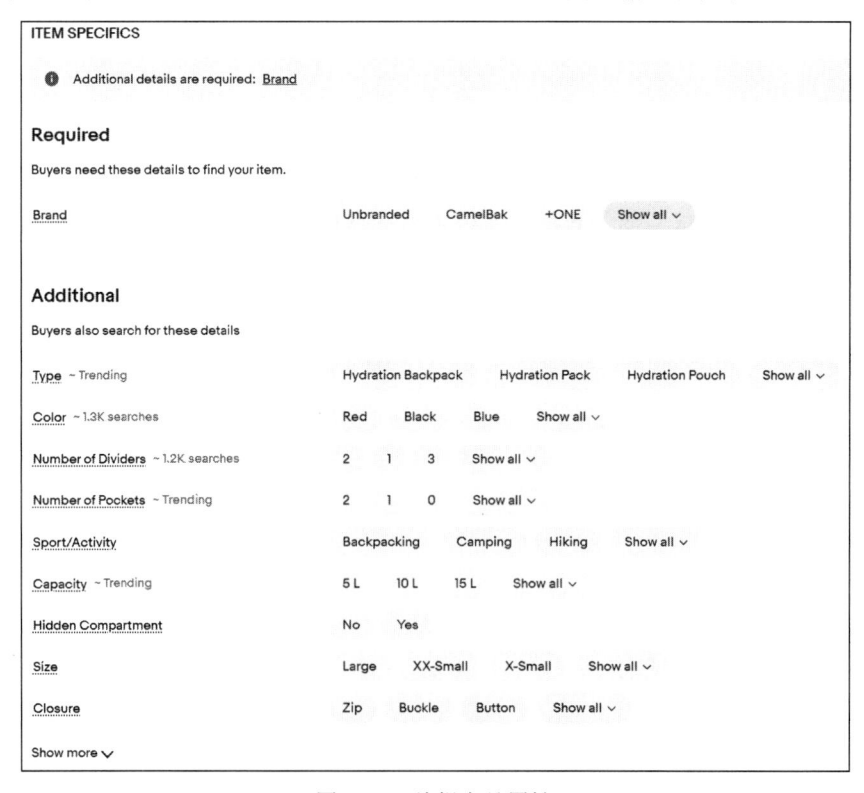

图 5.3.6 编辑产品属性

5. 产品的多属性

如果卖家售卖的产品具有多属性（Variations），如不同的颜色、尺寸等，需要建立一条多属性的固价 Listing 来包含所有可以提供的属性选择。以背包为例，点击"Edit"，如图 5.3.7 所示，卖家可以设置颜色、尺寸、宽度、材质、款式。每个属性有最多 60 个选项值，每条 Listing 可以免费添加最多 250 个属性。

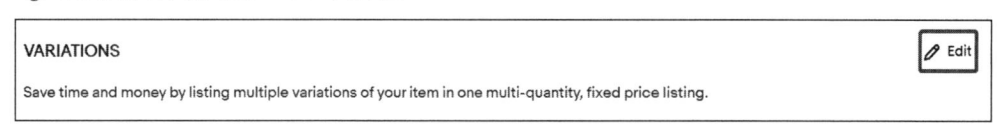

图 5.3.7　编辑产品多属性

6. 产品状况

产品状况（Item Condition）在最开始创建 Listing 的时候就已经完成设置。如果卖家选择的产品状况为全新带标签的，那么该产品必须是全新未使用的，而且产品包装需要和零售渠道的包装一致。

7. 产品详情描述

卖家在产品详情描述（Item Description）部分向买家描述售卖的产品，提供完整、准确的产品细节，如图 5.3.8 所示。

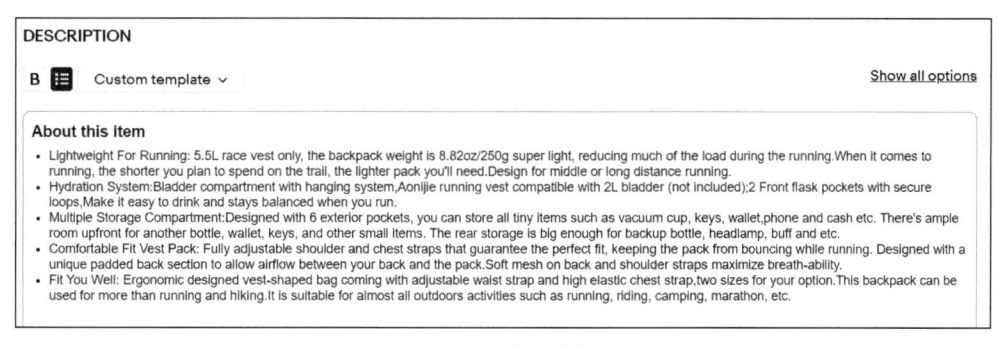

图 5.3.8　添加详情描述

（二）销售信息（Selling Details）

eBay 提供两种不同的销售方式，不论用哪种形式刊登，只有设置刊登方式、价格及可售数量等信息，才能让产品以更合适的销售形式刊登销售。

1. 编辑销售方式（Format）

产品的销售方式包括拍卖和一口价两种方式，如图 5.3.9 所示，卖家可综合各种因素选择合适的销售方式。选择不同的销售方式，刊登的其他内容包括在线持续时间、价格和数量等的编辑要求会有所不同。

2. 编辑产品价格（Price）

为产品设置一个合适的价格，是吸引买家注意的有效方式，更是增加产品浏览量及带动销量的重要方法之一。产品价格的设置也分为一口价、拍卖、拍卖和一口价并存三种情况。

（1）设置"一口价"产品价格。

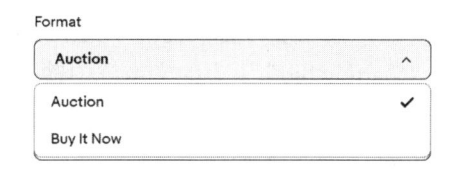

图 5.3.9　销售方式

在产品刊登设置页面的"Price"模块中，选择以一口价的方式进行销售。在"Price"下方的文本框中输入一口价的具体销售金额，如图 5.3.10 所示。

另外，卖家还可以开启或关闭"Allow offers"的议价功能，开启后，卖家就可以设置卖家希望自动接受的议价价格，或者输入卖家希望自动拒绝的议价价格。如果设置了自动接受/拒绝议价，eBay 会自动根据设置来帮卖家完成议价的接受或拒绝。买家不会知道卖家设置的限价是多少，但是限价必须低于设置的一口价价格。当买家提出一次议价时，eBay 会发送通知邮件给卖家。如果买家提出的价格低于下限价格，eBay 就会自动发送邮件给买家，拒绝此次议价。买家此时可以发送一个稍高的价格进行议价，卖家也可以进行反向议价。在大部分品类中，买家针对一个产品可以发送 3 次议价。

图 5.3.10　一口价价格和数量设置

（2）设置"拍卖"产品价格。

在产品刊登设置页面的"PRICING"模块中，选择"Auction"以拍卖方式（Auction style）销售产品。在"Starting bid"下方的文本框中输入产品的起拍价，如图 5.3.11 所示。

很多卖家都深有感触，起拍价过高难以吸引买家出价，起拍价过低又可能令产品以低价成交。卖家设定"Reserve price（保底价）"就可以解决这个问题。如果拍卖产品没有超过卖家预设的保底价，卖家可以选择不出售该产品。卖家可以在"Reserve price"下方的文本框中输入该产品的保底价。但是使用保底价功能需要支付一定的费用。如果是为以下三个类别中的产品（Heavy Equipment，Parts & Attachments > Heavy Equipment；Printing & Graphic Arts > Commercial Printing Presses；Restaurant & Food Service > Food Trucks，Trailers & Carts）设置保底价，不管保底价是多少，eBay 只收取 5 美元的费用，而如果为这三个类别之外的其他类别的产品设置保底价，那么所要收取的费用是 5 美元到成交价格的 7.5%的费用，最高费用不超过 250 美元。

（3）设置"拍卖"和"一口价"并存。

在产品刊登设置页面的"PRICING"模块中，选择"Auction"以拍卖方式销售产品。在"Starting bid"下方的文本框中输入起拍价，在"Buy It Now（optional）"下方的文本框中输入产品的"一口价"价格，即在设置"拍卖"价格的同时设置"一口价"价格，如图 5.3.12 所示。

图 5.3.11　拍卖价格和数量设置　　　图 5.3.12　"拍卖"和"一口价"并存设置

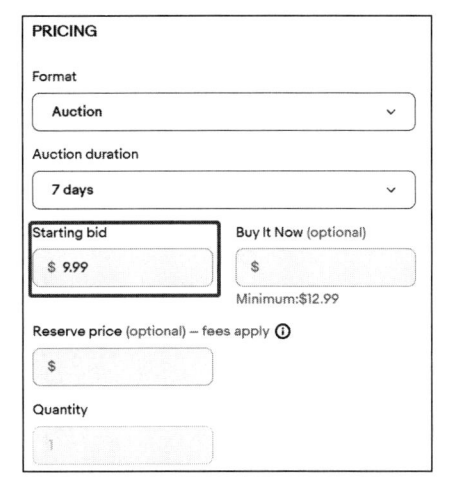

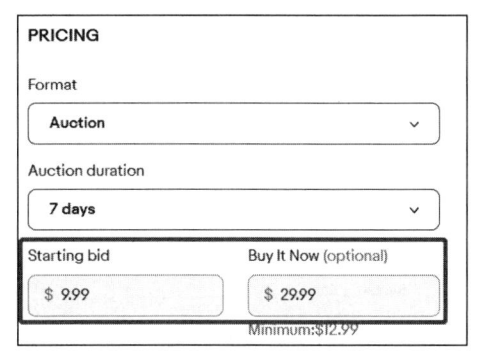

3. 编辑 Listing 的在线持续时间（Schedule your listing[①]）

通过开启或关闭"Schedule your listing"功能，卖家既可以选择直接发布上线，也可以为刊登指定一个未来上线的时间（最长 3 周）。如图 5.3.13 所示，利用"Schedule your listing"预刊登功能可以方便卖家随时撰写编辑 Listing，并控制 Listing 上线和结束的时间。

图 5.3.13　拍卖状态下刊登的在线持续时间选择

（三）运输信息

运输信息（Shipping）需要填写的内容包括物流政策、包裹重量和尺寸等信息，如果是形状不规则的包裹，也需要进行说明，如图 5.3.14 所示。

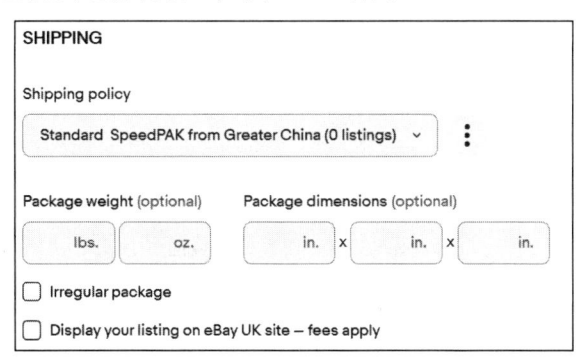

图 5.3.14　编辑产品所在地的页面

（四）偏好设置

在偏好设置（Preferences）中，需要卖家设置支付政策、退货政策和产品所在地，如图 5.3.15

---

① Listing 在完全引用软件图内容时，首字母大小写与软件图上的一致，其他情况用大写。

所示。卖家可以点击相关政策或地址修改相关内容。对产品所在地进行编辑时，卖家应注意以下几点：卖家必须如实填写产品所在地；运费的设置要与产品所在地相匹配。eBay 不允许卖家刊登不正确或不实的产品所在地资料，对于违反此政策的卖家，将会给予相应惩罚。

图 5.3.15　偏好设置

如果在 eBay 上出售某产品用于捐助非营利性组织，则可以点击"CHARITY"的"Edit"进行设置，如图 5.3.16 所示，需要卖家选择慈善机构。当该产品售出后，卖家无须执行任何操作，在售出产品 3 周后，PayPal Giving Fund（贝宝捐赠基金）将自动收取销售所得的捐款。

图 5.3.16　设置出售产品以捐助非营利性组织

各项信息确认填写无误后，点击"List it"，如果不成功，系统会在刊登页面指出问题所在；如果刊登成功，系统会跳出"Your listing is now live"的窗口；如果要继续发布相近的产品，可以点击"Create similar listing"进行新产品的发布；点击"Done"完成产品发布，如图 5.3.17 所示。

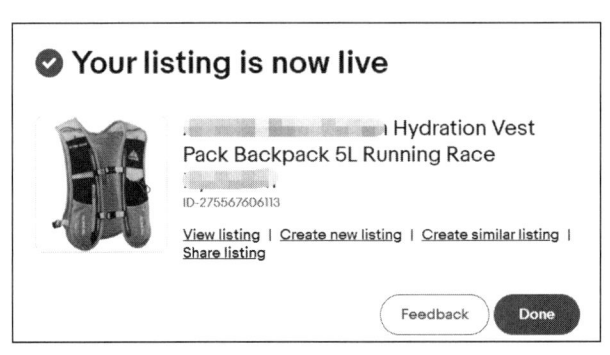

图 5.3.17　刊登成功页面

完成刊登后，卖家要经常到 eBay 卖家专区的"物品刊登"页面查看销售情况，所有正在出售的产品都会显示在"在售"页面中，系统会展示出售中产品的各项重要资料，包括目前价格、追踪人数、出价数和最高出价值等信息。

三、刊登管理

（一）批量刊登

在某些情况下需要采用批量刊登的方式，比如批量编辑 EAN/UPC、MPN、BRAND 等产品属性；对产品的物流方式进行批量修改；或者随着 eBay 政策的改变，卖家需要批量修改 Listing 等。具体步骤如下。

（1）打开 eBay 首页，点击"sell"进入卖家专区，在"Listing"页面中选择"Active"即可看到所有刊登的 Listing。

（2）点击"Edit"可以看到"Edit selected（编辑选择项）"和"Edit all 102 listings（编辑所有刊登物品）"两个选项，卖家可以根据需要进行选择，如图 5.3.18 所示，选择其中 3 条并选择"Edit selected"。

图 5.3.18　选择批量编辑 Listing

（3）进入"Edit listings"页面，点击"Edit fields"可以看到框起来的部分都是可以批量编辑的，选择卖家需要修改的部分，编辑修改即可，如图 5.3.19 所示。

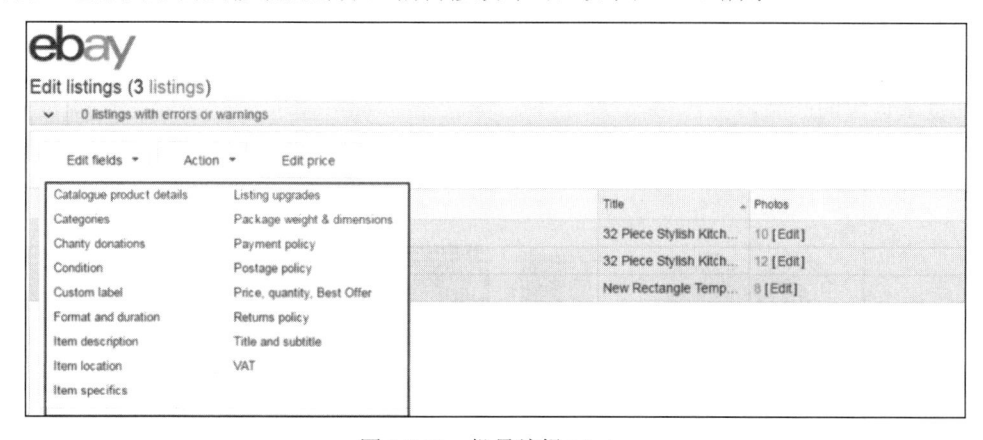

图 5.3.19　批量编辑 Listing

（二）提前结束刊登

在产品销售的过程中，卖家可能因为突发情况，必须在原定结束日期之前结束刊登，这有可能令潜在的买家非常失望，影响其购物体验，因此 eBay 一般不建议卖家这么做。如果卖家在迫不得已的情况下需要结束刊登，则必须遵循一定的规则来正确地提前结束刊登。

如果卖家决定结束一个 GTC（Good Till Cancel，长期在线刊登）的刊登，eBay 不会退还产品刊登费，但卖家也无须支付另一个自然月刊登期的费用。如果卖家需要提前结束一个拍卖形式的刊登，则需要符合以下条件之一：这个拍卖刊登还没有买家竞拍；这个拍卖刊登已有买家竞拍，卖家愿意卖给当前最高价出价者；这个拍卖刊登已有买家竞拍，但不愿卖给当前最高价出价者，同时距离刊登结束还有超过 12 小时。此时，卖家需要将拍卖中的所有出价进行"取消出价（Cancel bids）"的操作，之后才能结束刊登。当然，eBay 会收取相应的费用。

（三）重新刊登

如果卖家的产品未能成功售出，就需要将 Listing 重新刊登上线。重新刊登会产生相应的刊登费，若卖家再次刊登时选择了一些 Listing 升级功能，也会一并收费。另外，重新刊登一条 Listing，eBay 需要一些时间（可能是几个小时）来汇总并展示到站点上。在卖家专区中重新刊登 Listing，请按照如下步骤进行操作。

（1）进入卖家专区，在"物品刊登"页面中选择"在售"，之后选择"未售出"，进入"未售出"页面。

（2）如需重新刊登未售出的产品，在"未售出"模块里点击对应物品栏中的"重新刊登（Relist）"，即可重新刊登单个未售出的产品；也可点击对应物品栏中的"出售相似物品（Sell similar）"，重新编辑后再刊登单个未售出的产品，如图 5.3.20 所示。

图 5.3.20　未售出页面

（3）在未售出产品列表中点击"重新刊登"进入"重新刊登"页面，如图 5.3.21 所示，卖家可先查看并确认需要重新刊登的未售出产品信息，确认无误后，再点击"List it"，即可重新刊登未售出的产品。

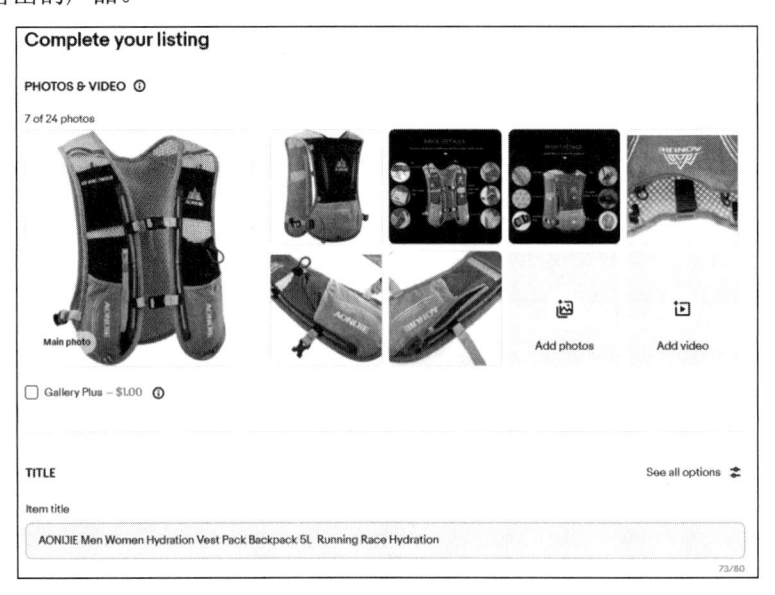

图 5.3.21　重新刊登页面

第四节　订单处理

一、订单处理基本流程

订单处理是跨境电商交易环节中的重要部分。在正常情况下，订单处理流程如图 5.4.1 所示。在买家完成支付后，卖家会收到 eBay 的电子邮件通知，同时收到买家的付款；卖家验证买家的货运地址，如果没有发现异常的情况，就根据买家拍下的信息在物流平台生成物流面单并打包发货；上传物流单号（eBay 平台建议卖家在 3 天内完成订单操作及发货）；等妥投之后，买家和卖家进行互评。

图 5.4.1　订单处理的一般流程

二、已付款订单处理

下面以已经付款的直邮订单为例，介绍通过 eDIS 物流平台完成发货的基本流程。

（一）编辑物品信息

进入 eDIS 物流平台首页，在左侧导航栏中点击"包裹管理"下的"待选择服务"，跳出图 5.4.2 所示的页面，找到需要发货的订单，点击"编辑"，跳出图 5.4.3 所示的页面。

图 5.4.2　eDIS 物流平台订单管理页面

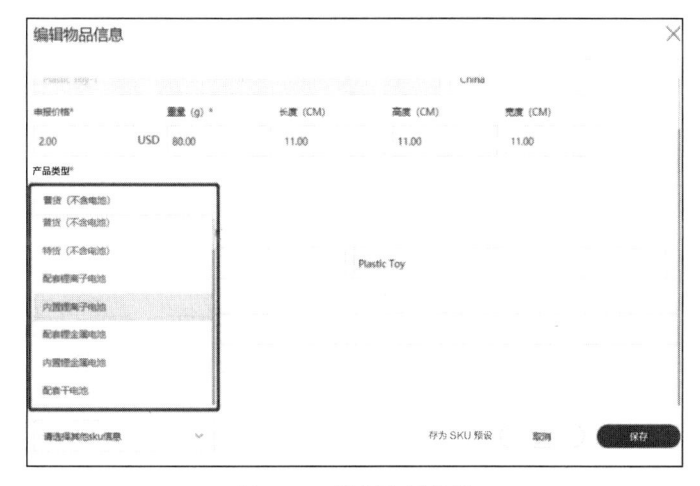

图 5.4.3　编辑物品信息

点击"产品类型"的下拉菜单，可以载入其他 SKU 的信息，在此基础上进行编辑。点击"保存"可保存编辑内容；点击"存为 SKU 预设"可将本次 SKU 编辑信息存为预设，供下次使用。当 SKU 为非带电产品（不带电）时，选择"普货（不含电池）"即可；当 SKU 为带电产品时，需选择相应的带电产品类型之一。

（二）选择物流服务

根据事先设定好的物流模板选定物流服务，点击"保存"。

（三）申请物流单号

核对买家的收货信息，确认无误后，点击"申请物流单号"。

（四）打印发货面单

点击包裹详情页的"打印面单"完成面单打印，将打印好的面单粘贴在包裹的外包装上。订单转入"待交运"状态。

（五）订单交运

点击"交运"完成订单交运。订单转入"待取件"状态。

（六）打印交接单

点击左侧菜单栏中的"待取件"，选定要交接的订单，点击"打印交接单"，如图 5.4.4 所示。交接单是交付货物的重要凭证，卖家务必通过 eDIS 物流平台及时打印交接单（或提前下载交接单模板）。交货时，卖家应与揽收员确认包裹数量、日期等信息，并让揽收员签字后自行留存。请务必保证交接单内容清晰、显示完整。

图 5.4.4　打印交接单

（七）物流查询

在完成发货后，卖家可以登录 eDIS 物流平台，点击左侧菜单栏的"包裹管理"，如图 5.4.5 所示，输入对应的物流编号，点击"查看物流信息"及时跟踪物流运输情况。

以上操作为通过 eDIS 物流平台完成订单处理的全过程，生成的物流编号会自动传入 eBay 卖家后台。如果是海外仓发货或通过分销平台发货，则需要通过对应的物流平台完成相关的发货流程。

图 5.4.5　物流查询

三、特殊订单处理

卖家在销售过程中，经常会遇到一些异常订单，比如买家下单后未付款、买家取消订单或要更换地址，以及由于产品或物流问题，买家要求退换货或发生其他纠纷等；再如联系买家修改评价或发送二次销售邮件等。此类订单通称为特殊订单，卖家可以采用相应的方法进行处理。

（一）发送 invoice

如果卖家遇到买家拍下后并未直接结账付款，那么卖家可以给买家发送 invoice（在国外，invoice 类似于付款通知、收据）提醒买家付款。在很多情况下，给买家发送 invoice 是很有用的。发送 invoice 可以为卖家的业务提供帮助，它主要适用于下列两种情景：第一种场景是当一位买家购买了多件产品，卖家希望将这些产品合并在一张订单中时；第二种场景是卖家希望对交易的某些细节进行修改调整时，如修改物流费用等。向买家发送 invoice 的具体步骤：打开 eBay 首页，点击"sell"进入"Seller Hub"，选择订单"Orders（订单）"，找到相关的产品。在"Actions（在售）"栏中，选择"Send invoice（发送账单）"，如图 5.4.6 所示，如果有需要的话，可以修改相关细节，确认无误后点击"Send invoice"。

图 5.4.6　向买家发送 invoice

需要说明的是，买家拍下一个产品后还未付款，卖家可以发送一个 invoice 给买家进行付款提醒，但是，如果一位买家拍下产品后超过了 30 天未付款，那时，卖家无法再向其发送 invoice 了。下面具体看一下如何操作。

（二）未付款订单处理

一般来说，在 eBay 上买卖双方的交易流程非常简明、方便，但是也会遇到买家拍下后迟迟未付款的情况。

1. 买家 1～2 天未付款

如果买家 1～2 天未付款，卖家就可以考虑通过给买家发送邮件等方式积极联系买家，了解未付款的原因了。邮件模板参考如下。

Dear ×××,

　　Thank you for your order! We noticed that you have not made a payment for your bid in our store, do you still need it? If so, please make the payment as soon as possible, due to the item is in short supply.Even more, our eBay store will open an UPI case automatically just 4 days after the bid without payment.

　　If you made a mistake and actually do not need the item, please tell us, and we will send you a transaction cancellation request.

　　Thanks in advance and have a great day!

　　　　　　　　　　　　　　　　　　　　　　　　　　　　　　　　　　　　　×××

处理买家未付款订单的基本流程：打开 eBay 首页，点击"出售"进入卖家专区，卖家可以在"订单"下找到"尚未付款（Awaiting payment）"栏中相应的产品，点击"Action"中的"Contact buyer（联系买家）"来联系买家，然后通过向买家发送 invoice 来提醒买家支付。

2. 发送 invoice 后买家仍无回应情况的处理

如果卖家联系了买家、发送了 invoice，买家仍然没有回应，那么卖家可以进行如下操作。

（1）如果产品售出后超过了 2 天（未满 32 天），卖家可以开启一个 Unpaid item case（UPI case），即未付款纠纷，让 eBay 知道卖家遇到了问题，并希望开始正式解决纠纷。开启方法如下。

方法 1：在"Seller Hub"页面中选择"Orders"，在左侧菜单栏"All orders（全部订单）"中找到"Awaiting payment"，选择"Open Unpaid item case（未付款物品纠纷）"进行设置。

方法 2：进入"My eBay"页面，点击"Account"进入"Account"页面，选择"Resolution Center"，在"Resolution Center"页面找到"Resolve a problem"，如图 5.4.7 所示，选择"I haven't received my payment yet"。

（2）在卖家开启了未付款物品纠纷后，买家有 4 天时间来回应支付。如果到第 5 天卖家仍然未收到买家的付款，卖家可以去"Resolution Center"（纠纷调解中心）手动关闭纠纷，并且在"是否收到买家付款"栏，选择"NO"。这样，这笔未付款的纠纷就会被关闭，同时成交费会被返还给卖家，卖家可以重新刊登该产品，而且这次未付款会被记录到买家账号中。

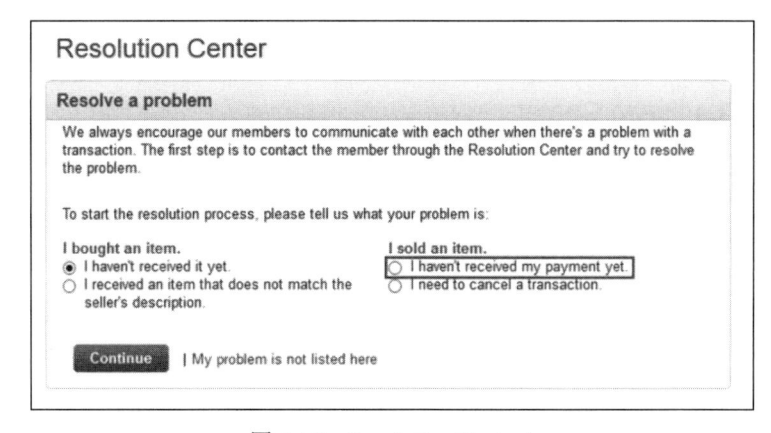

图 5.4.7　Resolution Center 1

手动关闭未付款物品纠纷非常重要。如果卖家在第 36 天还未手动关闭，eBay 会自动关闭这个纠纷，但是不会返还成交费给卖家，而且这笔未付款记录也不被记录到买家账号中。

3. 使用 UPI 小助手

如果是专业卖家，可以使用弃标物品助手（Unpaid Item Assistant，UPI 小助手）来自动管理未付款订单。当买家没有付款时，UPI 小助手可以自动帮助卖家开启、关闭未付款纠纷，这样一方面可以节省卖家的时间，另一方面也不会因为卖家忘记关闭纠纷而导致成交费不能返还。

开启 UPI 小助手的方法如下：进入"My eBay"，点击"Account"下的"Site preferences（站点偏好设定）"，点击"Unpaid Item Assistant"下的"Edit"，进入"Unpaid Item Assistant Preferences"页面，卖家根据实际情况进行设置后点击"Save"进行保存。

（三）其他特殊订单的处理

1. 取消订单

在 eBay 平台取消交易，一般有两种情况：一种是买家在与卖家沟通后要求取消交易；另一种是由于物品本身的原因取消交易，如卖家暂时缺货或卖家找不到货源而导致确实无法完成交易等情况。

（1）卖家取消交易。

卖家取消交易的情况比较少见。从交易之日起 30 天内，卖家取消交易无须通过买家同意，但卖家取消交易会涉及成交费返还的问题，具体分为以下两种情况。

① 如果买家使用 PayPal 交易后的 30 天内，卖家取消交易不需要买家确认，卖家可以在操作流程中直接退款，取消交易成功后，成交费会被退还，如图 5.4.8 所示。

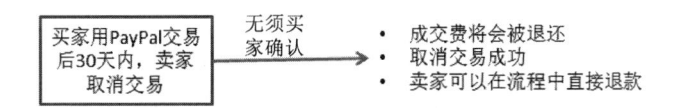

图 5.4.8　取消用 PayPal 支付的交易

在 eBay 平台上取消交易的流程如下。

第 1 步：进入"My eBay"页面，点击"Account"，选择"Resolution Center"。

第 2 步：在"Resolve a problem"页面的右下方选择"I need to cancel a transaction"，点

击"Continue",如图 5.4.9 所示。

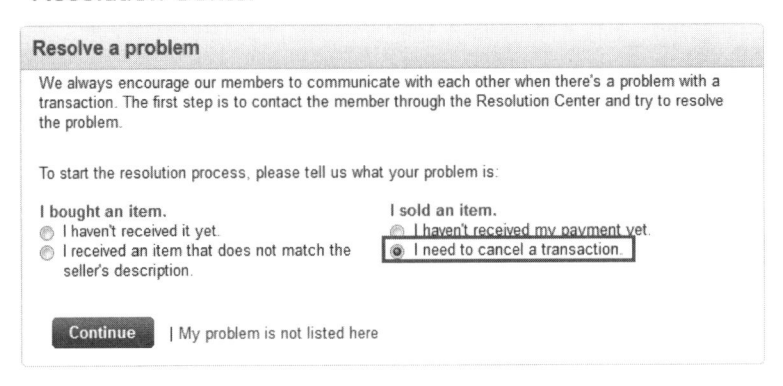

图 5.4.9　Resolution Center 2

第 3 步：找到需要取消交易的订单，并选择取消原因。如果选择的原因为"缺货"，这属于卖家原因取消交易，则这个订单会被计入不良交易；如果是由于买家原因取消，选择原因为"买家提出取消交易"，则不会被计入不良交易。

第 4 步：买家会获得退款，卖家会获得返还的成交费。

如果的确由于产品已经损坏或缺货而无法完成交易，那么卖家需要及时和买家沟通情况。

② 在买家用其他付款方式交易后 30 天内卖家取消交易的，分两种情况（见图 5.4.10）。如果买家确认收到退款了，则成交费将会被退还，取消交易成功；如果买家没有确认收到退款，则成交费不会被退还，在取消交易的 10 个工作日后取消交易成功。

图 5.4.10　取消用其他付款方式的交易

如果卖家申请了取消交易，但没有在 10 个工作日内完成退款，那么买家可以开启一个 eBay 退款保障请求（eBay Money Back Guarantee Request）。

（2）买家提出取消交易。

如果买家在成交后取消交易，那么买家可以提出一个取消交易申请。卖家在收到取消请求后，有 3 天时间来决定是否接受取消交易。一旦卖家接受买家的取消交易申请，就需要在 10 个工作日之内退款给买家。

（3）取消交易的成交费返还。

只有取消交易的流程全部完成，卖家才会获得返还的成交费。如果买家是使用 PayPal 支付的，那么只要他们的账户收到退款，取消交易流程就完成了。如果买家是使用其他的方式支付的，则需要等到买家确认其收到退款后，取消交易流程才算完成。当取消交易流程完成后，eBay 将会在 7～10 天内将成交费退回。

2. 取消拍卖

从卖家端删除一个拍卖，称为取消拍卖（Canceling a bid）。从买家端删除一个拍卖，称为收回拍卖（Retracting a bid）。为了保证潜在买家的购物体验，不建议卖家随意取消拍卖，特别是成交不卖，这将严重影响买家的购物体验，除非必要或有特殊原因。例如，买家在出价后，联系卖家取消，同时获得了卖家的同意；产品无法继续销售了；卖家在刊登信息中有错误。卖家如果取消拍卖，将无法恢复。

3. 更换配送地址

在交易过程中，由于各种原因，买家要求更换配送地址是经常会发生的事情。在一般情况下，更换配送地址只适用于包裹寄出前，且买家一定要用 eBay 平台内的通信工具去通知卖家修改的情况。如果买家使用外部邮箱发出包含此类要求的邮件，卖家绝对不能受理。因为一旦发生纠纷，比如丢货等情况，卖家就要自行承担可能的风险——eBay 官方只承认自己系统内部的数据。

如果买家确定要更换地址，卖家也要及时和买家进行沟通，确保更换后收件人的电话、邮编、门牌号等信息的准确性。

4. 合并支付

当一位买家在同一个卖家那里购买了多个产品时，卖家可以将其购买的产品合并到一张 invoice 中。这样不但可以节省卖家的时间，而且可以选择给予买家一定的物流费用折扣。完成此操作需要卖家在账号设置中开启合并支付和运费功能。

（1）开启合并支付和运费功能。

第 1 步：进入"My eBay"页面，点击"Account"，选择"Selling"下方的"Shipping Preferences"进入运送偏好设置页面，如图 5.4.11 所示，选择"Allow combined payments and shipping（允许合并支付及运费）"右边的"Edit"进入接受合并支付页面。

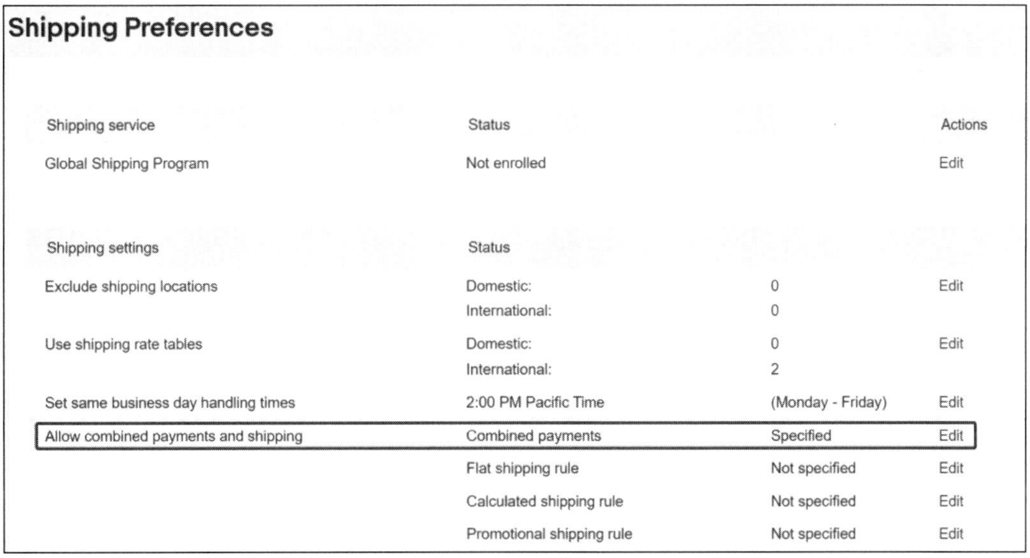

图 5.4.11 设置合并支付和运费

第 2 步：首先在"Accept combined payments（接受合并支付）"页面中选中"Allow buyers to send one combined payment for all items purchased（允许买家为所购全部物品合并付款）"，然后选择愿意接受的合并运费的时间段，最后点击"Save"，如图 5.4.12 所示。这里可以看到时间的选择，也就是说在多少天内买家提出合并付款的请求是可以接受的。最长时间可选

30 天。需要提醒卖家注意的是，这里一旦有了具体时间的选择，就会影响卖家对 UPI 小助手的时间设置。

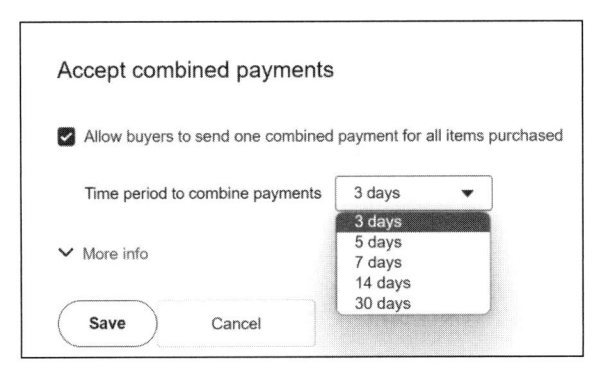

图 5.4.12　设置合并支付

（2）通过发送 invoice 合并 payments。

第 1 步：打开 eBay 首页，点击"sell"进入 Seller Hub，点击"Orders"，找到需要合并的产品，如图 5.4.13 所示。

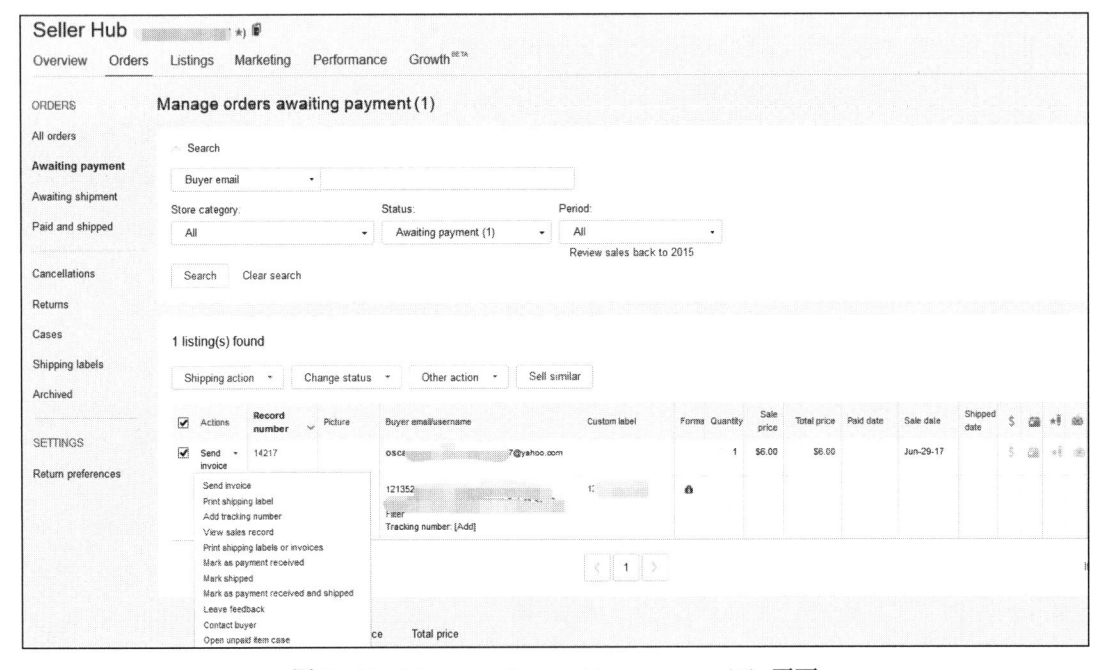

图 5.4.13　Manage orders awaiting payment（1）页面

第 2 步：在希望发送 invoice 的产品旁边的"Actions"栏中选择"Send invoice"。

第 3 步：系统罗列出某个买家购买的所有产品列表。卖家从中选择是否包含在当前的 invoice 中，如图 5.4.14 所示。

第 4 步：编辑物流费用。

第 5 步：卖家也可以编辑一条消息发送给买家（可选）。

第 6 步：卖家可以点击"Preview invoice before sending（发送预览）"进行预览，也可以点击"Send invoice"发送 invoice 给买家。

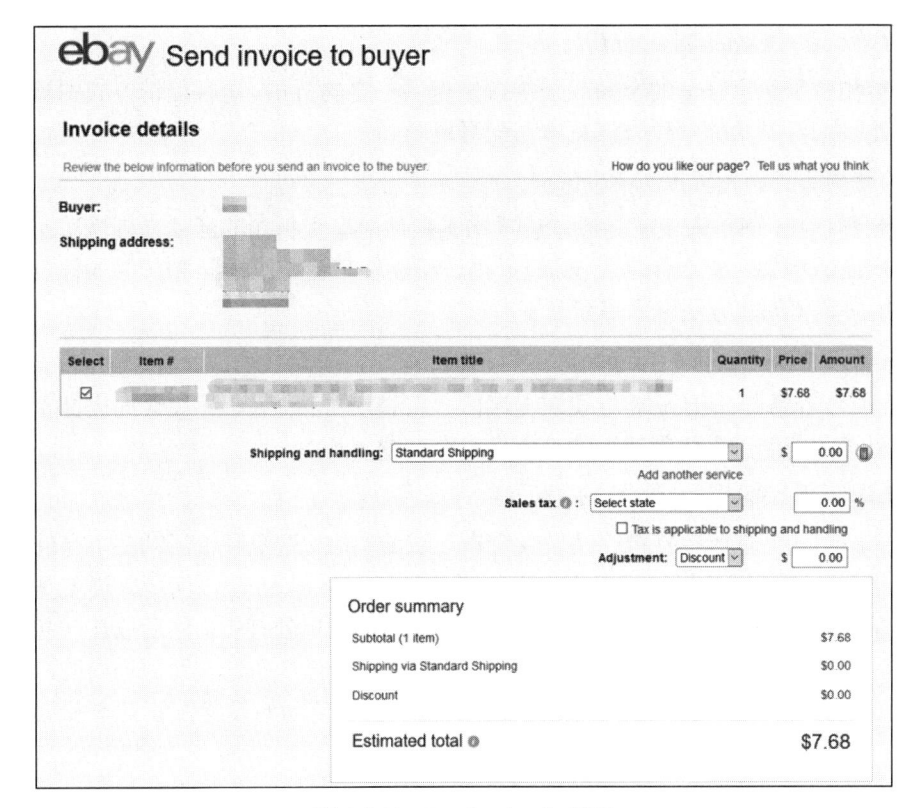

图 5.4.14 Invoice details 页面

第五节　营销推广

一、eBay 店铺促销活动

eBay 店铺是卖家在 eBay 平台上开设的属于自己的店铺。订阅 eBay 店铺可以获取更多的免费刊登额度，并降低成交费，同时可以进行品牌推广——卖家可以采用直观且富有吸引力的店铺设计充分展示自己的品牌。此外，卖家还能使用店铺营销工具。

（一）订阅 eBay 店铺

卖家可以通过访问卖家后台"我的 eBay"下的"账户—订阅—订阅 eBay 店铺"完成店铺的订阅。在订阅 eBay 店铺之后，卖家就可以创建并自定义自己的店铺了。eBay 店铺的开设及问题解答见本书配套资料。

（二）店铺设置

在订阅了 eBay 店铺之后，卖家就可以进入"卖家专区"，选择"店铺（Store）"，开始进行店铺的基础设置和设计。具体操作见本书配套资料。

（三）店铺促销类型

以美国站点为例，eBay 上的促销活动有以下几种。

1. 订单折扣（Order Discount）

订单折扣基于买家订单的金额或采购数量提供一定的折扣。这种促销方式的被认可度最高，使用比较广泛。具体创建方法见本书配套资料。

2. 批量购买折扣（Volume Pricing）

批量购买折扣，简单来说就是通过设置购买多件而享受折扣的活动来刺激买家多从卖家这里购买产品。例如，买 2 件享受 5% 的折扣，买 3 件享受 10% 的折扣，买 4 件及以上享受 15% 的折扣。具体创建方法见本书配套资料。

3. 编码优惠券（Coded Coupon）

自 2021 年春季起，eBay 将在卖家专区的"营销（Marketing）"模块向店铺卖家正式推出编码优惠券的功能。具体创建方法见本书配套资料。

4. 降价活动（Sale event + Markdown）

Sale event，就是把所有打折产品做成合辑展示给买家。这个降价活动并不是针对产品具体的折扣设置，而是设定折扣区间来扩大打折的效果。Markdown，简单来说就是针对选中的产品或品类进行降价。每个产品都需要用 Markdown 先单独打折，然后放在一起做一个降价活动，可以被形象地理解为商场外挂的广告。例如，最低 3 折起，而商场内的产品折扣可以是 4 折或 5 折。买家端展示效果如图 5.5.1 所示。降价活动的设置方法见本书配套资料。

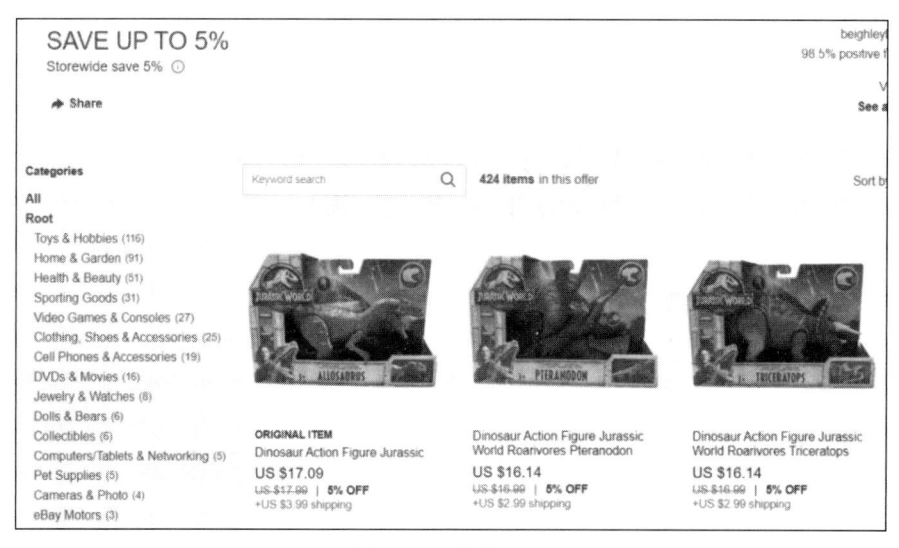

图 5.5.1 降价活动

二、eBay 广告

eBay 常见的广告有 Promoted Listings Standard（标准促销刊登，PLS）和 Promoted Listings Advanced（高级促销刊登，PLA）。它能让卖家的 Listing 有更多机会展现在更多的买家面前，也能使更多的买家更快地找到需要的 Listing。作为营销推广利器，eBay 推出的 PLS 和 PLA 工具可以让卖家所售卖的产品获得更多的曝光。

（一）eBay 广告的展示位置

如果卖家刊登时使用了广告推广，无论是 PLS 还是 PLA，只要在某次买家搜索时赢得了广告位的展示，那么这条 Listing 就会被打上"Sponsored"的标志。其中，PLA 广告的展示位置在搜索结果页的第一页的第一位；PLS 广告的展示位置可能在搜索结果页、产品详情页和购物车结账页。

1. 搜索结果页

如图 5.5.2 所示，在搜索结果页中标注"Sponsored"的 Listing 都是做了广告的，其中第一页的第一位可以通过 PLA 活动、PLS 活动或自然搜索获得；第二位至第五位将动态展示 PLS 和自然搜索的 Listing。

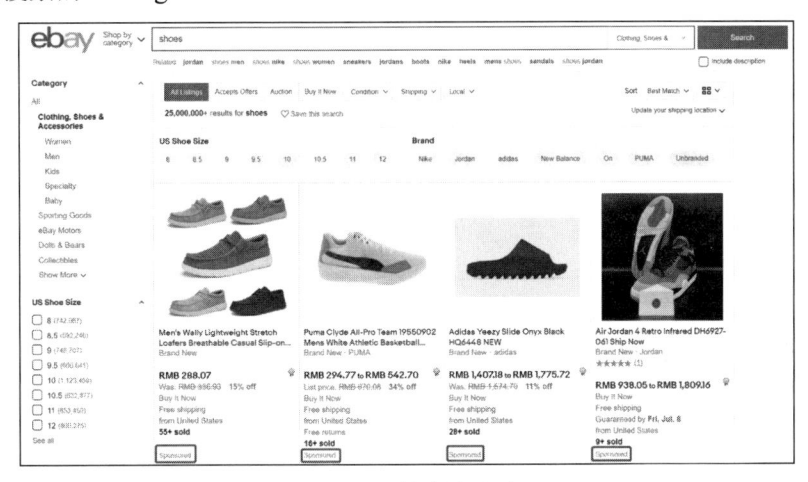

图 5.5.2　搜索结果页

2. 产品详情页

在产品详情页下方，我们也可以看到相似的赞助产品推荐，如图 5.5.3 所示。

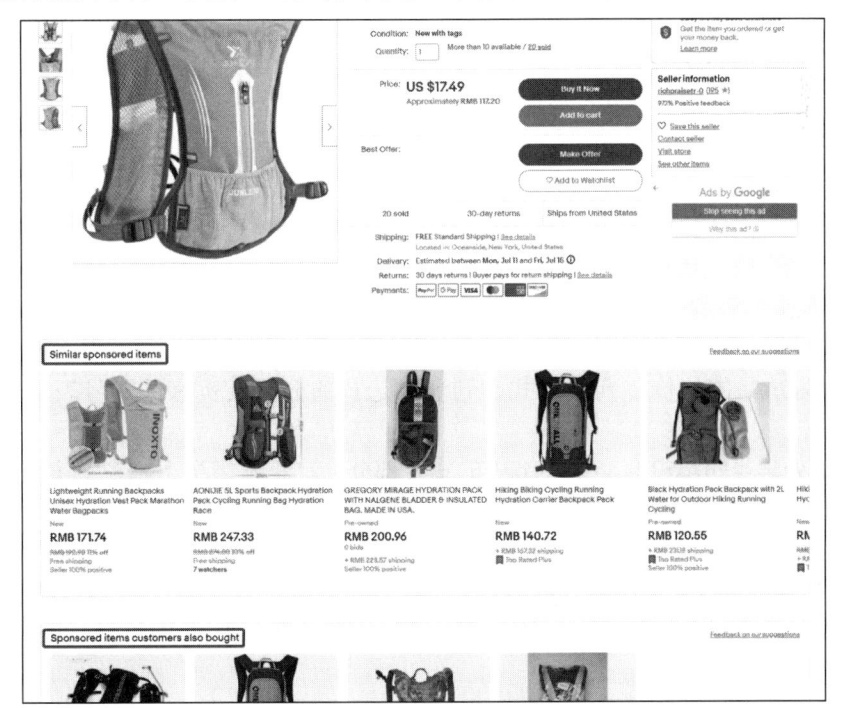

图 5.5.3　产品详情页

3. 购物车结账页

买家的购物车结账页也会展示广告推荐产品，如图 5.5.4 所示。

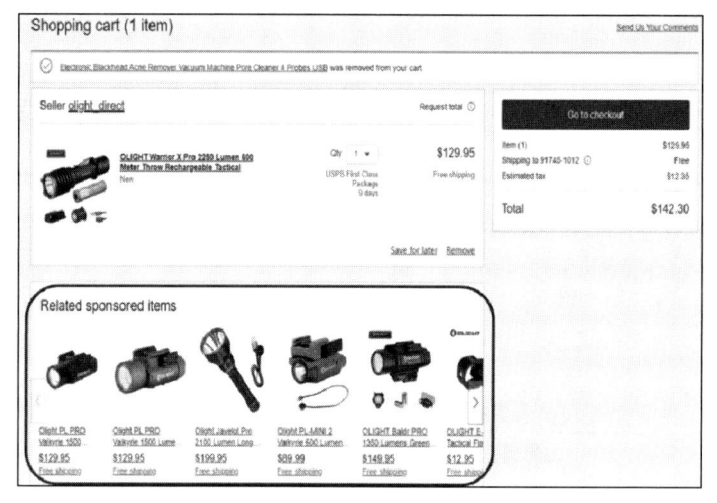

图 5.5.4　购物车结账页广告

（二）PLS 广告创建

PLS 广告的创建可以在卖家专区的店铺工具中完成。具体步骤见本书配套资料。

本章小结

1．根据注册主体的不同，卖家账号分为个人账户和商业账户。个人账户申请主要包含注册 eBay 账户和注册 eBay 管理支付两个部分。注册商业账户有两个渠道：通过 eBay 招商团队入驻和直接在 eBay 中国香港站点申请入驻。

2．在完成账户注册后，卖家还要完成业务政策和运输偏好等的设置。其中最为复杂的是物流政策的设置。

3．eBay 平台不同的站点提供不同的物流解决方案。其中 SpeedPAk 直邮物流解决方案主要为美国、英国、德国、澳大利亚、加拿大、意大利、法国、西班牙等多条路向分别提供了标准型和经济型服务，且更多路向将陆续上线。

4．一般来说，eBay 平台会向卖家收取两种类型的基础费用：刊登费和成交费。这些费用又会因为产品的售价、刊登形式、刊登时选择的分类及卖家的账号表现等具体情况而异。

5．订单处理是跨境电商交易环节中的重要部分。在正常情况下，在买家完成支付后，卖家会收到 eBay 的电子邮件通知，同时收到买家的付款；卖家验证买家的货运地址，如果没有发现异常的情况，就根据买家拍下的信息生成物流面单并打包发货；上传物流单号；等妥投之后，买家和卖家进行互评。特殊订单要特殊处理。

6．eBay 的营销推广活动分为 eBay 店铺促销活动和 eBay 广告等类型，可以让卖家所售卖的产品获得更多的曝光。

本章习题

一、思考题

1. eBay 卖家账户的类型有哪些?
2. 为什么要进行卖家业务政策设置?卖家的业务政策设置包括哪几个方面的内容?
3. eBay 平台有哪些销售费用?
4. eBay 海外仓头程运输服务有哪些方式?
5. eBay 平台的产品标题如何拟定?
6. eBay 店铺有哪些促销类型?
7. eBay 平台交易的基本流程是什么?
8. 在哪些情况下卖家需要向买家发送 invoice?
9. 在哪些情况下 eBay 平台不会收取成交费?

二、实训题

1. 以一口价或拍卖的方式刊登某产品。
2. 为某 eBay 店铺制定一个站内推广方案。

第六章　Shopee 平台运营

【学习目标】

1. 知识目标
- 了解 Shopee 平台入驻的基本流程。
- 掌握 Shopee 物流方式及运费模板设置。
- 掌握 Shopee 平台营销推广的基本思路和方法。
- 掌握商品发布和订单处理的基本流程。

2. 能力目标
- 掌握 Shopee 平台入驻的基本方法。
- 掌握 Shopee 物流成本的计算。
- 掌握商品发布的基本方法。
- 掌握订单处理的基本方法。
- 了解 Shopee 营销推广的基本方法。

第一节　Shopee 平台入驻

一、招商政策

Shopee 平台要求卖家以个体工商户或有限公司的身份注册 Shopee 平台的账户。个体工商户在 Shopee 平台开设第一个店铺时只能选择中国台湾站点，而企业卖家用企业营业执照注册时则可以选择马来西亚站点、中国台湾站点或菲律宾站点。Shopee 平台招商政策如表 6.1.1 所示。

表 6.1.1　Shopee 平台招商政策

跨境卖家招商政策	内贸卖家招商政策
主营亚马逊、eBay、Wish、来赞达或 Shopee 等跨境电商平台的卖家，要符合以下资质要求： （1）拥有中国内地或中国香港的合法企业营业执照； （2）商品符合当地出口和进口要求； （3）有 3 个月以上跨境电商经验，商品数量要达到 100 款以上	主营淘宝、天猫、拼多多、京东等国内电商平台的卖家，要符合以下资质要求： （1）拥有中国内地或中国香港的合法企业营业执照或个体工商户营业执照； （2）商品符合当地出口和进口要求； （3）有 3 个月以上经验，商品数量要达到 50 款以上

目前，Shopee 平台的入驻渠道分为官方渠道和招商经理渠道。其中，招商经理渠道较多，

非官方的绿色通道几乎都是招商经理对接的渠道。无论通过哪个渠道入驻，在入驻前都需要准备好相关的资料。

二、入驻渠道

（一）官方渠道

通过 Shopee 官网入驻的操作：进入 Shopee 官网，点击右上角的"立即入驻"，如图 6.1.1 所示。通过 Shopee 官方渠道，一般等待时间是 7 天左右。在这个渠道提交申请，入驻事宜便只能由 Shopee 平台处理，招商经理无法跟进。

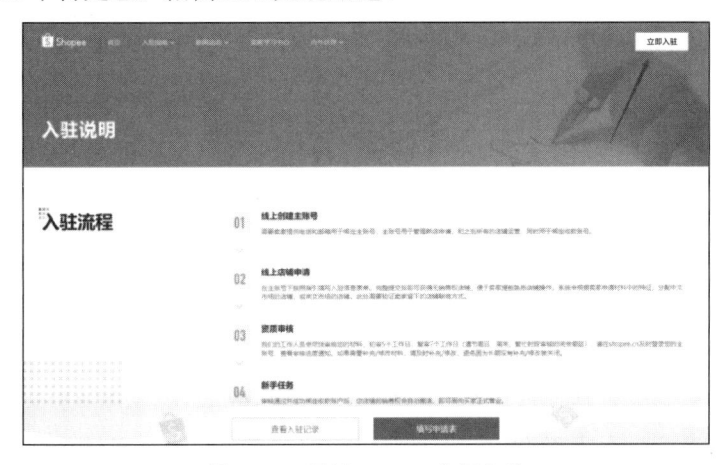

图 6.1.1　通过 Shopee 官网入驻

此外，卖家还可通过 Shopee 官网直播课程下方的绿色通道进行申请，如微吼直播等。

（二）招商经理渠道

通过招商经理入驻 Shopee 平台也是比较常见的入驻方式。卖家既可以通过加入 Shopee 卖家群或关注官方公众号寻找招商经理进行申请，如图 6.1.2 所示，也可以通过 Shopee 官方认证的合作机构申请。合作机构一般可以提供入驻、培训、运营咨询等服务。每个合作机构通常都会有对应的招商经理帮助卖家快速通过申请。申请流程如图 6.1.3 所示。

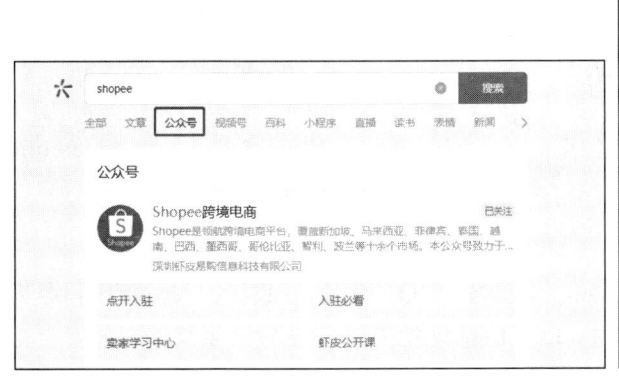

图 6.1.2　搜索 Shopee 跨境电商公众号

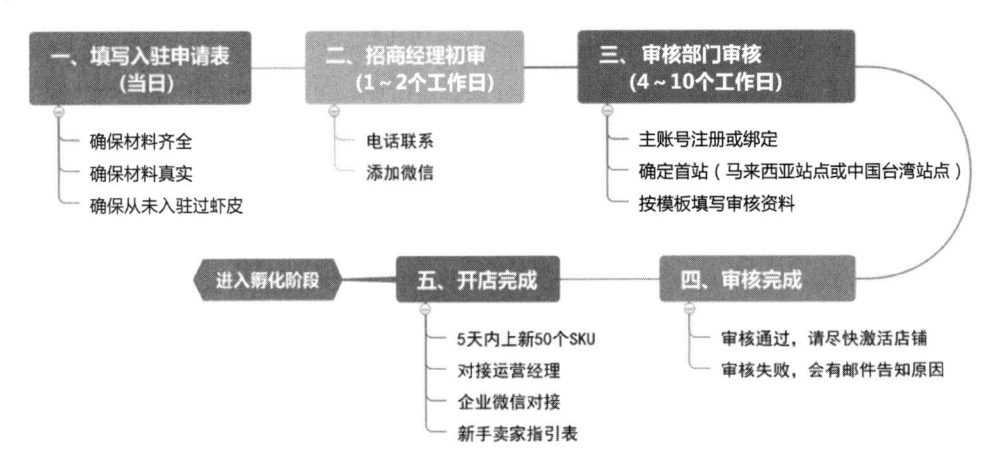

```
一、填写入驻申请表        二、招商经理初审         三、审核部门审核
    （当日）              （1~2个工作日）          （4~10个工作日）
  — 确保材料齐全          — 电话联系             — 主账号注册或绑定
  — 确保材料真实          — 添加微信             — 确定首站（马来西亚站点或中国台湾站点）
  — 确保从未入驻过虾皮                           — 按模板填写审核资料

   进入孵化阶段    五、开店完成              四、审核完成
                — 5天内上新50个SKU          — 审核通过，请尽快激活店铺
                — 对接运营经理              — 审核失败，会有邮件告知原因
                — 企业微信对接
                — 新手卖家指引表
```

图 6.1.3　招商经理渠道入驻流程图

三、审核流程

（一）资料审核

Shopee 平台的客服人员一般会在提交相关申请资料后的 7 个工作日内联系卖家，在联系卖家时通常会询问以下问题："你是否在 Shopee 平台上经营过？""公司法定代表人的姓名、公司的名称分别是什么？""你是否要入驻 Shopee 平台？""你们的公司目前有多少人？之前在哪些平台上经营过，经营了多久？""你们的公司销售什么商品？你们的店铺有多少 SKU？SKU 的平均售价是多少？""你们的店铺的平均日单量是多少？商品的来源有哪些？"……

如果提出申请的卖家没有接到 Shopee 平台的客服人员打来的询问上述问题的电话，那么卖家一般会收到招商经理要求进一步提供相关证明资料的邮件。资料包括公司的营业执照的照片、法定代表人的身份证的正反面彩色照片、法定代表人手持身份证（正反面）和营业执照+身份证（正反面）的照片或视频、其他跨境电商平台店铺的链接和跨境电商平台店铺三个月内的订单流水截图、公司的办公地址等信息，部分资料如图 6.1.4 所示。

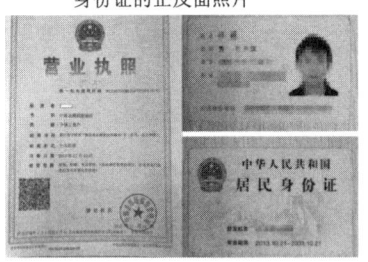

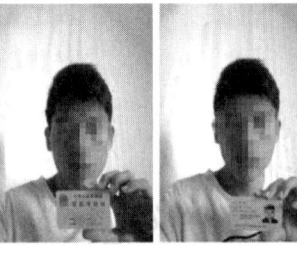

图 6.1.4　卖家入驻需要提交的部分资料

这里特别要提醒新卖家的是，营业执照、手机号、QQ（微信）、邮箱、入驻链接和退货地址都必须保证没有在 Shopee 平台使用过。以上信息只要在 Shopee 官方系统提交过就会有记录，只要有一项重复就会被判定为重复入驻，从而导致提交的所有资料都作废。

Shopee 平台的客服人员在与卖家初次联系后，会提供在线提交资料的通道，并根据卖家所提交的资料为卖家开通对应站点的账户。

（二）邮箱验证

在资料审核通过（审核时间一般为 2～3 个工作日）后，Shopee 平台会发送主题为"Welcome onboard!"的邮件，如图 6.1.5 所示。卖家需要按照邮件的要求填写相关资料，进行邮箱验证。验证成功就表示开通了相关站点的账户。

图 6.1.5　收到的 Shopee 平台发送的邮件

自 2020 年开始，Shopee 平台已全面启用子账户平台，在开店申请审核结束后会要求开通母账户，卖家需要在母账户里添加商店，以便后续操作。

四、商店的基础设置

（一）Shopee 店铺装修的基本介绍

Shopee 平台都是以商店为单位销售商品的。目前，Shopee 平台的店铺装修还处于起步阶段。店铺装修分为 PC 店铺装修和 App 店铺装修。其中 PC 店铺装修是相对比较完善的，App 店铺装修是今后的发展趋势，相关功能还在逐步优化过程中。此外，店铺装修还包括基础版和进阶版。进阶版的店铺装修组件功能要多于基础版的，二者最终呈现出来的效果会有所不同。

（二）Shopee 店铺装修入口

Shopee 平台的店铺装修功能还处于测试阶段，目前大部分卖家都是在卖家中心的"商店装饰"进行店铺装修的，如图 6.1.6 所示。

具体操作：点击"编辑装饰"进入 PC 店铺装修页面，如图 6.1.7 所示，在提前准备好图片、视频和文字等素材的情况下，通过拖动就可以完成店铺装修的操作。

图 6.1.6 Shopee 店铺装修入口

图 6.1.7 Shopee 店铺装修页面

第二节　Shopee 物流

与国内物流不同，跨境物流的运费根据商品的重量而定，而且存在较大的价格波动。毫不夸张地说，商品的重量多出 10 克，运费可能就会多出 10%。因此，了解 Shopee 平台的物流方式和运费非常重要。

一、物流方式

Shopee 平台采用的物流方式主要有自己搭建的 Shopee 物流服务（SLS）和与第三方合

作的全球物流速递（LWE）。Shopee 平台的所有站点均支持 SLS 物流方式，发往中国台湾的还支持圆通和顺丰等物流方式。配送方式分为宅配和店配。宅配是由顺丰和黑猫宅急便来完成的，有两次免费配送；而店配是由全家便利店和 7-11 完成的，买家通过短信取件码到店取件。Shopee 平台各站点的物流方式和货到付款开通情况如表 6.2.1 所示。

表 6.2.1　Shopee 各站点的物流方式和货到付款开通情况

站点	物流方式	是否开通货到付款（COD）
新加坡	SLS	否
马来西亚	SLS	是（仅部分开通）
泰国	SLS	是
菲律宾	SLS	是
越南	SLS	是
巴西	SLS	否
墨西哥	SLS	否
印度尼西亚	SLS-Standard Express	是
智利	SLS	否
哥伦比亚	SLS	否

发往印度尼西亚、新加坡、马来西亚、泰国的商品除了支持 SLS 物流方式，还支持 LWE 物流方式。另外，印度尼西亚、菲律宾等国家的线上支付普及率较低，Shopee 平台也支持当地买家使用货到付款的方式。Shopee 平台默认给所有卖家开通 SLS 物流方式，卖家只需在添加商品时开启 Standard Express 即可，Shopee 平台会从订单完成后的打款里扣除 SLS 物流费用再与卖家结算。如果卖家使用 LWE 或顺丰等第三方物流方式，就需要自行在第三方物流平台开户，在订单出货后填写物流单号，直接与物流服务商结算物流费用。

卖家可以在"我的物流"下的"物流设置"页面开启货到付款，图 6.2.1 所示为中国台湾站点物流设置的页面。

图 6.2.1　中国台湾站点物流设置

二、物流成本计算

在 Shopee 平台，卖家支付运费为卖家实际承担（跨境物流成本）和买家承担运费的总和，如图 6.2.2 所示。其中跨境物流成本（又称藏价，即应藏入商品的价格），是指卖家从支付的 SLS 运费中扣除买家承担（或平台补贴）的一部分物流费用后，卖家实际承担的运费。

图 6.2.2 卖家支付运费

商品重量如果跨越了多个重量段，总费用为每个重量段的费用加总。可扫码阅读运费计算案例。

那么，跨境物流成本怎么设定比较合适呢？可以扫码阅读藏价案例。

运费计算案例

藏价案例

三、运费模板设置

（一）获取运费计算工具

Shopee 平台为新买家提供了运费与藏价计算工具，详细获取方式见本书配套资料。

（二）如何使用运费计算工具

打开"运费与藏价计算"工具可以看到 3 个子表：运费变更目录；跨境物流成本（藏价）计算工具，用于计算跨境物流成本；物流成本价格详解，主要介绍各站点跨境物流成本与买家支付运费，包括普货、特货、轻货、重货。

1. 跨境物流成本（藏价）计算工具

卖家只需要在"跨境物流成本（藏价）计算工具"表中填入商品重量（按克计算），即可一次计算所有站点的跨境物流成本，如图 6.2.3 所示。

由于 SLS 费率时常更新（如果有费率更新会在卖家公告栏通知），建议卖家及时下载最新运费计算工具。

2. 物流成本价格详解

打开"物流成本价格详解"表可以看到 4 个表格，分别是默认价格表、特货价格表、重货价格表和轻货价格表，不同的运费表适用于不同的物流渠道，一般只参考默认价格表即可。

第六章　Shopee 平台运营

如何使用售价的工具

1. 将产品ID、产品重量填入下方商品信息一栏中。
2. 相应市场的跨境物流成本（藏价）将自动展示在右侧表格中。
3. 针对新加坡海运，请输入商品实际重量和体积并计算运费前价。
4. 请注意：此工具计算结果仅作参考，实际订单可能会出现：单多件或包裹重量不符的情况，因此会有差异。

商品信息

SKU ID	重量（克）	体积（立方米）	新加坡特快渠道（Express）	新加坡买家自取地点（Collection Point）	新加坡自提柜地点（Pick Locker）	新加坡直快渠道特快渠道（Express）	新加坡海运（经济藏价）	马来西亚（SPX海运标准）	马来西亚（海运经济）	马来西亚（SPX海运重货）	马来西亚（海运大件）	泰国	泰国（NNWH）	菲律宾（中国内地）	菲律宾（中国内地）海运	菲律宾（中国香港）	越南	越南（NNWH）	越南（中国香港）	越南重货	印度尼西亚	中国台湾虾皮重货	中国台湾虾皮特货	中国台湾虾皮经小件	巴西	巴西特货	墨西哥	墨西哥特货	墨西哥重货	智利	智利（经济渠道）	哥伦比亚
			SGD	SGD	SGD	SGD	SGD	MYR	MYR	MYR	MYR	THB	THB	PHP	PHP	PHP	VND	VND	VND	VND	IDR	TWD	TWD	TWD	BRL	BRL	MXN	MXN	MXN	CLP	CLP	COP
衬衫	150	0.00273	2.51	2.37	2.45	2.54		2.25	2.25	3.20	7.50	15	5	68.00		80.00	13,500	12,000	28,500	22,500	18,000	25	25	37.50	19.30	19.30	75	75	75	3,750	3,750	14,500
手机壳	10	0.00009	0.86	0.72	0.80	1.94		0.15	0.15	2.10	7.50	1	1	23.00		30.00	900	800	1,900	22,500	1,200	25	45	2.50	5.00	5.00	20	20	20	840	840	3,150
CCCC	1,121	0.01019	17.21	17.07	17.15	8.54		16.95	16.95	14.20	12.50	113	34	509.00		570.00	101,700	51,000	214,700	63,000	135,600	95	135	282.50	107.50	107.50	467	467	384	22,370	22,370	92,900
DDDD	20,698	0.18816	—	—	—	—		310.50	310.50	228.70	107.50	2,070	621	9,315.50		10,355.00	1,863,000	636,000	3,933,000	945,000	2,484,000	2,405	2,835	5,175.00	1,868.80	1,868.80	8,295	8,295	6,255	394,200	394,200	1,658,500
EEEE	3,000	0.02727	45.26	45.12	45.20	19.34		45.00	45.00	34.00	17.50	300	90	1,350.50		1,505.00	270,000	105,000	570,000	148,500	360,000	245	315	750.00	275.80	275.80	1,215	1,215	945	57,900	57,900	242,500

图 6.2.3　跨境物流成本（藏价）计算工具

第三节　商品上传和管理

卖家在了解了卖家中心的各个模块后，就可以上传商品了。新卖家一般会直接通过卖家中心的"商品"模块下的"添加商品"进行上传。

一、单个商品上传

在 Shopee 中国卖家中心点击左侧的"添加商品"，进入图 6.3.1 所示的"新增商品"页面。

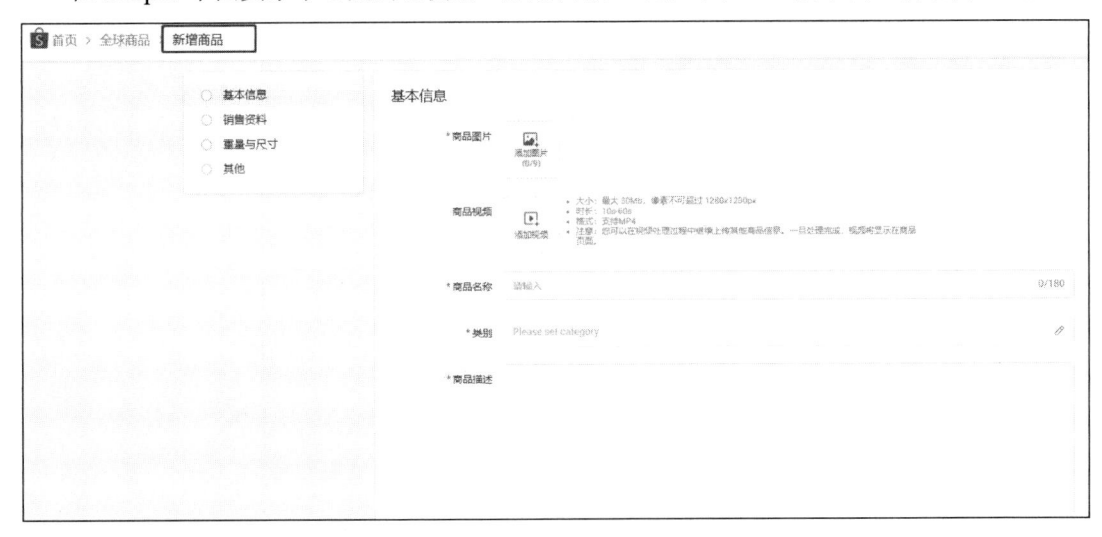

图 6.3.1　新增商品

（一）新增商品

（1）填写商品标题。优秀的商品标题一般包括品牌词、商品关键字、商品属性词、商品特点或卖点等。商品标题的单词首字母最好用大写，这样看起来更加规范。另外要注意字数限制，不同的站点有不同的字数要求。

（2）选择正确的类目。如果商品被放入错误的类目，就容易被禁卖。如果不清楚该选哪个类目，可以将关键字输入搜索框中进行查询。

（二）商品详情页面

商品详情页面包括基本资讯、商品属性、销售资料、运费和其他共五个模块。

1. 基本资讯

在"基本资讯"模块中，需要上传商品图片、商品视频，填写商品名称和商品描述等信息，如图 6.3.2 所示，其余项目根据商品所在类目会有不同的选项。

Shopee 平台支持最多上传 9 张商品图片，支持商品属性图的上传。建议使用高品质的图片作为封面主图，最好是白色背景的，商品覆盖图像的 70%以上，分辨率不低于 800 像素×800 像素，大小不超过 2MB，格式为 JPG、PNG 和 JPEG。

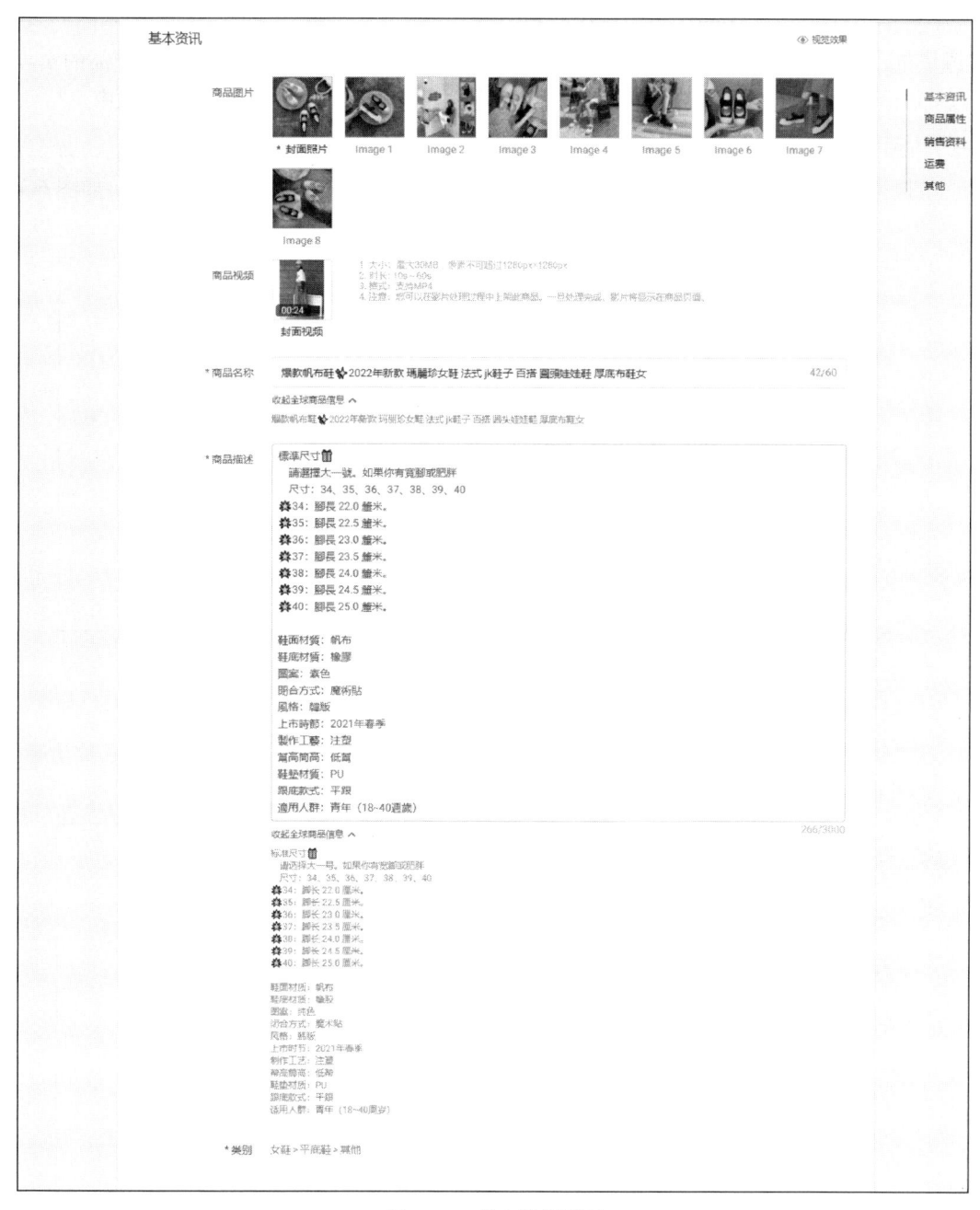

图 6.3.2 基本资讯页面

视频可以补充说明产品效用、展示产品实际效果等。添加视频的时候要注意：视频不宜过长，建议控制在 10 秒～60 秒，文件大小在 30MB 以内，MP4 格式。

商品详情描述可以方便买家进一步了解商品。对于商品详情描述的字符数，不同的站点有不同的限制。例如，在马来西亚站点最多只能填写 7000 个字符的商品详情描述。

卖家可以参考以下三种方法来创建完整的商品描述。

（1）提供商品细节：提供详细的商品规格信息，如材质、重量、尺寸和其他特点等。商品细节对电子产品、设备和工具来说尤为重要。

（2）描述商品的用途和优点：描述商品的特点和优点，并向买家展示商品的不同使用方式或场景，让买家更有代入感，建议列出3～8个商品特色，让买家能快速了解商品的卖点。

（3）标明商品的保质期：若商品有保质期等信息，则应添加至商品详情描述中。

2. 商品属性

要根据实际情况填写完整的商品属性，完整的商品属性会提高商品的曝光率，如图6.3.3所示。

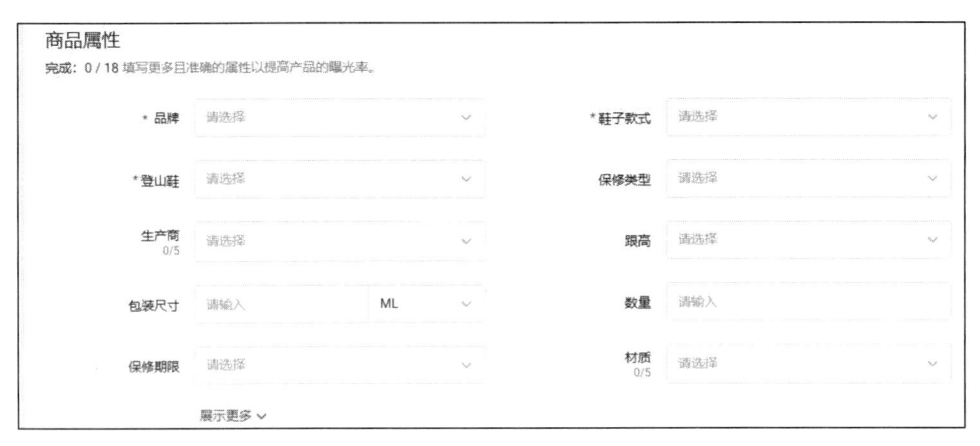

图6.3.3 商品属性

3. 销售资料

在"销售资料"模块中，需要填写规格、全球商品价格、商品数量、最低购买数量等信息，如图6.3.4所示。

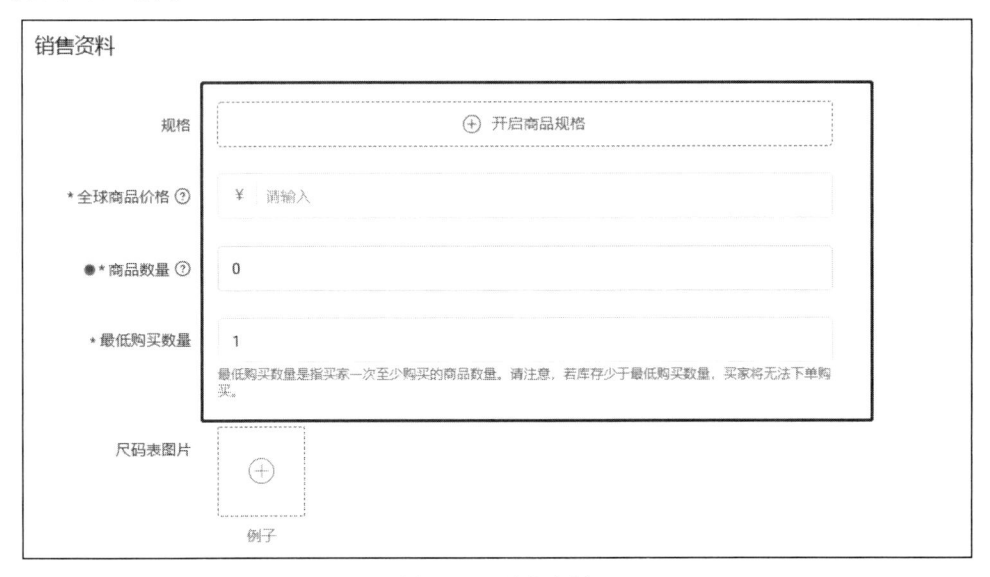

图6.3.4 销售资料

"规格"一栏仅出现于多规格销售资料填写页面，可以用于批量修改商品的价格、数量和货号等信息，如图6.3.5所示。

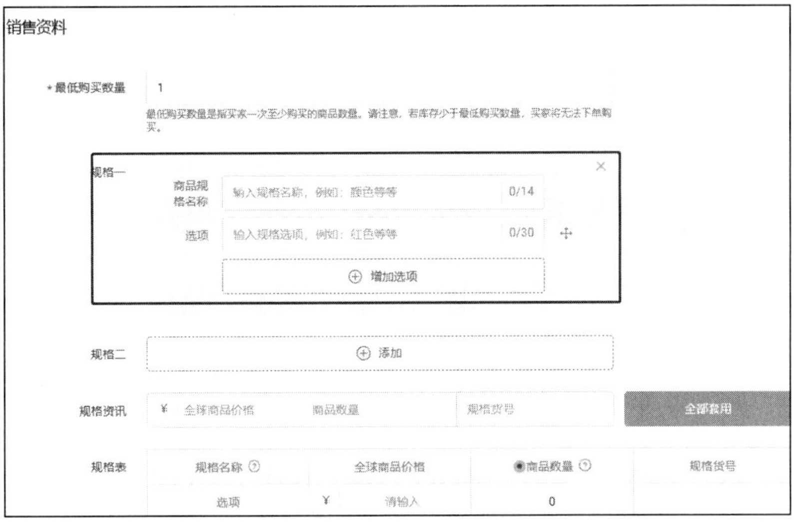

图 6.3.5 规格信息填写

4. 运费和其他

在"运费"模块中，卖家需要填写重量、包裹尺寸和运输费用等信息。关于重量和包裹尺寸，建议填写打包后的重量和尺寸。点击图 6.3.6 中"运输费用"后面方框位置的按钮，会打开图 6.3.7 所示的页面，建议不要设置包邮，即不勾选"我将支付运费"。

在"其他"模块中，卖家可以选择是否设置预购（也叫预售），选择商品保存状况，填写主商品（父 SKU）货号。如果销售的商品有现货，那么出货天数为 3 个工作日。卖家可将预售商品的出货天数设置为 5~10 个工作日。商品保存状况有新的、二手两个选项。主商品货号主要是为了便于库存管理，不填写也可以。

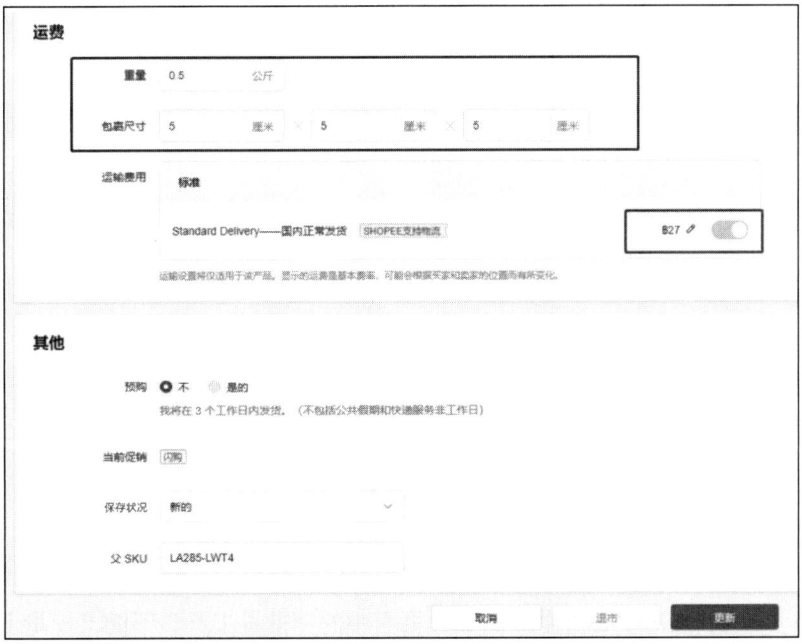

图 6.3.6 运费和其他模块信息

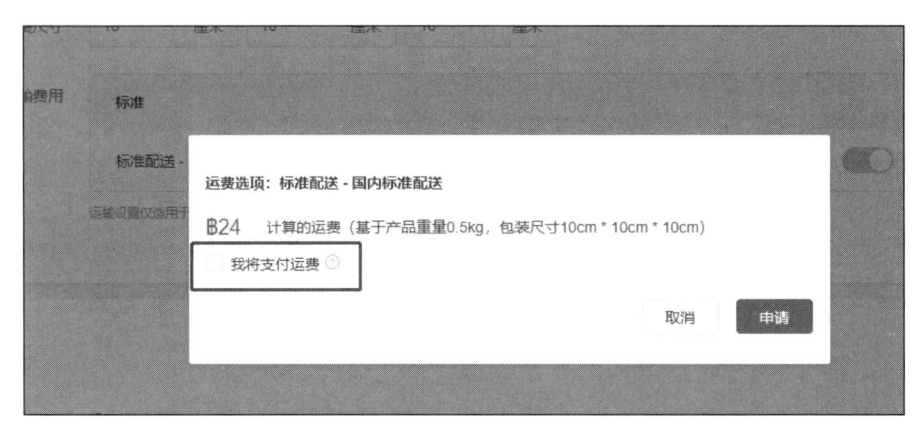

图 6.3.7　运费选项

填写完毕后，点击"储存并上架"完成储存并上架，此时，卖家可以点击"视觉效果"查看该商品在商店前台展现给买家的效果。

如果想删除某商品，需先将商品下架，然后在"售罄"模块中勾选想删除的商品，点击右下角的"删除"，如图 6.3.8 所示。

图 6.3.8　删除商品

二、批量商品上传

卖家也可以通过卖家中心"全球商品"页面中的"批量工具"下的"批量上传"一次性上传多个商品，如图 6.3.9 所示。批量上传的步骤如下。

图 6.3.9 批量上传

（一）下载模板

在"下载模板"中选择要下载的模板，点击"下载"进行下载，如图 6.3.10 所示。

图 6.3.10 下载模板

打开下载好的电子表格，填写商品信息。填写模板时，要求模板的语言与店铺后台默认的语言一致。填写商品信息时，要留意商品的规格，一个商品最多有两种规格，对于只有单层规格（如尺寸）的商品，需填写该规格的所有选项（如 S、M、L）。例如，某商品为一级结构/单层规格，其中有 3 个选项，则每个选项都应独立填写一行。对于拥有不同规格的商品，它们的整合规格编号是一致的，如图 6.3.11 所示。

分类	商品名称	商品描述	全球商品货号	规格合并序列号	规格1名称	规格1的选项	每个图片的规格	
必填	必填	必填	选填	依条件必填	依条件必填	依条件必填	依条件必填	
7009	Men's casual	sdoor leisl	100901309		1001	颜色	yellow	https://shopee.co.th/produc
7009	Men's casual	sdoor leisl	100901309		1001	颜色	black	https://shopee.co.th/produc

图 6.3.11 一级结构/单层规格填写（平台模板截图）

如果要添加商品图片，需在"每个图片的规格"列填入图片链接。为了保证图片上传成功，图片链接源要确保有稳定的服务源、较低的网络延迟和无登录校验。

（二）上传文件

在完成模板信息填写后，卖家可以在"批量上传—上传文件"中选择或拖放 Excel 文件，如图 6.3.12 所示。

图 6.3.12　上传文件

卖家可以在状态栏下查看模板的上传结果。如果模板上传成功（状态栏显示"已成功"），就可以继续上传商品。如果模板上传失败（状态栏显示"已失败/全部失败"），就需下载并查看上传失败的原因，修改模板并重新上传。需要修改的地方会被标黄，请根据"错误"列中的提示进行修改。

上传完成后，可点击"发布店铺商品"将全球商品发布到对应的店铺中，如图 6.3.13 所示。

图 6.3.13　发布店铺商品

第四节　Shopee 营销推广

营销推广是一个永恒不变的话题，同样，Shopee 平台也需要通过营销推广来获取流量。

一、营销中心

Shopee 平台的"营销中心"提供了优惠券、我的折扣活动、加购优惠和套装优惠等营销工具,允许卖家在店铺设置营销活动。设置营销活动不仅可以提高销售额,还可以和买家互动,增加店铺的整体流量。

(一)优惠券

Shopee 平台的优惠券分为店铺优惠券和商品优惠券,卖家不仅可以轻松地创建仅属于店铺的特色优惠券,确定折扣金额、优惠时限及优惠券数量,还可以为店铺中的某个商品创建专属优惠券,如图 6.4.1 所示。"优惠券"这个营销工具,不仅可以吸引买家下单,还可以促使买家购买更多的商品以满足最低消费要求。

图 6.4.1 优惠券展示

卖家可以通过 PC 端的"我的营销中心—优惠券"或移动端的"我的商店—营销中心"来创建优惠券。卖家在 PC 端创建优惠券如图 6.4.2 所示。

图 6.4.2 卖家在 PC 端创建优惠券

选择其中一种优惠券类型，点击进入新页面，如图 6.4.3 所示。卖家可以自行命名凭证名称；优惠券代码是一组字母和数字组成的最多五个字符的编码。卖家可以通过"聊聊"或站外工具发送给买家，也可以让买家在站内领取，最长时效为 90 天。

图 6.4.3　创建新凭证

关于奖励类型，卖家可以选择折扣或 Shopee 币回扣，如图 6.4.4 所示。卖家可以将"折扣类型|优惠限额"设定为折扣比例或折扣金额，还可以设置使用优惠券的最低消费金额。卖家可以通过优惠时限和优惠券的可使用总数控制优惠活动时间，在活动时间内提高优惠活动的转化率。

图 6.4.4　Shopee 奖励设置

（二）我的折扣活动

折扣活动是指在商店给参加折扣活动的商品打上折扣标签，如图 6.4.5 所示。卖家可以通过设置活动折扣来增加商品的曝光和展示，从而促进商品的交易。

卖家可以在卖家后台的"营销中心—营销工具"中找到"我的折扣活动"来创建只属于商品的折扣券，如图 6.4.6 所示。卖家可自行确定折扣金额、折扣期限和折扣券数量，也可为店内某一商品制作独家折扣券。

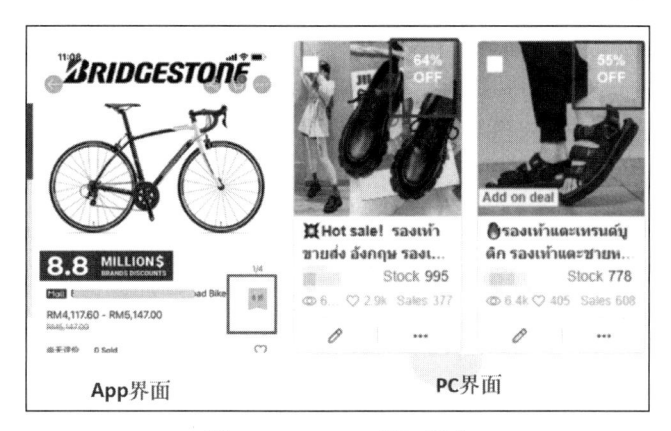

图 6.4.5　Shopee 折扣活动

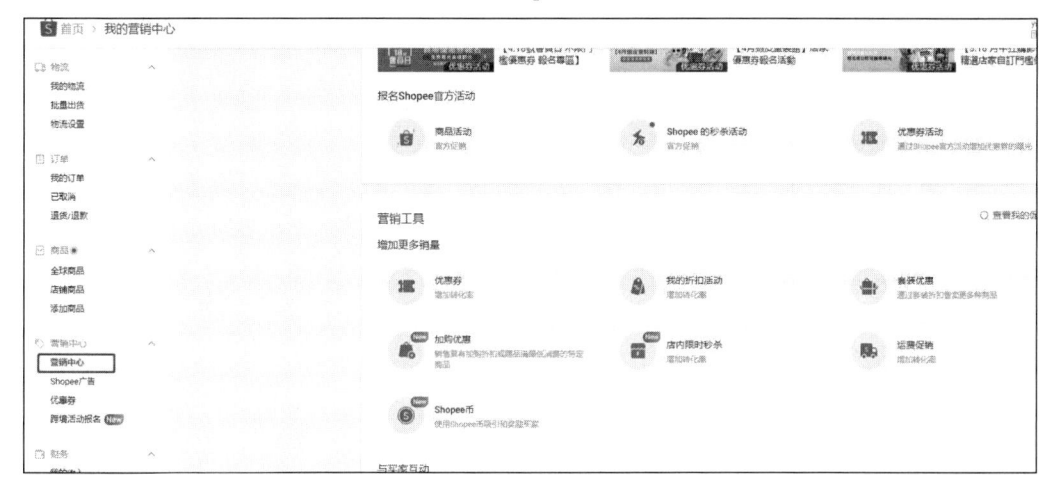

图 6.4.6　创建"我的折扣活动"的入口

点击"我的折扣活动",进入图 6.4.7 所示的页面。

图 6.4.7　我的折扣活动

点击"创建"可建立一个新的折扣活动。建立折扣活动要设置活动名称、折扣活动开始/结束时间、折扣活动商品这几个基本信息，如图 6.4.8 所示。新卖家需要特别注意：设置折扣活动时，结束时间至少比开始时间晚 1 小时，折扣活动的周期设置必须在 180 天之内；关于添加参加折扣活动的商品，在默认情况下，展示商品为全部商品，卖家可以勾选适用折扣活动的商品。

接下来设置折扣活动的其他信息，对于"促销库存"和"每位买家限购数量为"，可以选择不更新、无限制或设定限制；对于已添加的商品，可以批量设定，或者为每个商品/规格单独设置折扣活动信息。折扣活动设置页面如图 6.4.9 所示，完成后点击"确认"。

图 6.4.8　建立新的折扣活动

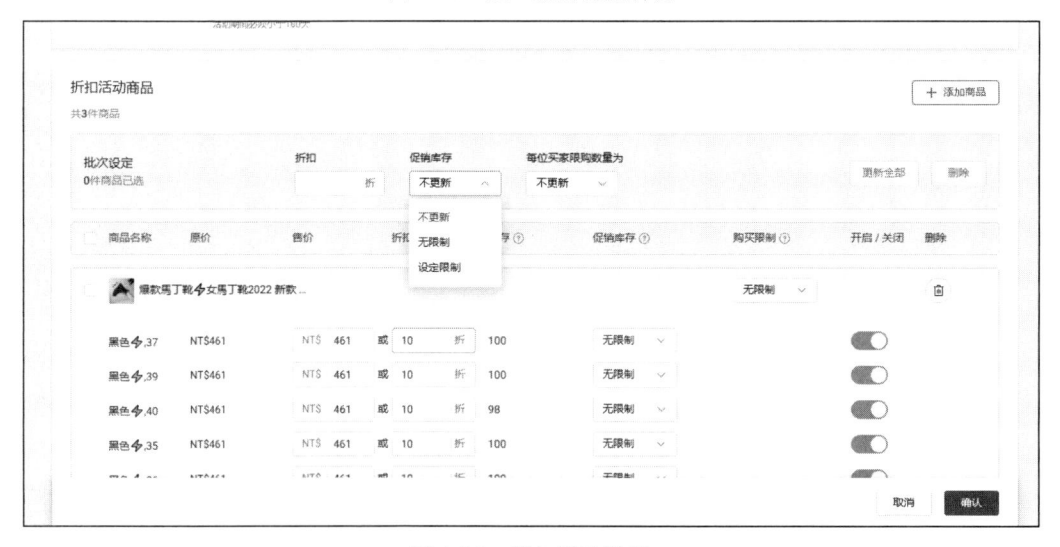

图 6.4.9　折扣活动设置

在给商品设置折扣活动时，卖家可以选择按折扣价格或按折扣百分比进行设置，如图 6.4.10 所示。折扣价格，卖家可以为商品设置一个新价格（售价），新价格一般低于原价；折扣百分比，卖家可以批量设置或单独为某个商品设置折扣百分比。

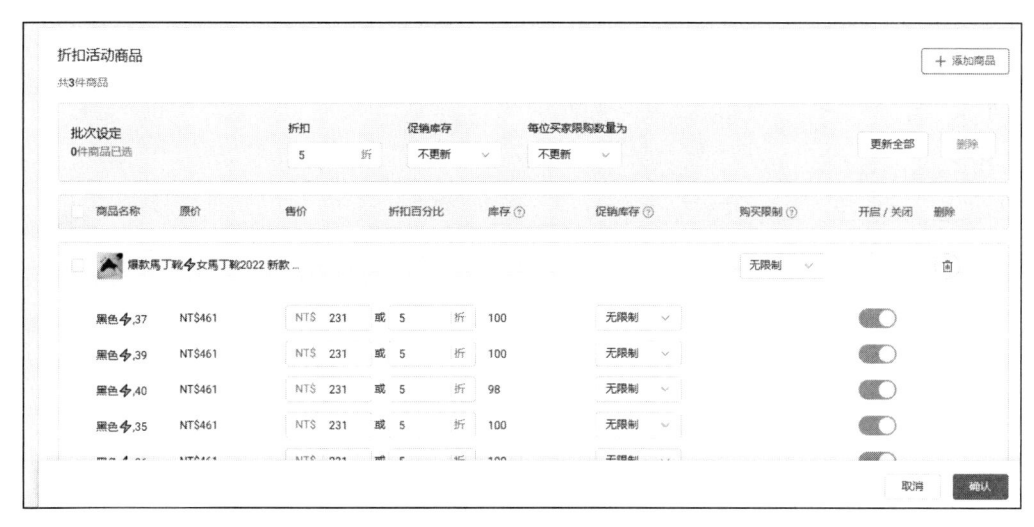

图 6.4.10 设置折扣类型

如果要添加折扣商品，则可点击图 6.4.10 右上角的"+添加商品"，系统跳出图 6.4.11 所示的页面。卖家可在搜索栏中输入产品（商品）名称或对应的 SKU/货号精确查找指定产品。

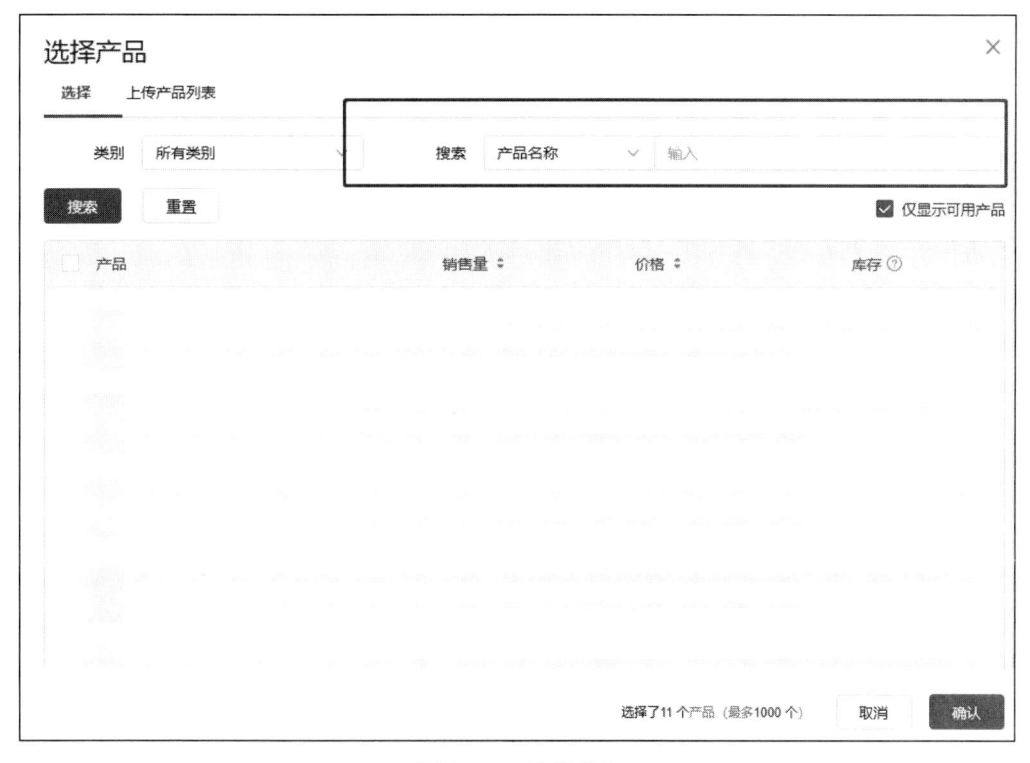

图 6.4.11 选择产品

折扣活动有三种状态：进行中、即将到来和已到期。卖家可以通过搜索栏查找折扣活动，或者选择下拉菜单中的促销名称、产品名称或产品编号来筛选折扣活动并编辑折扣。卖家不仅可以查看某折扣活动的营销表现，还可以通过"分享"把折扣活动分享到海外社交媒体及"聊聊广播"，从而获得更多的曝光机会，如图 6.4.12 所示。

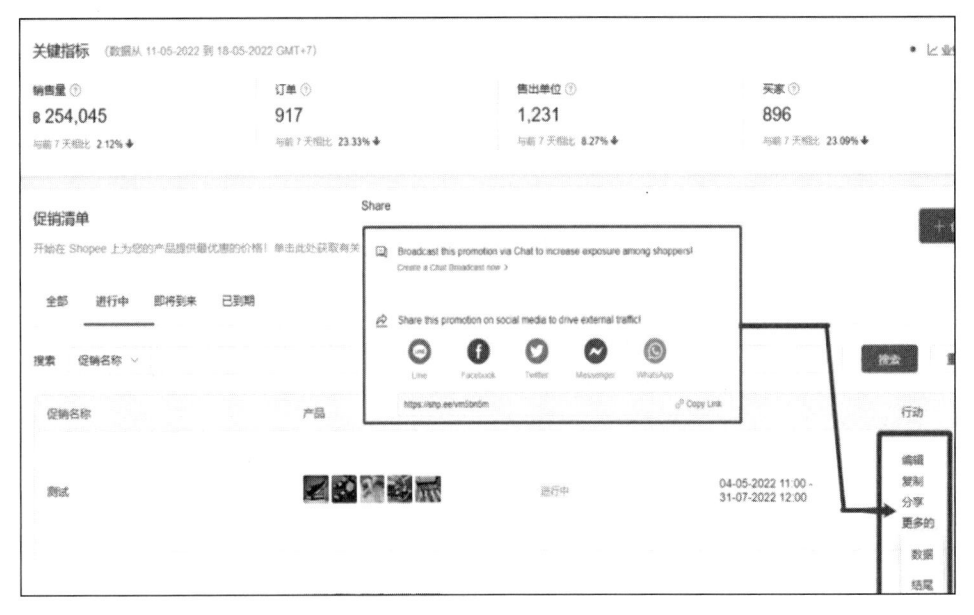

图 6.4.12 折扣活动管理

（三）加购优惠

"营销中心"的加购优惠是吸引买家在购物车中添加更多商品的营销工具。Shopee 大数据显示，互补类商品可以提高加购优惠的成交量。例如，以洗发水为主商品的店铺，卖家可以将护发素或发带作为免费的加购商品，以此提高洗发水的点击量和销量。

在"我的营销中心"中点击"加购优惠"—"创建"，进入图 6.4.13 所示的页面，选择"加购折扣"，设置加购优惠名称、开始/结束日期和加购商品的购买限制。

加购折扣与赠品满最低消费的区别在于加购折扣可以通过购买主商品获得免费礼物，而赠品满最低消费需通过满足最低消费获得礼物。

图 6.4.13 创建加购优惠

在完成基本资料的设置后，需添加主商品，如图 6.4.14 所示。卖家最多可选择 100 个主商品，可以对单个商品进行编辑，也可以进行批量编辑，如图 6.4.15 所示。

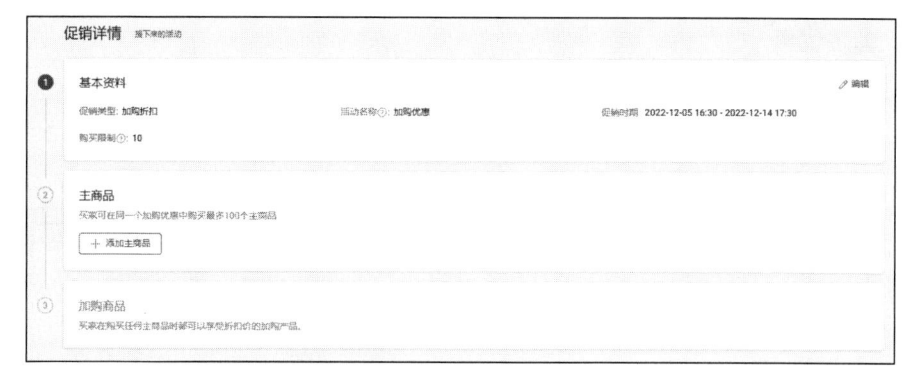

图 6.4.14　添加主商品

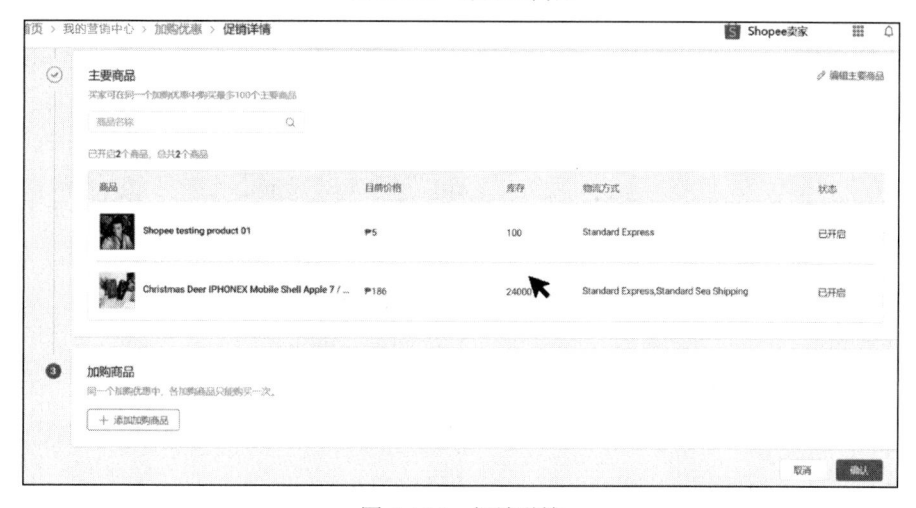

图 6.4.15　促销详情

如果要添加加购商品，则可以点击图 6.4.15 下方的"+添加加购商品"进行添加。建议将加购商品的价格设置为"0"，这样买家购买了主商品之后就可以免费获得加购商品。另外，卖家也要注意设置购买限制。如果不需设置购买限制，留空白即可，无须填写（但不能填"0"）。

卖家可以使用批量设置来批量或逐个开启加购商品，其他加购商品和第一个开启加购的商品的物流方式必须相同，如图 6.4.16 所示。如果无法开启某个商品，可以将鼠标悬停在提示错误的图标"I"上查看原因，完成后确认并保存。

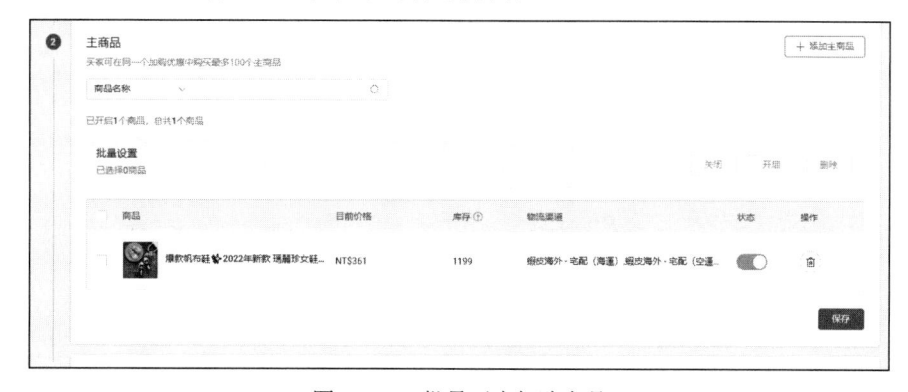

图 6.4.16　批量开启加购商品

（四）套装优惠

套装优惠是一种营销工具，通过该工具可以将数个商品组合在一起，给予一定的购买优惠。设置了套装优惠的商品在买家端会显示相应的优惠信息，如图 6.4.17 所示。套装优惠活动可以使商品更具吸引力。

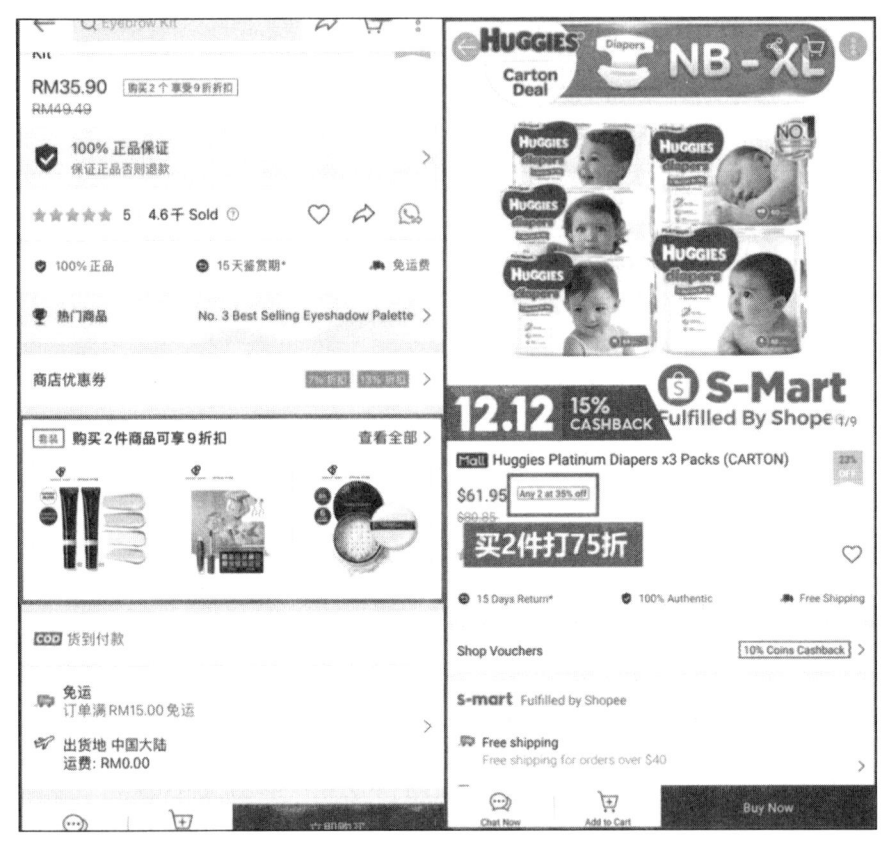

图 6.4.17　买家端套装优惠展示

进入"营销中心"，点击"套装优惠"就可以创建该促销活动，如图 6.4.18 所示。

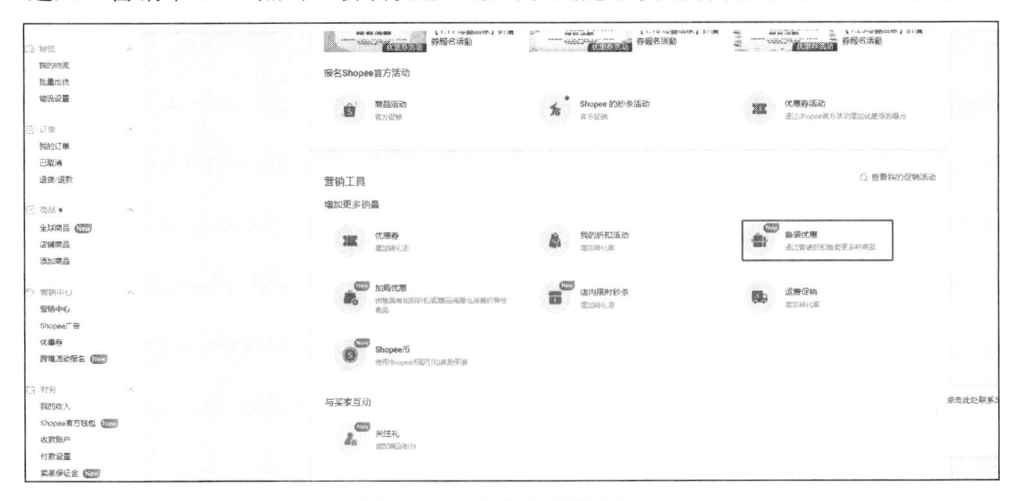

图 6.4.18　套装优惠活动入口

进入"创建套装优惠"页面，如图 6.4.19 所示，完成基本信息的设置。套装名称不得超过 25 个字符，建议为套装设置清晰、简洁的名称。套装开始/结束时间又称套装周期，是店铺套装优惠保持生效的时间段，需要控制在 3 个月之内。卖家可依据自己活动的需要进行设置。

图 6.4.19 套装优惠基本信息

套装类型可选择折扣比例、折扣金额或套装特价。
（1）折扣比例，如买 3 件可享受 10%的折扣，适合低价商品。
（2）折扣金额，如买 3 件减 10 元，适合高价商品。
（3）套装特价，如买 3 件共 30 元，适合可同时使用的商品。

购买限制是限制买家购买的次数，一份套装优惠可被买家购买多次，当买家达到了购买限制次数后就不能再享受套装优惠了。

在设置完套装优惠后，卖家需要选择参加套装优惠的商品。套装优惠同样支持通过上传商品列表来选择商品。没有库存的商品和正在参加其他活动的商品可能无法被添加到套装优惠中。

需要注意的是，在开启套装优惠后，不要为套装内的商品更换物流方式，否则买家无法购买参加套装优惠活动的商品。

二、Shopee 广告

Shopee 平台的付费广告主要有搜索广告、发现广告和商店广告三种类型。

（一）搜索广告

搜索广告即当买家利用某个关键字进行检索时，如果这个关键字与卖家广告中设定的关键字相匹配，那么在检索结果页面中会出现该商品的广告内容，如图 6.4.20 所示。搜索广告投放的核心就是关键字的选择。对于新款的广告推广，卖家在设置好预算后，可以先投放为自动推广。

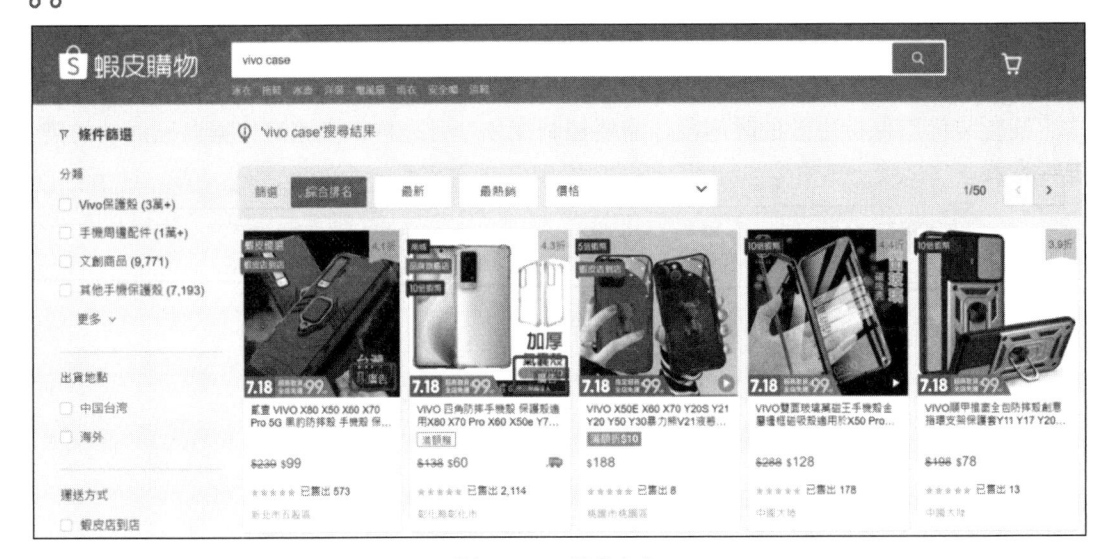

图 6.4.20　搜索广告

（二）发现广告

发现广告会出现在 Shopee 首页的"每日新发现"和商品详情页面中的"相似商品"和"猜你喜欢"等位置。发现广告出现的位置与买家搜索什么关键字没有关系。

如何设置发现广告呢？

首先，在卖家中心的"营销中心"模块中，点击"我的广告"中的"发现广告"选项，如图 6.4.21 所示，选择商店中的一个商品，点击"确认"，就为这个商品设置了发现广告。

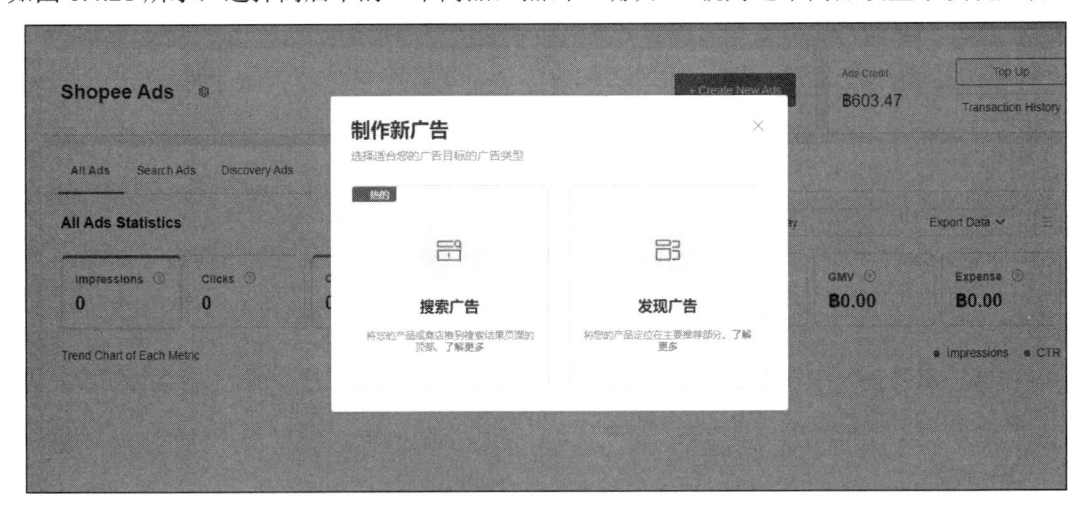

图 6.4.21　设置发现广告

然后，卖家还需要设定预算和时间长度。预算是卖家设定的最大广告金额，可分为每日预算和总预算。每日预算是指每天消费的最大广告金额，如果当天消费的广告金额达到预算设定，那么广告就停止显示；如果当天消费的广告金额未达到预算设定，那么消费的广告金额不累计，即第二天从 0 点开始重新计算消费的广告金额。总预算是指总共消费的最大广告金额——如果超过这个金额，广告就停止显示。

时间长度即设定推广广告的时间段，可以选择不限时。总之，广告将在设定的预算和时间长度内持续投放,直到预算用完或时间截止。卖家也可以选择不设定预算时间长度。设定预算和时间长度如图 6.4.22 所示。

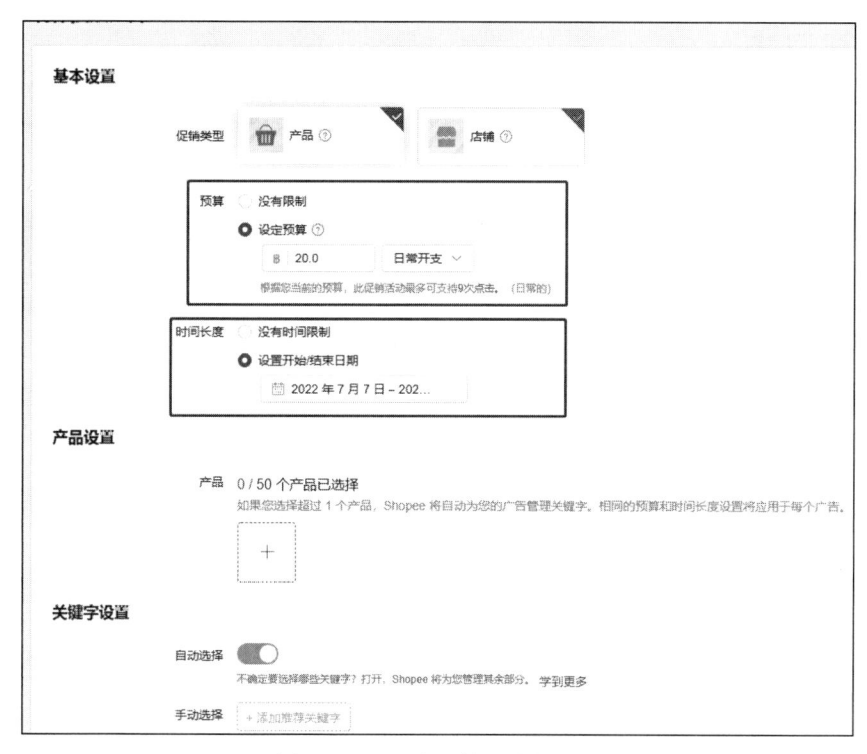

图 6.4.22　设定预算和时间长度

接着,卖家需要添加关键字。Shopee 平台会推荐与商品相关的关键字,并显示商品的品质分数、搜索量、匹配类型及在此匹配类型下的推荐出价。卖家也可以添加关键字,如图 6.4.23 所示。

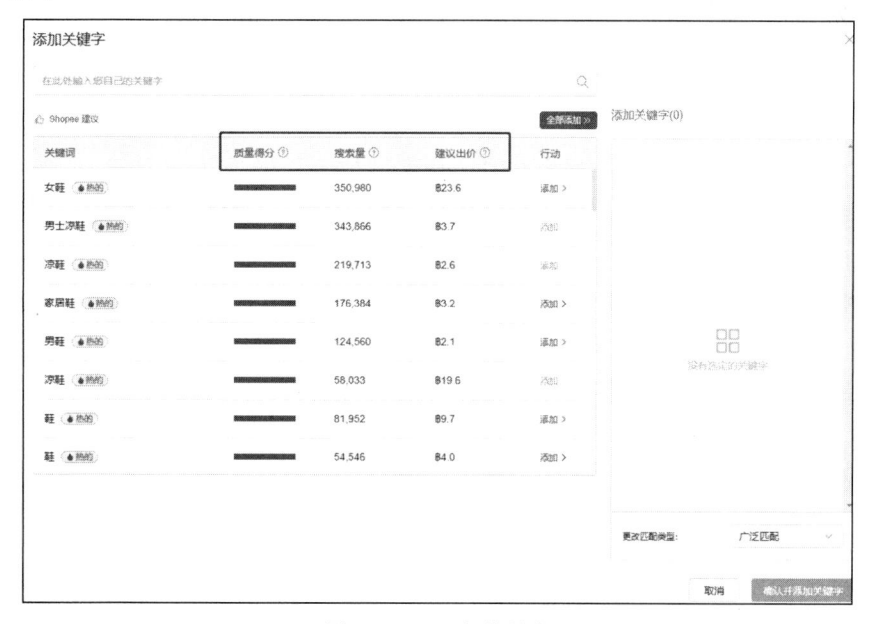

图 6.4.23　添加关键字

最后，要为关键字设置匹配类型和出价。匹配类型决定了商品的推广流量和精准度，所设置的出价是每次广告被点击需支付的最高金额。

（三）商店广告

商店广告是卖家商店信息展现在搜索结果最上方的广告形式。如果买家点击商店广告，就会进入卖家的商店。目前，商店广告仅向商城卖家和优选卖家开放，且只有一个位置，如图 6.4.24 所示。

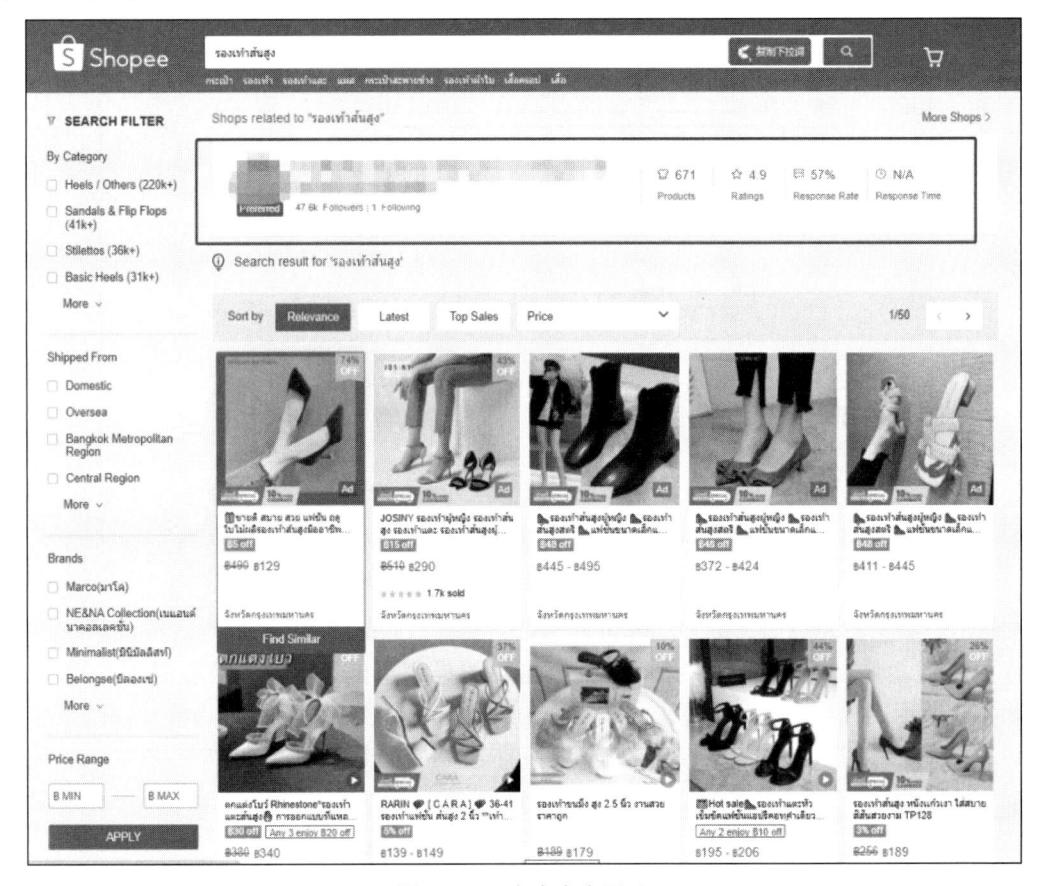

图 6.4.24　商店广告展示

如果卖家是商城卖家或优选卖家，那么先在卖家中心的"我的广告"页面中点击"商店广告"并选择"搜索广告"，接着在"制作搜索广告"页面的"促销类型"中选择"店铺"，然后设定预算、时间长度、关键字、关键字出价等信息。关键字既可以由系统推荐，也可以自行添加，并且匹配方式和搜索广告一致，如图 6.4.25 所示。

Shopee 平台会有一些保留关键字，当买家搜索保留关键字的时候，Shopee 平台将显示原始商店，即官方商店，而不会显示设置包含对应关键字的广告的商店。

一个关键字仅对应一个商店广告，因此，商店广告竞争激烈。商店广告的曝光由两个因素决定：一是单次点击出价，出价越高，广告被展现的机会越大；二是商店相关度，这取决于商店质量，以及商店与所选关键字的相关度——商店相关度越高，广告展现的可能性就越大。

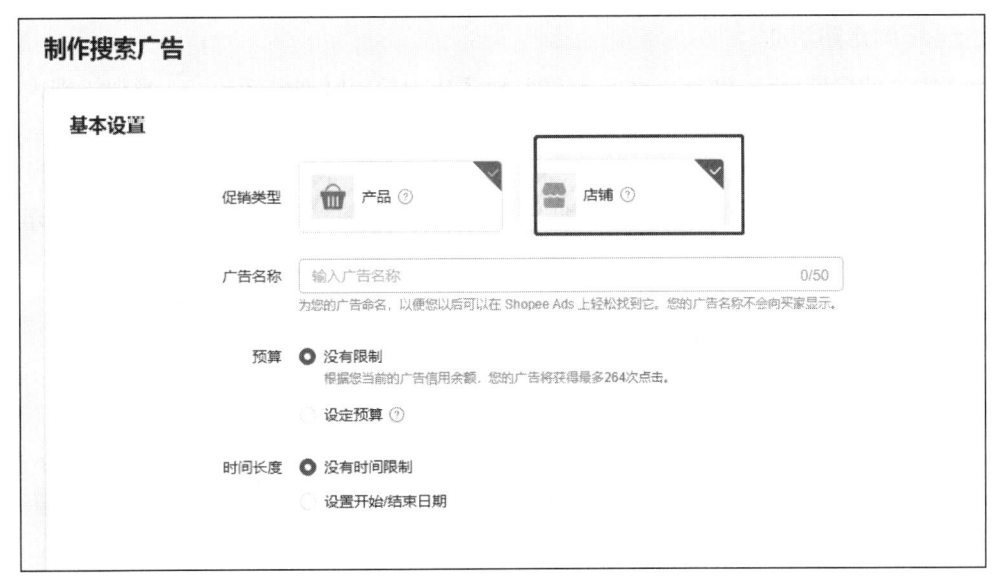

图 6.4.25　制作店铺搜索广告

在开始投放付费广告之前，卖家需要为广告账户充值。Shopee 平台目前提供了多种充值方式，包括使用站外的 PayPal、连连跨境支付，以及站内的信用卡、Shopee 币等。充值到账时间一般不超过 3 个工作日。

三、促销活动

Shopee 平台在一些节假日会开展一些节日促销活动或限时选购活动，卖家可以在指定的时间报名。促销活动能有效地提高商品的转化率。不过需要注意的是，有些活动是有门槛的，比如要求卖家为优选卖家、商品有一定数量的好评等。

在"营销中心"页面中，点击"活动"，可以看到 Shopee 平台即将到来的活动、进行中的活动和已到期的活动，如图 6.4.26 所示。

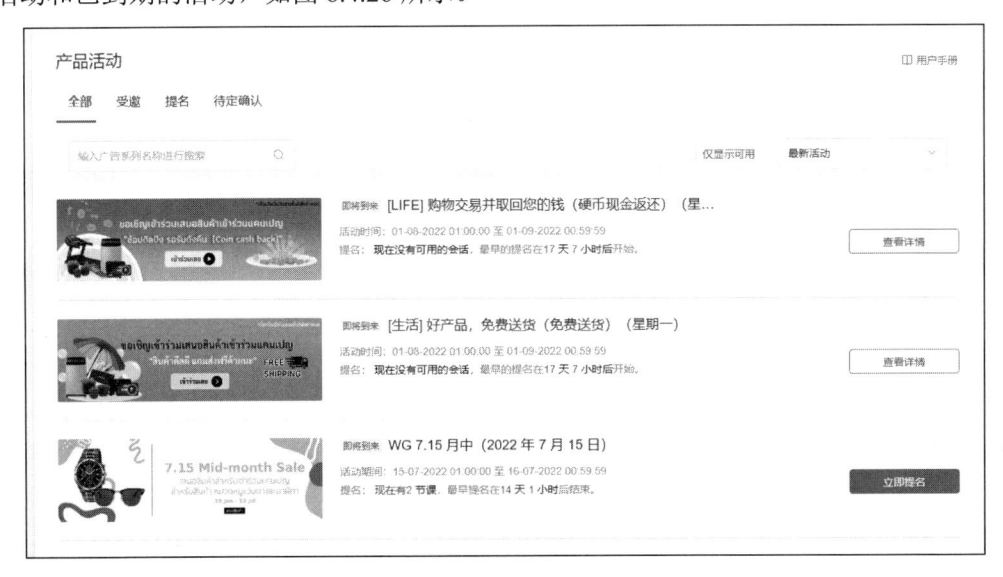

图 6.4.26　促销活动展示

（一）限时选购活动

除了官方的促销活动，Shopee 平台已经开放了店内的限时选购活动——类似于国内电商平台的秒杀活动。卖家可以在店内设置限时选购活动，以提高商品的转化率。

参加限时选购活动的商品应满足如下条件：促销商品的库存为 3～1000 个；折扣设置为 10%～99%；促销价格低于最近 7 天的最低价格（不包括限时选购活动的价格）；商品评价分数高于 4 分；可以是预售商品；备货时长≤3 天；参加此次限时选购活动前 24 小时未参加限时选购活动。

在"营销中心"页面中，点击"在商店的限时选购（闪购）"会显示正在进行的限时选购活动和该活动的点击数/浏览数。点击"创建新的限时选购"，可以选择店内限时选购的时间段，如图 6.4.27 所示。

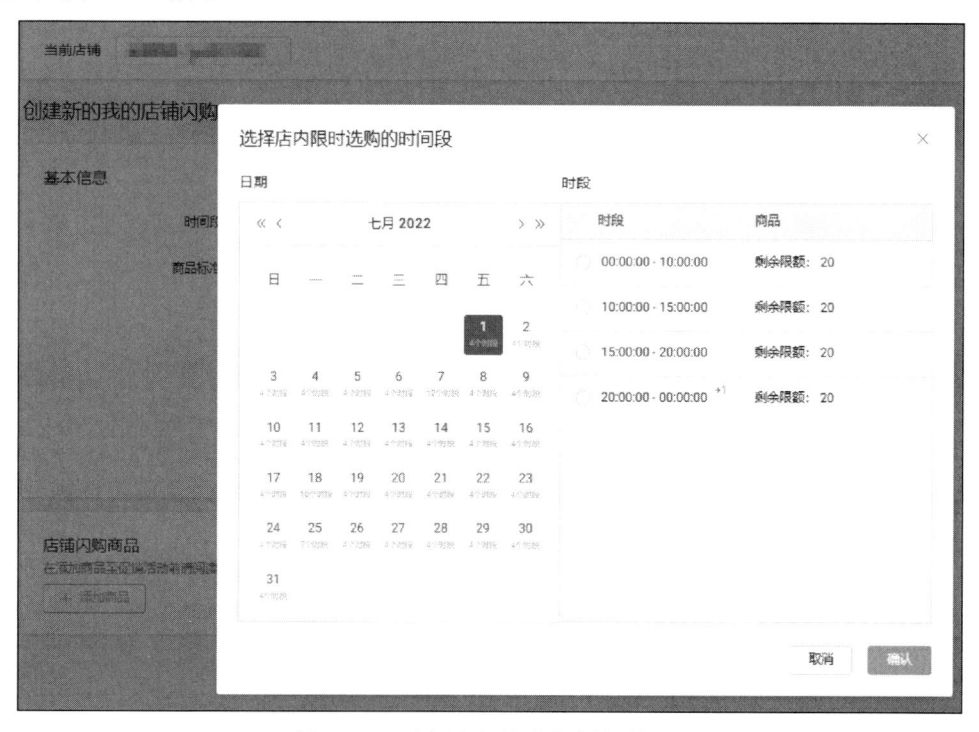

图 6.4.27　选择店内限时选购的时间段

接下来，选择参加限时选购活动的商品，设置商品的折扣、活动库存和购买限制，如图 6.4.28 所示。

卖家可以在 Shopee 平台的卖场大型促销活动期间设置限时选购活动，以提高转化率，也可以在店内设置优惠促销活动时配合使用限时选购活动。

（二）运费促销

卖家可以创建运费促销活动，在买家满足促销条件时，减免买家所需承担的运费，从而促使买家购买商品。

点击"新增运费促销"，设置运费优惠名称、运费优惠期、促销预算、运输渠道和费用等，如图 6.4.29 所示。

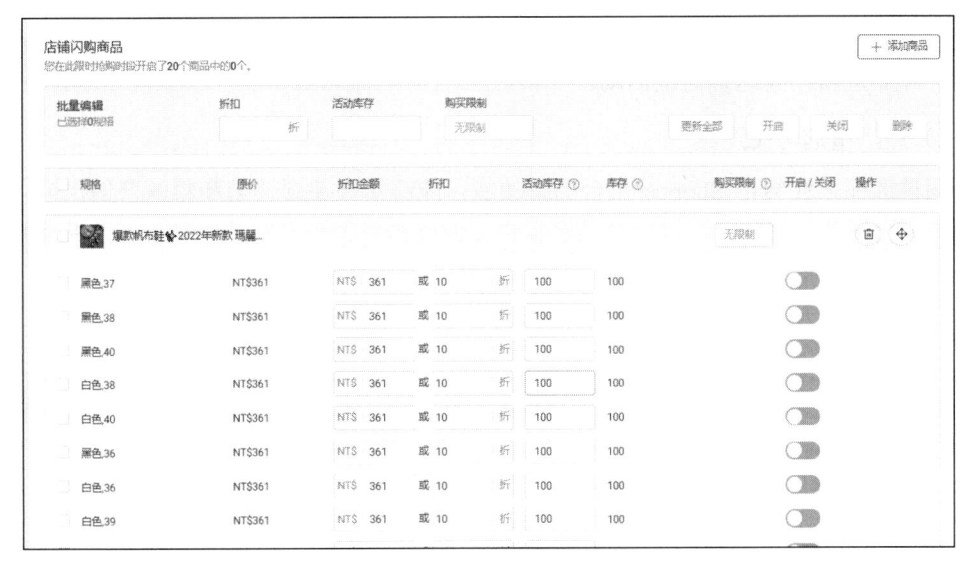

图 6.4.28　选择店铺闪购商品

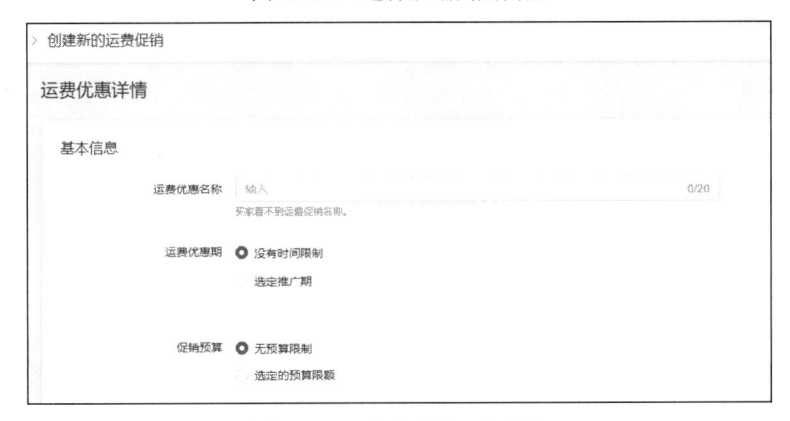

图 6.4.29　创建新的运费促销

目前，卖家最多可以设置 3 个运费规则，如图 6.4.30 所示。

图 6.4.30　设置运费规则

在设置过程中，卖家无须选择商品。不过，一旦确认运费促销活动正式开始，就不能延长时间，除非重新创建运费促销活动。

（三）热门精选与关注奖

热门精选和关注奖是 Shopee 平台的新功能，能够实现关联营销和粉丝营销，可以扩大引流范围。设置热门精选，可以使商品获得更多的曝光量，而设置关注奖，可以提高商品的转化率，增强粉丝的忠诚度。

1. 热门精选

热门精选详情页中可以显示 4~8 个添加的相关商品。卖家最多可以创建 10 个商品集合，但是一次只能激活一个商品集合，被激活的商品集合将在所有商品详情页中显示，从而增加商品的交叉曝光量和销售量。

在卖家中心的"营销中心"页面中点击"热门精选"进入热门精选详情页，设定"集合名称"，并选择 4~8 个在售商品，如图 6.4.31 所示。在启用热门精选后，选定的商品将在 PC 端的商品详情页右侧和移动端的商品详情页显示。

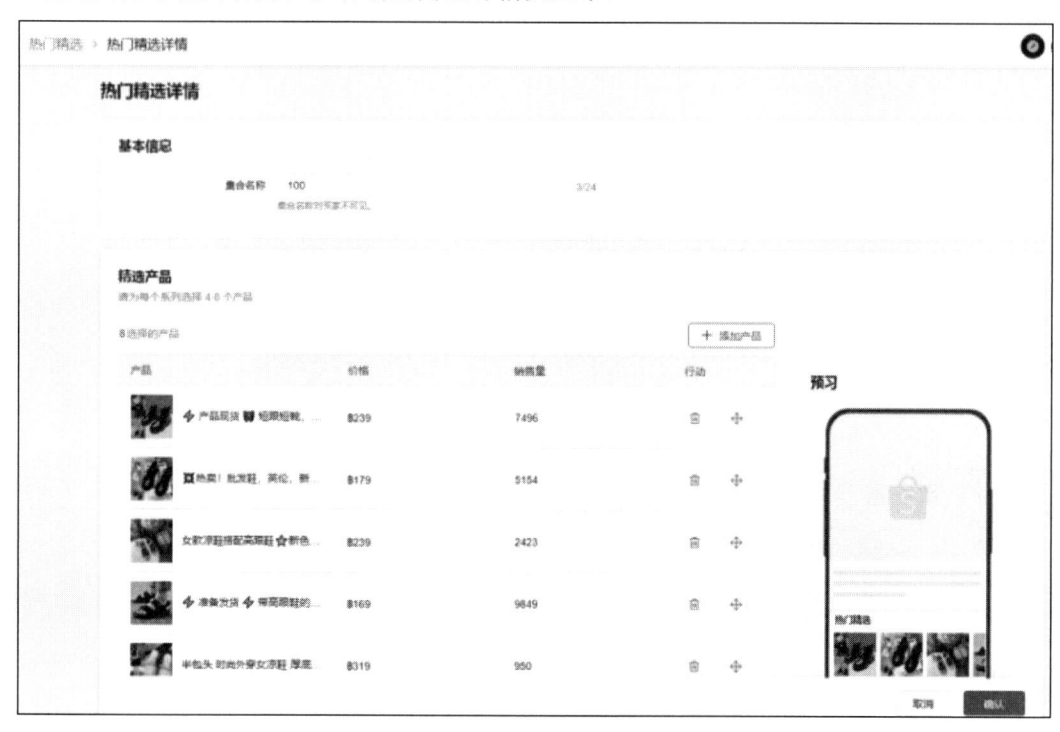

图 6.4.31　热门精选设置

2. 关注奖

通过关注奖，卖家能够使用一定的优惠和折扣激励买家关注店铺。买家在关注店铺后，更容易从店铺内购买商品并获取最新优惠。

创建新的关注奖需要设定关注奖品名称、关注领奖期、关注奖品类型等，如图 6.4.32 所示。其中奖励类型可以是折扣或硬币现金返还。除此之外，还可以设定折扣类型、最低篮子价格和使用量。如果买家通过关注获得了优惠券，那么需要在 7 天内使用。

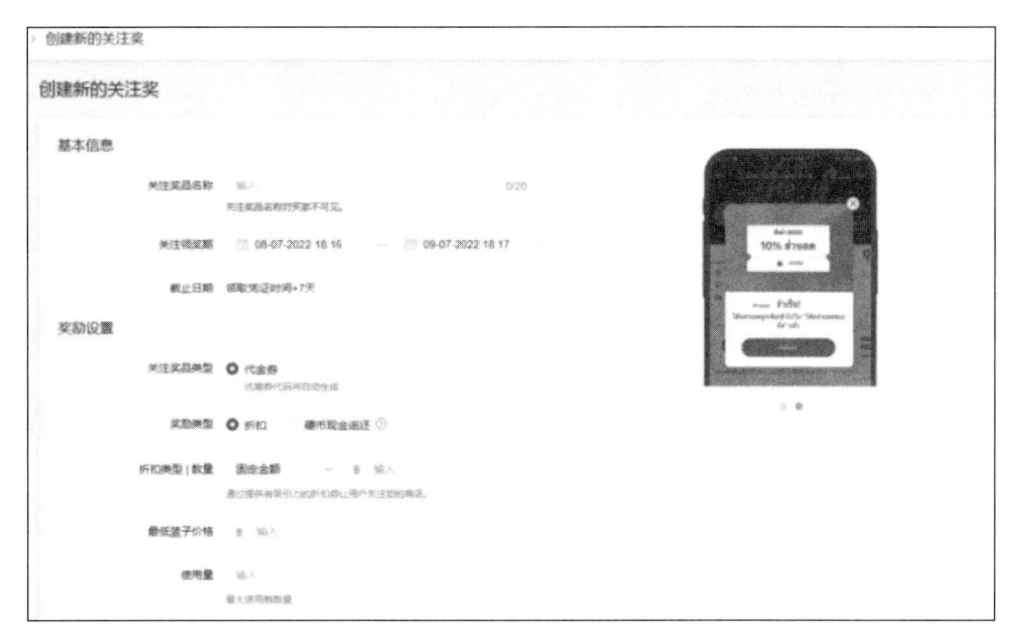

图 6.4.32 创建新的关注奖

第五节 订单处理

一、订单处理基本流程

在订单生成后，卖家可以在卖家中心的"我的订单"页面中看到订单状态。如果买家完成付款，那么订单为待出货状态，此时卖家需要处理订单。本节主要讲解生成订单后的处理过程。

（一）备货

如果卖家自己有货，就可以直接进入订单处理阶段；如果卖家不生产、不存货，就需要根据订单采购货物。最方便的方法是在国内各大电商平台中寻找货源。Shopee 平台对非预售货源要求备货时长为 3 个工作日，因此卖家要注意发货速度和货源的稳定性。卖家采购的商品并不是价格越低越好，在价格差距不大的情况下应该优先选择发货速度快、好评数量多的供应商。

（二）处理订单

当订单为待出货状态时，首先要完成备货，然后在后台点击订单，申请出货编码。Shopee 平台提供了拣货单、面单和装箱单的下载。如果出货量大，那么使用拣货单和装箱单便于清点货物。在正常处理少量订单时，卖家只需要下载面单（运送标签），如图 6.5.1 所示。

面单的大小为 10 厘米×10 厘米，包含订单编号（Order ID）、跟踪号码（Tracking NO.）、收件人地址（Ship to）和联系方式（Tel）等内容。卖家需要用标签打印机和热敏打印纸打印面单，并贴到包裹上。卖家注意面单的条码要保持清晰，既不能被胶带遮盖，也不能被折叠。

图 6.5.1　生成物流文件

同一个订单的商品只能打包为一个包裹，一张面单只能贴到一个包裹上。如果一个订单有两个商品，就需要把这两个商品装到一个包裹里，并贴上一张面单。

在贴好面单后，卖家还需要将包裹再打包一层，寄往 Shopee 平台的对应仓库。此时，国内快递一般会贴上国内快递面单，Shopee 平台仓库在收到包裹后会拆开外层包装，将贴有 Shopee 平台面单的内层包裹派送给买家。

如果在同一个国家有多个订单需要同时发到仓库，那么可以将多个包裹装进一个包裹，并添加标识卡发往 Shopee 平台的仓库。标识卡的尺寸同样为 10 厘米×10 厘米，标识卡上需写明卖家的公司名、对应国家代码、包裹内的小包裹数量。仓库人员在拆开大包裹后，会将小包裹派送给买家。

建议卖家在把包裹寄出去之前拍照保留证据，万一出现丢件情况可以依据照片、物流单号向 Shopee 物流进行索赔。

（三）发货时效与订单状态

卖家需要在设定的出货天数（Days to Ship，DTS，又称备货天数）内发货。默认的出货天数为 2 天，如果卖家设置了预售商品，那么预售商品的出货天数以设置的时间为准。

对于圆通和 SLS 来说，只有在货物被寄送到 Shopee 平台的各地仓库并被扫描后，货物状态才会由"待出货"变成"运送中"。如果超过 DTS+3 天包裹还没有被仓库扫描入库，订单仍为待出货状态，那么系统会判定为延迟发货，但是卖家依然能够有效地处理订单。

对于 LWE 来说，卖家需要在后台手动输入快递单号，这时订单的状态才会变成"运送中"。在 Shopee 平台，快递单号只能被输入一次且无法修改，因此卖家需要确保输入的快递单号正确，不能填写假单号。如果超出设定的 DTS 天数，订单仍未被输入快递单号，那么也会被系统算为延迟发货。

当买家签收订单后，订单状态变为"已完成"。如果卖家在 DTS+7 天仍未发货，那么 Shopee 平台会自动取消该订单，这会造成卖家的订单完成率下降。

订单状态还有退货/退款状态，买家申请退款/退货的订单会在"退货/退款"页面中出现，点击订单的任意处即可查看买家的退款/退货原因。

二、退货/退款处理

(一)退货/退款流程

买家可以在未收到货、货物损坏或少件或收到假冒品牌的商品等情况下要求退货/退款。

买家在发起申请后,该订单会进入退货/退款状态。同时,卖家会收到邮件提醒,可以点击申请退货/退款订单的"回复",进入订单详情页查看申请理由。卖家可以点击"退款"给买家退款,也可以选择"将争议提交给 Shopee 平台"向 Shopee 平台提出争议,由 Shopee 平台介入处理。卖家在收到退货/退款申请后,可以按图 6.5.2 所示的退货/退款流程处理。

(二)退货/退款的其他问题

除了泰国站无法部分退款,在 Shopee 平台的其他所有站点中,卖家可以在买家申请退款后选择拒绝退款,由当地客服人员介入操作部分退款。马来西亚站点的包裹目前无法通过 SLS 退回中国,如果出现退货情况,那么卖家需要与买家协商退货方式及费用分担情况。

图 6.5.2　退货/退款流程

对于 20 美元及以上非货到付款的订单,如果卖家同意退货并且支付 8 美元的退货运费,那么买家可以退货;对 20 美元及以上货到付款的订单,Shopee 平台免收卖家的退货费用,免费退回至卖家。对于 20 美元以下的订单,无论是否货到付款,Shopee 平台都不支持买家退货。如果买家坚持退款,那么在系统显示"未见到商品,自动退款"后,买家无须退货也可以收到退款。

卖家要尽量避免让买家选择"卖家要求取消"的原因来取消订单,否则卖家会被扣分。

本章小结

1．新卖家可以通过 Shopee 官方渠道或招商经理渠道入驻 Shopee 平台,无论通过哪个渠道,在入驻前都需要提前准备好相关的资料。

2．Shopee 平台采用的物流方式有自己搭建的 SLS 和与第三方合作的 LWE。

3．Shopee 平台卖家支付运费为卖家实际承担(跨境物流成本)和买家承担运费的总和。其中跨境物流成本(又称藏价),是指卖家从支付的 SLS 运费中扣除买家承担(或平台补贴)的一部分物流费用后,卖家实际承担的运费。

4．Shopee 平台的"营销中心"提供了优惠券、我的折扣活动、加购优惠和套装优惠等营销工具,允许卖家在店铺设置营销活动。设置营销活动不仅可以提高销售额,还可以和买家互动,增加店铺的整体流量。

5．Shopee 平台的付费广告主要有搜索广告、发现广告和商店广告三种类型。

6．Shopee 平台在一些节假日会开展一些节日促销活动或限时选购活动,卖家可以在指定的时间报名。促销活动能有效地提高商品的转化率。

本章习题

一、思考题

1. 入驻 Shopee 平台有哪些渠道？
2. 如何计算 Shopee 平台的物流成本？
3. Shopee 卖家后台的"营销中心"主要有哪些营销工具？
4. 介绍 Shopee 订单处理的基本流程。

二、实训题

1. 完成 Shopee 平台的入驻。
2. 完成单个商品的上传。

拓展篇

第七章 跨境电商 ERP 系统

【学习目标】

1. 知识目标
- 了解跨境电商 ERP 软件的功能及系统架构。
- 了解市场上主流跨境电商 ERP 软件的类型及其特点。
- 了解马帮 ERP 软件各个模块的功能及特点。

2. 能力目标
- 熟练掌握跨境电商 ERP 软件主要模块的操作。
- 能识别各种跨境电商 ERP 软件的特点及其搭配应用。

第一节 跨境电商 ERP 概述

一、跨境电商 ERP 软件概述

近年来,跨境电商异军突起,成为推动中国外贸增长的新动能,跨境电商卖家们为了快速发展自身业务,多平台和多账号运营是比较普遍的现象。但随着业务的不断发展,就会出现多账号管理难度大、产品刊登数量多、物流跟踪不容易、补货不及时等问题,于是,很多专注服务于跨境电商的 ERP 管理系统应运而生。

（一）ERP 概述

ERP（Enterprise Resource Planning,企业资源计划）,通过对企业的人力、资金、物力、信息、时间和空间等综合资源进行综合优化管理,对各部门进行协调,以市场需求为导向开展企业的营销活动,从而提高企业的核心竞争力,帮助企业实现效益最大化。ERP 并不只是一款软件,它是先进管理理念和现代化信息技术手段相结合的企业管理工具。

（二）跨境电商 ERP 产品概述

目前,市场上可供卖家选择的跨境电商 ERP 产品非常多,不同的 ERP 产品在功能上有所不同,常见的有店小秘、马帮 ERP、数字酋长和芒果店长等。

店小秘提供全面的产品刊登、订单处理、订单打印、库存管理、智能采购、数据统计、数据分析、图片管理等一站式的管理服务,通过数据挖掘和大数据分析技术,让传统的管理软件转向智能化。它的功能比较基础,卖家可以免费注册和免费试用基础功能,比较适合中小卖家。店小秘主要对接全球速卖通、eBay、敦煌网、沃尔玛、亚马逊、来赞达、Cdiscount（法国本土电商平台）、Shopify（加拿大电商服务平台）等平台。

马帮 ERP 以 SaaS 切入，服务出口跨境电商卖家，为卖家接入海外电商平台、优化产品选择、降低物流成本、扩展销售渠道。马帮 ERP 已经不单纯是一个 ERP 软件，更是一家电商解决方案机构，聚焦服务各阶段、各领域的跨境电商从业者，为跨境卖家提供订单处理、库存管理、采购供应链管理、物流渠道管理、WMS（Warehouse Management System，仓储管理系统）仓储发货等全流程跨境电商解决方案。除此之外，马帮支持对接近 100 多家跨境电商平台，如 eBay、Aliexpress、Amazon、Wish、Cdiscount、Shopify、Shopee、1688、Shopyy 等。

数字酋长致力于创造最专业的跨境电商软件，旗下软件与服务包括数字酋长数据分析与酋长电商管家 ERP，专注于亚马逊、eBay、沃尔玛等行业的跨境卖家解决方案，具有智能选品、刊登 ERP、订单管理、运营分析等所有跨境电商一站式集成功能，目前已拥有 8 万个注册企业并持续高速增长，已为卖家累计管理超过 6 亿条在线 Listing 并分析超过 1200 亿个销售数据。

芒果店长能够对产品进行轻量化运营。芒果店长可以进行批量操作，包括对运输数量、产品运费、标签价格、产品标题等进行增删改查，从而提高卖家的效率，使发布产品、维护产品的速度加快，减少卖家的重复劳动。平台与 20 余个电商平台实现无缝对接，支持 300 多家物流公司 API（Application Programming Interface，应用程序编程接口），日处理订单超 250 万个。芒果店长打通电商平台、物流仓储与卖家，通过电商大数据和云技术，提供优质货源、物流对接、仓库管理及智能化网店运营等多维度服务，旨在为中国电商卖家提供一站式网店运营管理服务。

二、跨境电商 ERP 系统架构

跨境电商 ERP 软件一般包含基础设置、产品管理、订单管理、采购仓储管理、客服和数据分析等模块。

（一）基础设置

一个跨境企业中往往会有不同的运营小组，而每个运营小组中会设置不同的功能角色，比如运营经理、运营专员、售后导单员、客服人员等。这就需要管理员设置不同层级的组织机构，并为不同角色设置对应的权限功能。

此外，一家跨境电商企业通常会在多个跨境电商平台上卖货，而一个运营人员可能要管理多个店铺，如果切换不同的店铺后台去操作，工作量巨大，而通过 ERP 系统进行店铺授权和基础设置后，就可以通过 ERP 系统对多个平台的多个店铺进行操作了，从而简化操作流程。

（二）产品管理

在某个平台上发布一个产品要填写标题、详情描述、规格等信息，还要完成上传图片等操作，如果要上传到不同的店铺，那么运营人员在复制信息、填写、翻译信息和优化等方面需要投入巨大的时间和精力，而 ERP 系统中的采集上架功能就可以解决这个问题。运营人员将货源产品链接复制下来后，ERP 系统可以自动抓取产品的标题、详情描述、规格和图片等信息，即一个产品被采集过来后，能同时被发布到不同平台上的不同店铺，这个就大大减少了运营人员的工作量。

同步在线产品后，运营人员通过 EPR 系统把不同平台不同店铺的产品汇总到一起统一管理，比如可进行产品详情描述的修改、上下架等操作。此外，多平台多店铺的铺货模式可能会出现不同的产品 ID 对应同一个产品的情况，这就需要通过 ERP 系统做好产品配对，同时做好对产品类目、品牌、属性等信息的管理，为后续的发货做好准备。

（三）订单管理

订单管理是最重要的环节，承接着从产品出单到仓库出货的整个过程。一般来说，卖家会称跨境 B2C 平台上出的订单为"店铺订单"，当订单被导入 ERP 系统后叫"系统订单"。以马帮 ERP 为例，将店铺订单同步导入 ERP 系统，按批次转成系统订单后，卖家就可以对系统订单进行获取面单处理了。马帮 ERP 可以自动获取面单，若面单获取失败，则需要手动获取或通过定时任务获取，直到获取成功。待成功之后，ERP 需判断仓库库存，若有库存，则仓库接单，进入拣货下架流程，若无库存，则停留在缺货状态。如果一个订单的面单获取成功，且没有缺货的情况，就会自动进入仓库流程进行拣货下架。

（四）采购仓储管理

采购是整个供应链流程中非常重要的一环，包括供应商和供应关系的维护、下采购单的流程及采购单进度跟踪。在 ERP 系统中维护好供应商和供应关系之后，就能直接下平台的采购单，之后的付款、查看物流信息、签收、上架等流程，系统都可跟踪。

（五）客服

客服模块主要帮助运营人员及时回复客户的消息，处理纠纷。客服模块包括消息处理、客户管理、消息模板和智能客服等几部分。ERP 系统可以把平台的客服消息按照类别同步导入。不同的平台有不同的消息分类。

ERP 系统中的客户管理模块记录客户的消费单数、消费金额、退款单数和退款金额，方便运营人员发掘潜力买家，同时方便运营人员识别恶意买家，并将其拉入消费黑名单，以减少损失。

对于经常回复的话术，运营人员可设置回复模板，在回复的时候快速选择即可。

（六）数据分析

数据分析主要帮助运营人员从数据的角度直观地了解自己的销售情况和店铺情况，同时从数据中获取日常运营工作的不足并予以及时调整（一般从订单数据、产品表现、店铺表现几个方面来整理数据，给出指标评判）。

订单数据可以用来评判订单的利润和利润率——从销售额中扣除成本价、物流费、包装费、佣金等就可以得出利润和利润率。有些指标，如广告费，是以店维度来结算的，无法摊到单个订单中，所以有必要通过汇总订单数据统计出店铺的利润和利润率。

产品表现包括新品的表现、产品的销售表现和产品的一个评分。在新品刚刚上架时，往往需要测款，卖家可以投入小金额的广告费，查看产品的表现，若销售额或广告费指标高，说明新品表现好，可接着投入广告费，同时可以关注新品的"七天出单率"——该指标可以反映运营人员的产品开发能力。此外,卖家通过 ERP 后台还可以查看销售统计和产品评分情况。

卖家通过 ERP 系统的数据分析模块,还可以实时跟踪到不同店铺的业绩和店铺利润情况,通过店铺的表现可以评价单个员工的销售表现、整个小组的销售表现,以及整个部门的销售表现。

第二节 店小秘

店小秘是一个跨境电商专业 ERP 管理软件,它无须下载,并且大部分的基础功能都是永久免费的,比较适合中小卖家。店小秘系统已对接 11 个大电商平台,同时对接 180 多个物流服务商。店小秘除了具备常规的产品、订单、客服和仓储软件功能,还专为跨境电商卖家定制数据采集、数据搬家、一键翻译、仿品检测等一系列智能功能。

在使用店小秘前,先要注册店小秘账号,点击店小秘首页右下方的"免费注册",如图 7.2.1 所示,完成注册信息填写即可。

图 7.2.1 店小秘首页

一、平台授权

(一)授权基本要求

在完成店小秘账号注册后就可以进行授权了,不同平台有不同的要求:亚马逊平台只有专业版卖家才能授权 ERP;而根据速卖通平台要求,店铺要授权给第三方 ERP 必须先购买市场服务,费用为一个店铺 30 元/月(216 元/年);其他平台可以直接授权。

(二)eBay 授权

下面以 eBay 平台为例介绍平台授权的基本步骤。需要特别注意的是,授权需登录 eBay 账号,一定要在登录 eBay 后台的常用电脑和网络下操作,否则可能出现店铺关联被冻结的情况。

用店小秘的主账号登录,在首页的"常用操作"模块点击"▣平台授权",如图 7.2.2 所示,选择"eBay",进入平台授权页面,如图 7.2.3 所示。

图 7.2.2　平台授权

图 7.2.3　添加授权

点击页面下方的"添加授权",跳出图 7.2.4 所示的页面。在该页面,卖家填写自定义店铺名称,同时建议开启"保持零库存在线",填写完成后点击"授权"。

图 7.2.4　添加 eBay 授权

接下来，网页会跳转至 eBay 登录页面，如图 7.2.5 所示，输入 eBay 账号和密码进行登录。登录后点击"I agree"后即可完成授权。

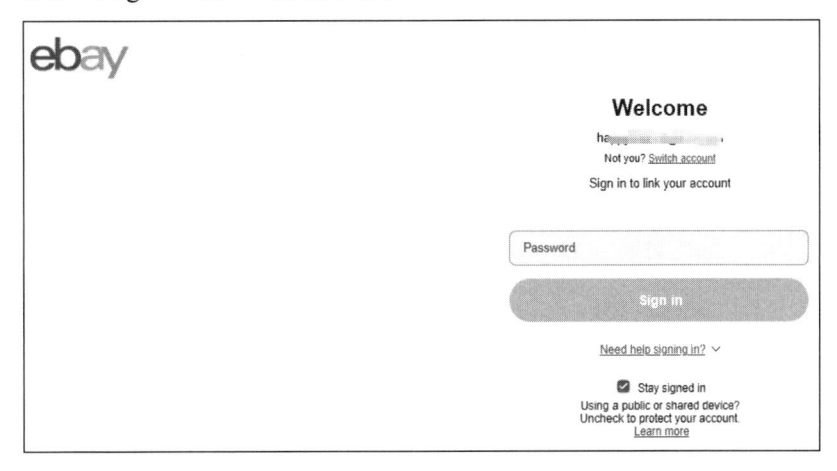

图 7.2.5　跳转至 eBay 登录页面

完成授权的页面如图 7.2.6 所示，卖家就可以通过店小秘完成处理订单和发布产品等操作。如果想要同步 eBay 刊登额度等信息、刊登时上传视频、查看账户表现和流量数据、创建营销活动，还需要进行营销 API 授权，这里暂不介绍。

图 7.2.6　完成授权的页面

二、产品模块

店小秘支持速卖通、eBay、亚马逊、Shopee、Wish、来赞达、敦煌、Shopify 等平台的刊登，同时支持数据采集、数据搬家、导入产品、引用产品、复制为新产品、一键铺货、一键发布、创建产品等功能。

（一）数据采集

店小秘的数据采集可以将支持采集的电商平台的产品先一键采集到通用服务采集箱，然后认领到自己的平台采集箱，经编辑、优化后发布到自己的店铺。店小秘支持复制产品链接采集和采集插件采集的方式。

1. 复制产品链接采集

复制产品链接采集是指先复制单个产品链接或某个店铺最小分类链接到数据采集或采集插件页面采集产品信息，然后认领到自己的店铺采集箱，再编辑发布。

2. 采集插件采集

采集插件采集是指先使用采集插件采集产品信息到店小秘，然后认领到自己的店铺采集箱，再编辑发布。

在采集类型方面，店小秘支持单品采集、分类采集和关键词采集。单品采集是指先采集单个产品的信息到店小秘，然后认领到自己的店铺采集箱；分类采集是指先采集某个店铺最小分类链接的产品到店小秘，然后认领到自己的店铺采集箱；关键词采集是指先输入关键词，采集 1688 平台的产品信息到店小秘，然后认领到自己的店铺采集箱。不同类型的采集方法见本书配套资料。

需要特别说明的是，同平台采集认领需要购买 VIP 服务。例如，采集速卖通产品认领到速卖通店铺需要购买 VIP 服务，但采集速卖通产品认领到 eBay 店铺则不用购买 VIP 服务，而采集 1688 的产品，则需要授权 1688 账号。

（二）数据搬家

店小秘允许授权到同一个店小秘账号下的亚马逊、速卖通、eBay 和 Shopee 等平台下的不同店铺的产品相互搬家发布，但使用该功能需要购买 VIP 服务，针对不同的 VIP 等级，每天支持搬家的产品数量不同。

（三）产品刊登

店小秘不同平台的产品刊登见本书配套资料。

三、物流设置

物流模块主要包含物流设置和运费设置两部分。物流设置包含选择物流方式和常用报关信息设置；运费设置主要根据物流服务商报价表创建运费模板，同时预估订单的物流费用。店小秘物流设置详情见本书配套资料。

四、订单模块

店小秘拥有强大的订单处理功能。卖家无须登录卖家中心即可完成所有的订单操作，从而极大地提高工作效率。店小秘订单处理流程如图 7.2.7 所示。

待审核 ➡ 待处理 ➡ 运单号申请 ➡ 待打单 ➡ 已发货

图 7.2.7　店小秘订单处理流程

在打单发货前，必须先完成物流的授权设置。这样发货时才可以选择该物流方式，自动获取运单号和面单，完成打印、发货。

1. **在"待审核"页面同步订单并完成审核**

点击"订单"—"订单处理"，将默认进入"待审核"页面；根据订单规则分类查看订单，并完成审核。完成审核的订单被移入"待处理"页面，这时就可进行下一步操作了。

店小秘并不是实时自动同步平台订单的，所以为避免漏发订单，建议在"待审核"页面点击"同步订单"。同步后的订单将和平台保持一致。

2. **在"待处理"页面完成物流选择和报关信息填写，并申请运单号**

在完成物流的选择和报关信息的填写后，即可点击"申请运单号"，订单随即被移入"运单号申请"页面，如图 7.2.8 所示。

图 7.2.8　运单号申请

3. 在"运单号申请"页面，运单号获取成功后订单被移入"待打单"页面

移入"运单号申请"页面，也就是向货代系统提交订单信息、报关信息，申请运单号的过程。申请成功后，订单即可被移入"待打单"页面，生成面单并打印，同时完成配货，自动计算出有货、缺货的订单。

4. 在"待打单"页面完成打单、发货

有货订单：打印面单并发货。发货后仓库会自动扣库存，订单被移入"已发货"页面，完成订单的整个处理流程。

缺货订单：在"仓库清单"中补足库存，订单则被移入"有货"页面。此时，卖家就可以发货了，系统自动扣库存，完成订单的整个处理流程。

5. 到"已发货"页面核实最终发货状态

已发货订单是指已将运单号提交到平台，并完成发货的订单。若有提交失败的提示，则说明该订单由于种种原因没能将运单号提交到平台，没能完成平台的发货，对此，卖家需根据具体失败原因做调整。

五、其他模块

除了以上功能，店小秘还提供了采购模块、库存模块、发货模块、客服模块、数据模块、财务模块等，由于篇幅限制，这里不进行详细介绍，详情见本书配套资料。

第三节　马帮 ERP

马帮 ERP 是一款跨境电商 ERP 软件，以 SaaS 切入，服务出口跨境电商卖家，帮助卖家接入海外电商平台、优化产品选择、降低物流成本、扩展销售渠道。

一、马帮 ERP 概述

（一）预约注册

相比前面介绍的店小秘，马帮 ERP 的功能要更加复杂一些，主要适合出单量高、供应商多，并且是多平台运营的大卖家。新卖家注册马帮 ERP 需要预约，具体操作：进入马帮 ERP 首页，如图 7.3.1 所示，点击右上角的"预约注册"，跳出图 7.3.2 所示的页面，填写预约注册信息，点击"提交"。

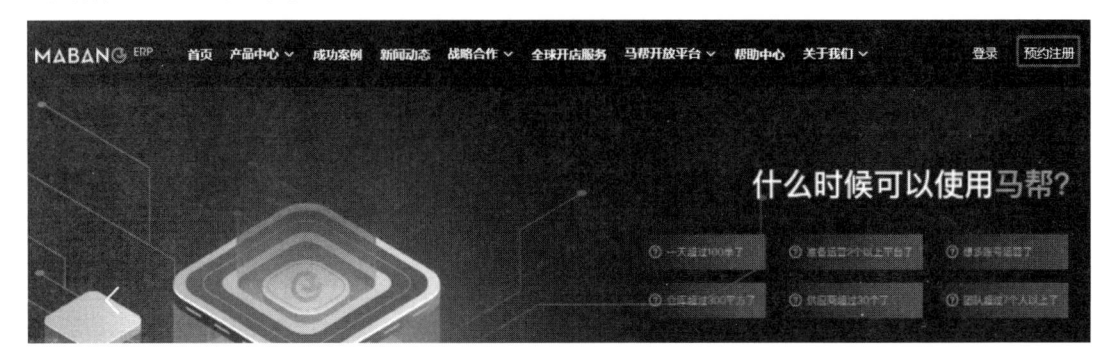

图 7.3.1　马帮 ERP 首页（局部）

图 7.3.2　马帮 ERP 预约注册页面

完成注册后，输入用户名和密码就可以登录马帮 ERP 了，如图 7.3.3 所示。新用户注册马帮 ERP 可以获得 30 天的免费试用。老用户则可以根据单量获得不同的套餐价。

图 7.3.3　登录后的马帮 ERP 首页（局部）

（二）马帮 ERP 产品

马帮 ERP 有不同的版本，可分为马帮集团版、海外版、亚马逊专业版和开发专业版。其中，马帮集团版 ERP 支持跨平台多店铺管理，也支持跨境仓储统一管理；海外版 ERP 是专门为东南亚电商从业者而生的管理全流程解决方案，为不同规模的卖家提供高效、流畅的一站式管理服务；亚马逊专业版 ERP 主要是为亚马逊卖家提供管理全流程解决方案，打造安全放心的跨境服务体系；开发专业版 ERP 则是集强大选品数据、精细化开发流程管理、多平台快速刊登、丰富运营工具于一体的爆款开发操作软件。不同版本有不同的套餐供卖家选择。以马帮集团版 ERP 为例，不同收费标准提供不同的功能权益，如图 7.3.4 所示，卖家可以根据自身需求选择购买。

图 7.3.4　马帮集团版 ERP 的不同功能权益及收费标准

二、平台授权

马帮 ERP 不仅支持亚马逊、速卖通、eBay、Shopee、Wayfair（美国电商平台）、沃尔玛等众多跨境电商 B2C 平台的店铺授权，也支持独立站、国内电商平台和社交平台的店铺授权。不同平台的店铺授权略有差异，比如速卖通的店铺管理需要先在速卖通服务市场购买马帮服务后才能授权。亚马逊、速卖通、eBay、Shopee 等跨境电商平台的店铺授权具体操作见本书配套资料。

三、物流设置

（一）物流授权

以线下 E 邮宝物流授权新体验版为例讲解物流授权。物流授权流程：启用授权—启用渠道—物流交运—查看交运日志。

（1）联系物流公司获取授权令牌，输入授权信息，如图 7.3.5 所示，其中"账号类型"为邮局账号，"Token"为 API 令牌；加载马帮 ERP 对接物流渠道：搜索并选择物流公司，选定后点击"加载"，如图 7.3.6 所示。

图 7.3.5　输入授权信息

图 7.3.6　加载马帮 ERP 对接物流渠道

（2）点击"启用"启用要使用的物流渠道，如图 7.3.7 所示。

图 7.3.7　物流设置①

（3）进入"订单管理"中的"订单列表"，如图 7.3.8 所示，点击"物流交运"，选中即将进行物流交运的订单和平台对接的物流，点击"确定交运"进入图 7.3.9 所示的页面，点击"批量提交"。

---

① 软件图中的 ebay 即 eBay。

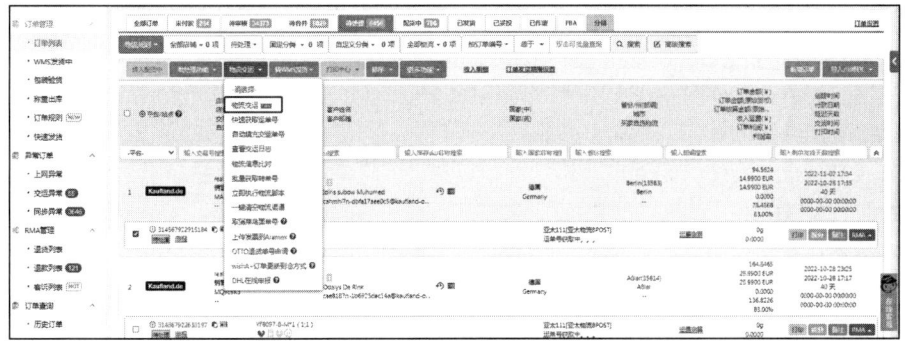

图 7.3.8　物流交运

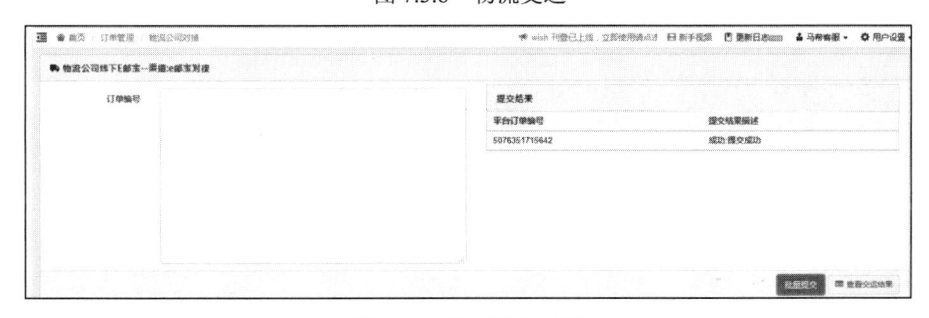

图 7.3.9　提交物流交运

（4）交运数据提交成功后，可以点击"物流交运"下方的"查看交运日志"来查看交运结果是交运成功还是交运异常，如图 7.3.10 和图 7.3.11 所示。对于交运异常的订单，修改完数据之后可以重新提交，直至单号获取成功。

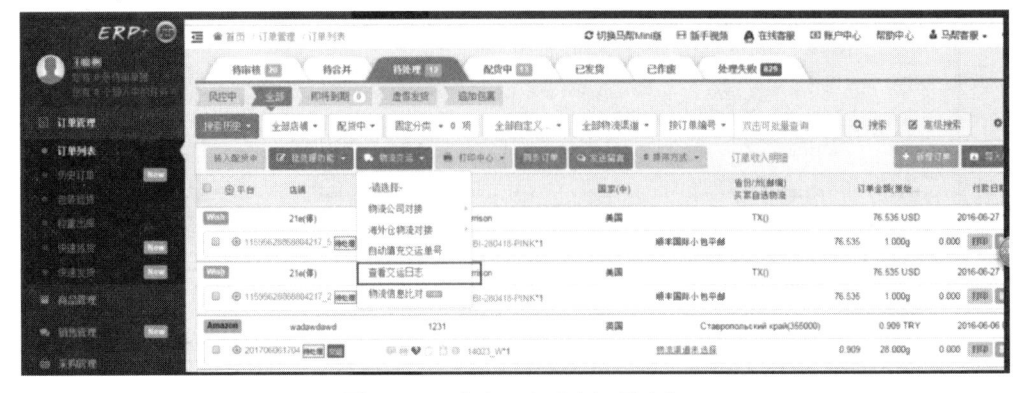

图 7.3.10 点击"查看交运日志"

图 7.3.11 查看交运日志

(二)自定义运费导入系统

(1)进入"物流"模块,点击"自定义运费"—"新增规则"来添加规则,设置好规则名称后点击"确定",如图 7.3.12 和图 7.3.13 所示。

图 7.3.12 点击"新增规则"

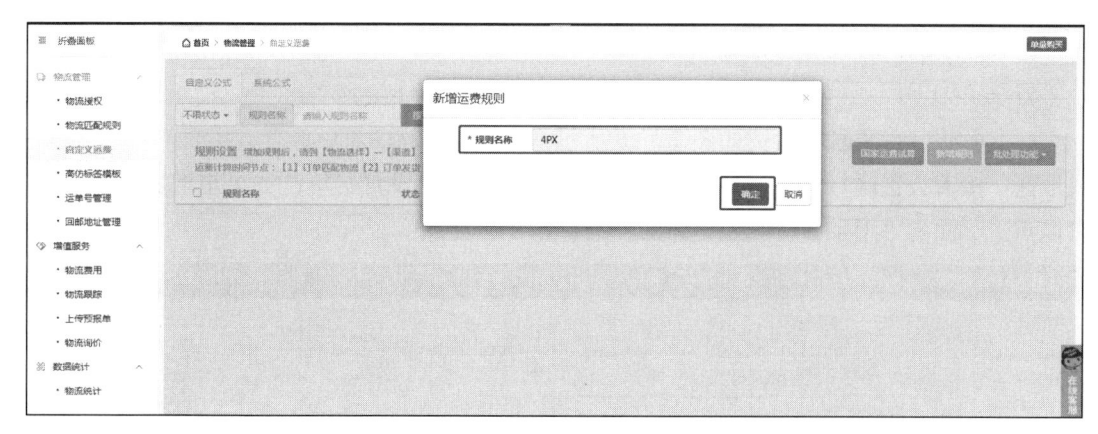

图 7.3.13 新增运费规则

（2）点击"编辑"，如图 7.3.14 所示，网页跳转至运费设置页面，点击"新建区域运费"，如图 7.3.15 所示。

图 7.3.14 编辑规则

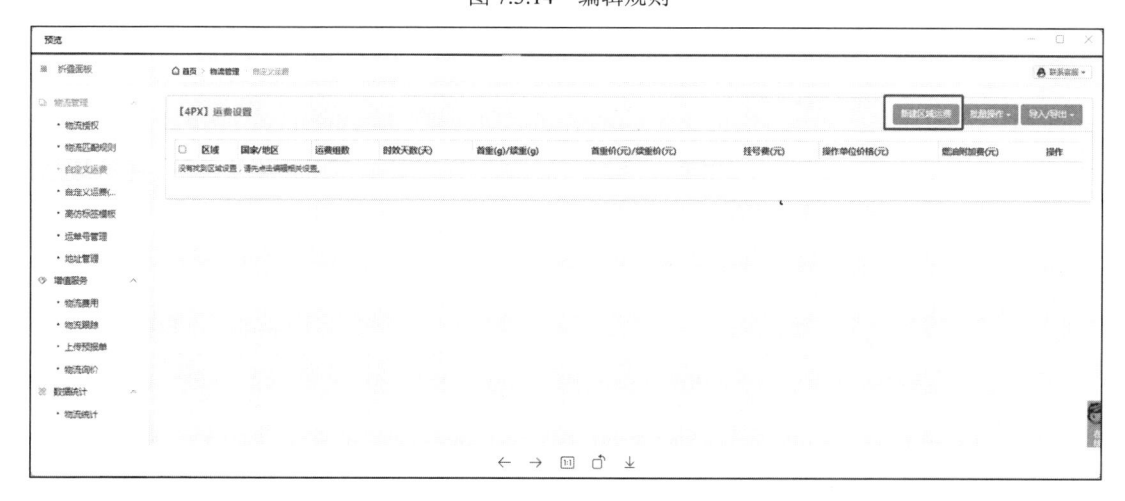

图 7.3.15 新建区域运费

区域运费的两种设置方法如下。

方法 1 如下。

（1）手动自定义区域运费如图 7.3.16 所示，先设置区域名称、选择本组目的地所含国家或地区，接着设置区域运费和重量范围。首重设置、续重设置必填；如果想增加运费设置，可以点击下面的"增加"（可设置多组运费）。

图 7.3.16　手动自定义区域运费

需要注意的是，系统中可以选择单个挂号费或多个挂号费，根据不同物流服务商的收费标准进行自定义运费的设置，如图 7.3.17 所示。

图 7.3.17　挂号费类型设置

（2）其他费用设置如图 7.3.18 所示，按实际情况进行填写并点击"保存"。填写时效天数时要注意时效天数是指工作日，不含收件日，不包括周末和节假日。

图 7.3.18 其他费用设置

（3）设置好自定义运费后，需要进入"物流渠道"进行设置，如图 7.3.19 所示；选择"自定义运费"，并选择相应的运费规则，点击保存，如图 7.3.20 所示。

图 7.3.19 物流渠道设置

图 7.3.20 选择"自定义运费"

方法 2 如下。

（1）点击"导入/导出"，选择"导入区域运费"，如图 7.3.21 所示；下载系统的运费模板，根据系统中对应表格设置的数据填写，如图 7.3.22 所示，填写完善之后上传到系统中。

图 7.3.21　选择"导入区域运费"

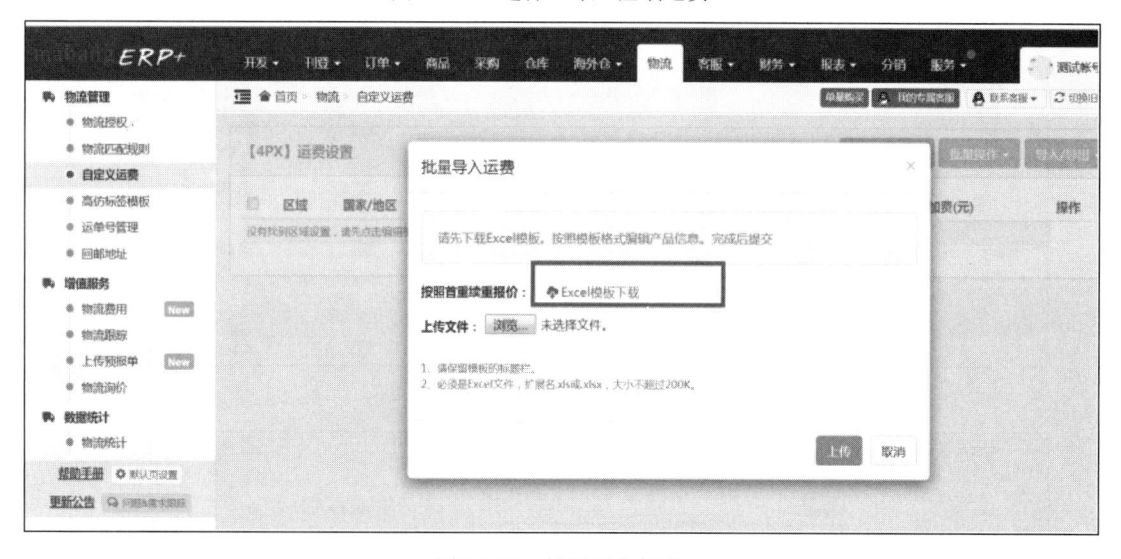

图 7.3.22　批量导入运费

（2）将物流公司提供的运费数据填写到下载的表格中。表格中有对应的模板示例。如果一个国家的运费有不同的运费分段，建议把对应的一个国家的区域设置为同一个分段，如图 7.3.23 所示。注意导入运费时需要将模板示例删除。

（3）表格填写完整之后需保存，然后上传到系统中。等上传成功后，对应的运费数据会在图 7.3.24 所示的页面中展示。

（4）设置好自定义运费后，需要进入"物流管理"进行设置：选择"自定义运费"，然后选择运费规则后点击"保存"。运费导入成功之后，可以对不同规则进行复制、查看和试算等操作，如图 7.3.25 所示。

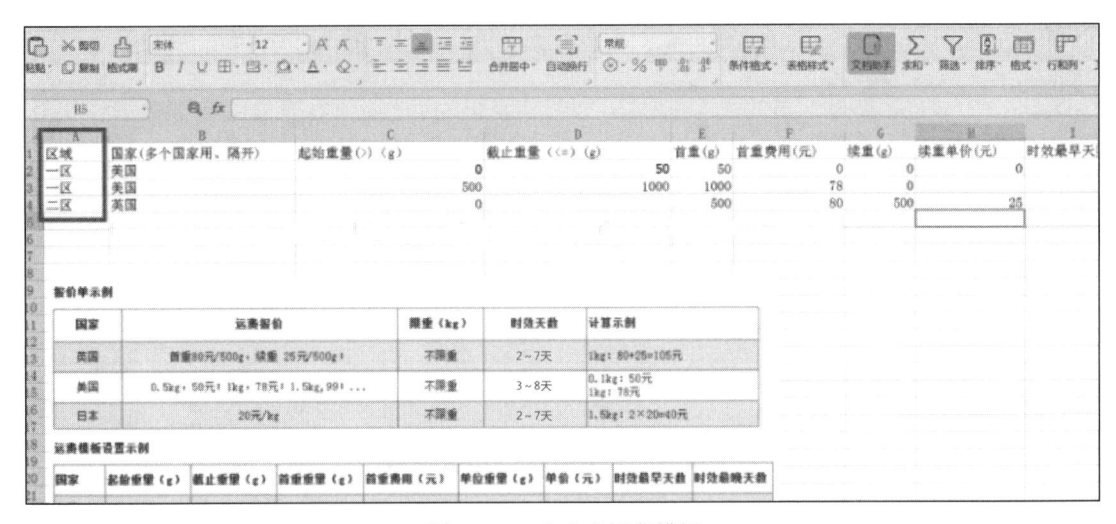

图 7.3.23　自定义运费模板

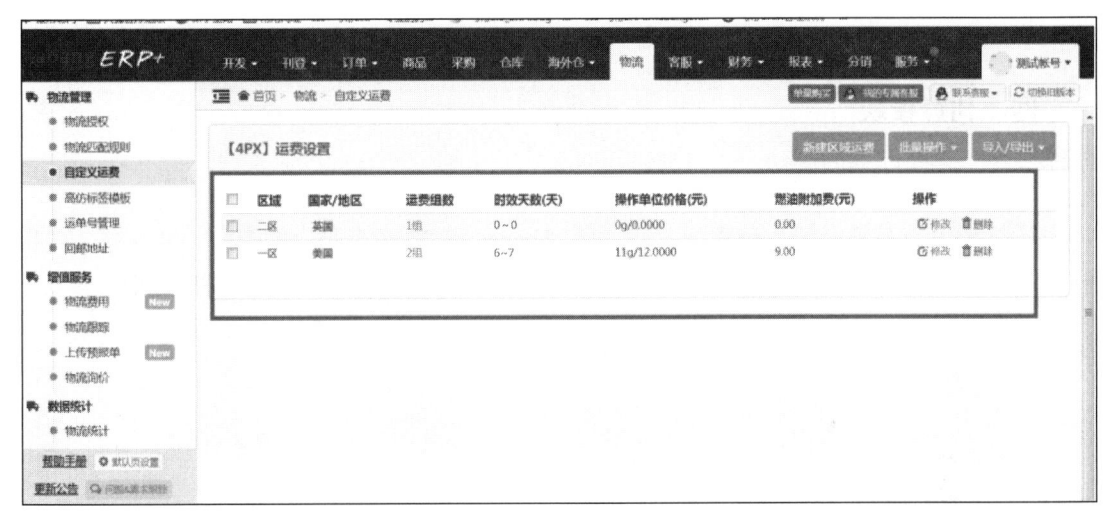

图 7.3.24　导入后的运费设置效果

图 7.3.25　完成导入后的自定义运费

自定义运费中的系统公式是系统设置好的固定模板的运费。卖家可以选择对应的规则名称，点击"试算"后选择该规则名称下的国家，输入要试算的重量即可进行试算，如图 7.3.26 所示。

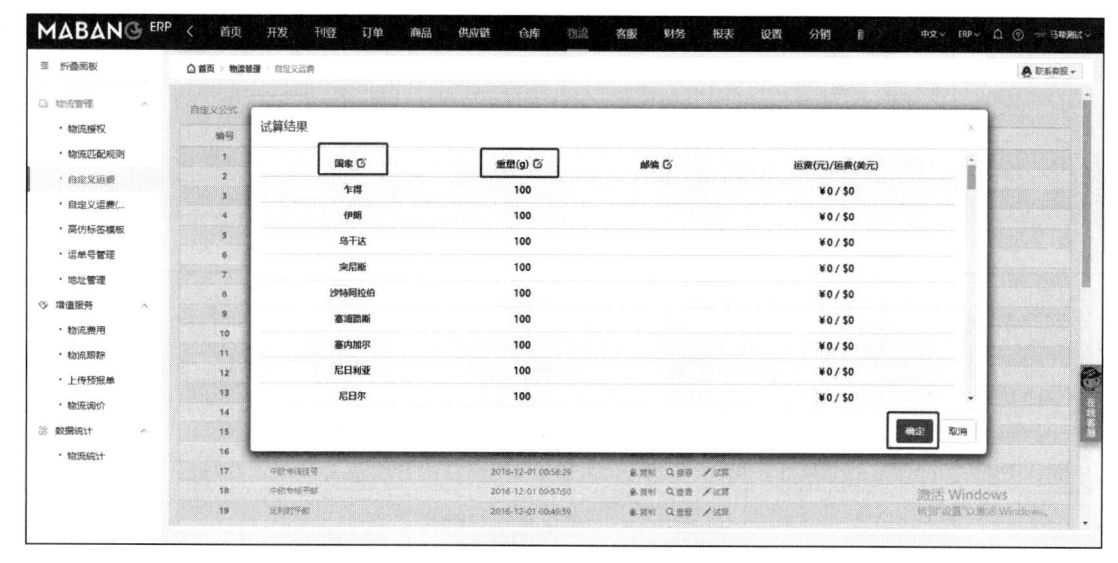

图 7.3.26　进行试算

四、刊登模块

（一）刊登方式

马帮 ERP 支持亚马逊、速卖通、eBay 和 Shopee 等 20 多个平台的产品一键刊登。产品刊登流程如图 7.3.27 所示。刊登方式有数据采集、一键搬家（产品引用）、新增刊登。

图 7.3.27　产品刊登流程

1. 数据采集

数据采集方式有单品采集和分类采集两种。

（1）单品采集。

单品采集功能支持亚马逊（美国站点）、速卖通、eBay（美国站点）、淘宝、1688 和天猫等平台。以 1688 平台为例，首先选中某个即将被采集的产品，并复制产品链接，如图 7.3.28 所示，然后将产品链接填至单品采集的文本框内；若一次采集多个商品，则可以将多个产品链接换行填至框内（最多 50 个产品链接），如图 7.3.29 所示。

（2）分类采集。

分类采集功能支持淘宝、eBay（美国站点）等平台。具体操作：把店铺内不同分类的网址填至分类采集框内即可，如图 7.3.30 所示。

图 7.3.28 单品采集 1

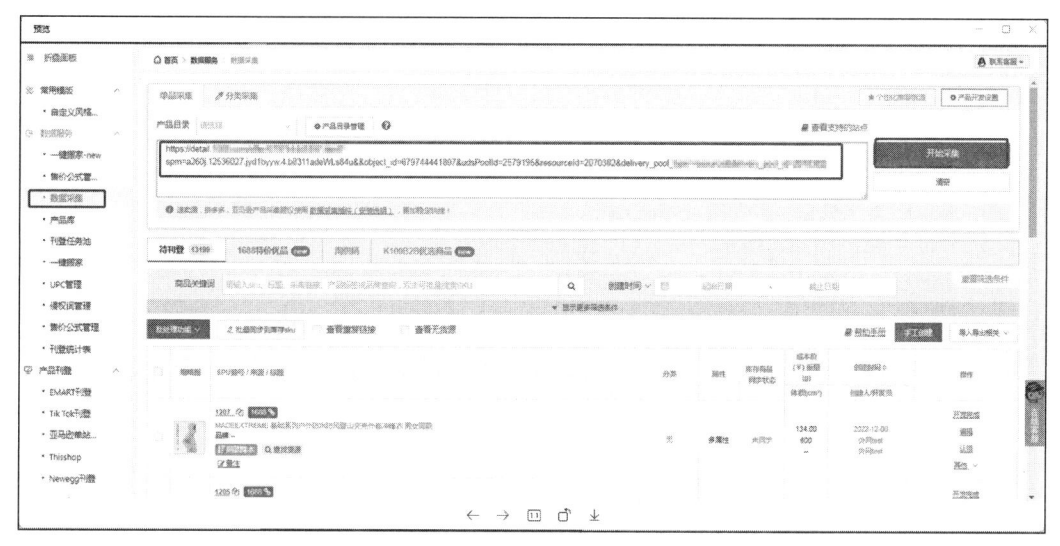

图 7.3.29 单品采集 2

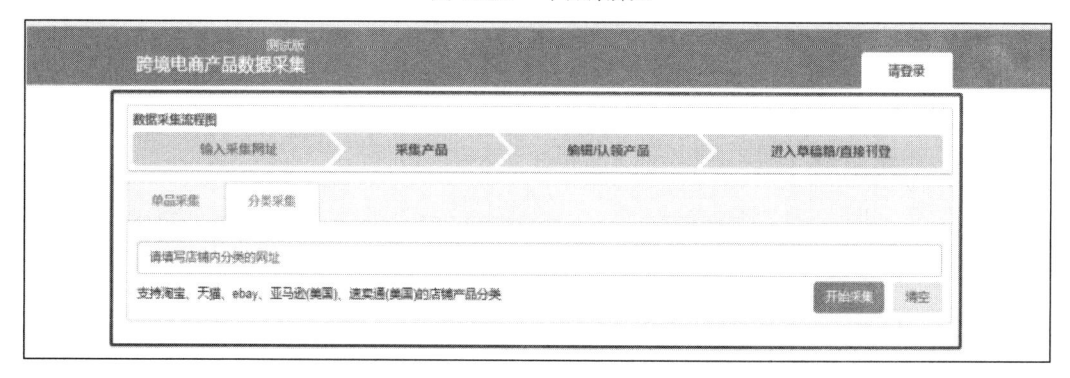

图 7.3.30 分类采集

点击"开始采集"之后会有弹框显示采集的状态，如图 7.3.31 所示。若采集成功，则可以在下方列表中查看采集的产品详情，如图 7.3.32 所示。

图 7.3.31　采集刊登 1

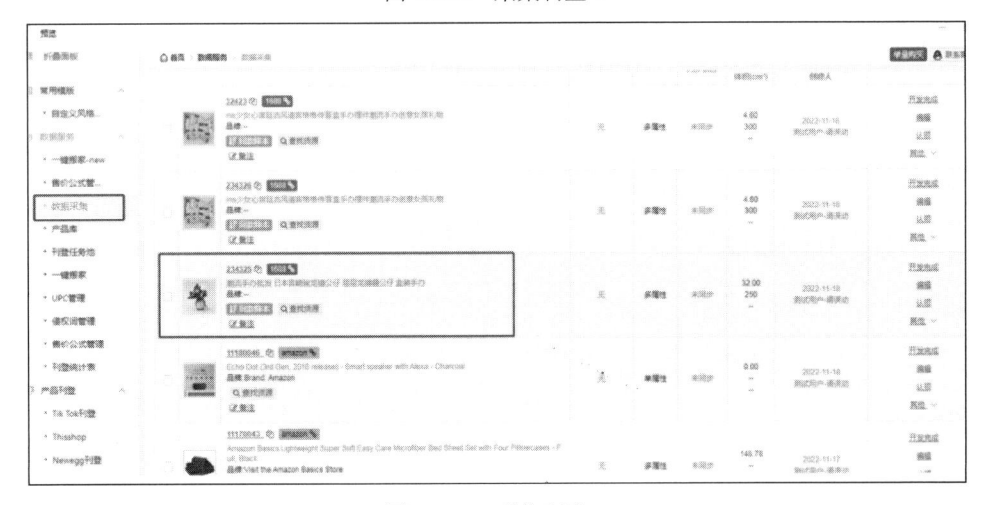

图 7.3.32　采集刊登 2

采集列表中的产品，可以通过"认领"功能被认领至所选刊登平台的草稿箱，如图 7.3.33，后续进入对应平台草稿箱列表编辑刊登即可。

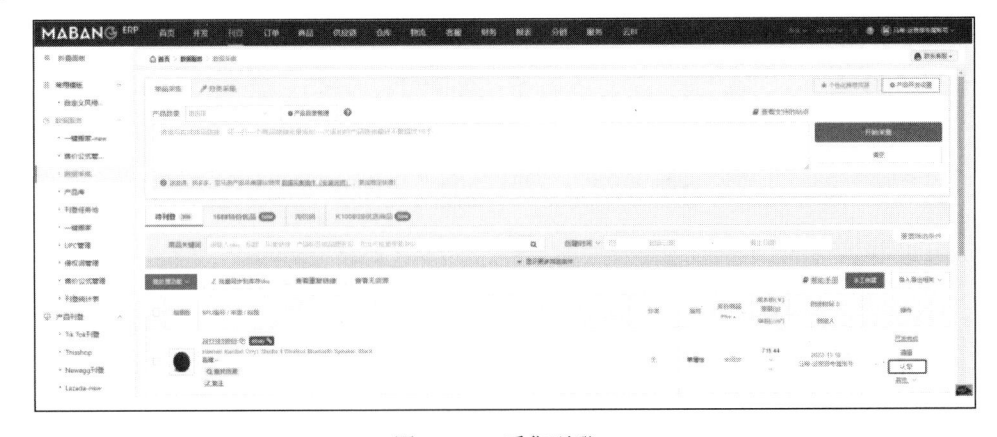

图 7.3.33　采集刊登 3

2. 一键搬家（商品引用）

一键搬家支持亚马逊、速卖通和 eBay 等平台，该功能支持同账号下不同店铺的产品相互搬家。卖家可将产品快速复制到相同平台的不同店铺、相同店铺的不同站点、不同平台的店铺中。接下来以速卖通平台为例介绍一键搬家的操作步骤。

步骤 1：首先在"数据服务"模块选择"一键搬家"，"数据来源"选择"Aliexpress"，然后点击"同步产品"，接下来勾选要认领的产品，点击"认领"。如果需要批量认领，则勾选多个产品后点击"批量认领"，如图 7.3.34 所示；在"认领到平台草稿箱"页面，选择要认领的店铺，点击"确定提交"，如图 7.3.35 所示。

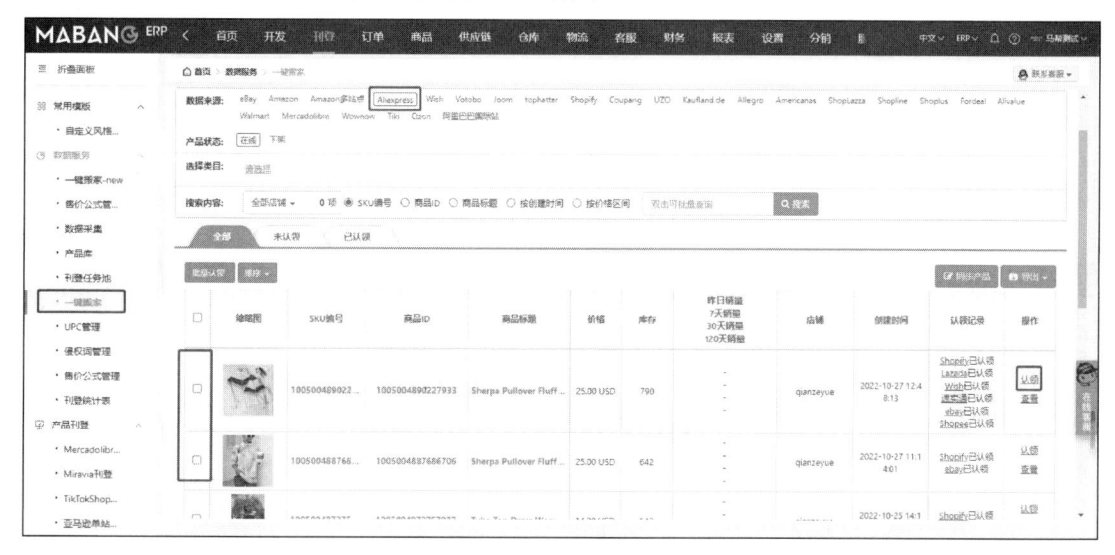

图 7.3.34 产品认领

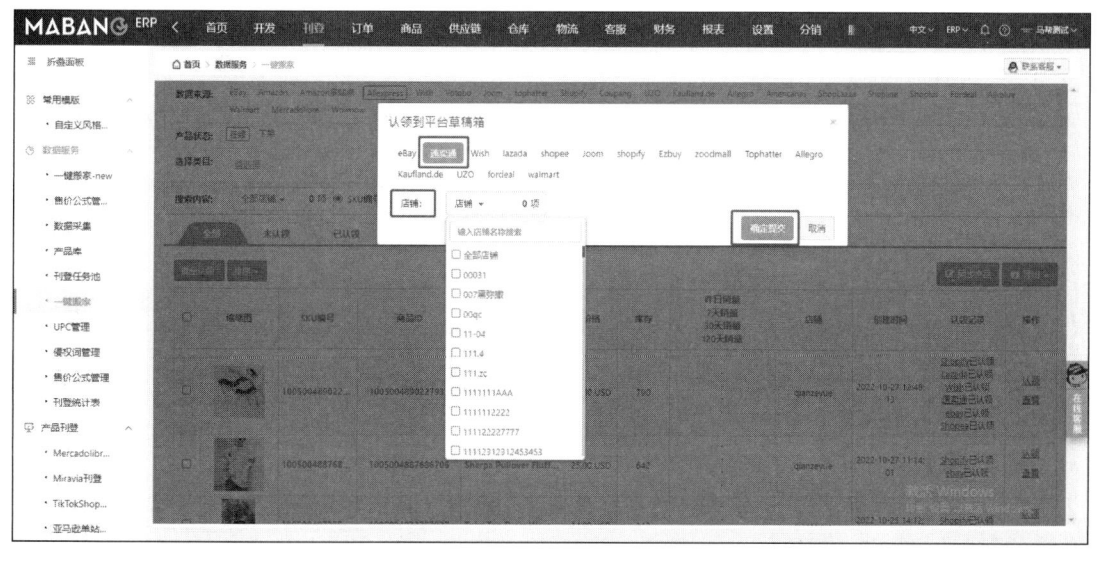

图 7.3.35 认领到平台草稿箱

步骤 2：从主菜单"刊登"页面选择"Aliexpress"下的"Listing/刊登"进入对应平台草稿箱，如图 7.3.36 所示；接下来在图 7.3.37 所示的页面进行单个编辑或批量编辑后即可完成刊登。

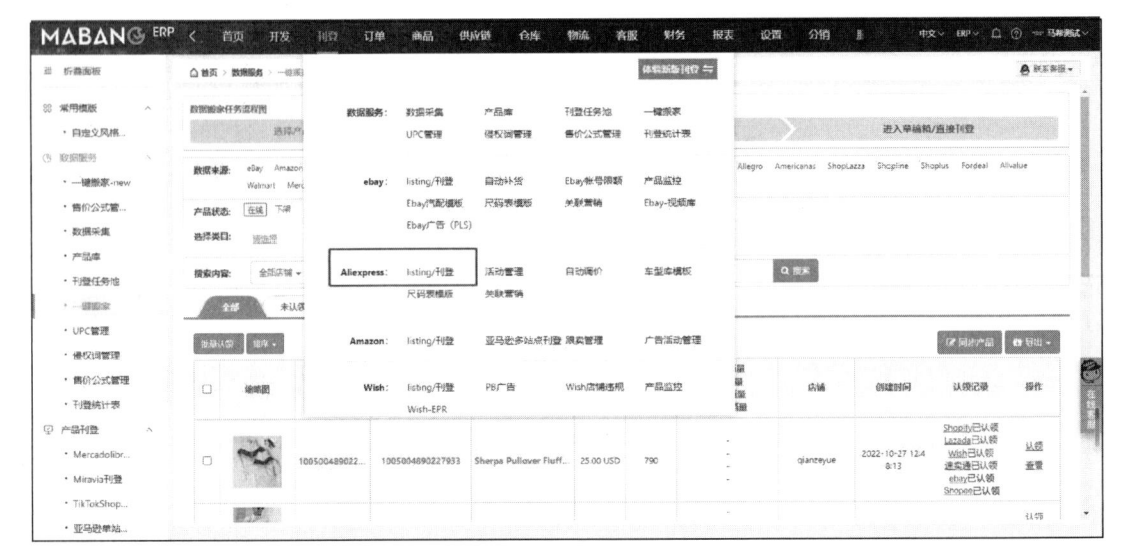

图 7.3.36　进入对应平台草稿箱

图 7.3.37　单个编辑或批量编辑

需要特别说明的是，认领后有需要完善产品信息的情况。以速卖通为例，同一平台不同店铺的运费模板不同，所以认领后需要先完善运费模板信息再刊登产品。另外，不同平台和同一平台不同站点之间搬家，类目和变种不一定能完全对应，也需要先完善再刊登产品。

3．新增刊登

以速卖通刊登为例，点击"新增刊登"，即可弹出产品信息编辑页面，需客户编辑所有必填信息，如图 7.3.38 所示。

（二）亚马逊、速卖通、eBay 和 Shopee 平台产品刊登

不同平台的产品刊登的规则和要求有所不同，具体操作见本书配套资料。

图 7.3.38　新增刊登

五、订单导入

（一）单个订单导入

单个订单可以直接在马帮 ERP 系统中创建。在"订单管理"模块点击"订单列表"，在图 7.3.39 所示的页面中点击"新增订单"，进入新的页面，编辑订单信息，如图 7.3.40 所示，所有带星号的信息必须填写完整。

在完成"订单信息"模块的编辑后，向下滚动至"客户信息"模块，如图 7.3.41 所示，其中客户 ID 为必填项；填写完成后继续向下滚动至"物流信息"模块和"商品信息"模块，如图 7.3.42 所示。在"商品信息"模块，卖家既可以单个添加商品，也可以批量添加商品，点击框起来的部分即可。如果有订单备注信息，就可以在"订单备注"文本框中填写。

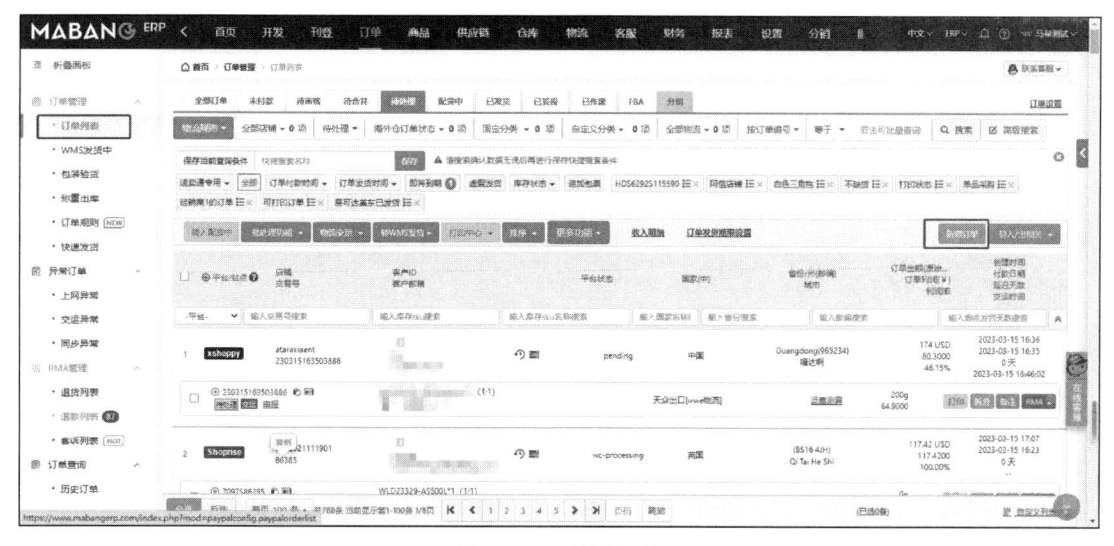

图 7.3.39　新增订单

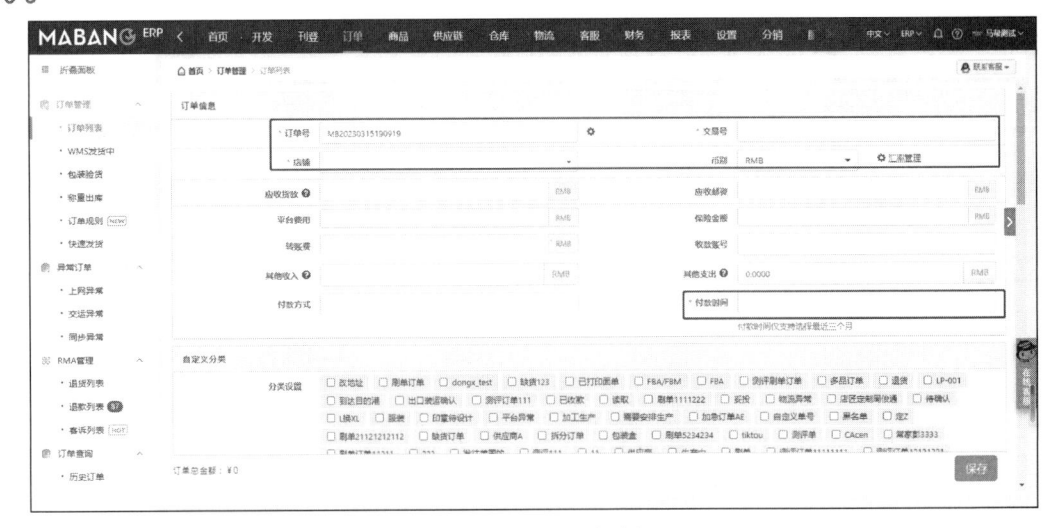

图 7.3.40 订单信息编辑

图 7.3.41 客户信息编辑

图 7.3.42 物流信息编辑

（二）多个订单导入

多个订单可以用标准模板导入。具体操作：点击订单列表，选择"导入/出相关"下方的"订单导入"，如图 7.3.43 所示，在"订单导入"页面填写相关信息，选择好平台类型之后点击"下载导入模板"，根据模板字段要求尽可能完整地填写，并上传要导入的模板，如图 7.3.44 所示。

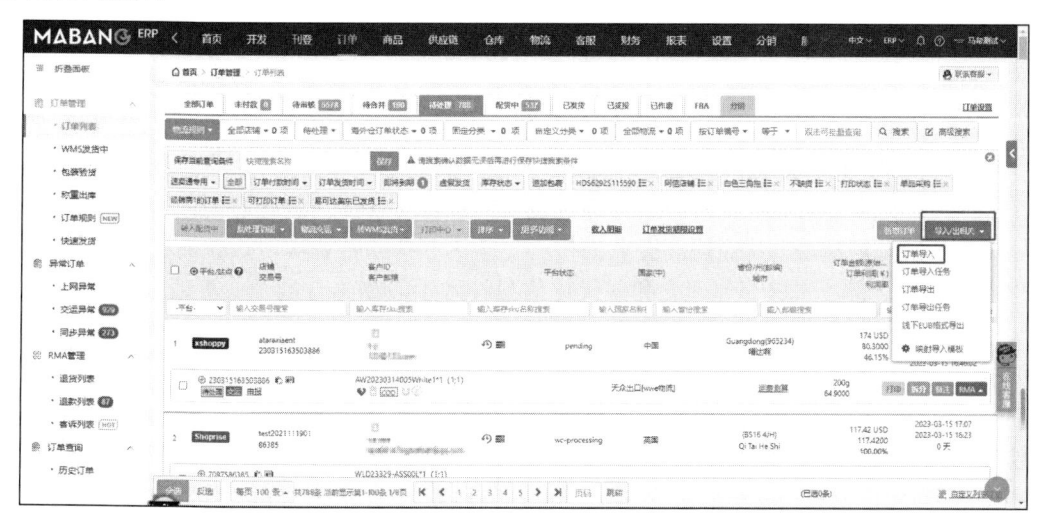

图 7.3.43　多个订单导入

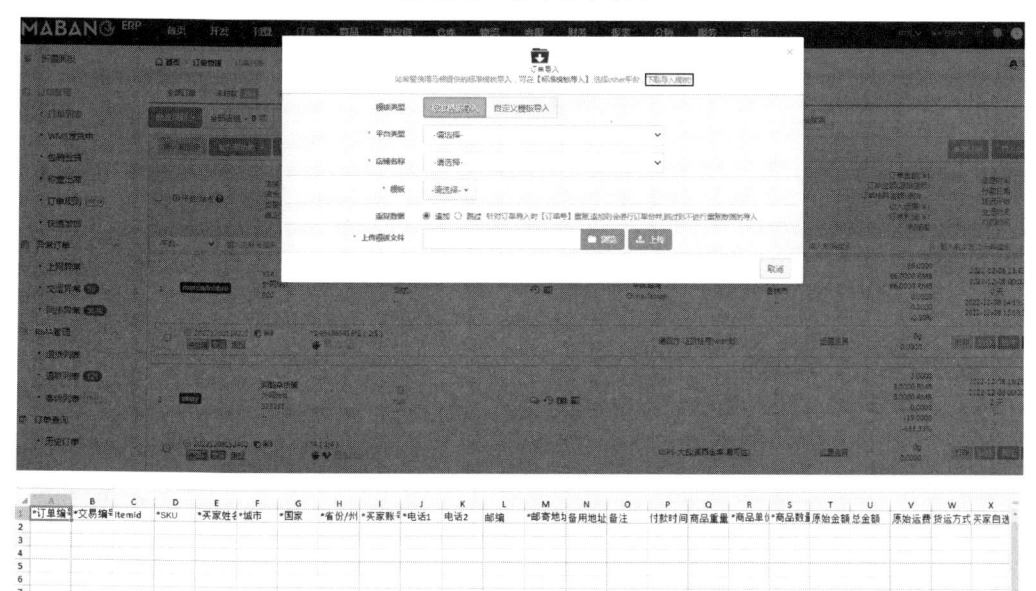

图 7.3.44　上传要导入的模板

注意：下载的模板的表头字段不要自动添加或删减，否则会导入失败。表格里带星号的字段是必填项，如果有多个 SKU，可以分行填写；"国家"这个字段填写的内容必须是国家的英文名称或国家二字码。使用标准模板导入的订单金额默认为人民币。

六、其他模块

除了前述模块，马帮 ERP 还包含商品模块、客服模块、采购模块和财务模块等，有自建仓库的卖家还可以使用自建仓库模块。由于篇幅有限，相关内容见本书配套资料。

本章小结

1. ERP（Enterprise Resource Planning，企业资源计划），通过对企业的人力、资金、物力、信息、时间和空间等综合资源进行综合优化管理，对各部门进行协调，以市场需求为导向开展企业的营销活动，从而提高企业的核心竞争力，帮助企业实现效益最大化。ERP 并不只是一款软件，它是先进管理理念和现代化信息技术手段相结合的企业管理工具。

2. 目前，市场上可供卖家选择的跨境电商 ERP 产品非常多，不同的 ERP 产品在功能上有所不同，常见的有店小秘、马帮 ERP、数字酋长和芒果店长等。

3. 跨境电商 ERP 软件一般包含基础设置、产品管理、订单管理、采购仓储管理、客服和数据分析等模块。

4. 没有真正智能的系统，只有善于把系统当作工具的运营人员。系统能大大减少人的重复工作，但是无法帮助使用者做决策，所以系统永远只是工具。

本章习题

一、思考题

1. ERP 系统一般有什么用途？
2. 论述跨境电商 ERP 的系统架构。
3. 店小秘包括哪几个模块？
4. 马帮 ERP 包括哪几个版本？
5. 店小秘和马帮 ERP 有哪些异同？

二、实训题

1. 免费注册店小秘，完成平台授权、产品模块和物流设置等操作。
2. 熟悉马帮 ERP 平台授权和物流设置等操作。